曜阳养老

人文关怀的探索与实践

之 总论

中国红十字会总会事业发展中心 主编

中国财经出版传媒集团

经济科学出版社
Economic Science Press

图书在版编目（CIP）数据

曜阳养老人文关怀的探索与实践：全3册/中国红十字会总会事业发展中心主编.—北京：经济科学出版社，2018.10
ISBN 978-7-5141-9779-2

Ⅰ.①曜… Ⅱ.①中… Ⅲ.①养老-社会服务-研究-中国 Ⅳ.①D669.6

中国版本图书馆 CIP 数据核字（2018）第 219337 号

责任编辑：孙丽丽　程憬怡
责任校对：靳玉环
版式设计：陈宇琰
责任印制：李　鹏

曜阳养老人文关怀的探索与实践之总论
中国红十字会总会事业发展中心　主编
经济科学出版社出版、发行　新华书店经销
社址：北京市海淀区阜成路甲 28 号　邮编：100142
总编部电话：010-88191217　发行部电话：010-88191522
网址：www.esp.com.cn
电子邮件：esp@esp.com.cn
天猫网店：经济科学出版社旗舰店
网址：http://jjkxcbs.tmall.com
北京鑫海金澳胶印有限公司印装
710×1000　16 开　48.25 印张　580000 字
2018 年 10 月第 1 版　2018 年 10 月第 1 次印刷
ISBN 978-7-5141-9779-2　定价：218.00 元
（图书出现印装问题，本社负责调换。电话：010-88191510）
（版权所有　侵权必究　打击盗版　举报热线：010-88191661
QQ：2242791300　营销中心电话：010-88191537
电子邮箱：dbts@esp.com.cn）

《曜阳养老人文关怀的探索与实践》丛书

总编委会

主　　　编：江　丹
副　主　编：吴昂坪　魏　国　金宏图　王国华　侯　毅
执 行 主 编：魏　国
执行副主编：李强胜　李　彤　肖敬友　瞿文进
委　　　员：严　俊　李晓东　傅　阳　蒯江春　孙林海
　　　　　　左元香　郝圆媛　王玉峰　丁　敏　王秋林
　　　　　　丁苏峰　黄红华　张世平　曲夕彦　亓　文

第一分册编撰委员会

主　　　编：江　丹
副　主　编：吴昂坪　魏　国　金宏图　王国华　侯　毅
委　　　员：严　俊　李强胜　李晓东　李　彤　孙林海
　　　　　　肖敬友　瞿文进　郝圆媛　傅　阳　蒯江春
　　　　　　王玉峰　亓　文
执 行 主 编：魏　国
执行副主编：李强胜
撰　　　稿：魏　国　李强胜　亓　文　李晓东　李　彤
　　　　　　肖敬友　瞿文进　孙林海　王玉峰　丁　敏
　　　　　　黄红华　曲夕彦　张　骅　汪　亮　韩奇杉

资料整理：亓　文　胡　楠　桑荷薇　傅　阳　曹　金
　　　　　陈星林　周昊威　刘雅莉

第二分册编撰委员会

主　　　编：李　彤
执 行 主 编：丁　敏
副　主　编：孙林海　王玉峰　王秋林　丁苏峰　何美兰
　　　　　　韩传伟　王松清
撰　　　稿：王苏雨　王　勇　尤　蕾　方梅兰　任　河
　　　　　　刘劲松　许　荣　许德云　孙　丽　孙震林
　　　　　　李　玫　时新剑　吴海全　吴　滢　赵万玘
　　　　　　赵欢欢　殷　玲　黄　文　彭倩倩　葛　宇
　　　　　　蒋叶萍

第三分册编撰委员会

主　　　编：肖敬友
副　主　编：黄红华　左元香　张世平
撰　　　稿：吴晓明　骆杨洋　陈芳菊　杨　锋　周　炜
　　　　　　陈群英　余玉明　冯露萍　赵秀峰　张　群
　　　　　　俞云儿　张小平　何婷英　杨廷友　楼　卉
　　　　　　陆利琴　陈　叶　汪潇潇

丛书前言

江 丹

中国红十字会总会事业发展中心党支部书记、主任
中国老龄事业发展基金会副理事长

我是江上青烈士的后代，生在新中国、长在红旗下。在成长发展过程中，我和我的家人都得到了党和国家无微不至的关怀、社会各界方方面面的关心。作为革命烈士的后代，我一直在思考如何继承先辈遗志、回报社会、为国家和人民做一点有意义的事情。

1999年，我调任中国红十字基金会副理事长。一次偶然的机会，我到美国去考察，发现美国政府对美国籍退伍军人的养老工作做得很好。回到国内，我到各地去调研，发现国内养老事业还远远不能和美国相比，特别是对革命伤残军人等国家功臣和劳动模范的养老服务工作，总体上不尽如人意。我想，我们的国家是中国共产党领导的社会主义国家，中国共产党是全心全意为人民服务的政党。如果党和国家对老百姓的服务，包括养老服务，还不如资本主义国家做得好，那社会主义的优越性就无法体现。于是，我萌生了协助红十字会探索参与公益养老事业的想法，得到了领导、单位和家人的大力支持。

在有关领导和红十字会总会的大力支持下，中国红十字基金会设立了事业发展办公室，后更名为中国红十字基金会事业发展中心。2011年，经中编办批准，中国红十字会成立了总会事业发展中心，专

门负责管理和指导中国红十字基金会建立的教育实体和养老实体。

无论是在中国红十字基金会，还是在中国红十字会总会事业发展中心，我带领各位同事，始终高举红十字公益大旗，开展了大量的红十字"一老一小"公益工作。其中，"一老"就是公益养老事业。回顾19年来的工作，中心的公益养老服务事业，服务对象经历了从革命建设功臣等老人、到中西部地区的贫困失能老人、再到中西部公益养老机构以辐射更多失能老人的过程，工作形式经历了从建设若干曜阳养老机构直接提供养老服务、到资助中西部民办养老机构以提高贫困老人生活质量、再到为广大民办养老机构的发展提供支持性服务的过程。

《曜阳养老人文关怀的探索与实践》丛书，就是从人文关怀的视角，对中心开展公益养老事业、创建曜阳养老公益品牌19年探索历程的回顾与总结。丛书共分为三册，中国红十字会总会事业发展中心担任总主编和第一分册主编，第二分册由扬州曜阳国际老年公寓主编，第三分册由杭州富春江曜阳国际老年公寓主编。两个公寓是中心在当地党和政府的支持下、在爱心企业的帮助下，分别于2009年和2012年建成并投入使用的曜阳养老旗舰店。

《曜阳养老人文关怀的探索与实践》丛书的第一分册，主要反映中心参与公益养老事业、打造曜阳养老品牌的思考、探索和成绩，内容包括五章和两个附录。其中：

第一章"新时代背景下的人文关怀"，主要从理论上阐述了人文关怀的基本含义、社会主义人文关怀的基本内容和新时代背景下中国特色社会主义人文关怀的时代内涵。

第二章"社会养老服务中的人文关怀"，首先从理论上阐述了建设社会养老服务体系的重要意义，简要介绍了我国社会养老服务体系

建设情况，分析了我国社会养老服务体系建设过程中人文关怀缺失的表现及原因，提出了社会养老服务中加强人文关怀的对策建议。在此基础上，进一步分析了自理型老人和失能型老人的生理特征和心理特征，从居家社区养老角度和机构养老角度，分别提出了加强社会养老服务人文关怀的具体措施，并就如何做好养老护理员的人文关怀提出了建议。

第三章"曜阳养老的探索历程"，首先简述了中心的发展历程，随后介绍了中心参与公益养老事业的时代背景和探索历程，总结了中心参与公益养老事业的具体做法，并简要概括了取得的初步成绩和社会影响。在此基础上，提出了中心今后五年参与公益养老事业的发展目标和工作措施。

第四章"曜阳养老人文关怀"，全面反映了中心在参与公益养老事业、打造曜阳养老公益品牌中，实施人文关怀的具体做法和成绩，包括协调资金募集物资给予物质关怀、举办医养结合实体给予健康关怀、举办公益演出活动给予文化关怀等直接性工作，以及协助加强人文关怀的队伍建设、积极营造人文关怀的社会氛围等间接性做法。

第五章"曜阳养老机构人文关怀"，从建设过程、服务过程和管理过程三个维度，以中心在扬州、杭州和济南三地直接建设的曜阳国际老年公寓的实际工作和具体做法为案例，全面反映养老机构层面的养老服务人文关怀工作。

附录一"曜阳养老机构主要管理制度"，以扬州曜阳国际老年公寓的现有制度为基础，汇总整理而成，力图为广大养老机构提供一个完善管理制度、落实人文关怀的样本和示范。

附录二"曜阳养老机构基本业务规范"，以济南曜阳国际老年公

寓的业务规范为基础整理而成，力图为专业护理型养老机构提供一个完善业务规范、落实人文关怀的样本和示范。

《曜阳养老人文关怀的探索与实践》丛书的第二分册、第三分册，主要是以案例故事的形式，分别反映扬州曜阳国际老年公寓和杭州富春江曜阳国际老年公寓在养老服务人文关怀中的具体做法。其中：

"老有所养"部分，包括老年人的衣食住行、生活照料、物业服务、法律援助、精神慰藉等方面内容，以及临终关怀等特殊服务。

"老有所医"部分，包括自理型老人的保健服务、日常医疗与应急医疗，失能型老人的长期照护、紧急救护、康复训练等。

"老有所乐"部分，包括老人自己组织和养老机构开展的各种文化活动、体育活动、娱乐活动、旅游活动、娱乐型工作（如开心农场）等。

"老有所学"部分，包括公寓组织入住党员老同志，学习时事政治知识、理解党和国家政策、保持入党初心、坚定理想信念的系列活动，以及公寓为老人宣讲医疗保健知识、现代科技知识、信息技术知识、金融业务知识等。

"老有所为"部分，主要是入住养老机构的党员老同志和热心老人，继续发挥党员的先锋模范作用、发挥余热，通过担任公寓志愿者、照顾高龄老人、为公寓发展建言献策、参与青少年教育等形式，为养老机构、周边社区及社会承担力所能及的工作。

在我们探索公益养老服务的过程中，中共中央总书记、国家主席、中央军委主席习近平同志在浙江省工作期间、原中共中央政治局常委、全国政协主席贾庆林同志在北京市工作期间，对我们给予了充分的肯定和特别的支持。时任第十一届全国人大常委会副委员长、中

国红十字会会长华建敏、现任全国人大常委会副委员长、中国红十字会会长陈竺、时任第十届全国政协副主席张怀西、时任第十一届全国政协副主席张梅颖等党和国家领导人，对中心开展的公益养老工作给予了高度的评价和充分的肯定。时任中国红十字会党组书记、副会长王立忠、王伟、江亦曼、赵白鸽等同志、现任中国红十字会党组书记、副会长徐科等同志，对中心开展的公益养老工作给予了高度的肯定和积极的支持。原江西省委书记、人事部部长舒惠国、原人民日报社副总编辑陈俊宏、原国土资源部耕地保护司司长潘明才、原北京市委组织部常务副部长史绍洁、全国老龄委办公室副主任闫青春等领导同志，给予了大力的支持和帮助。在此，我们一并表示衷心的感谢。

在具体工作中，全国人大常委会委员、中国社会保障学会会长、中国人民大学教授、博士生导师郑功成、中央党校青连斌教授、中国社会保障学会副会长、南京大学童星教授、复旦大学附属华山医院主任医师董竞成教授等知名专家，给予了大力支持和指导帮助，在此我们表示衷心的感谢。特别值得一提的是，郑功成教授欣然答应了我的请求，在百忙之中为丛书作序，让我们备受鼓舞。

中央电视台著名播音员张宏民、著名歌唱家杨洪基、韩磊、王莉等一大批艺术家加入了中心组建的"博爱艺术团"，每年到中西部慰问贫困失能老人，为他们送去了高水平的精神文化服务。在此我们表示衷心的感谢！

在扬州曜阳国际老年公寓、杭州富春江曜阳国际老年公寓和济南曜阳国际老年公寓的建设和发展过程中，江苏省及扬州市、浙江省及杭州市、山东省及济南市的党委、人民政府，以及规划、土地、建设、民政、卫生防疫、安监、消防等部门，红十字会组织等相关单位，都给予了大力的支持和协助，在此一并表示衷心的感谢！

曜阳养老 人文关怀的探索与实践之总论

  作为中国红十字会总会直属事业单位，中心始终高举红十字公益大旗，在公益养老事业方面做了一些积极的探索，为新时代红会工作提供了一些可行的思路。总的说来，成绩是初步的，归功于各级党政领导、红十字会总会领导和全体红会同仁、以及社会各界、热心企业和爱心人士。我们希望更多的红十字会组织能够参与到公益养老服务事业中来，希望各级党政领导能够更加支持红十字事业的改革创新，希望更多的热心企业和爱心人士能够支持红十字会事业和公益养老事业。

  编撰《曜阳养老人文关怀的探索与实践》系列丛书，是中心在参与公益养老事业、创建曜阳养老公益品牌过程中的一次大胆尝试。特别是从人文关怀视角总结养老服务工作，在国内可能是"第一个吃螃蟹"的。但是我们也清楚地看到，国内还有很多社会组织参与公益养老服务，做出了非常突出的业绩，非常值得我们学习借鉴。我们希望通过这套丛书，能与大家交流经验体会，相互取长补短，一道发展进步，共同推进我国的公益养老事业。

  中心在推进公益养老服务事业的过程中，与3000多家养老机构建立起了较为密切的联系。我们也希望通过这套丛书，能够为众多养老机构的建设和发展，提供有益的借鉴和帮助。中心愿意与众多养老机构共同携手，为更多的老人提供更加优质、更加全面的养老服务，为早日实现两个一百年奋斗目标而共同努力。

  由于我们的能力和水平有限，书中错误难免，敬请各位领导、各位专家和广大同行批评指正。

江 丹

2018年8月28日

序

郑功成

（全国人大常委会委员、中国社会保障学会会长）

  中国红十字会总会事业发展中心编撰《曤阳养老人文关怀的探索与实践》丛书，江丹主任邀请我为丛书作序。我参与过她在公益养老服务领域的一些探索与调研，直接感受到她带领团队为公益养老事业付出近20年所取得的突出成绩和良好社会影响。因此，总结提炼中心及所属养老机构近20年的发展历程、系统梳理曤阳公益养老的人文特色、为全国红会同行和养老机构提供标准和示范，进而协助提升我国社会养老服务人文关怀的总体水平，是一件非常有意义的事情。

  我国从1999年进入人口老龄化社会。截至2017年底，60岁及以上老年人口为2.41亿人，占总人口的17.3%，其中65周岁及以上人口1.58亿人，占总人口的11.4%。老龄化进程速度之快、规模之大在当今世界绝无仅有。这一罕见的人口结构变化，主要是人均寿命持续延长和新生儿出生率不断下降所致，因而是值得肯定的积极发展成果。然而，我国的老龄化又是一个严峻的挑战，因为它超越了经济社会的发展步伐，呈现的是"未备先老"，即对老年社会的到来与发展如何应对还准备不足，特别是对人口老龄化的进步意义及其带来的全面深刻持久的影响认识不足、制度供给不足、经济保障及相关服务准备不足。特别是伴随家庭结构小型化和人口高流动性，"谁来为老年人服务"

已经成为时代之问。在养老问题特别是养老服务成为民生之忧的背景下，发展包括养老服务在内的老年保障体系应当成为施政之要，这既是满足人民美好生活需要的重要内容，也是适应人口结构变化进而促使整个经济社会更加协调健康发展的必要举措。

党和政府历来高度重视人口老龄化。在计划经济时代，虽然养老问题主要是家庭问题，但农村五保制度和城镇福利制度保障了孤寡老年人的养老需求，城镇各个单位更是采取终身制的劳动关系并提供退休养老金以及提供适当的帮助，农村则由集体经济分配实物并存在邻里互助的传统，尽管保障水平很低但还能够提供一定的安全预期。改革开放后，追求"一胎化"计划生育政策的实施和大规模工业化带来的农村劳动力进城务工，短期内即出现了家庭结构小型化和家庭保障功能持续大幅度弱化等现象，人口的高流动性又使过去的单位照顾、邻里互助功能丧失，老年人社会化服务的需要急剧增长。世纪之交进入老年社会以来，国家设置专门的老龄工作机构，2009~2012年间建立了普惠性的养老金制度，"十一五"时期、"十二五"时期社会化养老服务（机构养老）得到了较快发展，但这种发展依然滞后于老年人群体快速壮大带来的需求。

党的十八大和十八届三中、四中、五中全会以及"十三五"发展规划纲要都对应对人口老龄化、加快建设社会养老服务体系、发展养老服务产业等提出明确要求。2016年习近平总书记先后多次就老龄工作和养老服务做出重要指示。2017年2月，国务院印发了《"十三五"时期国家老龄事业发展和养老体系建设规划》，提出到2020年，要实现"老龄事业发展主体水平明显提升，养老体系更加健全完善，及时应对、科学应对、综合应对人口老龄化的社会基础更加牢固"的发展目标，包括社会保障体系、养老服务体系、制度体系和社会环境等四个方面的具体目标。2017年10月，习近平总书记在十九大报告中更是明确提出，要积极应对人口老龄化，构建养老、孝老、敬老政策体系和社会环境，推进医养结合，加快老龄事业和产业发展。这些新理念新思路新举措，顺应了时代发展的要求。然而，随着人口老龄化的迅猛发展，老年人对美好的晚年生活的期盼与社会养老服务体系建设取得的成绩之间，还存在诸多突出的问题和矛盾，并集中表现在养老服务总量供给不足、供需结构失衡、服务内容还比较单一、服务形式缺乏人文关怀、服务质量不高、专业服务人才短缺等方面。解决这些问题和矛盾，不断满足广大人民群众对养老服务的多样化需求，已经成为新时代社会养老服务体系建设的主要任务。

在全面推进养老服务体系建设中，应当突出人文关怀、制度建设和标准化，这是"以人为本"的具体体现和社会文明进步的内在要求。在人文关怀方面，重点解决好针对老年人的精神关怀、文化关怀、心理关怀、社会参与关怀、尊严关怀等，并将人文关怀融入养老服务政策之中。在制度建设方面，按照习近平总书记的要求，在搞好积极应对人口老龄化顶层设计的基础上，不断完善老年人家庭赡养和扶养、社会救助、社会福利、社会优待、宜居环境、社会参与等政策，增强政策制度的针对性、协调性、系统性。同时，针对老年人群体，分别完善政府"托底"政策和养老服务产业发展政策，还要进一步明确家庭在养老中的责任，鼓励企业和社会组织参与社会养老服务。对社会资本投资非营利养老机构，要明确产权关系并允许获得一定的回报，以吸引更多社会资本投入到公益养老事业、壮大养老服务事业。不断完善养老服务质量监管政策，对服务质量优秀的养老机构要鼓励发展连锁经营，扩大服务供给；对服务质量低劣且整改不到位的养老机构，要制定相应的退出机制。还需要加强制度协同、建立联

动机制，保障养老服务纠纷有法可依、有章可循，保障养老服务中多元主体的合法权益。在标准化建设方面，应当将人文关怀的理念转化为养老服务标准化的规章制度，按照民政部、国家标准委2017年制定的《养老服务标准体系建设指南》的相关要求，从老年人自理能力、养老服务形式、养老服务内容和养老服务管理等四个维度入手，努力形成养老服务的通用基础标准、服务提供标准和支撑保障标准等三个标准子体系，不断完善养老服务标准体系，以提高养老服务规范化水平，切实提高养老服务的质量。当前最紧迫的工作，就是抓紧时间完善包括居家社区养老和机构养老等形式在内养老服务的标准体系，同时建立养老服务机构质量评估机制和质量评估信息公开制度，支持优质养老机构实现良性发展、扩大养老服务供给，同时对质量较差且整改不力的养老机构，要给予一定的惩处乃至限制、停止其发展。此外，还要针对专业人员短缺的现实，从培训和宣传入手，加强养老服务人才队伍建设，特别是加强养老机构负责人队伍建设，同时加强针对养老护理员队伍的人文精神教育与业务技能培训，提升养老护理员的职业荣誉感和社会认可度，让更多的人理解支持养老护理员、更多的人愿意从事养老护理职业。

我很欣喜地看到，作为率先认识到人文关怀在养老服务中的重要性的探索者之一，中国红十字会总会事业发展中心在公益养老事业中从三个方面进行了有益的探索，并由此形成了曜阳公益养老品牌特色。一是始终坚持关爱贫困失能老人。2009年以来，该中心通过实施中央彩票公益金项目、募集爱心捐款、搭建"关爱失能老人"互联网公益募捐信息平台等方式，先后资助中西部欠发达地区养老院近2亿元款物，惠及贫困失能老人6万余人；在中西部8省市资助建设了曜阳托老所60余家，改善了近1000名贫困失能老人在养老机构的生活条件；

尝试开展了"曜阳保姆"行动，培训选派近100名养老护理员为社区失能老人提供上门养老服务；每年还组织博爱艺术团到中西部地区举办慰问贫困老人文艺演出，为老人们送去高水平的精神文化服务。二是建立养老机构提供养老服务。2009年以来，中心先后在扬州和杭州建成了两个曜阳国际老年公寓，与企业合作在济南、贵阳、邯郸等地建成了3家曜阳养老示范机构，获得了北京市海淀区公办养老机构的经营管理权。在做好养老机构的管理运营、积极开展居家社区养老探索的同时，中心主动为革命功臣和劳动模范、经济困难老人等提供公益性养老服务，曜阳养老的公益属性得到了进一步的彰显。三是尝试建立养老机构发展平台。近年来，中心发挥自身优势，积极协调社会资源，广泛联系了3000多家养老机构，并为它们提供了党建引领、财物资助、研究交流、人才培养、文化传播和信息技术等方面的指导和支持服务，还举办了多期曜阳养老院长培训班和养老护理员培训班，受益人数近2000人。不仅如此，中心还与中国社会保障学会合作，自2016年起共同举办每年一届的"中国养老服务业发展高层论坛"和其他多个学术论坛，不断为全国养老机构负责人提供学习政策、交流业务、提升水平的机会，对加强养老服务人才队伍建设起到了非常积极的作用。

中国红十字会总会事业发展中心能够20年持之以恒地以公益之精神关注老年人，采取多种途径探索养老服务的发展方式与路径并取得令人瞩目的成效，产生良好的社会影响，关键之一是有江丹女士的带领和倾心付出。作为江上青革命烈士的后代，她几十年来将满腔热情和全部精力投入到红十字会关爱"一老一小"的具体工作中，探索出有自己特色的曜阳养老公益品牌，不仅为我国社会养老服务的发展提供了有益的示范，也为中国红十字会在新时代更好地践行人道、博爱、奉献的精神开辟了新的路径。我国养老服务业的发展需要这样的带头

人。希望能够有更多人像江丹女士一样投身养老服务事业，希望有更多的机构像中国红十字会一样关注和参与养老服务业的发展。唯有这样，人口老龄化带来的巨大挑战才能被妥善应对，我国的老年人才能享有更加幸福、更有尊严的晚年生活。

是为序！

2018年8月9日

于北京

目录

第一章 新时代背景下的人文关怀 / 1

一、什么是人文关怀？ / 3
二、新时代中国的人文关怀 / 10

第二章 社会养老服务中的人文关怀 / 17

一、养老服务与社会养老服务体系 / 19
二、我国社会养老服务体系的建设情况 / 22
三、当前社会养老服务中人文关怀缺失的主要表现 / 25
四、社会养老服务中人文关怀缺失的原因分析 / 28
五、社会养老服务中加强人文关怀的主要措施 / 31
六、居家社区养老服务中的人文关怀 / 34
七、机构养老服务中的人文关怀 / 42
八、对养老护理员的人文关怀 / 48

第三章 曜阳养老的探索与实践 / 53

一、中国红十字会总会事业发展中心简介 / 55

二、中心参与养老服务的时代背景 / 56
三、中心参与公益养老的发展历程 / 59
四、中心参与公益养老的具体做法 / 62
五、曜阳公益养老取得的初步成绩 / 68

第四章 曜阳养老人文关怀 / 83

一、协调资金募集物资给予物质关怀 / 85
二、举办医养结合实体给予健康关怀 / 91
三、举办公益演出活动给予文化关怀 / 105
四、协助加强人文关怀的队伍建设 / 112
五、积极营造人文关怀的社会氛围 / 131

第五章 曜阳养老机构人文关怀 / 145

一、建设过程中的人文关怀 / 147
二、服务过程中的人文关怀 / 162
三、管理过程中的人文关怀 / 182

附录一 曜阳养老机构主要管理制度 / 189

附录二 曜阳养老机构基本业务规范 / 273

参考文献 / 295
后记 / 297

第一章
新时代背景下的人文关怀

一、什么是人文关怀？

"人文"和"人文关怀"等词汇，近年来频频出现在中国共产党和国家领导人的讲话和文件中。2003年7月，在全国防治"非典"工作会议上的讲话中，时任中共中央总书记、国家主席、中央军委主席胡锦涛同志指出，"在促进发展的过程中，我们不仅要关注经济指标，而且要关注人文指标"。2006年10月，中国共产党十六届六中全会通过了《中共中央关于构建社会主义和谐社会若干重大问题的决定》，明确指出，"注重促进人的心理和谐，加强人文关怀和心理疏导，引导人们正确对待自己、他人和社会，正确对待困难、挫折和荣誉"。2007年10月，中国共产党第十七次全国代表大会在北京隆重召开。时任中共中央总书记胡锦涛同志代表十六届中央委员会向大会做工作报告时提出，"加强和改进思想政治工作，注重人文关怀和心理疏导"。这是"人文关怀"一词首次写入中国共产党的工作报告。在随后中国共产党的一系列重要文件中，"人文关怀"一词多次出现。

什么是人文关怀呢？这就要从"人文"和"关怀"的两个基本概念谈起。

（一）什么是人文？

在中国传统文化中，"人文"一词最早出现在《易经》中。《贲卦·象传》写道：刚柔交错，天文也；文明以止，人文也。观乎天文，以察时变；观乎人文，以化成天下。翻译成现代汉语，意思就是：阴阳互生、刚柔变易交错是天象自然的规律；行为举止有度、合乎

礼仪规范是人类生活的规律。治国者，通过观察"天文"把握明辨自然界的变化，而通过了解"人文"来使整个社会都能够按照礼仪规范行事。

所以，"人文"是人们对人类自身生活的关注和思考，是关于人类社会关系和秩序的认识和把握。《辞海》对"人文"的解释是"人类社会的各种文化现象"。具体说来，广义上的"人文"是指与"人"有关的一切思想观念、礼仪规范、制度法令、文化意识，狭义上的"人文"主要是指与"人"密切相关的人事、人性、人道、人格等有关的思想观念、礼仪规范、制度法令、文化意识。当然，这里的人有双重含义，一是"类"人，二是"个"人。因此，"人文"本质上是对人本身的关注，是一种人类的自我关怀，表现为对人的命运、价值、尊严的维护、追求和关切[①]。

在西方，古罗马思想家西塞罗较早使用"人文"一词。古罗马人普遍认为，人区别于动物的地方在于说话的能力，而培养这种能力，需要对人进行全面的教育。这种全面教育，希腊文叫"enkyklia paedeia"。西塞罗在拉丁文中找到了一个对等的词"humanitas"，即"全面教育"是发扬那些纯粹属于人和人性的品质的途径。后来，西方人便根据拉丁文"humanitas"的意思，在英语中衍生出"humanism"、"humanist"、"humanities"、"humanity"等词，指认西方历史中的人文主义传统，被译为"人道主义"、"人本主义"、"人文主义"等[②]。其中"人道主义"一词正式出现在 14 世纪末西欧资本主义萌芽时期。当时的人道主义以人本主义形态表现出来，倡导以世俗的人为中心，用人性取代神性，以"人道"反对"神道"，把人从宗教神学的封建禁锢中解放出来。尽

[①] 孟凡平：《社会转型期弱势群体人文关怀研究》，上海三联书店 2017 年版，第 24 页。
[②] 寇东亮、张永超等：《人文关怀论》，中国社会科学出版社 2015 年版，第 13 页。

管后来人道主义又出现了理性人道主义、费尔巴哈人本主义等多种形式，但其基本价值理念和合理内容，就是重视人的价值、维护人的权利、提倡人的幸福和人的发展等①。

可见，无论中外，"人文"都是一个与"人"和人性有关的文化概念，指与人以及人性相关而且能够彰显人的本质力量的一切文化现象，涉及人的生存、人的本质、人的地位、人的尊严、人的个性、人的价值、人的生活及其意义、人的理想和人的命运，以及人的利益、需要、创造和发展等②。

（二）什么是关怀？

关怀，是我们老百姓非常熟悉的一个常用词汇。但是，关怀的含义是非常丰富的，与我们的常识略有区别。在现代汉语里，"关怀"是指（对人或事物）常放在心上以及重视和爱护。在英文里，"关怀"对应的词语是"care"或"caring"，有看护、保护、照料、照顾、管理、担心、在乎、介意等意思，本身具有人文之意。相关学者普遍认为，"关怀"是综合了关注、关心和关爱在内的一种综合的、高级的、复杂的道德意识、情感和实践。

1. 关怀包含三个递进的层次

第一是关注。"关注"首先是指心理学上的注意，有"看到、注意到"之意。关注的对象既可以是人，也可以是物，也可以是社会现象，如炒股的人关注股市行情，学者关注社会问题等。这种关注只是一种注意力的集中，是一种心理牵挂，通常不具有道德倾向性，是非价值

---

① 寇东亮、张永超等：《人文关怀论》，中国社会科学出版社2015年版，第79页。
② 寇东亮、张永超等：《人文关怀论》，中国社会科学出版社2015年版，第13页。

性的，但它是构成关怀不可缺少的心理基础。第二是关心。美国著名关怀伦理学家内尔·诺丁斯主张"你有什么困难吗"这个问题应成为道德生活的基础。"你有什么困难吗"表达了一种情感态度，这种态度我们可视之为"关心"或"在意"，带有道德情感的倾向性，但不一定导致行为。正如诺丁斯所言，"在意，只是关怀的远亲而已。它总是包含着一种善意的忽视"。第三是关爱。"关爱"不仅是一种道德情绪，而且还表现出一定的行为倾向性，"真正的关爱涉及倾听、感动、回应，它根据被关怀者的回应调控自己的行动"。例如，"关爱儿童"不仅是一种道德情感上的善意，而且还会通过一些具体的行为表达这种善意。

2. 关怀是一种包含了爱的意向性的道德情感和关系行为

首先，关怀是一种道德情感。相关专家将关怀分为两种，一种是自然关怀，一种是伦理关怀。自然关怀主要来源于人类自然的"爱的情感"，仅仅表达了当事人的一种渴望和自然倾向，而不是对责任的认同。而伦理关怀基于"对他人的需要做出反应"的道德初衷，显然比自然关怀要高一个层次。其次，关怀是一种关系行为。这种关系行为的形成，一方面取决于关怀方对这种关系的维系，另一方面也有赖于被关怀方的态度和感受能力。在关怀关系中，只存在"关怀方"与"被关怀方"，关系双方的地位是平等的，不是强者与弱者、统治者与被统治者之间的关系。决定哪一方是"关怀方"的唯一依据应该是"愿意主动付出"而非"位势"[1]。我们常常认为，只有强势的政府或领导才能"资格"关怀群众或老百姓，其实这是非常片面的。实际上，除了执政党、政府和领导，普通老百姓也能关怀普通老百姓。

---

[1] 孟凡平：《社会转型期弱势群体人文关怀研究》，上海三联书店2017年版，第24页。

（三）什么是人文关怀？

所谓人文关怀，就是人对人本身的自我关怀。相关学者认为，人文关怀是一种立足于人的真实需要和基本价值，建立在重视人、关心人、尊重人的人文精神基础上并以人文的方式关注人的生存状况，以满足符合人性的合理需要、促进人的全面自由发展为目标的融物质关怀与精神关怀、感性关怀与理性关怀于一体的具有道德价值的情感态度和实践行为[①]。怎样来理解这个概念？

（1）人文关怀立足于人的真实需要和基本价值。人是具有自然属性和社会属性的存在物，人的衣食住行、人际交往、价值尊严等需要都是真实的需要，人文关怀应该也必须看到这一客观事实。无视人的真实需要和基本价值的一切思想观念和行为实践，无论包装着多么华丽的外衣，也不是真正的人文关怀，因为真正的人文关怀不仅关注人的生存状况，而且关注人的真实需要及其满足程度，以实现人的基本价值为目标。

（2）人文关怀是一种源自人的怜悯心的情感态度和思想意识，体现的是关怀主体对关怀客体的理解和尊重，是"将心比心""推己及人"的情感态度和思想意识在精神层面的活动，体现为一种"问人不问马"的精神。人文关怀注重的是"人"与"人"的关系，这是一种要求人与人之间相互尊重而非居高临下的伦理关系，其最终目的是使人的自由及尊严得以实现，使人享有良好的生存状态。人文关怀拒绝把人作为工具和手段，相反，人文关怀重视人的地位和价值，强调关心人、爱护人、尊重人、理解人，将人作为一切理论和实践的主体和目标，促

[①] 孟凡平：《社会转型期弱势群体人文关怀研究》，上海三联书店2017年版，第24页。

进人的全面自由发展①。

> **小贴士：**
>
> **问人不问马的故事**
>
> 论语中有记载：厩焚。子退朝，曰：伤人乎？不问马。翻译成现代汉语，意思是：(孔子家的) 马厩被火烧了。孔子从退朝（下班）回到家，只是问"有人受伤吗？"，并没有关心马的伤亡情况。
>
> 问人不问马的典故，充分体现出以孔子为代表的儒家思想家，始终把人的生命价值放在一切价值的首位。这种问人不问马的精神，就是中国传统文化中的人文关怀。

（3）人文关怀是一种根植于怜悯之心并落实于行动的实践行为。人文关怀并非只是单纯的善良愿望或者说仅仅停留于愿望层面，而是汇集、融合了行为主体力量中有助于实现这一善良愿望的所有手段和方法，在这一实践过程中，关怀的对象、手段、方式、效果都必须是善的、现实的、有价值的②。

（四）人文关怀的主要内容

作为一种理念，人文关怀是人文知识、人文思想、人文方法与人文精神的统一。它集中表现为，对人的生命和人的存在的关爱，对人的合理需求和生活质量的关心，对人的人格尊严和社会地位的关切，对人

---

①② 孟凡平：《社会转型期弱势群体人文关怀研究》，上海三联书店 2017 年版，第 24 页。

的理想追求和自我完善的关照，对人的发展前途和终极命运的关注[①]。

人文关怀强调"以人为本"，关注人的生存与发展，特别是关注人的生活质量，是社会文明进步的标志，是人类自觉意识提高的反映；其核心是尊重人、关心人、理解人、爱护人。这表现在以下五个方面。

（1）对人的物质关怀。主要涉及人的生存方面的内容，包括对人的衣食住行、就业等基本状况的关心；物质关怀是人文关怀的基础。

（2）对人的精神关怀。这是对人的精神层次需求的关注，包括价值观念、道德体系、知识学习、自我发展等内容；在社区建设中加强精神文明建设，营造良好的社区风尚，体现了对人的精神关怀。

（3）对人的文化关怀。文化关怀比精神关怀更高一个层次，是在满足个体人的基本精神生活需求的基础上，系统全面地关注把握群体的人生追求和社会层面的价值导向。

（4）对人的心理关怀。心理关怀是人文关怀中的重要内容；尤其是现代社会，工作压力增大，竞争日趋激烈，人的心理承受能力面临考验，因此要更加重视人的心理关怀与疏导，促进人的心理和谐。

（5）对人的和谐关怀。和谐关怀是人文关怀的最高目标，主要是对人所向往的平安、稳定、融洽的社会关系的关注与追求[②]。

（五）人文关怀的层次类别

人文关怀主体的类别和层次，既包括个体，又包括组织、区域，也包括地区、国家、国际甚至人类。对应的人文关怀客体或对象的类别与层次，主要有人的存在与发展，以及与其相互依赖、共存的生物物

[①] 寇东亮、张永超等：《人文关怀论》，中国社会科学出版社2015年版，第14页。
[②] 陈杰等：《人文关怀：当代中国社区发展新坐标》，华南理工大学出版社2012年版，第24页。

种和环境等。

最一般意义上的人文关怀，其具体内涵涉及：对民众博大的爱、深刻的理解、无私的付出；对人的生存状况的关注、对人的生命和健康的呵护；对人的精神状态和人性的深切关怀，对人的情感、意志和价值的尊重；对人的尊严与符合人性的生活条件的肯定和对人类解放与自由的追求，对人的基本权利的尊重和保护，对人独立思想和人格的尊重与重视，对个性自由与思想解放的追求等。

由此可见，人文关怀的覆盖范围涉及与人的存在和发展相关的物质生活、政治生活与精神文化生活的各个领域、各个方面和各个层次。因此，提倡人文关怀，倡导以人为本，一方面要重视并发挥人在社会发展中的主体地位和推动作用，将解放全人类、实现人的全面发展作为人文关怀的最终目标，另一方面，要关注并满足人的物质和精神文化需求，即对人的生存状况给予更多的关注、对人们所做出的贡献和价值给予相应的承认，对人们的自由、平等、权利给予更多的尊重和保护。只有这样，才能集中体现并切实保障人文关怀[①]。

二、新时代中国的人文关怀

2017年10月，中共中央总书记习近平同志在第十九次全国代表大会做工作报告时指出，"经过长期努力，中国特色社会主义进入了新时代，这是我国发展新的历史方位。"报告同时提出了两个"一百年"的奋斗目标，即"到建党一百年时，建成经济更加发展、民主更加健全、

---

① 陈杰等：《人文关怀：当代中国社区发展新坐标》，华南理工大学出版社2012年版，第25页。

科教更加进步、文化更加繁荣、社会更加和谐、人民生活更加殷实的小康社会,然后再奋斗三十年,到新中国成立一百年时,基本实现现代化,把我国建成社会主义现代化国家",并就如何实现两个"一百年"的奋斗目标做出了战略部署。党的十九大同时将习近平新时代中国特色社会主义思想纳入中国共产党章程,成为实现两个"一百年"奋斗目标期间全党的指导思想。

坚持习近平新时代中国特色社会主义思想,实现两个"一百年"的奋斗目标,这就是新时代中国人文关怀的时代背景。

(一)新时代中国人文关怀的性质和特点

(1)新时代中国的人文关怀,要始终坚持社会主义根本性质。与西方的人文关怀不同,我国的人文关怀生长于社会主义土壤中,并始终坚持社会主义的根本方向,这是我国人文关怀的最大特征。

(2)新时代中国的人文关怀,是中国特色社会主义的人文关怀,是人类社会发展过程中最公平的社会关怀。当前,我国正处于社会主义初级阶段,社会主义的根本制度,为社会公平与公正奠定了基本的制度基础。在确保社会公平公正平等之下建立人文关怀,无疑把人类的人文关怀推进到了一个崭新阶段。

(3)我国社会主义的人文关怀,始终把广大劳动人民置于人文关怀的中心地位。党的十九大报告指出,"带领人民创造美好生活,是我们党始终不渝的奋斗目标。必须始终把人民利益摆在至高无上的地位,让改革发展成果更多更公平惠及全体人民,朝着实现全体人民共同富裕不断迈进。"由此可见,广大人民群众已经被提升到人文关怀的核心地位。因此,社会主义的人文关怀是广泛而全面的。

（4）我国社会主义的人文关怀，是"人的全面发展"的关怀。一方面，从推动经济发展，提高居民收入来实现人的物质关怀；另一方面，强调民主法制建设以推进人的政治关怀，同时更加重视社会主义文化建设和体制改革，以满足人们日益增长的精神文化需求，促进社会主义文化关怀。

（5）我国社会主义的人文关怀，是可持续发展的人文关怀。党和国家十分重视可持续发展问题。党的十九大报告指出，"人与自然是生命共同体，人类必须尊重自然、顺应自然、保护自然"。"我们要建设的现代化是人与自然和谐共生的现代化，既要创造更多物质财富和精神财富以满足人民日益增长的美好生活需要，也要提供更多优质生态产品以满足人民日益增长的优美生态环境需要"。这不仅体现了对当代人的关怀，而且表现出了对子孙后代的高度责任感和人文关怀[1]。

（二）新时代中国人文关怀的时代内涵

习近平总书记在中国共产党第十九次全国代表大会上的报告中指出，中国特色社会主义进入新时代，我国社会主要矛盾已经转化为人民日益增长的美好生活需要和不平衡不充分的发展之间的矛盾。新时代中国人文关怀，就是要关注并满足人的物质和精神文化需求，即对人的生存状况给予更多的关注、对人们所做出的贡献和价值给予相应的承认，对人们的自由、平等、权利给予更多的尊重和保护，同时要重视并发挥人在社会发展中的主体地位和推动作用，将实现两个一百年奋斗目标和人的全面发展作为人文关怀的最终目标。

---

[1] 陈杰等：《人文关怀：当代中国社区发展新坐标》，华南理工大学出版社2012年版，第27~28页。

第一章　新时代背景下的人文关怀

（1）坚持马克思关于人的自由全面发展理论。马克思关于人的自由全面发展理论，是人文思想的极大提升，也是人文关怀的实质所在。在新的历史条件下，人文关怀是指以人文精神为思想内核，以充分尊重人、关心人、理解人、肯定人。丰富人、发展人、完善人，即以促进人的全面发展为内在尺度的一种价值取向。这一思想内核与马克思主义的人文关怀实质达到了高度统一，是对马克思主义的人文思想的进一步发展和创新。在新时代中国注重人文关怀，首先要把视角转移到关注人的生存和发展上；关注人的经济发展、财富增加、生活质量改善，为人的自由全面发展奠定物质基础；关注人权的自由、文化水平的提高、思想道德的净化，为人的自由全面发展提供精神支持。其次，注重和提倡人文关怀，应改变传统思想的偏见，在强调国家、集体、社会的公共利益的同时，还要重视人的个性发展，关心个人的价值和利益、个人的苦难和困境。最后，应重视对人生、个性和主体精神的高扬，对自由、平等和人格、尊严的追求，对人的生命、健康和生活质量的关注。唯有如此，人文关怀才能真正落到实处[①]。

（2）坚持以人民为中心的发展思想。尊重人、理解人、关心人、爱护人，是当代中国人文关怀的基本要求和集中表现。尊重人是人文关怀的前提，理解人是人文关怀的基础，关心人是人文关怀的关键，爱护人是人文关怀的归宿[②]。2012年11月15日，习近平在十八届中共中央政治局常委同中外记者见面时的讲话中动情地说："我们的人民热爱生活，期盼有更好的教育、更稳定的工作、更满意的收入、更可靠的社会保障、更高水平的医疗卫生服务、更舒适的居住条件、更优美的

---

① 陈杰等：《人文关怀：当代中国社区发展新坐标》，华南理工大学出版社2012年版，第29页。
② 陈杰等：《人文关怀：当代中国社区发展新坐标》，华南理工大学出版社2012年版，第24~30页。

环境，期盼孩子们能成长得更好、工作得更好、生活得更好。人民对美好生活的向往，就是我们的奋斗目标"。2012年12月，习近平在河北省阜平县考察扶贫开发工作时说："满意的收入、更可靠的社会保障、更高水平的医疗卫生服务、更舒适的居住条件、更优美的环境，期盼孩子们能成长得更好、工作得更好、生活得更好。人民对美好生活的向往，就是我们的奋斗目标[①]。"党的十九大报告在阐述新时代中国特色社会主义思想时，明确提出了"要坚持以人民为中心"的发展思想，指出"人民是历史的创造者，是决定党和国家前途命运的根本力量"，（全党）必须坚持人民主体地位，坚持立党为公、执政为民，践行全心全意为人民服务的根本宗旨，把党的群众路线贯彻到治国理政全部活动之中，把人民对美好生活的向往作为奋斗目标，依靠人民创造历史伟业。

（3）坚持在发展中保障和改善民生。民生即国民的生计与生活。让人们幸福生活，是民生的根本价值指向。在经济社会发展过程中，既要实现好、维护好、发展好最广大人民的根本利益，又要关心和解决人民群众最关心、最直接、最现实的利益。人民群众最关心、最直接、最现实的利益问题构成了民生的重点。中国共产党十七大报告首次把"民生"问题作为单独章节，全面阐述了"以改善民生为重点的社会建设"问题[②]。党的十九大报告进一步指出，要在"坚持在发展中保障和改善民生"。报告指出，"增进民生福祉是发展的根本目的。必须多谋民生之利、多解民生之忧，在发展中补齐民生短板、促进社会公平正义，在幼有所育、学有所教、劳有所得、病有所医、老有所养、住有所居、弱有所扶上不断取得新进展，深入开展脱贫攻坚，保证全体人民在共

---

① 寇东亮、张永超等：《人文关怀论》，中国社会科学出版社2015年版，第14页。
② 寇东亮、张永超等：《人文关怀论》，中国社会科学出版社2015年版，第18~21页。

建共享发展中有更多获得感，不断促进人的全面发展、全体人民共同富裕。建设平安中国，加强和创新社会治理，维护社会和谐稳定，确保国家长治久安、人民安居乐业"。

（4）坚持社会主义核心价值体系。党的十八大提出，倡导富强、民主、文明、和谐，倡导自由、平等、公正、法治，倡导爱国、敬业、诚信、友善，积极培育和践行社会主义核心价值观。富强、民主、文明、和谐是国家层面的价值目标，自由、平等、公正、法治是社会层面的价值取向，爱国、敬业、诚信、友善是公民个人层面的价值准则，这24个字是社会主义核心价值观的基本内容。党的十九大报告指出，"文化自信是一个国家、一个民族发展中更基本、更深沉、更持久的力量"。报告要求，全党全国各族人民"必须坚持马克思主义，牢固树立共产主义远大理想和中国特色社会主义共同理想，培育和践行社会主义核心价值观，不断增强意识形态领域主导权和话语权，推动中华优秀传统文化创造性转化、创新性发展，继承革命文化，发展社会主义先进文化，不忘本来、吸收外来、面向未来，更好构筑中国精神、中国价值、中国力量，为人民提供精神指引"。

（5）构建社会主义和谐社会。和谐是中国特色社会主义的本质要求，同时，又是人们一种普遍的心理需求。进入21世纪以来，中国共产党反复强调，要建构和谐社会，建设和谐文化，倡导和谐理念，培育和谐精神。建构和谐社会，需要建设和谐文化。和谐文化包括以和为贵的价值观念、和而不同的思维方式、宽厚包容的处世态度、通融和解的行为方式、平和理性的社会心理、天人合一的自然观念、身心一体的健全心态等基本内容，揭示了人与人的依赖关系、人与社会的依存关系、人与自然的友好关系、人与自我的一体关系，并致力于这些关系的协调一致和良性互动。和谐文化体现了人们对和谐的感受、认知和认同，对和谐目标的向往、推崇和追求，蕴含着互助、合作、团结、宽容、稳定、有序等价值理念，这些价值理念被贯彻到经济、政治、社会以及人的发展等各个环节和各个领域，贯彻到人们的日常生活之中，成为全社会的一种自觉的行为准则和道德规范，升华为人们的一种精神境界和精神力量。和谐文化的本质在于，用和谐思维方式来思考问题，建立以和谐为核心的价值体系，将和谐作为整个社会精神文化的思想内核，在全社会形成崇尚和谐的价值取向。和谐文化要求人们在生活交往中弘扬仁爱宽容精神，提倡相互尊重、彼此信任、坦诚相待，努力营造一种自由民主、尊重差异、包容多样的社会风尚[1]。

总之，新时代中国的人文关怀，要继承发扬马克思主义关于人的全面发展理论，要坚持以习近平新时代中国特色社会主义思想为指导，坚持以人民为中心的发展思想，大力弘扬社会主义核心价值观，把满足人的物质生活需求和精神文化需求相结合，把满足个体的需求和群体乃至社会整体的需求相结合，把满足当前生存的需求和长远发展的需求相结合，党委、政府、企业、社会和老百姓个体共同努力，共同构建共建共治共享的社会主义和谐社会。

---

[1] 寇东亮、张永超等：《人文关怀论》，中国社会科学出版社 2015 年版，第 18 页。

第二章
社会养老服务中的人文关怀

睡陰養老

一、养老服务与社会养老服务体系

（一）养老服务与社会养老

1. 养老服务

养老服务是衰老所导致的老年人独立生活和生存能力下降所产生的服务需求，与老年人个体的身体老化以及人口老龄化密切相关。从广义看，养老服务是指家庭、政府和社会为老年人安享晚年提供的所有正式、非正式的安排，包括物质、精神保障及其相应的制度安排，接近整个社会养老制度的安排。从狭义而言，养老服务是指家庭、社会为老年人提供的精神慰藉、文化教育、尊严保护、医疗保健等服务行为，以及围绕这些行为的设施和制度等，其与物质保障体系相辅相成，成为养老服务体系的主要组成部分[①]。养老服务从供给主体分类，可以分为家庭养老服务和社会养老服务两种类型。在传统农业社会，养老服务以家庭养老服务为主。进入现代工业社会以后，养老服务逐步由家庭养老服务过渡到以社会养老服务为主，社会同时为家庭养老服务提供帮助。

2. 社会养老

社会养老是区别于传统家庭养老的、通过社会途径、以社会制度保证的养老方式。社会养老是传统社会向工业化社会转变的必然产物[②]。当前，我国面临着人口快速老龄化、高龄老人和空巢老人数量急剧增长、家庭养老功能弱化、家庭少子化等诸多问题，越来越多的老人及家庭

[①][②] 张文娟：《中国社会养老服务体系建设》，社会科学文献出版社2017年版，第3页。

需要社会养老服务。

(二)社会养老服务体系

作为社会保障体系的重要组成部分,社会养老服务体系是指政府、社会对养老服务有支持意义的各种制度、政策、机构等所构成的系统。按照各种服务的类型和功能定位,可以分为基本社会养老服务体系和非基本养老服务体系。

1. 基本社会养老服务体系

基本社会养老服务体系(简称基本养老服务体系)是指与经济社会发展水平相适应,以满足老年人基本服务需求、提升老年人基本生活质量为目标,面向所有老年群体,提供基本生活照料、护理康复、精神关爱、紧急救援和社会参与等服务的设施、组织、人才和技术要素构成的网络,以及配套的服务标准、运行机制和监督制度。基本养老服务体系重点保障失能、半失能老人和低收入老人的基本服务需求。基本养老服务体系建设是政府的责任,其服务水准一般是提供中等条件的服务,属于社会保障事业的一部分。

2. 非基本社会养老服务体系

非基本社会养老服务体系(简称非基本养老服务体系)是指政府、社会为非营利性养老服务和市场养老服务提供的有支持意义的各种制度、政策、机构等所构成的系统。非基本养老服务体系建设应该是大老龄工作的重点,也是老龄产业发展的主要目标。

基本养老服务体系致力于满足占总人口绝大多数的中低收入家庭和老年群体的养老服务需求,对维持社会的和谐稳定、实现社会财富的再分配具有重要作用。就目前社会养老服务体系的发展规划来看,政府对于两种社会养老服务体系的建设采用了不同的发展策略。在当前阶段，政府在资金、扶持政策以及发展的优先顺序方面首先向基本养老服务体系倾斜，并承担着主导责任、扮演发展主力的角色[①]。

（三）建立完善社会养老服务体系的重要意义

借鉴欧美发达国家的发展经验，在和谐社会建设过程中，在老龄化程度日益加深的情况下，构建以照料工作为重心的社会养老服务体系，符合社会发展趋势，具有重要的现实意义。

1. 有助于提高老年人的生活质量

社会养老服务体系可以有效弥补家庭养老资源的缺陷，满足老年人多样化的服务需求。

2. 有助于提升老年人的家庭和社会地位

社会化养老服务体系帮助老年人减少了对家庭成员的依赖，在客观上增强了老年人独立生活能力，有利于增强老年人的自尊心和自信心。

3. 有助于促进家庭的和谐

完善社会化养老服务体系可以减轻部分家庭对患病老年人的照顾负担，从而缓解"久病床前无孝子"的尴尬局面，进一步增进家庭成员之间的情感。

4. 有助于极大地推进服务产业的发展

社会养老服务体系建设将大大促进老龄产业的发展，将老年人的多样性需求转化为服务产业的动力。

5. 促进了专业化分工、提高了社会生产力

社会养老服务体系建设不仅促进了养老护理行业的专业化，而且将

---

① 张文娟：《中国社会养老服务体系建设》，社会科学文献出版社2017年版，第3~9页。

原有的家庭照护人员解放出来，有利于他们从事社会价值更高的工作，实现了社会资源的优化配置，从总体上提高了社会生产力[1]。

二、我国社会养老服务体系的建设情况

新中国成立以前，由于连年战乱，无论是北洋军阀政府、还是国民党政府，都没有建立起完整的社会养老服务体系。新中国成立以来，我国社会养老服务体系建设经历了较长的探索过程，大致可以分为四个发展阶段：第一阶段（从新中国成立到改革开放初期），建立了以家庭为主的养老服务体系；第二阶段（1980~1999年），政府责任收缩，家庭独立承担养老责任；第三阶段（2000~2012年），政府主导养老服务体系建设；第四阶段（2013年至今），政府创新养老服务供给方式、提高养老服务质量[2]。总的说来，与发达国家较为完善的养老服务体系相比，我国社会养老服务体系还处于不断发展和完善的阶段。

（一）我国社会养老服务体系的建设目标

依据马斯洛的需求层次理论，老年人对社会养老服务存在不同层次的需求。我国社会养老服务体系建设的最终目标，就是满足老年人不同层次的养老需求。

---

[1] 张文娟：《中国社会养老服务体系建设》，社会科学文献出版社2017年版，第10~12页。
[2] 张文娟：《中国社会养老服务体系建设》，社会科学文献出版社2017年版，第3~9页。

1. 满足基于生理层次的养老需求

主要是指老年人对维持生命延续的养老服务需求，包括协助吃饭、穿衣、洗澡、如厕、上下床以及室内走动等。对具备部分自理能力的老人来说，则意味着包括做饭、洗衣、打扫卫生、购物等协助性养老服务。

2. 满足基于安全层次的养老需求

主要集中在医疗、住房和出行等三个方面，具体包括专业的健康护理服务、住房及社区的适老化改造、协助出行、购物、就医等服务。

3. 满足老年人归属与爱的养老需求

这类需求主要集中在精神层面，包括老年人的婚姻、家庭亲情、社会参与等，部分老年人还有宗教方面的需求。

4. 满足老年人自尊的需求

这类需求往往延伸为老年人为自身形体、服饰的关注、对知识和修养的提高等方面。相应的养老服务包括为老年人提供参与各种文娱体育活动、参与学习和培训的机会，为老年人提供知识普及和咨询等。

5. 满足老年人自我实现的需求

这个层次的需要主要来自自理型老人。相应的养老服务主要是为这类老年人提供参与社会、继续工作、发挥余热、回报社会的机会，帮助老年人实现个人的人生价值[①]。

（二）我国社会养老服务体系的建设思路

进入新世纪以来，围绕居家养老、社区养老和机构养老在社会养老体系中的不同地位作用，党和政府逐步完善了我国社会养老服务体系

---

① 张文娟：《中国社会养老服务体系建设》，社会科学文献出版社2017年版，第14~16页。

的政策表述。2006年,国务院办公厅转发全国老龄办等的有关文件时,明确提出建设"以居家养老为基础、社区服务为依托、机构养老为补充的服务体系"。2009年起,国家发改委、民政部在全国开展"基本养老服务体系试点"。2010年,民政部提出,要建设"以居家养老为基础、社区服务为依托、机构养老为支撑,资金保障和服务保障相匹配,基本服务与选择性服务相结合,形成政府主导、社会参与、全民关怀的服务体系。"2015年,《中共中央关于制定国民经济和社会发展第十三个五年规划的建议》中,提出十三五期间要"建立以居家为基础、社区为依托、机构为补充的养老服务体系"。从"机构为支撑"到"机构为补充",一词之变折射出"十三五"乃至未来更长时期我国养老政策的新思路。这一思路适合国情,符合中国人居家养老的文化传统,适应了中国未来养老的新方向[①]。

(三)我国社会养老服务体系的工作机制

按照福利多元主义的相关理论,社会养老服务体系的建设应该包括家庭、政府和社会等三个服务提供主体,其中家庭主体包括家庭和个人,社会主体包括企业和社会组织。相关学者认为,我国社会养老服务体系建设中,各方主体应该建立起"共担、互补、协调"的工作机制。"共担"是指作为养老服务主体的政府、家庭等正规、非正规组织基于共同的目标,共同努力、共担责任。"互补"是指结构、功能相异的政府和家庭等组织,在养老保障过程中各有所重、各有所为,相互促进、相互补充,做到资源整合、有效利用。"协调"是指政策、法律、道德、文化等保障要素密切配合,分工有序、共同促进家庭、政府、社会等

---

① 张文娟:《中国社会养老服务体系建设》,社会科学文献出版社2017年版,第4~5页。

各方面力量履行职责，实现整个机制的稳定运行。在三个机制中，"共担"是前提，"互补"是基础，"协商"是关键[①]。

三、当前社会养老服务中人文关怀缺失的主要表现

毋庸置疑，中华人民共和国成立近70年以来，特别是改革开放以来，我国社会养老服务体系建设取得了较为突出的成绩。但正如党的十九大报告指出的，"中国特色社会主义进入新时代，我国社会主要矛盾已经转化为人民日益增长的美好生活需要和不平衡不充分的发展之间的矛盾"，"发展不平衡不充分，这已经成为满足人民日益增长的美好生活需要的主要制约因素"。老年人对美好的晚年生活的期盼，与社会养老服务体系建设取得的成绩之间，还存在诸多突出的问题和矛盾，造成了对老年人人文关怀的严重缺失。

（一）养老服务总体上供需结构失衡

截至2017年底，我国60周岁以上老年人口已经达到2.41亿人，失能老人超过4000万人。巨大的养老服务需求，考验着发展中的社会养老服务体系。尽管各级政府都在不断加大投入力度，积极推动形成"居家—社区—机构"合作共担的养老服务体系，但是仍然存在总体供给水平较低、供需结构失衡的问题，具体表现为：居家养老服务体系不健全，难以支撑居家养老服务落地；社区养老服务"软件"建设滞

[①] 董红亚：《中国社会养老服务体系建设研究》，中国社会科学出版社2011年版，第67页。

后，无法充分发挥资源对接平台的作用；民办养老机构服务水平总体不高，养老服务标准化不足，入住率逐年下降，存在大量养老服务资源闲置的问题[①]。

（二）养老服务的内容还比较单一

在新中国成立后相当长一段时间内，政府仅仅将城乡无子女老人、退伍伤残军人等作为养老服务的主要服务对象，通过建设集中居住的养老院（敬老院）等，提供生活照料等基本养老服务。随着1999年我国进入老龄化社会，巨大的老年群体迫使政府将全体老年人纳入社会养老服务范畴，科学筹划社会养老服务体系建设。但是，由于受过去传统养老服务模式的影响，服务内容仍然集中在生活照料等方面，对老年人的健康医疗需求、精神文化需求方面的服务推进缓慢，远远不能满足老年人的各方面需求。

（三）养老服务的形式缺乏人文性

为了从老人身上获取更多利益，相当一部分养老机构存在诱导老人消费、服务项目过度商品化等问题。还有部分养老机构为了摊薄房屋面积带来的成本，将多个不同生活经历、不同生活习惯的老年人安排在同一个大房间，超过了老年人的心理接受水平，导致同一房间的老年人经常因生活习惯不一致而矛盾重重。还有的养老机构为了便于管理，对入住老年人的行为和活动范围约束过严，忽视了老年人的个性

---

① 贾玉娇：《中国养老服务体系建设中的突出问题及解决思路》，载于《求索》2017年第10期，第90~98页。

需求。还有的养老机构注重利用高科技、信息化的手段代替服务人员，节约了人力成本，却忽视了老年人与服务人员之间的情感交流。

（四）养老服务的专业化水平不高

2017年，民政部和国家标准委首次明确了养老服务应该包含生活照料、精神慰藉、健康管理、医疗护理、安宁服务、社会工作、休闲娱乐、文化教育、权益保障等9项主要服务内容[①]。由于这9项服务内容涉及民政、卫生、教育、文化、体育、司法、社会工作等多个领域和部门的协调和配合，加上相关领域本身就存在专业人才严重不足的问题，因此，当前养老服务的专业化水平总体偏低。

（五）养老服务的整体质量有待提高

养老服务无论内容多少，都要由具体的养老服务机构来提供。从相关部门提供的数据来看，截至2017年底，我国共有养老服务机构14多万家，其中注册的养老机构仅4万余家。2017年民政部开展了"养老机构质量安全大排查行动"，但养老机构的总体服务质量并没有得到明显的提升。集中表现在：公办养老机构因拥有资金保障渠道，相关质量管理措施（如严格落实国家标准、加强质量管理和监督等）容易落实到位；民办养老机构特别是民办非营利养老机构中的大部分都处于亏损状态，无法筹资更多资金去落实标准、改进服务、提高质量。

---

① 民政部、国家标准委关于印发《养老服务标准体系建设指南》的通知，2017年8月24日。

四、社会养老服务中人文关怀缺失的原因分析

（一）理念方面的原因

社会养老服务中人文关怀缺失，最主要的原因是当前我国全社会普遍缺乏人文关怀的理念。尽管党的工作报告、重要文件中反复强调要加强人文关怀，但真正落实到具体的工作中，特别是养老服务工作中，还需要较长的路要走。一是普遍缺乏对人文关怀本身的理念和认识。这是由于市场经济发展对我国社会发展、进而给每一个人带来的负面影响。二是普遍缺乏对老年人人文关怀的认识。相当一部分受市场经济和功利主义的影响，认为老年人已经没有什么社会价值，不需要给予人文关怀了。三是普遍缺乏对人口老龄化的正确认识。相当一部分人将人口老龄化视为国家、社会和家庭的负担，没有看到老龄化进程的积极因素。

（二）政策层面的原因

目前，我国社会养老服务的政策规范建设尚处于初级阶段，相关政策多是原则性、纲领性文件，政策的精细化水平较低[1]。在政府层面，社会养老服务涉及民政、卫生、财税、土地、教育、安全生产监管、司法、文化、体育等多个部门，部门出台的政策之间的衔接有待于进一步加强。同时，由于经济社会发展不平衡，我国各省市的养老服务政策也存在

---

[1] 贾玉娇：《中国养老服务体系建设中的突出问题及解决思路》，载于《求索》2017年第10期，第90~98页。

诸多不平衡的问题，对国家层面的政策落实力度差异很大，给老年人在不同地区流动接受养老服务造成诸多不便。另外，随着经济社会的不断发展，老年人的合理需求也处于变化发展过程中。如何让养老服务政策适用老年人的需求变化，也是政策制定者需要面对的重要问题。

（三）制度层面的原因

围绕社会养老服务体系建设，无论是国家层级、还是省市层级，都已经出台了相当数量的制度文件，涵盖了建筑、财务、税务、人事、产权、薪资、金融、法律、医疗、专业人才培养等多个方面。由于社会养老服务体系建设本身的复杂性，我国已有制度还不能完全覆盖养老服务体系建设的方方面面，并且也存在着不同部门制定的制度相互矛盾的问题，社会养老服务体系的法制环境总体不完善，各地、各领域配套的制度也还明显不足，造成不同了责任主体的合法权益得不到应有保障。另外，由于我国老龄化进程非常迅猛，相当一部分养老服务制度安排具有应急的色彩，还不能满足养老服务体系建设的长期需求[①]。

（四）道德层面的原因

道德层面的原因，既有市场经济对社会生活的影响，也有子女亲情淡漠、责任缺失的问题，更有部分养老服务机构唯利是图的问题。

1. 市场经济严重冲击传统的亲情孝道

受市场经济的影响，当今我国社会中人与人的关系越来越异化为

---

① 贾玉娇：《中国养老服务体系建设中的突出问题及解决思路》，载于《求索》2017年第10期，第90~98页。

"物的依赖关系"。部分子女对父母的亲情，被简单的市场观念所误导。老年人因年龄、健康等原因，不能为家庭和子女创造更多的财富，需要子女家庭提供赡养服务时，被个别子女视为生活的负担而产生遗弃老人的现象。

2. 部分子女未能履行孝敬老人的责任义务

在城镇地区，年轻人家庭普遍为双职工家庭。夫妻双方不仅要奔波于工作场所和家庭住所之间，还要为子女教育奔忙，客观上造成了赡养照顾老年人的精力和时间远远达不到老年人的期盼，造成孝敬老人义务的缺失。在广大农村地区，年轻人普遍外出打工，不仅无暇顾及老年人的赡养责任，还将孩子留给家中老人照顾，造成普遍而严重的"留守老人"和"留守儿童"的现象。

3. 部分养老机构还存在重利轻义的倾向

养老服务既是一项事业，也是一项产业。养老服务供给单位要根据不同老年人的不同需求和相应的支付能力提供相应的养老服务。但是相对一部分养老服务提供者只看到养老服务的产业属性，认为养老是朝阳产业，以为养老服务产业是下一个投资金矿，投入大量资金进入养老服务中，期望很快收回成本、甚至期望能够大捞一把。因此，在提供具体的养老服务时，采用了诱导老人消费、逼迫老人消费、擅自提高服务价格等现象，给老年人的晚年生活造成了负面的影响。

（五）操作层面的原因

目前，我国对老年人的养老护理理念和模式，主要来自于医学护理。而当前我国的医学护理主要采用的是生理模式。在生理模式下，老年人被分解成一系列生理性指标，从而制定出医学意义上的护理指标，继而建立起来的是一种医院式的机构护理模式。近年来，受发达国家先进医学服务理念的影响，我国的医学服务和护理服务，都正在经历从生理模式向生理—心理—社会模式的转变。由于医养结合推进缓慢，先进的医学和护理模式还没有应用到老年人的养老护理中，还不能满足老年人的精神、心理和社会需求。

五、社会养老服务中加强人文关怀的主要措施

提供精准化、精细化、专业化、科学化、人性化的养老服务是现代文明的体现，是现代养老服务体系建成的终极考核指标。加强养老服务中的人文关怀，必须从理念、政策、制度、标准、技术和人才等多方面入手，采取综合措施，才能取得扎实的效果。

（一）不断强化以人为本的理念

（1）要全面认可老年人的社会价值。每一个老年人，都是我们这个社会的重要组成部分。无论其身体健康与否，其智力知识和人生经验，不仅是社会的精神财富，也是家庭的感情寄托。

（2）要树立积极老龄化的观念。一个国家老年人口越来越多，本身就体现了这个国家具有较强的经济实力、科技实力和医疗健康保障水平。积极老龄化，就是将老年人视为国家和社会的财富，引导老年人在国家建设和社会发展中发挥更大的作用，同时引导老龄产业的健康发展，促进经济结构和产业机构不断优化。

（3）要尊重老年人的生理、心理、情感、社会参与和自我实现的需求，围绕老年人的合理需求提供各类养老服务。

（二）不断完善养老服务的政策体系[①]

（1）要区分老年人的不同情况，不断完善针对不同老年人群体的养老服务政策。对经济困难老人、失能失智老人、无子女老人和高龄独居老人，要完善政府托底的养老服务政策。对有经济支付能力、需求比较多元的老年人，要完善养老服务的产业政策。

（2）要区分不同养老服务供给主体，不断完善相关政策，进一步明确各级政府的托底责任，明确家庭在养老中的基本责任，同时鼓励企业和社会组织参与社会养老服务。

（3）要区分养老服务不同的经费渠道，不断完善相关政策，要明确政府资金重点投放的方向和渠道，同时鼓励社会资本投资养老服务业，特别是对于社会资本投资非营利养老机构，要明确产权关系、允许获得一定的回报。

（4）要面向所有的养老服务机构，不断完善监管政策。服务质量优秀的养老机构要鼓励发展连锁经营，扩大服务供给。服务质量低劣且整改不到位的养老机构，要制订相应的退出机制。

（三）不断完善养老服务的制度标准[②]

（1）要加强法制与相关规章制度建设。将人文关怀的理念，转化为养老服务的规章制度，填补养老服务立法空白，提高养老服务规范化

[①][②] 贾玉娇：《中国养老服务体系建设中的突出问题及解决思路》，载于《求索》2017年第10期，第90~98页。

水平，保障养老服务纠纷有法可依、有章可循，保障养老服务中多元主体的合法权益。

（2）要实现应急性与长期性制度安排的整合，逐步建立相关制度的长效机制。

（3）要推进配套性制度建设。加大力度开展制度协同、联动机制，推进养老服务体系良性、有序发展。

（4）要加强养老服务的理论研究，将国外先进理念与中国本土养老文化、国民心理等相结合，不断完善养老服务流程与标准，最大程度为老人提供人文关怀。

（四）养老服务中分类实施人文关怀

对老年人的人文关怀，是一个系统工程，涉及党政部门、家庭、社会（包括企业和社会组织）。就养老服务过程中来看，主要由具体的养老服务机构、专业服务组织和相关社区组织来提供人文关怀。

（1）要进一步厘清养老服务的主要形式。从近年来的实际来看，居家养老离不开社区的支持和帮助，居家养老实际上和社区养老密不可分。很多学者都在呼吁将二者进行合并，定义为居家社区养老。居家社区养老的服务对象主要是自理型老人，同时包括部分失能半失能老人。而机构养老主要服务对象是失能半失能老人、失智老人和部分高龄独居老人。

（2）要进一步明确人文关怀的提供主体。对自理型老人和选择居家养老的失能半失能老人，主要由居家社区养老机构、社区组织等共同提供人文关怀。对选择机构养老的失能半失能老人、失智老人和部分高龄独居老人，则主要由专业化的养老机构（同时要联合医疗、社工、司法、志愿者等专业机构）提供专业的养老服务，实现对老人的人文关怀。

（五）不断提升养老服务的供给水平

（1）充分发挥现代信息技术的作用，进一步挖掘分析老年人的合理需求，建设以互联网为载体的虚实结合养老服务平台，促进养老服务机构资源优化和高效配置。

（2）引导社会养老服务业升级，引导养老机构、社会企业和相关社会组织，面向老年人高层级需求发展特色养老服务，努力形成"高、精、尖"的服务项目，努力打造养老服务品牌。

（3）建立基于互联网的养老服务的社会信用评价体系，完善准入机制、服务质量和安全的监督评价机制，确保老年人享受到性价比、安全性、专业性和人性化水平高的服务[1]。

（4）加强养老服务及管理的专业人才队伍建设，完善养老机构负责人和养老护理员的职业培训体系，完善养老服务行业的激励措施和薪酬制度，通过模范选树、媒体宣传等方式提高养老服务从业人员的职业荣誉感和社会认可度。

六、居家社区养老服务中的人文关怀

采用居家社区养老服务的老人，大部分为自理型老人。做好居家社区养老服务中的人文关怀，主要就是做好自理型老人的人文关怀。

---

[1] 贾玉娇：《中国养老服务体系建设中的突出问题及解决思路》，载于《求索》2017年第10期，第90~98页。

第二章 社会养老服务中的人文关怀

（一）自理型老人的生理变化[①]

随着年龄的增长，老年人的身体形态、生理功能都会发生较为明显的变化，经常会患上一些与年龄相关的疾病。

1. 老年人的身体形态特征

老年人表现出不同于其他生命阶段的显著特征，具体表现在头发（如变白、脱发甚至秃顶等）、皮肤（皱褶加深、表皮粗糙，出现老年斑、老年瘢等）、身高（出现弯腰驼背等体征，导致身高会逐渐变短）、体重（有的逐渐减轻、变得消瘦；有的则体重逐渐增加）及其他方面（如肌肉松弛、牙齿松动脱落、语言缓慢、耳聋眼花、手指哆嗦、行动迟缓、运动障碍等）。

2. 老年人的生理功能特征

随着个体进入老年，老年人在心血管系统、呼吸系统、消化系统、运动系统、内分泌系统、神经系统及感觉系统等方面都会出现功能性退化，进而导致一些特有的老年病的出现。

心血管系统老化主要包括心脏机能下降和动脉硬化两种表现，直接导致老年人易患冠心脑血管病及高血压病。

呼吸系统的老化，主要源于活性肺泡数量的减少以及脊柱等胸部骨骼弯曲对胸腔的挤压，容易造成肺气肿和呼吸道并发症，如老年支气管炎等疾病。

消化系统的老化，包括消化道各器官和消化腺体的老化，导致老年人容易罹患胃炎、便秘及大小便失禁等疾病。

运动系统的老化，包括肌肉弹性降低导致容易疲劳、骨骼中钙含量降低导致骨质疏松、易骨折、关节软骨组织过度磨损，或钙化，或增生导致硬度下降、脆性增加等，容易造成老年人的疲劳、骨质增生、

[①] 赵学慧主编：《老年社会工作理论与实务》，北京大学出版社2013年版，第2~5页。

关节炎等疾病。

内分泌系统因内分泌腺体发生组织结构的改变，引起不同程度的内分泌紊乱，如胰岛素分泌减少容易造成老年糖尿病，性腺的萎缩则会导致老年人出现更年期综合征等。

神经系统包括中枢神经系统和周围神经系统。和年轻人相比，老年人的大脑逐渐萎缩，脑重量减轻，脑细胞数相应减少20%~50%，神经传导功能衰退，对刺激的反应时间延长，大多数感觉减退、迟钝甚至消失。神经中枢机能的衰退，导致老年人变得容易疲劳、睡眠欠佳。此外，由于脑功能失调而出现的智力衰退还容易引发老年痴呆症。

感觉系统的老化主要包括视觉、听觉、味觉、嗅觉、皮肤感觉等感官功能的退行性变化。视觉上的退化，主要表现为老年人均会出现不同程度的视力障碍，比如远视。另外，老年人还容易出现视野狭窄、对光亮度的辨别力下降以及老年性白内障等。听觉上发生的衰退，表现为老年人对声音的感受性和敏感性持续下降，出现生理性听力减弱甚至耳聋。味觉上的退化，则是因为舌面上味蕾数量的减少，使得老年人味觉迟钝，常常感到饮食无味。嗅觉上的退化，表现为老年人鼻内感觉细胞逐渐减少，导致嗅觉变得不灵敏，而且对从鼻孔吸入的冷空气的加热能力减弱，因此，老年人容易对冷空气过敏或患伤风感冒。皮肤感觉的减弱，表现为老年人的触觉和对温度的感觉减弱，容易造成烫伤或冻伤。另外，老年人的痛觉也会变得相对迟钝，难以及时躲避伤害性刺激的危害。

3. 老年人常见的生理性疾病

老年病可以分为三类：第一类是老年人特有的疾病，即只有老年人才生这样的病，如老年痴呆症、动脉硬化、老年性耳聋等；第二类是老年人常见的疾病，这类疾病也有可能在中年期就发生，但在老年期表现得更为明显，如冠心病、高血压、糖尿病、慢性支气管炎等；第三类是老年人和青壮年都可能发生的疾病，但老年人的发病率和临床表现与青壮年有所区别。例如肺炎，儿童、青年、老年人都可能患上，但老年人的肺炎往往具有症状不典型、病情较严重等特点。

（二）老年人常见的心理问题

综合相关文献可知，老年人的心理问题主要表现为孤独、焦虑、抑郁、自卑、离退休综合征、空巢综合征、高楼住宅综合征等形式。

1. 孤独

老年人感到孤独，主要有三个方面原因。一是因为退休，缺少了过去同事的陪伴，人际关系也变得简单了。二是子女孙辈因为工作学习，很少来探望。三是有的老年人丧失配偶，个人独居倍感孤独。

2. 焦虑

老年人感到焦虑，可能和老年人各种生活事件，如离退休、再婚、经济窘迫、疾病或药物副作用、部分生活能力丧失等有关。

3. 抑郁

老年人抑郁在 50~60 岁高发，是老年期最常见的精神障碍之一，是老年人心头的烦闷长期得不到抒发后憋出来的。恐老、怕病，又无人倾诉是最重要的原因。另外，与经济窘迫、家庭关系不和等也有关系。

4. 自卑

老年人自卑，有的是因为身体能力下降，生活能力下降，容易变成子女的负担和累赘；有的是因为赶不上时代的变迁和科技的进步，感觉自己落后了、被时代抛弃了；还有些老年人因为家庭矛盾或者是生活窘迫，觉得在街坊邻里面前没有颜面而自卑不已。

5. 离退休综合征

出现离退休综合征的老人，一部分人是因为壮志未酬，一部分人是因为恋栈权势，更多的人是因为不适应退休生活，主要表现为坐卧不安、行为重复、犹豫不决、不知所措、烦躁、敏感、失眠、心悸。

6. 空巢综合征

患上空巢综合征的老人，在子女长大后离开自己外出生活后，感觉自己被舍弃、被疏离，孤单、寂寞、缺乏精神慰藉，进而对自己存在的价值感到怀疑，产生一系列心理失调症状，严重的甚至诱发一些疾病。

7. 高楼住宅综合征

患上高楼住宅综合征的老人，则是长期居住在高楼中、深居简出的高龄老年人，多表现为情绪不稳定，消沉、抑郁，烦躁不安，性格孤僻，不愿与人交流，难以与人相处，严重者甚至失去生活信心而产生自杀倾向。与此同时，运动量的减少还可能使老年人变得体质虚弱，出现一些症状，如食欲缺乏、消化不良、面色苍白、四肢乏力、难以适应气候变化等[①]。

（三）满足自理型老人的基本需求

老年人的基本需求包括生理需求和安全需求。无论是居家养老、社区养老还是机构养老，每一种养老形式都必须首先满足老年人的基本需求。

1. 满足老年人的生理需求

对自理型老年人来说，生理需求主要包括营养、排泄、休息与睡眠、活动和性等方面的需求。其中，老年人的营养要注意蛋白质、糖类、脂肪、维生素、无机盐和膳食纤维、水之间的平衡搭配。排泄方面要注意排

---

① 李惠玲：《护理人文关怀》，北京大学医学出版社2015年版，第139~141页。

尿和排便的数量及频次。休息方面要采用多种方式，如唱歌、跳舞、听音乐、散步、赏花、聊天等，尽可能减少白天睡觉的时间，有利于提高夜间睡眠质量。在活动方面要根据老年人自身的身体功能条件，循序渐进安排各类活动，要避免活动负荷超过身体接受水平，同时要避免夜间临睡前剧烈活动。在性需求方面，要主动满足老年人对婚姻的合理需求，帮助有条件的独身老年人重新获得婚姻的幸福，同时要对老年人的性生活给予必要的科学指导。

2. 满足老年人的安全需求

由于老年人机体功能的退化，他们的安全问题更为严峻。老年人的主要活动场所就是家庭居室和临近社区。居室和社区的安全，会直接影响老年人的生活与身心健康。对仍居住在原有住所的老年人，要创造条件对其住房及进出通道进行适老化改造，消除各类安全隐患。对居住在养老公寓或社区的老人，公寓和社区要确保老人居室和小区环境符合适老化的要求。同时，要预防老年人的各种意外损伤。

（1）预防跌倒。据有关统计，我国65岁以上老年人意外伤害死亡的首要原因是跌倒。老年人跌倒主要发生在室内，其中1/3发生在卧室，其次是在房门口、浴室、厨房、楼梯等[1]。因此，有关专家建议，老年人居室不要太大，要布置得紧凑而适度，以减少跌倒的几率，同时有助于老人的睡眠[2]。

（2）预防坠床。坠床多发生在老年人改变体位、体力不支、睡梦中翻身、床上取物及下床时。坠床的原因很多，可能和老年人所患疾病（如心血管疾病、内耳眩晕症等）、药物（如抗精神病药、镇静催眠药等）、环境（如物品拿取不便、床的稳定性差等）、衰老（平衡能力降低等）有关。

---

[1] 李惠玲：《护理人文关怀》，北京大学医学出版社2015年版，第136页。
[2] 董红亚：《养老机构的建设和管理》，中国社会出版社2015年版，第77页。

预防坠床，除了预防跌倒中提到的措施外，还应确保床的安全，应根据情况适当加床挡或用椅子当床挡。对于行动不便、视力下降、虚弱且无法自我照顾的老年人，需有人陪同下床，协助生活。

（3）预防噎呛。因噎致死的人中，75%左右为老年人。老年人噎呛，可能与衰老（牙病或牙齿残缺，咀嚼能力明显下降，或咽喉部感觉减退、吞咽与咳嗽反射降低等）、注意力下降（痴呆、睡眠障碍等）及其他原因（进食过快、边进食边说话、食物过硬或过粘等）有关。为了预防噎呛，应避免带有鱼刺、骨头等容易卡住的食物以及年糕等黏性较强的食物；避免食物过冷或过热；避免过量饮酒。进食时应注意力集中，情绪不稳定时不宜进餐。肉类应分割成小块慢慢进食，鼓励少食多餐、细嚼慢咽。

（4）预防烫伤。老年人烫伤，主要因素是衰老（温度觉减退，对热的耐受力降低）、疾病（脑血管疾病、糖尿病、周围神经病变等致痛觉和温觉减退）、生活中的热应用（使用电热毯、热水袋、电暖手宝等取暖用品时，温度过高或表面无包裹，直接接触皮肤等），以及治疗中的热应用（应用烤灯时温度、距离调节不当等）。因此，老年人在生活中应注意很多细节。如沐浴、做饭、使用取暖用品、使用红外线烤灯治疗时，要注意防止烫伤。此外，乏力、有视力障碍的老年人，在倒热水、喝热汤时，应由他人协助[1]。

（四）满足自理型老人的高级需求

1. 老有所乐

老有所乐的途径和方法很多。要鼓励和引导老年人"求乐"，意在

---

[1] 李惠玲：《护理人文关怀》，北京大学医学出版社2015年版，第135~137页。

希望老年人走出家门，融入社会，从选择的活动中，体味生活的乐趣。比如：参加、参与或观赏社区或养老机构举办的各种文体活动；参加旅居养老活动；上老年大学（课程有电脑、摄影、书画、音乐、戏曲、舞蹈、健身、外语、烹饪等）；垂钓；晨练；参加社区的志愿服务活动等。

2. 老有所学

老有所学有利于改善老年人的精神健康状况，提高老年人素质，也有益于家庭和社会。要创造条件，搭建平台，引导和鼓励广大老年群体学习各方面的知识，掌握相应的技能。学习政治经济知识，主要是帮助老年人正确认识社会经济发展形势。学习文化娱乐技能，主要是帮助老年人培养个人兴趣爱好，丰富晚年生活。学习科学技术和健康养生，主要是帮助老年人了解现代科技发展和科学养身常识，防止上当受骗等。

3. 老有所爱

年老情更重，情感需求是老年人精神需求的核心和关键，情感需求的满足是老年人晚年幸福与否的重要因素。一是要丰富爱情婚姻生活。老伴儿是个宝，晚年和老伴儿能成双入对地生活，心里就多一份踏实。鼓励和引导老年人夫妻一起去旅游、一起尝试新鲜事物、一起回忆美好岁月和浪漫往事等，积极为离异或丧偶的老年人的晚年幸福出谋划策，让爱情滋润老年人的晚年生活。二是关注晚辈子女成长。亲情是补药，老年人有儿孙绕膝，看到生命的生生不息，精神上就多点儿慰藉和寄托。帮助老年人建立与子女、孙辈之间和谐的亲情关系，使老年人充分享受天伦之乐。三是发展邻里朋友关系。朋友如拐杖，老年人要建立和扩大自己的交际圈子，有老友，也要有新朋，鼓励和引导老年人多结交好友，互助交流，为自己的晚年多一份幸福的保障。四是帮助其他高龄老人。鼓励社区的低龄老年人服务社区的高龄老年人、健康老年人帮助失能老年人，组织老年互助队，为老年人提供志愿服务，为积极应对人口老龄化作出贡献，同时，低龄老人通过服务高龄老人也可解除自己晚年生活的孤独和寂寞。

4. 老有所为

充分发挥离退休老年人的独特优势和积极作用，持续深入开展为党和人民事业增添正能量活动。一是发挥党员骨干作用。引导老党员在家庭中传导尊老爱幼、邻里互助的正能量，在单位内传送心怀党的事业、忠于职守的正能量，在社会上传播勇于担当、余热生辉的正能量，引导他们在大是大非面前旗帜鲜明、立场坚定，在社交圈、朋友圈、老年社团中传递好爱党爱国、阳光透明的正能量。二是支持老年人继续为原单位发挥余热。通过返聘离退休老干部，充分发挥他们在人生智慧和工作经验方面的优势，激发他们的工作和创业热情，有效防止离退休老干部的"精神颓废"，让他们退而有为。三是组织老年人参加劳动、获取收入。鼓励老年人在力所能及的范围内，从事社会劳动，并依法获得相应报酬，帮助老年人在自我实现的同时，提高晚年的生活收入水平和生活质量。四是组织老年人参与社区志愿服务。鼓励更多老年人加入社区志愿服务队伍，通过结对帮扶、志愿服务等形式，为社区的发展做出贡献的同时，也充实了自己的晚年生活，进一步实现了自己的人生价值。

七、机构养老服务中的人文关怀

选择机构养老形式的老人，大部分为失能半失能老人。因此，机构养老服务中的人文关怀，要全面分析失能半失能老人的身心特点和合理需求，在建设、服务和管理过程中，有针对性的做好人文关怀。

（一）失能型老人的生理与疾病特点[①]

1. 原有疾病病程长、康复慢

失能老人原有疾病不能痊愈，对身体功能造成损伤导致失能。在医院进行了急性期治疗后，治愈失能老人的原有疾病、恢复相关功能，是一个漫长的过程。

2. 新发疾病的临床症状不典型

失能老人的中枢神经系统发生退行性变化，对各种刺激的反应变差、感受性降低。对新发疾病的感觉和反应都不敏锐，使得新发疾病很容易被延误诊治。

3. 失能老人容易出现并发症

失能老人因长期卧床，身体功能衰退，处于临界状态。一旦出现新发疾病，特别容易引发心脑血管、呼吸系统、消化系统等各种并发症。

4. 长期用药易出现毒性反应

失能老人长期服用某一类药品，加上代谢功能下降，导致药物在体内的代谢与排泄速度都减慢，极易在体内蓄积，出现药物不良反应或药物中毒。

（二）失能型老人的心理变化特点[②]

失能型老人大多患有慢性病和身体功能障碍，要承受长期的疾病折

[①] 李惠玲：《护理人文关怀》，北京大学医学出版社2015年版，第146页。
[②] 李惠玲：《护理人文关怀》，北京大学医学出版社2015年版，第147~148页。

磨，生活不能自理，所以其心理状况往往比较复杂。

1. 敏感多疑

失能型老人对自己所患疾病过分关心，害怕出现更加可怕的后果，同时又认为现有治疗手段对自己无效或解决不了问题，总觉得病情和身体状况没有好转反而加重，甚至无药可治，整天惶恐不安。

2. 孤独寂寞

失能型老人因身体功能受到损失或障碍，人际交往大大减少等原因容易滋生孤独、寂寞的情绪，并且由于其感知能力、交流能力和语言表达能力的减弱，会进一步加剧其孤独感、寂寞感。

3. 悲观失望

长时间的疾病缠身和生活不能自理，使失能型老人缺乏生活信心，怕连累家人，甚至产生濒死感，容易因为疾病和失能产生异常情绪和极端性反应。

4. 被动依赖

失能型老人一旦感觉不到康复的希望后，会对生活中各种活动丧失兴趣、变得麻木，更加依赖别人对他的照料，甚至自己有能力完成的事情也不愿意去做，形成了被动依赖。

5. 焦虑恐惧

面对疾病久治不愈或长期失能状况，失能型老人的心理压力会日益加剧，一方面认为自己给家庭和他人造成拖累、重负，另一方面出于人的本能，往往对死亡更加感到恐惧。

（三）机构建设过程中的人文关怀

养老机构重视人文关怀，说到底就是要让老年人住在各类社会群体

第二章　社会养老服务中的人文关怀

中，生活在社会中，而不是形成独立的孤岛，过着与世隔绝的封闭式生活[①]。因此，养老机构在建设过程中，要从老年人身心特点出发考虑问题，使养老设施更加符合老年人的生理心理需求。

1. 选址要考虑人文环境

对养老机构来说，好的人文环境就是周边有成熟的社区，有各种相应的配套设施，包括医疗急救、日常商品供应、体育健身、文化娱乐、管理服务设施，以及便利的交通等。这样既有利于给老年人以便利和安全感，使他们从心理上感到接近他们过去的生活形态，也有利于减少养老机构的配套减少成本[②]。

2. 确保老人使用安全

养老机构的建筑设计及设备配置要以安全为首要原则，体现在易于识别、易于控制和选择、易于到达、易于交往、无障碍性[③]等五个方面。通过对设施细节的要求，全方位保证老年人安全，如采取地面无高差、铺设防滑地胶、关键位置设置扶手、墙体和设备减少尖角和突出物等具体措施。

3. 服务设施讲究实用

在建设过程中，养老机构要从实用角度出发配置服务设施，使老年人能够便捷、有效率地对建筑设计及设备设施进行利用，并与老年人生活习惯相符，同时又利于护理及管理人员提供服务、进行管理。收住失能半失能老人的养老机构，除了老年人的卧室、医务室、护理站、集体活动空间以外，还必须配置饭食加热设备、冷藏设备，同时配置一些简单的康复器械等。

---

①② 董红亚：《养老机构的建设与管理》，中国社会出版社2015年版，第37~38页。

③ 贾素平：《养老机构关于与运营实务（第2版）》，南开大学出版社2014年版，第34页。

4. 要遵循适老化原则

养老机构在房屋设计和设备设施配置中充分考虑到老年人的身体机能及行动特点，包括采用符合老年人视觉特点的色彩搭配、文字图案导引、配备大按键老人电话、设置助浴椅、居室房屋面积不宜太大、配合夜间辅助照明等措施。

（四）机构服务过程中的人文关怀[①]

1. 满足失能型老人的健康需要

要根据失能型老人的基础性疾病和身体功能损失情况，有针对性地提供生活照料和医疗护理。在饮食上要确保足够的营养。在卫生方面要常擦洗、翻身、保持一定时间的坐姿，防止肺部感染、压疮等疾病的发生。条件具备的养老机构，还可以引进康复治疗设备和专业人员，通过开展适当的康复训练，提升失能型老人的身体素质。

2. 满足失能型老人的安全需要

在饮食服务方面，要注意饭菜的温度，防止发生烫伤；喂饭动作要标准，避免发生哽噎等问题。在休息服务方面，要完善床铺栏杆等设施，避免发生坠床等意外事故。在从床上转移到轮椅上、进出卫生间、外出休息散心时，要确保安全。

3. 通过言语沟通改善心理状况

养老护理人员应以同情、关心、尊重的态度为失能型老人服务，做到语言美、行为美。对待老人要多用敬语，态度诚恳、温和，交谈时要言辞恳切、称呼恰当。要通过言语沟通，引导老人正确面对现实生活状况和身体功能状况，增强生活的信心。对老人取得的进步，要及

[①] 李惠玲：《护理人文关怀》，北京大学医学出版社2015年版，第147~148页。

时予以表扬鼓励。对老人的负面情绪，要及时给予缓解。

4. 满足老人的高级情感需求

一是要积极争取老人的家属子女、亲友同事的配合，让他们定期来探望老人、陪伴老人，给予老人亲情关怀和友情关怀。二是要注意了解老人年轻时的工作和生活，帮助老人回忆年轻时的工作生活成绩，用回忆增强老年人的幸福体验。三是要引导老年人树立新的生活目标，帮助老人去实现，并给予相应的鼓励和表扬。

（五）机构管理过程中的人文关怀

1. 要树立人文关怀的基本理念

养老机构负责人要掌握人文关怀基本常识，并通过教育培训，引导管理人员和服务人员增强人文关怀意识，在工作中实践人文关怀。

2. 要建立完善内部管理制度

要将人文关怀理念融入各项制度中，包括人事管理、财务管理、卫生防疫与食品安全、保障设施管理、消防安全等，同时通过培训和示范，让管理人员和服务人员了解制度、执行制度。

3. 要建立完善服务操作规范

养老机构要建立完善包括老年人能力评估、基本护理、应急护理、康复训练和社会工作等在内的业务流程规范，同时通过培训和示范，让服务人员了解规范、严格按规范进行操作。

4. 要加强对职工的教育培训

通过专题培训，养老机构要引导全体职工了解老年人的基本常识，包括老年人的生理特点和心理特点。对养老护理员，还要开展老年人沟通技巧、老年人文体活动组织能力、老年人熟悉的文化娱乐节目等

方面的专题培训，以提升他们满足老年人高层次需求的能力和水平。

5. 要加强检查完善考核奖惩

针对人文关怀的管理制度和操作规范，养老机构要进行定期检查、考核评价。对落实制度、执行规范成绩突出的，要及时给予表扬和鼓励；对落实制度、执行规范还存在问题的，要及时纠正。

八、对养老护理员的人文关怀

对养老机构来说，养老护理员是最重要的人力资源。养老服务的规章制度、操作规范主要由养老护理员来落实，养老服务的质量、入住老人的满意度主要取决于养老护理员的工作质量。当前，由于养老护理员主要从事基础性照料服务工作、社会对养老护理员的职业认可度不高等原因，造成了养老护理员整体文化层次不高、养老护理岗位后继乏人等严重问题。养老护理员队伍建设已经成为影响我国养老服务体系建设发展、特别是长期照护体系建设发展的关键性问题之一。

加强对养老护理员的人文关怀，就是要满足养老护理员的合理需求，尊重养老护理员的个体尊严，尊重养老护理员的职业价值，提升养老护理员的社会认可度，从而促进长期照护体系建设，并进而促进社会养老服务体系建设。

（一）满足养老护理员生理层次的需求

（1）在建立劳动关系和工作纪律考核的基础上，按时足额发放工资，并根据机构经营状况，建立完善养老护理员的工资增长机制。

（2）不断改善养老护理员的劳动条件，为养老护理员提供更好的工作环境。

（3）明确养老护理员的劳动时间，保证足够的休息时间，避免因休息不足造成工作失误和职业倦怠。

（4）给予养老护理员适当的福利待遇[①]。

（二）满足养老护理员安全层次的需求

（1）强调规章制度的重要性，要通过经常性培训，提高养老护理员遵从规章制度的自觉和能力，减少工作失误和犯错的机会。

（2）要帮助养老护理员科学应对工作压力，包括个别老人的忤骚扰、正确面对老人的死亡等。

（3）要引导养老护理员珍惜工作机会。对养老护理员的工作失误和犯错，养老机构既要处罚，更要教育，要慎用辞退的权利。

（4）要为养老护理员提供必要的医疗保险、养老保险和失业保险。

（5）为养老护理员提供必要的住宿条件或给予协助，有条件的养老机构可为其子女提供必要的协助和支持[②]。

（三）满足养老护理员交往层次的需求

（1）养老机构要鼓励机构负责人、管理人员、保障人员与养老护理员建立密切的工作关系。

（2）养老机构要鼓励并创造机会，让养老护理员之间建立密切的工

[①][②] 吴照云主编，杨慧、吴志军等编著：《市场营销学（第 2 版）》，经济管理出版社 2001 年版。

作关系。

（3）养老机构要利用元旦、新年、三八节、五一、中秋、国庆等时间节点，组织养老护理员开展文娱、体育、休闲等集体活动，增强归属感和凝聚力。

（4）要通过工会等群众组织，支持养老护理员举办集体小活动[①]。

（四）满足养老护理员尊重层次的需求

（1）要通过教育培训，引导养老护理员提高对养老护理工作本身专业性和重要性的认识，增强自尊自爱。

（2）利用早交班、周会、月会、季度会和年会等机会，及时表扬优秀人员，给予相应的物质和精神奖励，并通过工作简报、画面海报等形式予以公开。

（3）积极推荐参加党和政府有关部门、群团组织和社会单位的评优奖励。

（4）在养老护理员与入住老人发生纠纷时，养老机构要尊重保护养老护理员的合法权益[②]。

（五）满足养老护理员自我实现层次的需求

（1）养老机构要将品德优秀、业务熟练、受老人欢迎的养老护理员选拔为业务骨干，支持其开展教学和科研工作，鼓励其参加业务交流活动和更高层次的业务学习。

---

① ［美］马斯洛原著，刘烨编译：《马斯洛的人文哲学》，内蒙古文化出版社 2008 年版。
② 吴照云主编，杨慧、吴志军等编著：《市场营销学（第 2 版）》，经济管理出版社 2001 年版。

（2）养老机构要主动对接当地工会、妇联等群团组织，通过设立"养老护理创新工作室"、"巾帼建功岗位"等技能创新平台，支持优秀护理员研究业务、提炼经验、创新工作、做好示范。

（3）要安排新入职人员向业务骨干学习，必要时举办"拜师学艺"仪式，提高全体养老护理员对业务技能的重视程度，又突出业务骨干在养老机构中的重要地位。

当然，对养老护理员的人文关怀，不仅养老机构要做好相关工作，党政部门和社会单位也责无旁贷。对党政部门来说，运用政策、法律和行政手段，在明确养老护理的职业属性和等级标准基础上，要大力开展职业队伍建设的相关活动，引导社会正确认识养老护理职业，不断提高养老护理员的职业美誉度。对社会单位来说，要发挥各自优势，协助党政部门、支持养老机构开展各类活动，不断提升养老护理员的社会认可度。

第三章
曜阳养老的探索与实践

醒阳养老

一、中国红十字会总会事业发展中心简介

（一）中心创办历程

中国红十字会总会事业发展中心，前身是成立于 2006 年 3 月的中国红十字基金会事业发展办公室；2009 年 2 月更名为中国红十字基金会事业发展中心。2011 年 5 月，根据中国红十字会总会《关于申请成立中国红十字会总会事业发展中心的请示》，中央机构编制委员会办公室批复，正式成立中国红十字会总会事业发展中心。

自成立以来，中心始终高举红十字公益大旗，坚持弘扬"人道、博爱、奉献"的红十字精神，秉承"心系民生、回报社会"的公益理念，通过创办公益性实体、建立专项公益基金、开展文化交流活动等，致力于养老服务、教育助学、救助扶贫、文化宣传等公益事业，打造了曜阳养老、拔萃教育和博爱中国等公益品牌。在具体工作中，中心发挥公益机构优势，调动和整合社会资源，积极探索公益性服务与市场化运作相结合的新型公益模式，得到了各级领导的充分肯定和社会各界的普遍好评。

（二）曜阳养老事业

自 2009 年以来，中心以弱势老人群体为主要服务对象，在敬老、助老、养老等方面开展了多项创造性的工作，逐渐形成了曜阳公益养老服务体系，树立了曜阳公益养老品牌。

1. 关爱贫困失能老人

中心通过建立曜阳托老所、培训选派曜阳保姆（养老护理员）、实

施中央彩票公益金项目、募集爱心捐款、建设"当你老了"公益募捐平台、组织博爱艺术团慰问演出等方式，不仅改善了中西部地区贫困失能老人在养老机构的生活条件，而且丰富了贫困失能老人的精神文化生活。

2. 建设曜阳养老机构

中心在当地政府和爱心企业的支持和帮助下，分别在扬州和杭州兴建了两所曜阳国际老年公寓。中心制订了《曜阳养老旗舰店建设工作方案》，着力打造扬州、杭州两地的曜阳养老旗舰店。中心与有关企业合作，分别在济南、北京、邯郸、贵阳等地建设了4所曜阳养老机构。中心积极与有关单位合作，主动开展农村养老服务试点工作。

3. 建设养老机构支持服务体系

中心通过多种形式，已与全国近3000家养老机构建立了经常的联系。中心发挥自身优势，积极协调社会资源，为养老机构提供了党建引领、财物资助、研究交流、人才培养、文化传播、信息技术等方面指导和支持性服务。

中心在相关专家的指导下，已经制订了《五年（2018-2022）发展规划》。未来五年，中心将在总会党组的领导和社会各界的支持下，做大做强曜阳公益养老事业，力争成为国内公益养老的引领者和弘扬红十字精神的示范者，为协助党和政府积极应对人口老龄化、协助推进新时代红十字会改革创新做出应有的贡献！

二、中心参与养老服务的时代背景

中心参与养老服务事业，主要有两个时代背景，一是迅猛发展的人口老龄化形势，另一则是新时代中国红会组织的改革创新。

（一）积极应对人口老龄化

1999年，我国60岁以上老年人口达到1.32亿，占总人口的比重超过10%，标志着我国正式老龄化社会[①]。进入新世纪后，我国人口老龄化发展非常迅猛。截止到2017年年底，我国60岁及以上老年人口达到2.41亿，占总人口的17.3%；65岁及以上老年人口超过1.58亿，占总人口的11.4%[②]。

由于我国的老龄化进程是在我国经济水平刚刚迈上中等收入水平国家行列时发生的，总体上呈现出"未富先老"的阶段性特征，迅猛增长的老龄人口及其养老服务需求与老龄事业、产业发展不平衡、不充分之间的矛盾，成为当前我国社会养老服务体系建设过程中的突出问题。具体表现为：老龄事业与养老服务体系建设进程中供给与需求之间不匹配之间的矛盾；各地区及其城乡人口老龄化趋势与其养老服务体系建设不平衡之间的矛盾；人口抚养结构转型的嬗变与其代际协调发展加剧之间的矛盾；老龄化进程中家庭养老功能的责任与其家庭功能逐步弱化之间的矛盾；老年群体管理的现实需求与社会治理方式相对滞后之间的矛盾[③]。

为了破解人口老龄化迅猛发展中出现的各种问题，党和政府不断推出积极应对人口老龄化的政策。2016年2月，习近平总书记指出，要"及时科学综合应对老龄化"。2016年5月27日，中共中央政治局就我国人口老龄化的形势和对策举行第32次集体学习。习近平总书记在主持集体学习

[①] 刘士杰、原新：《中国人口老龄化：进程、问题与政策》，载于《中州学刊》2011年第6期。
[②] 张泽滈、肖瑶等：《将养老服务推向高质量发展阶段——"养老服务质量理论与实践论坛"观点综述》，载于《西安交通大学学报》（社会科学版）2018年第4期。
[③] 陆杰华：《新时代积极应对人口老龄化顶层设计的主要思路及其战略构想》，载于《老龄居产业联盟》2018年6月7日，https://mp.weixin.qq.com/s/EtW3vbB5t8-X8j27s_C3lA。

时强调,"要完善党委统一领导、政府依法行政、部门密切配合、群团组织积极参与、上下左右协同联动的老龄工作机制,形成老龄工作大格局。"

(二)红十字组织的改革创新

1985年,中国红十字会第四次全国会员代表大会对中国红十字会的性质做了重要修改,明确规定"中国红十字会以实行人道主义为宗旨",把人道主义提到战略高度,指明了红十字会思想建设的方向和道路。1990年,时任国务院总理李鹏同志在给中国红十字会第五次全国会员代表大会的贺信中写道:"中国红十字会遵循人道主义宗旨,在救死扶伤、扶危济困、敬老助残、助人为乐等方面发挥了重要的作用。替政府分忧,为群众解难,深受广大群众的欢迎"。"救死扶伤、扶危济困、敬老助残、助人为乐"这十六字箴言,是对人道主义宗旨的具体化,也是红十字会开展工作的行动指南。

进入新世纪以来,包括红十字会在内的群团组织,逐渐出现了脱离群众的问题和"行政化、官僚化、贵族化和娱乐化"倾向。对此,中共中央于2015年8月召开了党的群团工作会议,发布了《关于加强党的群团工作的意见》,对包括红十字会在内的群团组织的改革发展提出了明确的要求。大力弘扬红十字精神,增强政治性、先进性和群众性,当好党和政府在人道领域的助手,成为新时代各级红会组织改革创新的主旋律。面对我国迅猛发展的人口老龄化形势,发挥自身在医疗救援与应急培训等方面的优势,主动参与积极应对人口老龄化工作,是当前各级红十字会在履行法定职责的同时,进一步发挥人道领域助手作用的最好途径。

三、中心参与公益养老的发展历程

面对我国日益严峻的老龄化形势，作为中国红十字会总会的直属单位，中心高举红十字精神大旗，通过参与公益养老事业，率先开始探索新时代背景下红会组织的发展道路。

回顾十九年来的工作，中心的公益养老服务事业，服务对象经历了从革命建设功臣等一小部分老人、到中西部贫困失能老人、再到中西部公益养老机构以辐射更多失能老人的过程，工作形式经历了从建设若干曜阳养老机构直接提供养老服务、到资助中西部民办养老机构以提高贫困老人生活质量、再到为广大民办养老机构的发展提供支持性服务的过程。

（一）调研阶段（1999~2005 年）

1999 年起，江丹同志任中国红十字基金会副理事长，主要负责红十字会服务"一老一小"方面的工作。从 2001 年开始，江丹同志带领所属部门和单位的同志，到相关省市调研养老工作，对我国老龄化的现状有了初步了解。

（二）探索阶段（2006~2013 年）

2006 年，红十字基金会事业发展办公室成立，由江丹同志兼任主任，负责管理江丹同志在社会各界支持下建成的扬州世明双语学校和北京拔萃双语学校。同年，江丹同志与爱心企业和地方政府合作，启动了"曜阳国际老年公寓"建设项目，尝试创办公益养老实体。

2009年2月，红十字基金会事业办发展办公室更名为红基会事业发展中心。同年，在社会各界的大力支持下，扬州曜阳国际老年公寓建成并投入运营，主要为对国家、民族和社会做出突出贡献的革命和建设功臣提供公益性养老服务。

2011年5月，中国红十字会总会事业发展中心获批成立。

在建设公益性养老实体的过程中，中心通过进一步调研后发现，仅有的2所养老机构，远远不能满足广大老年人对优质养老服务的巨大需求。在广泛征求意见建议的基础上，中心提出了建设"曜阳托老所"的设想。从2012年开始，中心先后在江西、陕西等革命老区和特困地区，与有关机构合作，面向社区和乡镇、面向中低收入家庭、面向失能老人，建立70余所"曜阳托老所"。"曜阳托老所"统一建设标识，配备专业辅助设备，培训养老护理人员，为老人提供了全方位的医疗护理和生活照料。

2013年，中心开始探索"曜阳保姆服务"养老模式，将"曜阳养老"服务延伸到社区和家庭，为低收入失能老人提供公益性的"保姆式"养老服务。

到2013年底，随着扬州和杭州富春江两个曜阳养老机构的全部建成并投入使用、全国近70家"曜阳托老所"改造完成和"曜阳保姆服务"开始提供上门服务，"十二五"时期机构、社区和居家"三位一体"的曜阳养老服务体系基本成型。

（三）发展阶段（2014~2017年）

2014年，在总结提炼并向上级部门汇报曜阳养老的阶段性成绩的基础上，中心通过总会向财政部、民政部提出申请，获准实施中央彩票公益金资助中西部养老机构发展项目。到2016年底，中心利用该项目共计为639家养老机构提供了物资资助。同时，中心以募集社会爱心捐赠的形式，筹集资金2000余万元，资助养老机构100余家。另外，中心组建博爱艺术团，每年组织知名艺术家、文化名人到中西部养老机构举办慰问演出，为当地群众和老人送去高水平的精神文化大餐。

通过各类物资资助和文化演出活动，中心与3000余家养老机构建立起了经常的联系和交流。从2014年起，中心协调比利时UCB健康教育基金、院士博爱基金，并自筹相关经费，先后举办了6期曜阳养老院长培训班和养老护理员培训班，培训人员近2000人，惠及全国1200多家养老机构。中心与中国社会保障学会等机构合作，举办了三届"中国养老服务业发展高层论坛"以及2017健康中国学术论坛、曜阳养老论坛、"互联网+"养老论坛等学术交流活动，为广大养老机构负责人提供了了解养老服务政策、学习管理运营经验的交流平台。

与此同时，中心加快了建设曜阳养老机构的步伐。2014年，中心与企业合作，建成了济南曜阳养老国际公寓并投入使用。2015年，中心与企业合作，建成了贵阳曜阳养老服务中心并投入使用。2017年，中心与企业合作，建成了邯郸曜阳养老服务中心并投入使用。2017年底，中心发布实施了《关于加强曜阳养老旗舰店建设的工作意见》，对今后三年扬州和杭州富春江两个曜阳国际老年公寓的发展目标、服务规范和管理指导提出了明确的要求和具体的措施。

（四）巩固阶段（自2018年起）

2018年5月，中心研究制定了《五年（2018—2022）发展规划》，进一步明确了今后一段时期中心参与养老服务的工作重心，既要关注和帮助广大贫困失能老人，也要做好曜阳养老机构的管理指导，还要为广大民办养老机构提供支持性服务。关爱贫困失能老人、管理指导曜阳养老机构、建设养老机构支持服务体系等，构成了"十三五"时期曜阳养老服务体系的重要内容（见图3-1）。

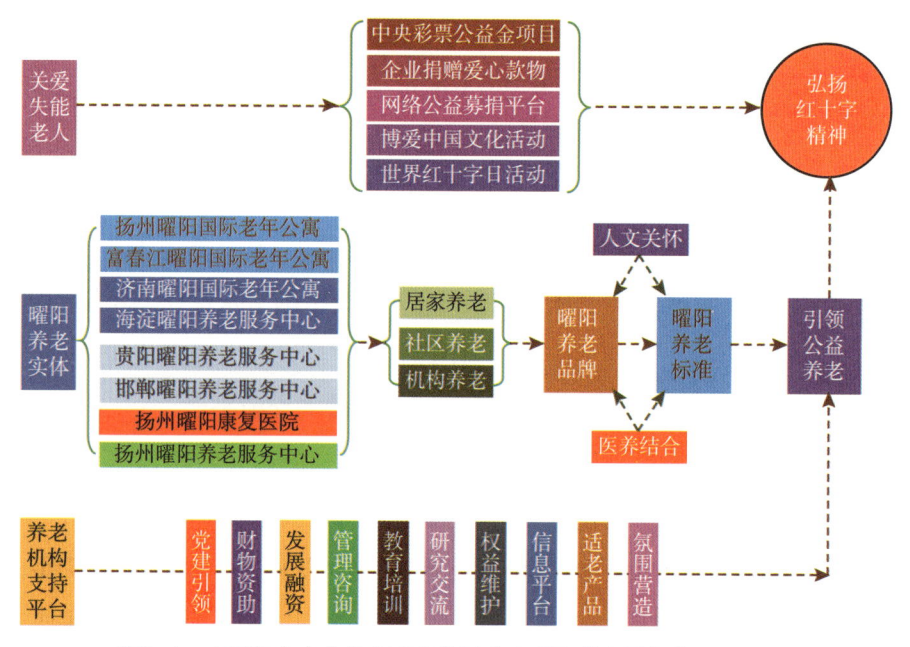

图3-1　中国红十字会总会事业发展中心曜阳养老服务体系示意图

四、中心参与公益养老的具体做法

从1999年开展养老服务调研，到2018年形成曜阳养老服务体系，中心在近20年的努力和探索中，始终坚持了六个方面的做法。

62

（一）积极践行红十字精神，聚焦弱势老年群体

红十字组织的工作职责是扶贫济困、救助弱势群体。从年龄状况和健康状况来看，老年群体无疑是社会的弱势群体。在老年人群体中，经济困难老人、失能失智老人、高龄独居老人、无子女老人等无疑是弱势群体中的弱势群体，需要全社会给予特别的关怀。有关数据显示，截至2017年年底，我国失能半失能老年人约4073万人。失能老年人中患有慢性病的比例高达74%。由于现有医疗和养老条件供给严重不足，失能老人很难享受到专业的生活照料和医疗护理。考虑到红十字会具有医疗护理和应急救援方面的优势，事业发展中心将弱势老年群体作为公益养老服务的重点对象，就是在积极践行红十字精神。

（二）发挥社会组织作用，推进公益养老事业

构建社会养老服务体系，需要家庭、政府和社会的共同努力。其中政府承担着"保基本、建机制、强监管"的职责，发挥好"托底"作用；社会包括营利性机构（企业）和非营利性机构（社会组织），要当好政府助手，担当"生力军"，在养老服务中做好"拾遗补阙"工作。特别是社会组织参与养老服务，就是要推进公益养老事业。

从中心层面考虑，事业发展中心积极参与养老服务，就是要充分发挥红十字会这个社会组织的积极作用，同时发挥红十字会医疗护理和应急救援方面的优势，协助党和政府推进社会养老服务体系建设。

从机构层面考虑，中心举办的曜阳养老机构全部注册为民办非企业养老机构，就是要发挥社会组织在社会养老服务体系建设中的生力军

作用，协助党和政府为弱势老人群体提供公益养老服务。

（三）凸显人文关怀特色，服务老人合理需求

在推进养老服务过程，中心坚持凸显人文关怀特色，全面满足老年人的物质生活需求、医疗健康需求和精神文化需求。

中心通过实施中央彩票公益金项目、筹集社会爱心资金等方式，帮助中西部欠发达地区养老机构不断提高入住老人的物质生活水平。

中心积极探索医养结合养老服务的途径和方法，为老年人提供健康医疗保障。中心专门为扬州曜阳国际老年公寓配套建设了一个二级康复医院——扬州曜阳康复医院，为杭州富春江曜阳国际老年公寓配套建设了一个一级医院——富春江曜阳医院。两个医院为入住公寓的老人提供了完整的健康保健、门急诊治疗和住院治疗、康复治疗等服务。中心同时指导济南曜阳国际老年公寓建设了医务室，并与济南市第五人民医院建立了老人就医的绿色通道。中心指导贵阳市曜阳养老服务中心，在为入住贵阳曜阳养老公寓的老人提供全天候的医疗康复服务的同时，启动了"曜阳关爱·温暖到家"公益活动，每年免费为当地居家养老的老人提供超过 1000 万元的医疗养老服务。

中心指导各曜阳养老机构，组织开展健康讲座、保健养生、心理辅导等特色服务，并协调组织当地社工、大学生志愿者等，进入曜阳养老机构，开展读书读报、谈心谈话、文艺演出等慰问活动，满足不同老人的精神文化需求。中心每年举办 3~5 场博爱艺术团慰问演出活动，组织知名艺术家、文化名人到中西部养老机构慰问老人，为当地群众和老人送去高水平的精神文化服务。

（四）公益与市场相结合，探索公益养老发展道路

众人拾柴火焰高,公益养老事业需要社会各界的共同支持。多年来，中心主动联系各类爱心企业，参与公益养老服务工作，采取公益与市场相结合的办法,不断探索公益养老的发展道路。2006年中心启动"曜阳国际老年公寓"建设项目，扬州曜阳国际老年公寓和和富春江曜阳国际老年公寓的建设，都得到了若干爱心企业的大力支持。2012~2013年，中心在革命老区和特困地区与有关爱心企业合作，支持建设了70余家"曜阳托老所"。2014年至今，中心与多家企业合作，募集善款500余万元，资助了中西部地区20余所养老机构。

（五）坚持党建统领全局，引领养老机构发展

中心坚持以习近平新时代中国特色社会主义思想为指导，把推进曜阳养老机构党的建设作为中心工作重点，成立了专门机构，明确了专职人员，按照"党建工作引领养老服务"的思路，指导各地曜阳养老机构扎实开展党建工作。2017年初，中心联合湖南省红十字会，在长沙市委组织部和市"两新"工委的大力支持下，率先在湖南开展了曜阳养老机构党建试点工作。同年9月，中心召开了曜阳养老机构党建工作研讨会。全国80多家养老机构及党组织负责人近120多人参加了会议。在中心的带领下，与会人员对"党建工作引领养老服务"统一了思想认识，分享了试点工作成果，为做好养老机构的党建工作交流了经验、增强了信心。2018年6月28日，中心联合爱心企业，打造并启用了"曜阳党建信息平台"，全国近百家养老机构加入该平台，并利用该平台开展党员教育、活动交流、风采展示等活动，初步实现了通

过党建促进养老机构发展的目的。

▲ 2018年6月28日，庆祝建党97周年暨曜阳"智慧党建"启动仪式在杭州富春江曜阳国际老年公寓举行

▲ 领导及嘉宾为曜阳首批智慧党建单位授牌

▲ 杭州富春江曜阳国际老年公寓的老人们演唱革命歌曲

（六）提升能力加大宣传，助力养老人才队伍建设

养老服务体系建设中，养老机构是养老服务的基本平台。而养老机构的建设发展中，养老院院长和养老护理员是最主要的人才。自 2014 年以来，中心协调比利时 UCB 健康教育基金，并自筹经费，组织举办了 6 期曜阳养老院长培训班，来自全国 21 个省（市、自治区）630 余家养老机构 911 名负责人参加了培训；协调比利时 UCB 健康教育基金和院士博爱基金等公益资金，组织举办了 6 期曜阳养老护理员培训班，来自全国 27 个省（市、自治区）590 余家养老机构 876 名养老护理员参加了培训。中心参与组织举办了三届"中国养老服务业发展高层论坛"、举办了"曜阳养老论坛"及多个学术交流活动，为全国民办养老机构负责人提供学习交流机会。2018 年，中心将与中央广播电视总台社会频道合作，推出"最美夕阳花"优秀养老护理员推荐展播活动，

利用国家级媒体，展现养老护理员的职业风采，不断提高养老护理员的职业成就感和社会认可度。

五、曜阳公益养老取得的初步成绩

经过多年的积极努力和不懈探索，中心参与公益养老服务，创办了"曜阳养老"服务品牌，相关工作取得了一定成绩，在社会上产生了一些影响，得到了上级领导和社会各界的普遍认可。

（一）曜阳公益养老发表署名文章情况

（1）江丹：《在中国红基会"仁爱传递·情动中国"启动仪式上致辞》，载于《新浪公益》2009年11月15日。

（2）江丹：《坚持公益性服务和市场化运作相结合——"曜阳"养老事业发展的实践与探索》，载于《人民日报》2013年11月17日，第5版。

（3）江丹：《应对人口老龄化"六策"》，载于《学习时报第A5版：社会治理》2015年12月31日。

（4）江丹：《治理之道：打造养老服务新模式》，人民网，2016年1月19日，第10版。

（5）江丹：《探索社会组织参与养老服务的新路径》，载于《人民日报》2017年7月26日。

（6）江丹：《优化养老服务供给须化解结构性失衡》，载于《学习时报》2017年6月19日。

第三章 曜阳养老的探索与实践

▲ 学习时报发表文章

曜阳养老 人文关怀的探索与实践之总论

社会治理

政策与管理

应对人口老龄化"六策"

▶ 应对人口老龄化是全社会的共同责任，也是一项涉及多领域、多层面的系统工程。贯彻落实十八届五中全会精神，积极开展应对人口老龄化的行动，需要重点解决好六个问题：将科学应对老龄化上升为基本国策，坚持走符合中国国情的社会化养老之路，及时完善养老服务业发展思路与政策体系，构建能够满足不同类型老人需求的多元化养老模式，高度关注特殊群体老人，抓紧建立长期照护保险制度。

□ 江丹

当前，我国人口老龄化态势明显，2014年60岁以上人口占总人口的比重已经超过15%，老年人口比重已经高于世界平均水平。贯彻落实十八届五中全会精神，必须积极开展应对人口老龄化的行动，全面放开养老服务市场，通过购买服务、股权合作等方式支持各类市场主体增加养老服务和产品供给，让全体老年人共享改革发展成果。

人口老龄化面临的难题

我国人口老龄化形势严峻。我国从2000年进入老龄化社会，具有许多和其他国家地区不同的特点。一是规模大。2014年底60岁以上老年人口达2.12亿人，占总人口的15.5%；65岁及以上人口1.38亿人，占总人口的10.1%。二是增速快。目前，全国老年人口年均增长约1000万，其中80岁以上的高龄人口平均每年增加100万以上，我国人口老龄化的速度是发展得最快的，也是世界上老龄化速度最快的国家之一。三是老龄化、少子化叠加。在经济高速发展基础上步入老龄化社会不同，我国在社会经济发展水平较低的情况下通过比较短的时间进入老龄化社会，呈现出典型的未富先老特征。四是城乡失衡，2000年人口普查数据显示，我国农村65岁以上老年人口所占比重达到8.96%，已经高于城镇6.0%和城市6.7%的水平。随着农村老年人口的大量外流，农村老年人口比重已大大超过城市。

应对人口老龄化面临诸多难题。快速的人口老龄化，迫使壮大的老年人口规模，对民生保障、经济发展、社会治理、文化乃至政治生活等方面都将产生全面、深刻持久的影响。养老问题已经成为影响国家长治久安的关键因素，但仅凭公众反映目益强烈的关键时期。而我国事实上还未做好充分的准备。一是养老金不足。为60岁以上城乡居民提供养老金，实现了养老金制度的全覆盖，但仅靠每人每月70元的基础养老金远远不能保障老年人的基本生活。城镇职工养老金存在缺口，资金或为养老金最大风险点的第一难题。二是养老服务存在政策瓶颈。养老服务在新土地、税收等养老服务业的持续性投资乏力发展壮大。由于我国观阶段与老年人相关的产业还没有得

到有效开发，养老、健康、文化服务等发展乏力，老年群体的消费需求得不到满足。三是精神养老不足带来社会治理问题。家庭结构小型化与少子高龄化，代际关系由紧变松，是难以发现的普遍社会现象。由于社区组织不够发达，我国还未建立相应的社会机制来使老年人保持有序与社会活动，这给基层社会治理带来严峻的挑战。四是养老服务总量供给不足，结构失衡，资源浪费，服务层次不高，护理人员短缺的局面并未真正改变，农村老龄化形势严峻却还未真正引起重视，相关政策中的缺陷正在影响着养老服务业的健康发展。

如何应对人口老龄化

应对人口老龄化是全社会的共同责任，也是一项涉及多领域、多层面的系统工程。"十三五"是全面建成小康社会的决胜阶段，也是应对人口老龄化的关键时期。贯彻落实十八届五中全会精神，积极开展应对人口老龄化的行动，需要重点解决好以下几个问题。

将科学应对老龄化上升为基本国策。坚持以不可逆转性及其对人民生活、经济建设、社会发展所具有的全局性、长期性、重大性影响，决定了它是关于国家长远发展利害重要的、系统、综合应对的重大问题。近年来我国养老问题日益突显，更加强调了需要引起更高程度的重视。因此，在《关于加强老龄工作的决定》颁布15年后，有必要再次由中央制定新的政策性文件，将科学应对老龄化明确为一项基本国策，用以指导如何加强建设的国家更长期规划及相关产业的发展，并采取更为有效的综合应对行动，真正将人口老龄化转化为促进国家健康持续发展的长期有利因素。

坚持走符合中国国情的社会化养老之路。由于我国养老服务面临的特殊情况，仅靠政府之力难以应对日益增长的社会养老服务需求。"政府主导、市场主体"的社会化养老已是大势所趋。在养老服务中，各级政府承担起着"保基本、建机制、强监管"的职责，在发挥好托底作用的同时，更加尊重市场规律，降低民间资本进入门槛，鼓励和支持社会组织积极参与养老服务业发展。为市场化养老产业发展保驾护航。社会组织和慈善公益性社会组织应该是做好政府的帮手，担当生力军的角色，在政府政策扶持、购买服务等支持下，帮助政府做些基本、在养老服务中发挥更加积极的作用。

及时完善养老服务业发展思路与政策体系。坚持以居家为基础、社区为依托、机构为支撑的

方针，调整为居家为主体、机构为补充、社区为桥梁的新格局。通过城镇社区和乡村将养老机构、社会组织等的专业化服务与老年人居家生活紧密联系在一起，真正满足绝大多数老年人需求并能够提高养老服务投入效率。构建完整的政策支持体系，将经济政策、社会政策等融为一体，避免相关政策相互冲突的现象。

构建能够满足不同类型老人需求的多元化养老模式。由于受我国传统文化的影响，入住养老机构一般是老年人不得已而为之的选择。居家养老将是未来中国式养老的主流。因此，必须努力构建以居家养老为基础、社区养老为依托、机构养老为支撑的多元化养老服务模式。重点发展居家养老模式，机构向社区提供支持培训服务，社区向家庭提供生活照料和家居照料服务。居家不能自理的半失能老人、完全失能老人可介入住养老机构。此外，要鼓励人口老龄化形势和养老需求变化，积极探索推广旅游养老、文化养老、互助养老、老年志愿活动等新型补充养老模式。

高度关注特殊群体老人。当前，我国高龄、空巢、失能、失独等特殊群体老人高达156亿，他们中多数是半自理和不能自理的老人，身患各种疾病，愿意享受到更专业的生活照料和医疗护理。这些特殊因难老人的养老服务供需矛盾十分突出。《国务院关于加快发展养老服务业的若干意见》强调，「社会力量发挥主体」作用。首力保障特殊困难老人的养老服务需求，确保人人享有基本养老服务。对这类特殊老人的养老服务，公办养老机构应起到托底的作用。社会组织和特别是公益性社会组织应重点关注特殊老年群体，为他们提供公益性供养、护理服务，让他们感受社会温暖，共享社会发展成果，体现公平正义。

抓紧建立长期照护保险制度。调查中发现，需要长期护理的失能半失能老年人最迫切需要解决的是高昂的护理费用。通过对城市居民的访谈，许多失能半失能老人不乏是自己子女的照顾，更主要的原因是伴随失能超过常规的照顾，与此同时，民间资本投向养老服务业时也困老年人的护理费能力不足而信心不足，一些投资者倾向收入较高的老年人，成倾养老之名行烧房产。因此，我国有必要借鉴德国、日本、韩国等国的经验，尽快建立长期照护保险制度，以此达到大老年人满意需求，进一步减轻养老后顾之忧。

▲ 学习时报发表文章

第三章　曜阳养老的探索与实践

▲ 江丹主任发表文章《以新时代中国特色社会主义思想为指引，开创养老服务工作新局面》（中国红十字报，2017年10月24日）

▲ 以江丹同志为主要成员的课题组在人民日报上发表文章

（二）重要媒体报道养老情况

（1）2014年12月26日，人民日报第7版，刊登了青连斌教授的文章《居家养老是适合我国国情的养老方式》，对"曜阳保姆模式"进行了介绍。

（2）2014年，中央电视台邀请事业发展中心主任江丹参加了"CCTV慈善之夜"晚会，并先后两次对事业发展中心主任江丹和中央党校教授青连斌，就"曜阳关爱行动"实施情况、社会组织参与养老进行了专题访谈。

（3）2015年3月，中央电视台对扬州曜阳保姆居家服务进行采访，并邀请事业发展中心主任江丹和相关专家做客央视直播间，介绍中心居家养老工作，解析国内居家养老服务面临的种种问题和解决办法。

（4）中央电视台《夕阳红》栏目多次联合事业发展中心，共同制作"爱耳日"、"爱眼日"等专题节目。

▲ 江丹主任和中国老龄协会巡视员阎青青参加中央电视台节目录制

（三）入选中央党校教学案例

"曜阳养老"模式被遴选为中央党校教学案例，走进了中央党校省部级、地厅级领导干部和中青年干部培训班的课堂。

▲ 中央党校大门

另外，中央党校教授青连斌对"曜阳养老"进行了专题调研，并将调研成果写入了其专著《求解中国养老难题》一书中。

▲ 《求解中国养老难题》封面及相关章节

第三章　曜阳养老的探索与实践

第七章　曜阳养老服务体系建设的探索

发展养老服务业，既不能重走政府包办一切的老路，也不能将其全部推向市场①。这是因为政府尽管能够提供相应的公共资源，但无法完全满足亿万老年人个性化的养老服务需求；市场主体尽管能够投资养老服务业，但资本追逐利润的本性与目标不可能改变。在政府和市场都存在失灵的情况下，必须充分发挥第三方的积极作用。《国务院关于加快发展养老服务业的若干意见》明确要求：鼓励公益慈善组织支持养老服务。引导公益慈善组织重点参与养老机构建设、养老产品开发、养老服务提供，使公益慈善组织成为发展养老服务业的重要力量。中国红十字会总会事业发展中心的曜阳养老服务体系建设，正是公益慈善组织参与养老服务体系建设的一种尝试。我们课题组从2013年即开始对它进行跟踪调查和研究。

一、曜阳养老服务体系建设及其三种不同模式

中国红十字会总会事业发展中心的前身，是成立于2006年3月的中国红十字基金会事业发展办公室。2009年，该办公室更名为中国红十字基金会事业发展中心。2011年5月，经中央编办批准，正式成立中国红十字会总会事业发展中心。早在2006年，中心成立伊始，就开始关注养老服务并进行了初步探索与实践。中心正式成立以后，坚持把公益养老服务工作和探索兴办公益养老实体作为核心业务和重点工作，大胆创新、积极探索，初步构建了曜阳老年公寓、曜阳托老所和曜阳保姆服务三种公益养老模式②，着力打造"曜阳"养老公益品牌。

---

① 参见郑功成：《让社会组织成为养老服务生力军》，《人民日报》2013年11月17日。
② 参见青连斌、陈蕾：《让全体人民老有所养——对中国红十字总会曜阳养老服务体系建设的调研》，《科学社会主义》2014年第5期。

·209·

▲《求解中国养老难题》中关于"曜阳养老"的章节

案例 3-1

中国红十字会总会事业发展中心
五年（2018~2022）发展规划
（简要版）

2013~2017 年，中心在总会党组的正确领导和社会各界的大力支持下，坚决贯彻落实党的十八大精神，始终高举红十字公益大旗，积极弘扬"人道博爱奉献"的红十字精神，围绕养老、教育和博爱文化传播等重点工作，锐意进取、开拓创新，取得了较为突出的成绩，初步形成了曜阳养老和拔萃教育两个工作品牌。

一、过去五年的主要成绩

关爱失能老人行动初步形成体系。过去五年，中心先后组织实施了"曜阳关爱行动"、中央彩票公益金项目，主动募集社会爱心捐赠资金，建设了关爱失能老人的网络平台，并通过举办"红十字日"纪念活动，探索关爱失能老人的新型路径。

曜阳养老品牌建设取得显著成绩。过去五年，中心以研究制订曜阳养老标准为品牌建设的切入点，在做好扬州和杭州富春江两个曜阳养老旗舰店工作的同时，陆续建成了济南、贵阳和邯郸 3 家曜阳养老示范机构，并积极探索农村失能老人养老服务。

养老机构支持服务体系初见雏形。过去五年，中心通过中央专项彩票公益金支持失能老人、社会爱心企业捐赠、签订战略合作协议等形式，与 3000 多家公益养老机构建立了经常的联系。在此基础上，中心参与举办了十余次学术交流论坛，举办了 12 期养老服务专题培训，构建了智慧养老信息平台，不断为养老机构提供支持性服务。

拔萃教育品牌建设迈上新台阶。过去五年，中心在对扬州世明双语学校和北京朝阳拔萃双语学校加强管理监督的同时，大力弘扬博爱精神，募集社会资金资助贫困师生，积极拓展"拔萃教育"品牌项目。

公益筹款能力得到稳步提升。过去五年，中心主动协调社会爱心企业和爱心人士，先后设立江上青教育基金、仁爱基金、红十字文化发展基金和若干专项基金，组织实施了中西部小学校长培训项目、乡村医生培训项目、护理专业教师赴境外培训项目，捐建了5所"拔萃公益小学"、捐赠"红十字999急救车"，资助奖励贫困学生及优秀教师、贫困脑瘫患儿等，举办了"博爱中国"大型公益活动，实施了"蒲公英计划"。

内部建设与日常管理日趋完善。过去五年，在加强中心党支部建设的同时，积极引导广大养老机构做好社会组织党建工作。完善了包括人事管理、财务管理、固定资产管理、办公用房、合同管理等方面的内部管理和控制制度。加强人才队伍建设。加强对外宣传工作。

各项工作得到社会广泛认可。顾问专家团队不断发展壮大，曜阳公益养老成为红会工作品牌，并入选中央党校民生专题教学案例。拔萃教育逐渐成为民办教育品牌。博爱中国文化活动受到广泛支持。

与此同时，中心在职责范围、顶层设计与总体规划、指导管理实体机构的体制机制、公益基金募集及使用管理、专业人才队伍建设等方面还存在明显的问题和不足。

二、今后五年的形势分析

（一）中心面临的有利形势

一是实现两个一百年奋斗目标，党和政府更加重视民生问题，二是健康中国战略将引领新时代养老服务发展，三是人才队伍建设是新时代养老服务的重点工作之一，四是深化群团组织改革要求红会积极参与养老服务。

（二）中心面临的不利形势

一是事业单位改革对中心的发展带来不确定性。二是养老服务领域的竞争越来越激烈。三是缺乏公募资质不利于中心募集公益资金。

三、今后五年的发展规划

（一）完善职责定位

未来五年，中心的机构性质将定位为提供管理和服务的社会服务型事业单位，其职责范围主要集中在两个方面：一是举办并管理具有红十字特色的养老机构和教育机构；二是为养老机构和教育机构的发展提供管理咨询、交流研究、教育培训、济贫助困、资源整合、对外交流、文化传播等支持性服务。

（二）明确指导思想

未来五年，中心将以习近平新时代中国特色社会主义思想为指导，瞄准"两个一百年奋斗目标"，切实增强四个意识，贯彻落实"五位一体"总体布局和"四个全面"战略布局，高举红十字公益大旗，弘扬人道、博爱、奉献的红十字精神，聚焦公益养老和民办教育两个民生领域，坚持"有所为、有所不为"的原则，开拓创新、主动作为，协助党和政府增进民生福祉，为全面建成小康社会和实现中华民族伟大复兴做出应有的贡献。

（三）理清目标与思路

未来五年，中心必须围绕一个发展总目标，坚持七个方面的发展思路，努力形成"11225648"的工作格局。

1. 明确一个发展总目标

未来五年，中心的发展总目标是：力争成为国内公益养老的引领者和民办教育的引领者、红十字会系统参与养老服务、宣传红十字精神的示范者。

2．坚持一个工作引领

未来五年，中心必须坚持以党的建设为所有工作的引领，通过加强中心及所属实体的党建工作，不断推进中心及所属实体的可持续发展，同时指导曜阳养老机构和拔萃教育机构做好党建和发展工作。

3．聚焦养老和教育两个民生领域

4．形成曜阳养老和拔萃教育两个工作品牌

5．实现五个根本转变

（1）在运作模式方面，由基金会工作模式，向管理服务性实体机构模式转变；

（2）在营收模式方面，由募款筹资模式，向以管理服务业务获取经济收入的模式转变；

（3）在业务工作模式方面，由广泛探索、任务多元的模式，向突出重点、聚焦发展的模式转变；

（4）在工作重点方面，由重视实体机构的数量规模，向重视实体机构的质量内涵、打造工作品牌方向转变；

（5）在人才队伍建设方面，由主要依靠外部力量，向组建业务骨干队伍与依靠外部力量相结合转变。

6．推进六个基础建设

（1）建设关爱贫困失能老人工作体系；

（2）制订曜阳养老分类分级标准；

（3）建设曜阳养老品牌机构（包括旗舰公寓和示范公寓）；

（4）建成曜阳养老教育培训体系（包括学历教育和职后培训）；

（5）建成公益养老机构支持服务体系；

（6）建设拔萃教育品牌机构（包括旗舰学校和示范学校）。

7．重点建设四支队伍

包括养老服务管理人才队伍、教育培训管理人才队伍、行业协会运营管理人才队伍和公益项目管理人才队伍。

8．完成八方面指标任务

（1）每年募集专项资金，面向中西部地区开展关爱贫困失能老人活动；

（2）制订《曜阳养老品牌建设实施方案》并全面实施；制订《曜阳机构养老标准体系》并逐步开展试点和认证工作；

（3）将扬州曜阳老年公寓和杭州富春江曜阳老年公寓建成曜阳养老品牌旗舰店，形成"医护康养＋全程照护"的养老服务模式，力争成为国家级示范养老机构；

（4）将济南曜阳养老公寓和北京海淀西三旗曜阳养老院打造成省级示范养老护理院，将贵阳曜阳养老服务中心和邯郸曜阳养老服务中心打造成国家级医养结合养老示范机构；

（5）建成中国曜阳养老联盟，为加盟养老机构提供管理咨询、交流研究、教育培训、济贫助困、资源整合、对外交流、文化传播等支持性服务；

（6）将扬州世明双语学校和北京拔萃双语学校建成民办教育品牌学校，择机在全国合作举办拔萃品牌学校；

（7）依托行业专家和养老机构管理骨干，组建曜阳养老培训师资队伍，建设养老服务人才职业教育培训基地。制定曜阳养老教育和培训标准，形成养老服务人才培训体系；

（8）中心经营发展目标（略）。

（四）主要任务

1．持续完善贫困失能老人关爱体系

（1）继续组织实施中央彩票公益金支持中西部地区民办养老机构

项目；

（2）设立"曜阳养老公益基金"，每年资助中西部地区养老机构，慰问贫困失能老人；

（3）每年为中西部贫困地区老人举办"博爱中国"文化慰问演出活动；

（4）依托中心所属曜阳养老机构和广泛联系的公益养老机构，收住适量的贫困失能老人，并开展相关救助工作。

2．科学推进曜阳养老服务品牌建设

（1）制定曜阳养老品牌建设总体方案；

（2）完善并推广曜阳养老标准体系；

（3）加强指导曜阳养老实体机构发展；

（4）不断强化人文关怀的曜阳养老特色；

（5）不断强化医养结合的曜阳养老特色；

（6）开展品牌输出探索农村养老；

（7）积极协助各级红会参与养老服务。

3．不断完善养老机构支持服务体系

（1）以党建为抓手推动养老机构发展；

（2）开展养老服务与管理的交流活动；

（3）大力开展养老服务培训与人才服务；

（4）不断提高养老护理员的职业美誉度；

（5）提升信息化积极推进智慧养老服务。

4．努力打造拔萃教育品牌旗舰学校（略）

5．不断做大做强曜阳公益基金

（五）保障措施

1．持续加强党的建设

（1）进一步加强中心的党的建设；

（2）引导养老机构加强党的建设（即"五个一工程"）：

①建一个曜阳党建信息平台；

②每年新增10个机构党支部；

③实现100家养老机构党组织和党员在网上工作互动；

④推选1000名养老机构优秀党员

⑤为养老机构及老人做10000件好事。

2．切实加强自身建设

（1）进一步明确核心要素；

（2）加强中心内部管理；

（3）加强专业人才队伍建设。

3．不断扩大社会影响

（1）坚持举办高层次交流合作；

（2）加强支持性人才队伍建设；

（3）不断加强媒体宣传工作。

第四章
曜阳养老人文关怀

醒阴养老

曜阳养老人文关怀强调"以人为本",关注老年人的生存与发展,特别是关注老年人的生活质量,根据不同老年人的不同需求,分别给予物质关怀、健康关怀、文化关怀和心理关怀,同时通过加强养老服务人才队伍建设,积极营造和谐关怀的社会氛围。

一、协调资金募集物资给予物质关怀

2013年以来,中心在爱心企业的支持和帮助下,不定期开展关爱贫困失能老人活动,同时协调中央彩票公益金支持养老机构项目,为中西部欠发达地区的养老院提供物资援助,给予广大失能老人物质关怀。

(一)支持中西部地区建设"曜阳托老所"

2013年,事业发展中心开始试点建设面向社区和乡镇、面向中低收入家庭、面向贫困失能老人的"曜阳托老所",在陕西、江西、广西、黑龙江和云南等10个省(自治区、直辖市)的革命老区和中西部特困地区,与有关机构合作建设了曜阳托老所70余家。曜阳托老所统一形象标识,配备专业辅助设备,培训养老护理人员,为入住老人提供全方位医疗护理和生活照料,改善了近1000名贫困失能老人在养老机构的生活条件。

曜阳托老所捐赠仪式
YAO YANG DAYCARE CEREMONY

（二）实施中央专项彩票公益金支持失能老人养老服务项目

2014年，中心通过中国红十字会总会，成功获批组织实施"中央专项彩票公益金支持失能老人养老服务"项目。五年来，中心利用中央公益彩票金项目资金1.47亿元，先后资助739家养老机构，惠及贫困失能老人近5万名（见表4-1）。

中心利用中央公益彩票金项目经费，为中西部养老机构添置了护理床、床上专用护理用品、大小便护理器、空气消毒机、洗衣机、烘干机、柜式空调、壁挂式空调、液晶电视机、制氧机、传送版沐浴便椅、按摩椅、电动康复机、失能老人定位器、借助轮椅、助行车、四轮移位器、康复锻炼组合器材、护理员服装等共19项养老服务设施设备和物资，极大地改善了老人居住环境，提高了老人晚年生活质量。

表 4-1 中央彩票公益金支持养老机构发展项目情况

时间	金额（亿元）	支持养老机构数量	惠及贫困失能老人人数	地域分布
2014	0.76	381	25000余人	北京市、河北省、山西省、吉林省、黑龙江省、江苏省、浙江省、安徽省、福建省、江西省、河南省、湖北省、湖南省、海南省、贵州省、云南省、陕西省、青海省、广西壮族自治区、宁夏回族自治区
2015	0.41	208	14000余人	天津市、重庆市、辽宁省、山东省、广东省、四川省、内蒙古自治区、新疆维吾尔自治区
2016	0.10	50	3000余人	贵州省、云南省、广西壮族自治区
2017	0.10	50	3000余人	湖南省、四川省、陕西省
2018	0.10	50	3000余人	河北省、河南省、江西省
合计	1.47	739	50000余人	

▲ 江丹主任与中央专项彩票公益金支持失能老人养老服务项目部分受助养老机构负责人合影留念

▲ 中央专项彩票公益金支持失能老人养老服务项目捐赠仪式

（三）组织爱心企业捐赠养老物资设备

2014年以来，中心在发动爱心企业定向捐赠的同时，协调捐赠资金，积极支持了20余家养老机构，给予养老机构必需的生活物资及设备设施，不断给予入住老人物质关怀。

案例 4-1

中心组织爱心企业慰问贫困失能老人

2016年5月5日，事业发展中心牵手爱心企业，赴山西大同魏都颐养康复护理院看望慰问贫困失能老人。

在活动现场，福州曜阳胜杰有限公司董事长林传春向护理院捐赠了价值10万元的护理床、轮椅等设备；北京城建第十建设工程有限公司董事长唐保明向护理院的36名失能老人捐赠10万元现金；江西世纪

第四章 曜阳养老人文关怀

长龙生物制氧有限公司为老人捐赠了便携式高纯"OB氧"等设备。

中心主任江丹同志在讲话中对爱心企业的善举表示衷心的感谢，希望更多的爱心企业和人士参与到关爱贫困失能老人的行动中来。

▲ 江丹主任一行代表事业发展中心向养老机构捐赠物资

案例 4-2

中心赴江苏省盐城阜宁慰问失能老人

2016年11月23日，由事业发展中心主任江丹，全国政协委员、人民日报原副总编、事业发展中心顾问陈俊宏，国家质量监督检验检疫总局总检验师、中心顾问项玉章，爱心人士樊恺华等组成的慰问组，赴盐城阜宁东沟镇敬老院慰问失能老人。

江丹主任一行代表事业发展中心向失能老人捐赠了共计20万元的慰问物资，包括救护车、洗衣机、护理床等养老护理生活设备，以改善老人的生活条件。江丹主任一行还与养老机构的老人们进行了长时

间的交流，亲切询问了老人们的身体状况。盐城阜宁东沟镇敬老院向事业发展中心回敬了锦旗。事业发展中心博爱艺术团的各位艺术家为当地老人举办了专场慰问演出。

▲ 中国红十字会总会事业发展中心赴盐城阜宁慰问失能老人

▲ 江丹主任一行代表事业发展中心向失能老人捐赠慰问物资

二、举办医养结合实体给予健康关怀

中心高度重视医疗健康在养老服务中的重要性，按照医养结合的要求，分类建设了6家曜阳养老机构，为不同群体的老年人提供包括医疗健康在内的养老服务，为老年人安度晚年提供全方位的健康保障。

（一）全程照护型养老机构

机构名称：扬州曜阳国际老年公寓、富春江曜阳国际老年公寓

两个公寓都包括自理型养老单元、老年（康复）医院和护理院，能为入住老人提供全程照护服务：对自理型老人，医院不仅提供预防保健和健康咨询服务，而且提供应急医疗救助服务；对患病老人，医院提供门诊治疗和住院治疗服务；对半失能老人和失能老人，由护理院提供长期专业的养老护理服务，医院提供相应的医疗康复服务。

案例 4-3

扬州曜阳国际老年公寓与扬州曜阳康复医院联手打造医养结合养老示范结构

扬州曜阳国际老年公寓位于扬州市生态科技新城，是中心直接筹资建立并管理指导的民办非企业养老实体。自2009年建成以来，公寓致力于建设曜阳养老品牌旗舰店的发展目标，努力打造"医护康养＋全程照护"综合养老服务模式，为自理型老人、半失能老人、失能老

人和患病老人等各类老人，分别提供生活照料、文化娱乐、精神慰藉、康复治疗、医疗护理和安宁服务等综合型养老服务。

公寓主要包括自理型养老单元、老年护理院和曜阳康复医院等三大功能区域，同时拥有文化娱乐、餐饮会议等配套措施。其中自理型养老单元共有11幢楼、490套房、950多张床，现入住老人近700人。公寓为入住老人提供24小时生活管家服务，协助老人处理日常琐事。

护理院（失能老人关爱之家）设在曜阳康复医院四层北区，现有执业医生2名、执业护士4名、持证养老护理员10余名。开放床位50张，已收住半失能、失能、失智老人和高龄独居老人共计30余人。依据入住老人能力评估的结果，护理院为入住老人提供不同等级的24小时照护服务，包括生活照料、饮食辅助、医疗护理、康复训练、日常活动、精神慰藉和临终关怀等。

扬州曜阳康复医院按二级康复医院配置，致力于建设扬州市脑科康复中心的发展目标，开设内科、中医科、放射科、检验科、超声科、康复科等诊疗科室，开放床位120张，日均住院人次近100人。医院现有医护人员60余人，其中主任医师5名、副主任医师3名、主管护师2名、护师5名。医院拥有螺旋CT、数字影像DR、彩超、心电监护仪、全自动生化仪、电解质分析仪等检查检验设备，以及高压氧、中频治疗仪、脑循环治疗仪、空气波压力治疗仪、牵引治疗仪、电动训练床、电动直立床、多功能训练床以及水疗、中药熏蒸等康复治疗设备。医院不定期与北京301医院进行远程视频咨询和诊疗活动。

2018年6月27~28日，香港艾力彼医院管理研究中心（以下简称"艾力彼"）在"2018国际医疗投融资大会"上发布了《2017医养结合机构&康复医院80强榜单》。扬州曜阳康复医院/扬州曜阳国际老年公寓，位列《2017医养结合机构80强排名》的第38位，排名比艾力彼早前发布的2016年同类排名上升了4位。

▲ 扬州曜阳康复医院外景

▲ 扬州曜阳国际老年公寓

▲ 扬州曜阳国际老年公寓太极广场

▲ 扬州曜阳国际老年公寓室外球场

案例 4-4

富春江曜阳国际老年公寓与富春江老年医院联手打造医养结合养老示范机构

富春江曜阳国际老年公寓位于杭州市富阳区,是中国红十字会总会事业发展中心直接筹资兴建的民办非企业养老机构。自2012年投入运营以来,公寓致力于建设曜阳养老品牌旗舰店的发展目标,努力打造"医、养、护一体化"综合养老服务模式,为自理型老人、半失能老人、失能老人和患病老人等各类老人,分别提供生活照料、文化娱乐、精神慰藉、健康管理、康复治疗、医疗护理和安宁服务等综合型养老服务。

公寓占地面积100亩,总建筑面积57349平方米,主要包括自理型养老公寓、养老护理部和富春江老年医院等三大功能区域,并拥有

第四章 曜阳养老人文关怀

文体娱乐健身、餐饮会议客房等配套设施。公寓现有员工45余人，其中有20余人获得养老服务资质及等级证书。

自理型养老公寓现有9幢楼、292套公寓房、682张床位，已入住老人457人。公寓为入住老人提供24小时生活管家服务，协助老人处理日常琐事。另有在建养老公寓9栋、290套房，预计2018年底建设完成后，老年公寓将可为1000余老人提供高品质养老服务。

养老护理部设在公寓综合楼北楼，现有护士3名、持证养老护理员9名。开放床位40张，已收住半失能、失能、失智老人和高龄独居老人共计近30人。依据入住老人能力评估的结果，护理部为入住老人提供不同等级的24小时照护服务。

富春江曜阳老年医院为老年专科医院，致力于老年人常见病多发病的康复与治疗，开设内科、中医科、老年科、皮肤科、精神科、放射科、检验科、超声科、康复科等诊疗科室，开放床位99张，日均住院人次近60人。

医院现有医护人员67人，其中执业医师23名、康复医师3名、注册护士19名。医院拥有螺旋CT、数字影像DR、彩超、心电监护仪、全自动生化仪、电解质分析仪等检查检验设备，以及高压氧、中频治疗仪、脑循环治疗仪、空气波压力治疗仪、牵引治疗仪、电动训练床、电动直立床、多功能训练床以及水疗、中药熏蒸等康复治疗设备。

2016年，公寓/医院被浙江省工商局评为"浙江省人民满意医养结合机构"、被省老龄办评为"浙江省百佳知名养老机构"。

▲ 杭州富春江曜阳国际老年公寓外景

▲ 杭州富春江曜阳老年医院外景

第四章　曜阳养老人文关怀

▲ 志愿者为入住富春江曜阳国际老年公寓的老人理发

▲ 富春江曜阳国际老年公寓举办建党96周年纪念活动

（二）专业护理型养老机构

机构名称：济南曜阳国际老年公寓、海淀曜阳养老服务中心

专业护理型养老机构配有专业医疗人员和护理人员，在为入住老人做好医疗护理、健康管理和生活照料等基本养老服务的同时，主动开展康复医疗服务，不断提高入住老人的身体素质和生活品质。养老机构同时与周边专业医疗机构建立了紧急医疗合作机制，为入住老人开辟了紧急就医绿色通道。

案例 4-5

济南曜阳老年公寓
积极探索全方位多层次医养结合养老服务

济南曜阳老年公寓自 2014 年启用以来，坚持以健康管理为基础，以养老服务为核心，以医疗服务为支撑的医养融合，积极探索全方位多层次医养结合养老服务。

公寓始终把医养融合的服务模式贯穿在日常的服务工作中。公寓根据每个老人的状况，制定健康护理和生活照料相融合个性化方案，实现医疗服务和养老服务在日常照料中的完全融合。

公寓设置了医疗服务区和康复理疗区。公寓医务室聘请了多名有经验的主任医师，负责老人日常的健康咨询管理、一般疾病的诊治。多名经验丰富的理疗康复师定期为老人提供理疗康复服务。公寓为符合条件的老人申请长期照护险。

第四章　曜阳养老人文关怀

公寓在内设医务室的基础上，与济南市第五人民医院建立了战略合作关系，为老人外出就医建立了绿色通道。公寓与街道卫生服务中心建立了全面的合作关系，签约专家定时上门咨询、会诊、体检等。

公寓已形成了生活照料、健康咨询管理、疾病救治、医保定点报销、照护险申报等多层次全方位的医养融合养老服务，解决了老人和家属的后顾之忧。

▲ 济南曜阳国际老年公寓大门

▲ 济南曜阳国际老年公寓的老人们和济南拔萃幼儿园的孩子们在重大节日互动演出

案例 4-6

海淀曜阳养老服务中心积极打造专业
护理型养老服务模式

　　海淀曜阳养老服务中心位于北京市海淀区西三旗,是由海淀区民政局投资兴建、中心以公建民营的形式进行管理运营的民办非营利养老机构,于2018年5月启用。中心建筑面积4600平方米,开放床位130张,将致力于建设医养结合型曜阳养老示范机构。

　　◆ 医养结合特色:公寓拥有执业医生1名、执业护士3名、养老护理员近10名,将为入住老人提供健康管理、基础医疗、能力评估、等级护理、康复治疗、生活照料等医养结合综合性养老服务。公寓内设医务室和康复室,并与999清河急救中心等建立了入住老人就医绿色通道。

◆ 人文关怀特色：公寓将借鉴发达国家养老机构的建设理念，通过环境改造，努力营造温馨的家庭生活环境；根据老人生理特点，安排了"三餐三茶"的营养膳食；依托事业发展中心博爱艺术团，给老人安排喜闻乐见的文艺演出；聘请专业社工和大中学生志愿者为入住老人提供心理慰藉和亲情关爱等服务。

▲ 北京海淀曜阳养老服务中心

（三）医养结合型养老机构

机构名称：贵阳曜阳养老服务中心、邯郸曜阳养老服务中心。

医养结合型养老机构分别依托曜阳中西医结合医院、红十字博爱医院，建设了养老护理院。对自理型老人和患病老人，养老机构依托医院提供医疗健康服务；对半失能老人和失能老人，养老机构依托护理院提供长期养老护理服务。

案例 4-7

**贵阳市曜阳养老服务中心
积极探索"1+5"医养服务新模式全力
构建医养结合新体系**①

贵阳市曜阳养老服务中心是贵阳市人民政府支持中国红十字会总会事业发展中心在贵阳合作建立的医养结合养老服务示范项目，也是中国红十字会总会事业发展中心旗下"曜阳"养老公益品牌。2015年9月，经贵阳市民政局注册登记入住贵阳市乌当区阿栗村，投资8000余万元，2016年9月初正式投入使用。中心下设曜阳养老公寓和曜阳中西医结合医院，一期设置床位266张，公寓内设生活照料中心、养护中心、营养中心等，医院设中西医结合、康复理疗、急诊、ICU科室和民族医药等特色科室，医技人员120人。现入住老人100余名，其中生活不能自理的失能、部分失能老人占总人数的50%以上。曜阳养老服务中心不仅为老年群体提供生活照料、心理慰藉养老服务，而且提供全程的健康管理、医疗保健、康复护理、疾病诊治、临终关怀等"一站式"专业医疗保健服务，还联合省内7家三级医院和贵阳市14家具有一定规模的养老服务机构搭建医养联盟平台。为扩大曜阳养老服务中心规模，省、市支持资金1亿元实施曜阳二期扩建项目（占地面积74亩，建筑面积5.7万平方米），已于2016年底正式启动，二期建成后，将充分利用境内温泉及旅游优势资源创建"医旅结合、温泉养生、

---

① 贵阳曜阳养老服务中心入选国家发改委遴选的2017年医养结合养老服务示范案例。

药膳养生"三个示范点,打造医养结合升级版。

　　三年来,贵阳市曜阳养老服务中心围绕"公益养老"这条主线,着力抓好阵地建设和队伍建设,以医养结合为重点、以引进优质医疗资源为重点、以社区居家养老为重点,注重政府引导和社会参与相结合,注重互联网与养老相结合,注重公益服务与市场运作相结合,注重硬件建设与软件建设相结合,积极探索"1+5"医养服务新模式,取得了有效成果。其中"1"即搭建医疗养老机构联盟平台,"5"即向医疗机构、社区、家庭、乡镇、智慧平台五大领域延伸医养服务。

▲ 贵阳曜阳养老服务中心

案例 4-8

邯郸曜阳养老服务中心探索"医养结合"新型养老模式

　　邯郸曜阳养老服务中心是中国红十字总会事业发展中心与社会企业共同建设的医养结合养老项目,包括邯郸红十字博爱医院和曜阳护理院两大部分,主要提供患病老年人医疗康复、失能老年人长期照护等服务，同时向社区养老服务延伸。曜阳护理院，以博爱医院为依托，主要提供专业养老护理服务和康复医疗服务，目前共有床位90张。中心现有5名全科医生、4名专职护士，以及17名经过国家职业资格培训合格后上岗的专业养老护理人员。

邯郸红十字会博爱医院是一级甲等医院，分为医疗综合区和康复理疗区，配备了心电图机、B超机、肛肠机、阴道镜、激光机、心功能测定仪、经颅多普勒等先进医疗设备。医院还设置了24小时值班医护人员，实现了全天候不间断紧急救护。博爱医院目前配备120急救车，可以为脑血管进入稳定期的老人提供转院后续治疗，直接入住治疗、并发症综合治疗，为半失能老人提高生活质量及制定身体康复理疗方案，为自理老人针对性制定健康调养方案并提供强身健体的理疗服务。

邯郸曜阳护理院于2017年5月7日成立，分为6个功能区，即自理老人居住区、老人绿色阳光活动区、半失能老人居住区、全失能老人居住区、临终关怀特别关爱区和行政管理区。护理院为长者配备标准的老年洗浴间，24小时热水服务，防滑地板和楼层扶手，室内配备空调，暖气，紧急呼叫系统，老年护理床，衣柜等适老设施。护理院为每位入住的长者进行身体评估、建立个人健康档案，并根据长者的健康程度、年龄、护理等级、需求等进行划分护理区域，为老人提供55项专业化、规范化、标准化的养老服务。

针对自理老人，护理人员会和长者经常沟通，交流，做心理上的疏导，还会鼓励老年朋友参加适宜的集体活动和做一些简单有趣的手工活动，锻炼肌肉收缩张力及关节的灵活性。

针对失能半失能老人，每日进行定时查房，根据长者身体状态详细记录。对于卧床老人协助翻身、拍背、沐浴、按摩等，保持皮肤清洁，促进身体血液循环。老人的饮食方面更是精心准备,工作人员根据每位老人的身体状态,制定膳食供应方案,为老人提供健康、营养的"能量"。

▲ 邯郸曜阳养老服务中心

三、举办公益演出活动给予文化关怀

1948年国际红十字会第二十届理事会确定每年5月8日为世界红十字日。在这一天,国际红十字会及其在各国的分会都以各种形式纪念这一日子,以表示红十字运动的国际性以及红十字人道工作不分种族、宗教及政治见解的特性。中国红十字会总会事业发展中心作为总会直属事业单位,每年都按照总会的工作部署,结合中心在公益养老

服务的工作实际，大力弘扬红十字精神，开展关爱贫困失能老人系列活动。

案例 4-9

中心在扬州举办纪念第 68 个世界红十字日系列公益活动

2015 年 5 月 8 日，事业发展中心联合扬州市红十字会，在扬州曜阳国际老年公寓举办了纪念第 68 个世界红十字日系列公益活动。活动由中央电视台主持人张宏民主持，事业发展中心博爱艺术团的各位艺术家为老人们献上了精彩的慰问演出。

案例 4-10

中心在扬州举办纪念第 69 个世界红十字日系列公益活动

2016 年 5 月 8 日，事业发展中心联合扬州市老干部局、扬州市民政局、扬州市红十字会，在扬州马可波罗花世界会议厅，隆重举办了以"关爱老人·温暖社会"为主题的纪念第 69 个世界红十字日活动。扬州慈善大使、空政文工团青年歌唱家汤非，事业发展中心博爱艺术团的演员们为老人们进行了慰问演出。当天下午，南京中医药大学原院长赵庆德在扬州曜阳国际老年公寓给老人们进行了健康知识讲课，深受老年公寓老人们欢迎。

第四章　曜阳养老人文关怀

▲ 中心顾问舒惠国同志和江丹主任为爱心人士颁发荣誉证书

▲ 江丹同志在纪念第69个世界红十字日暨慰问活动上致辞

曜阳养老 人文关怀的探索与实践之总论

▲ 中国红十字会总会事业发展中心博爱艺术团现场慰问演出

▲ 原江西省省委书记舒惠国向扬州曜阳国际老年公寓捐赠书法作品

案例 4-11

中心在邯郸举办纪念第70个世界红十字日系列公益活动

2017年5月8日,事业发展中心与邯郸市市委、市政府在邯郸共同举办了"关爱贫困失能老人走进邯郸暨纪念第70个世界红十字日系列活动"。事业发展中心邀请著名艺术家杨洪基,中国红十字会爱心大使阚琳娜为老人们献上了精彩的文艺表演。

▲ 江丹主任为养老服务志愿者队伍授旗

▲ 著名歌唱家杨洪基参加慰问演出活动

案例 4-12

中心在定州举办纪念第 71 个世界红十字日系列公益活动

  2018 年 5 月 8 日，事业发展中心与河北省红十字会在定州民政事业服务中心，共同举办了"关爱贫困失能老人走进定州暨纪念第 71 个世界红十字日系列活动"。事业发展中心博爱艺术团的各位艺术家为当地老人举办了专场慰问演出。著名艺术家杨洪基、王莉、汤非等为老人们献上了精彩的节目。

第四章　曜阳养老人文关怀

▲ 中央广播电视总台播音员张宏民主持活动

▲ 中心领导和顾问为爱心企业颁发荣誉证书

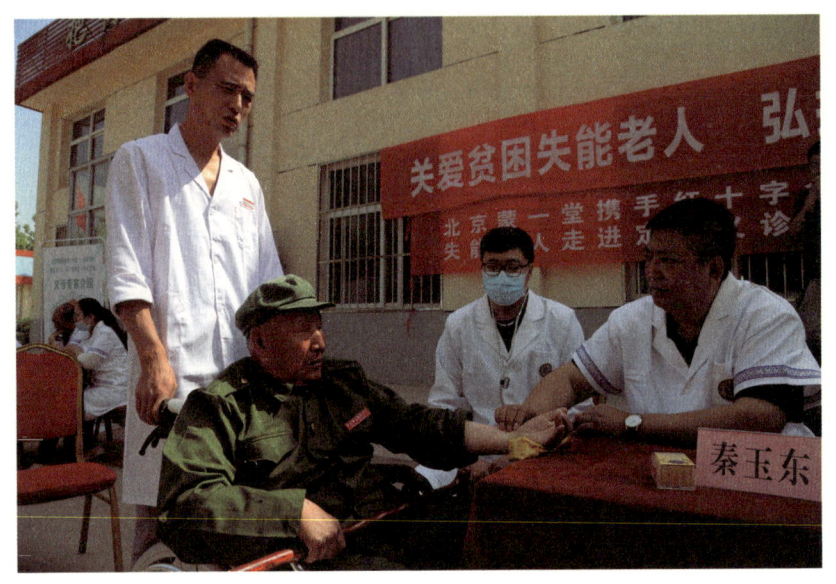

曜阳养老 人文关怀的探索与实践之总论

▲ 应事业发展中心邀请，北京蒙一堂和内蒙古蒙一堂的中医专家在定州民政事业服务中心为当地老人举办了健康义诊

四、协助加强人文关怀的队伍建设

在实际工作中，中心深刻认识到，人才队伍是落实养老服务人文关怀各项措施的关键。养老服务人才队伍中，养老机构负责人和养老护理员处于同等重要的位置。加强养老服务人才队伍建设，要重点做好养老机构负责人和养老护理员的教育和培训。

（一）组织举办曜阳养老院长培训班

2013 至 2018 年，中心协调比利时 UCB 健康教育基金，并自筹经费，组织举办了6期曜阳养老院长培训班，来自全国21个省（市、自治区）710余家养老机构近1000名负责人参加了培训。（见表4-2）

表4-2 2013~2018 中心举办的曜阳养老院长培训班一览表

期次	培训时间	培训地点	参加人数	涉及机构数	培训经费（万元）	经费来源
第1期	2013	北京	70	60	17	UCB健康教育基金
第2期	2015.05	北京	306	200	50	UCB健康教育基金
第3期	2015.10	北京	170	120	36	UCB健康教育基金
第4期	2016.10	北京	195	150	38	UCB健康教育基金
第5期	2017.10	贵阳	170	100	16	中心自筹
第6期	2018.6.28	杭州	90	80	14	中心自筹
总计			1011	710	171	

案例 4-13

曜阳养老院长培训课程一览

（1）我国养老政策解读；

（2）养老机构常见法律问题；

（3）养老机构风险防控及应对；

（4）中外养老发展现状与经验；

（5）远程医疗与居家养老；

（6）养老服务信息化；

（7）台湾地区养老机构管理；

（8）养老机构精细化管理与党建工作；

（9）"互联网+"养老服务；

（10）中国老龄化现状及应对；

（11）人口老龄化与社会保障建设；

（12）养老机构品牌打造及宣传；

（13）中外养老机构差异；

（14）养老债券融资；

（15）养老机构管理；

（16）养老机构经营及外联；

（17）曜阳养老人文关怀；

（18）曜阳养老机构党建平台。

▲ 2017年，事业发展中心在贵阳举办曜阳养老院长培训班

第四章　曜阳养老人文关怀

▲ 2016年，事业发展中心在北京举办曜阳养老院长培训班

▲ 曜阳养老院长培训班结业仪式上，事业发展中心向优秀学员颁发结业证书

（二）举办曜阳养老护理员培训班

2013~2018 年，中心协调比利时 UCB 健康教育基金和院士博爱基金等公益资金，组织举办了 7 期曜阳养老护理员培训班，来自全国 27 个省（市、自治区）590 余家养老机构 926 名养老护理员参加了培训（见表 4-3）。

表 4-3　2013~2018 中心举办的曜阳养老护理员培训班一览表

期次	培训时间	培训地点	参加人数（人）	涉及机构数（个）	培训经费（万元）	经费来源
第1期	2013	北京	65	50	20	UCB健康教育基金
第2期	2015.03	承德	327	200	64	UCB健康教育基金
第3期	2015.11	承德	115	100	35	UCB健康教育基金
第4期	2016.10	承德	187	100	55	UCB健康教育基金
第5期	2017.05	昆明	130	100	46	UCB健康教育基金
第6期	2017.10	贵阳	52	40	20	院士博爱基金
第7期	2018.07	大同	50	40	16	中心自筹
总计			926	630	256	

经过多年的探索，中心将曜阳养老护理员培训班课程内容分为理论性授课和实际操作两大部分。

理论性授课内容涵盖了曜阳孝心大使、老年癫痫病护理、护理员常遇法律的应对、老年健康及生活质量评估、临终关怀和常用医疗护理文件管理、老年人的特点需求与保健、老年人安全护理、常见老年病护理、老年人用药护理、老年病康复技术、老年人精神疾病护理、老年痴呆病人的护理、压疮护理、老年人营养与饮食等。

实际护理技能操作涵盖了心肺复苏、意识观察、生命体征测量、气道异物排除、包扎固定、安全搬运、轮椅使用、协助步行、口腔清洁、头发清洁、会阴清洁、修剪指甲、体位更换、皮肤清洁、压疮的预防与防护、雾化吸入、冷热疗法、康复治疗技术、排尿、排便护理、鼻饲技术、留置导尿管的护理、口服给药、经口喂食喂水等内容。

▲ 2016年，事业发展中心在承德举办曜阳养老护理员培训班

▲ 曜阳养老护理员培训班结业仪式上，事业发展中心向优秀学员颁发结业证书

（三）举办养老服务管理交流论坛

2014 年以来，中心联合中国社会保障学会等学术研究机构，在相关爱心企业的支持下，先后举办了三届"中国养老服务业发展高层论坛"、2017 年健康中国学术研讨会、"曜阳养老论坛"、"互联网＋养老论坛"、"海峡两岸社会保障交流论坛"等学术活动，邀请有关领导和专家解读我国养老服务政策和制度、介绍发达国家养老服务的有益经验，组织养老机构负责人介绍各自发展经验、分享管理心得，为提升民办养老机构的管理服务水平、全面落实养老服务中的人文关怀起到了重要的作用。

案例 4-14

首届中国养老服务业发展高层论坛

2015 年 10 月 21 日（农历九月初九），由中国社会保障学会、中国

第四章 曜阳养老人文关怀

红十字会总会事业发展中心联合主办的首届中国养老服务业发展高层论在北京人民大会堂举行。全国人大常委会副委员长、中国红十字会会长陈竺向论坛发贺信。第十届全国政协副主席张怀西出席论坛并题词。原全国妇联副主席、党组书记黄晴宜、全国人大内务司法委员会副主任委员王胜明、人民日报社原副总编辑陈俊宏等出席开幕式。中国红十字会总会党组副书记、副会长郭长江出席开幕式并宣读了陈竺的贺信。

中国社会科学院副院长蔡昉、中国社会保障学会会长郑功成、中国红十字会总会事业发展中心主任江丹、全国老龄办副主任朱耀垠、人力资源社会保障部社会保障研究所所长金维刚、中国社会保障学会副会长童星等做了主旨报告。在分论坛上，40多名与会专家分别围绕"养老服务综合""居家养老服务""医养结合""养老机构""养老产业"等主题，发表了研究成果，展开了深入研讨。

来自全国社会保障学界的专家学者与全国养老机构负责人代表共计700余人参加了论坛。

▲ 首届中国养老服务业发展高层论坛在人民大会堂隆重举行

雎阳养老 人文关怀的探索与实践之总论

▲ 中国社会保障学会会长郑功成主持论坛

案例 4-15

第二届中国养老服务业发展高层论坛

2016年10月9日（农历九月初九），在全国第四个法定老年节到来之际，由中国社会保障学会、中国红十字会总会事业发展中心、北京医院联合主办的第二届"中国养老服务业发展高层论坛"在北京人民大会堂隆重举行。论坛主题为"医养结合的实践与探索"。

全国人大常委会副委员长、中国红十字会会长陈竺通过视频为论坛致辞。第十届全国政协副主席张怀西为论坛题词。国家卫生计生委副主任王培安，全国人大内务司法委员会副主任委员苏辉，江西省原省委书记舒惠国，中国红十字会党组书记、常务副会长徐科，人民日报社原副总编辑陈俊宏，中国社会保障学会会长郑功成，北京医院院长曾益新，中国红十字会总会事业发展中心主任江丹等出席论坛。来自全国人大内务司法委员会、国家卫生计生委、民政部等部门和多所高校与研究机构专家学者，以及贵

阳、苏州等地有关部门负责人及全国养老机构代表700余人出席论坛。

▲ 第二届中国养老服务业发展高层论坛在北京人民大会堂隆重举行

案例4-16
第三届中国养老服务业发展高层论坛在贵阳举行

2017年10月28日（农历九月初九），第三届中国养老服务业发展高层论坛在贵州省贵阳市举行。论坛由中国社会保障学会、中国红十字会总会事业发展中心、人民日报《民生周刊》杂志社共同主办，旨在贯彻学习党的十九大重要精神，推动中国养老服务业持续健康发展。

全国人大常委会副委员长、中国红十字会会长陈竺和第十届全国政协副主席张怀西为大会发来贺信。中国红十字会党组书记、常务副会长徐科出席开幕式并宣读了陈竺的贺信。贵州省人民政府副省长陈鸣明、贵阳市委副书记李岳德等当地领导先后致辞，对论坛的举办表示祝贺和欢迎。中国社会保障学会会长郑功成、中国红十字会事业发展中心主任江丹出席开幕式并发言。

在主论坛上，全国政协社会法制委员会副主任委员张世平、人民日报社原副总编辑陈俊宏、中国社会保障学会会长、浙江大学教授何文炯、复旦大学附属华山医院主任医师董竞成教授等专家，围绕贯彻落实十九大精神、推动我国养老服务业持续健康发展的主题，分别做了主旨发言。

分论坛上，与会专家学者和养老机构负责人围绕"当前中国养老服务业发展面临的问题与挑战"、"智能养老的实践与挑战"、"养老服务连锁化经营的实践与挑战"等专题进行了深入的研讨和交流。

来自中国社会保障学会、人民日报社等单位、贵州省、云南省、四川省等省市的领导、20余所高校与研究机构的专家学者，以及全国养老机构代表约800人参加了论坛。

▲ 第三届中国养老服务业发展高层论坛在贵阳市举行

▲ 2017年第三届养老服务业高层论坛

案例 4-17

2017健康中国建设学术研讨会

2017年12月16日，由中国社会保障学会、中国红十字总会事业发展中心共同主办的健康中国建设学术研讨会在北京人民大会堂和友谊宾馆隆重举行。全国政协副主席韩启德出席开幕式并发表演讲。中国红十字会总会事业发展中心主任江丹出席开幕式并在主席台就座。

分论坛上，与会人员围绕"三医联动的实践与困境"、"疾病谱的变化与医疗保障制度"、"医保治理现代化"和"医养结合的实践与探索"等主题，展开了热烈讨论交流。

来自全国政协、国家卫计委、人社部等相关部门负责人，科研院校的专家学者，全国各地社会保险部门负责人和医疗机构、养老机构和企业的代表等260多人出席了研讨会。

▲ 2017健康中国建设学术研讨会在北京人民大会堂隆重举行

▲ 45家曜阳养老联盟成员单位出席"医养结合的实践与探索"分论坛

案例 4-18
第二届两岸社会保障暨两岸恢复民间交流交往 30 周年论坛

2017 年 5 月 13 日，由中国社会保障学会、两岸关系和平发展协同创新中心和中国红十字会总会事业发展中心共同主办的"第二届两岸社会保障暨两岸恢复民间交流交往 30 周年论坛"在厦门举行。海协会原副会长、两岸关系和平发展协创中心社会整合平台主任张铭清受邀主持开幕式。全国人大内务司法委员会副主任、全国台联会长汪毅夫，福建省人民政府副省长黄琪玉，厦门大学党委书记张彦，厦门市委副书记陈秋雄，中国社会保障学会会长郑功成教授，中国红十字会总会事业发展中心主任江丹，中国台湾健康保险学会名誉理事长杨志良等分别致辞。

▲ 第二届两岸社会保障暨两岸恢复民间交流交往30周年论坛在厦门召开

曜阳养老 人文关怀的探索与实践之总论

▲ 论坛现场

与会期间,海峡两岸 200 多位专家学者及养老服务机构负责人,围绕"深化两岸民间交流交往,构建共建共享社会保障制度"这一主题,以学术研讨的形式,深入探讨新形势下两岸社保制度的整合与衔接,努力探索符合两岸中国人特点、增进两岸同胞福祉的社会保障体系。

案例 4-19

2016 曜阳养老论坛

2016 年 8 月 18 日,由中国红十字会总会事业发展中心、河北省红十字会和河北省老龄事业发展基金会联合主办的"2016 曜阳养老论坛"在石家庄举行。全国政协委员、人民日报原副总编陈俊宏,中国红十字会总会事业发展中心主任江丹,河北省红十字会党组书记、常务副会长宋振江等出席论坛并发表主旨演讲。

论坛期间，来自中国人民大学、中国社会保障学会、中国红十字会总会事业发展中心的专家学者、河北省养老机构负责人等，分别从曜阳智慧养老的实践与探索、中国养老产业发展前景分析、"互联网+"时代养老服务业发展新思路等角度，对"智慧养老"进行了交流和研讨。

▲ 曜阳养老论坛在石家庄召开

案例 4-20

2016 中国"互联网+养老"论坛

2016年9月27日，由中国红十字会总会事业发展中心、湖北省红十字会联合主办的2016中国"互联网+养老"论坛在武汉举行。论坛的主题是智慧养老。

全国政协委员、人民日报原副总编陈俊宏，中国红十字会总会事业发展中心主任江丹，湖北省红十字会党组书记、常务副会长宋悦明等出席论坛并发表主旨演讲。

来自中国人民大学、中国社会保障学会、中国红十字会总会事业发展中心、湖北省老龄产业协会、武汉市养老机构协会等单位的专家学者、湖北省养老机构负责人，分别从智慧养老的实践与探索、中国养老产业发展前景分析、"互联网+"时代养老服务业发展新思路等角度对"智慧养老"进行了交流和研讨。

▲ 中国"互联网+养老"论坛在武汉举行

（四）积极开展曜阳养老志愿服务

"奉献、友爱、互助、进步"是当代中国的志愿服务精神，与"人道、博爱、奉献"的红十字精神具有共同的内涵。曜阳养老将高龄、空巢、失能、失智等特殊困难群体老人作为重点服务对象，以全面满足老年群体的合理需求为工作的最高目标，志愿服务是不可或缺的资源和力量。

2014年，中心在扬州市启动了"曜阳志愿服务"试点工作，确定

第四章　曜阳养老人文关怀

了以琼花观社区、三里桥社区和凤凰桥社区为试点社区，选取了30名居家失能老人作为志愿服务对象。中心同时联合扬州技师学院、扬州工业职业技术学院两所学校，共组成了3支大学生志愿服务队，共70名志愿者，每支队伍20~30人。后来，中心与扬州志愿者联盟联合成立了曜阳爱老志愿服务队，组成3支社区专门服务队，共90名志愿者，每支队伍30人左右。

曜阳爱老志愿服务队定点对接一个社区，定期组织志愿者到各自负责社区的孤寡、失能老人家中或养老机构提供志愿服务1~2次，服务内容主要包括法律咨询、健康咨询与指导、精神慰藉、生活照料、代买代办和文化生活等，满足老年人多种服务需求，为老年人提供全方位的人文关怀。例如，来自扬州曜阳康复医院的医生志愿者，使用"健康小屋"移动医疗设备为老人采集健康数据，建立健康档案；来自曜阳养老服务中心的曜阳护理员为老人们洗衣服、打扫家庭卫生。

曜阳爱老志愿服务队与社区商定，每月15日为志愿服务集中服务日，组织义诊、心理咨询、法律援助、修脚、理发、按摩保健、刮痧、精神慰藉等有专长的志愿者集中入户服务，并在社区设立集中活动区域，针对所有老人开展宣传和志愿服务活动。另外，在5·8红十字日、重阳节、世界志愿者日等节日，曜阳爱老志愿服务队配合其他志愿者队伍开展大型志愿服务活动，为老人献爱心送温暖。

通过走访与调查，老人们对曜阳爱老志愿服务的整体评价满意度很高：独居老人们感到缓解了他们孤独感，失能老人们感到生活上得到了更多专业、细致的照料，身体和心理上都得到了温暖和关怀。

为了保证曜阳爱老志愿服务的质量与效果，实时反馈老人服务需求，曜阳养老志愿服务对逐步完善了工作监督检查机制，社区负责人对志愿服务工作进行登记和综合评价，志愿服务队队长做好记录和整

理，汇总形成曜阳养老志愿服务的工作信息和管理数据，逐步建立起曜阳养老志愿服务的长效机制。

▲ 曜阳志愿者

▲ 曜阳志愿者

五、积极营造人文关怀的社会氛围

社会养老服务体系建设需要家庭、政府和社会共同努力。加强养老服务中的人文关怀，同样需要家庭、政府和社会的共同努力。在政府、家庭做好应尽职责的同时，广泛发动社会力量参与养老服务、给予人文关怀，有利于缓解当前社会养老服务中存在的突出问题和矛盾。基于以上认识，中心充分发挥红十字会组织的优势，积极营造为老年人提供人文关怀的社会氛围。

（一）积极举办博爱中国公益慈善活动

从2007年开始，中心先后在厦门、北京、扬州、成都、德阳、南通等地举办了"博爱中国"大型公益演出，筹集善款帮助特困老人和孩子，及对国家对社会做出重大贡献的老同志。"博爱中国"作为事业发展中心的文化品牌，得到了社会各界的大力支持和积极参与。

案例 4-21
"博爱中国·走进广西"大型公益晚会在南宁举行

2007年10月23日，由中国红十字基金会、广西壮族自治区红十字会与梧州中恒集团共同发起的"博爱中国·走进广西"大型公益晚会在广西体育馆隆重举行。中国红十字会秘书长王海京，中国红基会副理事长江丹，广西政协副主席张文学、徐文彦、林国强，广西红十字会会长李振潜，南宁市市长陈向群，广西红十字会常务副会长方南亭等观看了晚会。

这场晚会以宣传"人道、博爱、奉献"的红十字精神为主旨,以"关爱农民、共建和谐"为主题,通过对中国红十字事业历程的回顾、众多单位和个人的现场捐赠、捐助代表和被捐助者的倾情讲述,以及以爱和感恩为主线的歌舞音乐节目等丰富的形式,多层次、多角度地诠释和彰显了晚会主题。

晚会众星云集,来自大陆及台湾的著名歌唱家及歌手关牧村、蔡国庆、汤灿、邰正宵等参加了义演,世界著名钢琴演奏家克劳迪亚·杨女士倾情演奏了德彪西的曲目——《快乐岛》。

在晚会现场的捐赠环节,阳光壹佰置业(南宁)、鄂尔多斯时达房地产和上汽通用五菱分别向中国红基会下设的仁爱基金合计捐赠人民币110万元;乐东滨海城市建设开发有限公司、烟台金山旅游开发有限公司分别向中国红基会北京拔萃双语学校捐赠人民币60万元和30万元。

这场晚会由广西梧州中恒集团赞助举行。北京天络乾元国际经济交流中心和北京朝阳书画院等企事业单位也以不同的形式对晚会的举行给予了大力支持。

案例 4-22

"博爱中国·仁爱奉献"大型公益晚会在成都举行

2007年11月9日,由中国红十字基金会(简称"中国红基会")、四川省红十字会共同主办的"博爱中国·仁爱奉献"大型公益晚会在四川成都国际会议展览中心金色歌剧院举行。

中国红十字会常务副会长江亦曼,中国红基会副理事长江丹,四川省委常委、宣传部部长黄兴初，四川省人大副主任钮小明，副省长、省红十字会会长刘晓峰，省政协副主任陈杰等领导观看了晚会，并为此次晚会上向红十字事业捐款捐物的爱心企业家、艺术家颁发了荣誉证书。

此次晚会以宣传"人道、博爱、奉献"的红十字精神为主旨，以"仁爱奉献、共建和谐"为主题。晚会由知名主持人周涛、高洪胜主持，著名歌唱家阎维文、宋祖英，国家一级演员闫学晶、甘萍、范琳琳，CCTV、MTV内地最佳民歌奖获得者吕薇，相声演员常贵田、王佩元等演艺界明星联袂出演，以精彩的节目表达了他们对公益事业的支持。

在晚会现场，爱心企业纷纷慷慨相助，现场共募集善款500万元和价值1000万元的"重症肌无力"贫困患者治疗费。其中，亚洲国际金融控股公司、北京柏丰房地产开发有限公司、无锡宏泰商品混凝土有限公司、中央书画研究院常务副院长周子刚先生分别向中国红基会"扬州曜阳国际老年公寓"捐款200万元、200万元、50万元、《马到成功》绘画一幅及百名将军书法纪念邮票200套。另外，亚洲国际金融控股公司还向中国红基会"仁爱基金"捐款50万元，用于四川省贫困地区博爱卫生站的建设；北京三生堂医疗投资顾问有限公司向中国红基会"仁爱基金"承诺将为100名贫困"重症肌无力"患者进行免费治疗，价值人民币1000万元，用于启动"仁爱重生"公益救助项目。

案例 4-23

"博爱中国"公益晚会在苏州举行

2009年10月31日，"博爱中国·唱响苏州太湖"——《爱心中华·真情浩荣》大型公益晚会在苏州市体育中心隆重举行。这场晚会由中国红基会、中华国际医学交流基金会、苏州市吴中区人民政府主办，中央电视台、中国红基会事业发展中心、中华国际交流基金会金十字计划工作委员会、苏州市太湖国家旅游度假区管委会等单位承办。中国红基会副理事长江丹、副秘书长刘选国等观看演出，并为部分爱心企业和个人代表颁发了证书。

公益晚会由林海、曾宝仪主持，王力宏、阿牛、孙悦、许慧欣、姜育恒、阿杜等10多位著名歌星登台献唱。晚会场面宏大，灯火炫目，上万观众热情洋溢，挥舞彩棒，和声随唱，现场气氛热烈非常。

"博爱中国·唱响苏州太湖"——《爱心中华·真情浩荣》大型公益晚会的举办旨在加大慈善事业的宣传力度，弘扬中华民族扶贫济困的传统美德和慈善文化，为和谐社会的建设作出贡献。

▲ 中国红十字基金会理事长江丹，副秘书长刘选国等为部分爱心企业和个人颁发证书

第四章 曜阳养老人文关怀

▲ 著名歌星王力宏登台献唱

案例 4-24

"博爱中国红十字齐鲁行"大型公益巡演
在烟台、青岛、济南举办

　　2012 年 9 月 13 日,由事业发展中心主办,中共山东省委宣传部、山东省红十字会承办的"博爱中国红十字齐鲁行"大型公益巡演活动,9 月在烟台、青岛、济南三地巡演。此次活动由中国人民解放军空军政治部文工团承演中国音乐剧《咏蝶》,它赋予"梁祝"精神以全新的理解和阐释,并将"梁祝"情愫融入于戏剧之中,礼赞了自由、幸福、爱情这个人类永恒的共同追求。故事情节跌宕起伏,人物情感如痴如醉。《咏蝶》汇聚了众多名家,作曲是素有"旋律王子"之称的著名作曲家孟庆云,导演为我国第一部音乐剧《搭错车》的著名导演王延松,国家一级演员、第十一届全国人大代表、全国青联委员、被誉为时尚美声第一人王莉主演此剧，更有林萍、喻越越、王艺强、肖杰等实力派歌手参与演出。

　　此次巡演共计6场，烟台、青岛、济南各两场。首场于9月3日在烟台大剧院开演，9月8日青岛大剧院。12日济南山东剧院演出把"博爱中国红十字齐鲁行"大型公益巡演推向高潮。人民日报社副总编陈俊宏，中共山东省委常委、政法委书记才利民，山东省副省长、省红十会会长王随莲，事业发展中心主任江丹，省委宣传部副部长刘为民，人民日报社山东分社社长徐锦庚，省红十字会常务副会长曹怀杰，济南市委常委、市总会工会主席王以才，济南市委常委、宣传部长谭延伟，济南市人民政府副市长、市红十字会会长巩宪群等相关单位领导、嘉宾及爱心企业代表出席观看了演出。

　　济南演出前领导和嘉宾们还为山东能源集团有限公司、恒丰银行、蓝翔高级技工学校等爱心企业颁发了捐赠证书。

▲ 演出结束后，领导和嘉宾们上台答谢演员

第四章 曜阳养老人文关怀

▲ 领导和嘉宾们与演员合影

案例 4-25

中心在厦门举办"博爱中国·情暖夕阳"公益晚会

2012年12月22日，由事业发展中心、厦门市人民政府联合主办、北京军区政治部战友文工团承办的"博爱中国·情暖夕阳"公益晚会在厦门国际会展中心隆重举行。

第十届全国政协副主席张怀西、中国红十字会党组书记、常务副会长赵白鸽、人民日报社副总编辑陈俊宏、福建省委常委、常务副省长、省红十字会会长陈桦、北京拔萃双语学校名誉校长江泽玲女士、江西省原省委书记、国家人事部原副部长舒惠国、中国人民武装警察部队原副政委刘世民中将、福建省委常委、厦门市委书记于伟国、中国红十字会总会事业发展中心主任江丹、福建省红十字会党组书记、常务副会长黄毅敏、厦门市委常委、常务副市长林国耀等与厦门市4千多名观众共同观看了演出。

137

曜阳养老 人文关怀的探索与实践之总论

晚会吸引了众多热爱公益事业的知名人士参加。中国煤矿文工团团长、著名主持人瞿弦和，中央电视台新闻播音部制片人、新闻联播主播郎永淳，央视著名主持人朱迅，文清主持晚会。北京军区战友文工团团长、国家一级演员刘斌，中央人民广播电台著名主持人方明，著名相声表演艺术家冯巩，以及于文华、张迈、萨顶顶、张暴默、曲比阿乌、王霓、卢奇、王伍福等明星联袂出演，以精彩的节目、声情并茂的表演表达了他们对公益事业的支持。

著名导演宁浩也被红十字精神所感召，作为艺术指导监制了中国红十字会总会事业发展中心宣传片《大爱无疆》。该片在晚会开幕前播放，使与会嘉宾对中国红十字会总会事业发展中心多年来弘扬"人道、博爱、奉献"红十字精神，以"心系民生、回报社会"为宗旨，致力于养老、教育、救助、文化等公益事业工作有了全面的了解。

▲ "博爱中国、情暖夕阳"公益晚会在厦门国际会展中心隆重举行

此次晚会得到彬县煤炭有限责任公司、厦门中联建设工程有限公司、深圳市粤托投资有限公司、山西省朔州市大恒粘土有限公司、山东西政律师事务所、厦门凯晟房地产开发开发有限公司、中国银行总行等爱心企业大力支持与赞助。

案例 4-26

"博爱中国·领美迎新公益慈善夜"为失能老人募集善款

2017年1月22日下午,"博爱中国·领美迎新公益慈善夜"活动在上海举办。中国红十字会总会事业发展中心主任江丹出席活动并致辞。她表示,博施济众、扶危济困、热心公益是中华民族的优良传统。上海领美投资控股有限公司牵头举办"博爱中国·领美迎新公益慈善夜"活动,为帮扶困难老人特别是失能老人募集善款、奉献爱心,为全社会积极营造孝亲敬老、互帮互助的良好氛围做出了表率。

活动现场,上海领美投资控股有限公司全体员工及股东,众安在线财产保险股份有限公司等十多家爱心企业和爱心人士纷纷慷慨解囊为贫困失能老人捐赠善款,以切实改善他们的生活境遇和生活品质。

据了解,中国红十字会总会事业发展中心、上海领美投资控股有限公司、中国电信天翼电子商务有限公司三方合作,将在全国所有安装超级支付聚合收款系统的零售网点,使用电信翼支付,每消费一笔,领美软件科技有限公司向事业发展中心捐赠一分钱,所募集的所有资金定向用于资助和帮扶贫困失能老人。

▲ 江丹同志为公益捐赠的爱心企业颁发证书

（二）打造互联网公益募捐平台

2017年与中国老龄事业发展基金会合作，共同成立了"关爱失能老人公益基金"，启动了"当你老了"公益平台，聘请中央电视台著名主持人朱军作为公益形象大使，通过网络众筹募集资金。截至2017年底，共有4.8万多人参与捐款，捐款总额150多万元，首批资助陕西、河北革命老区47名贫困失能老人，资助金额达94.4万元。

（三）提升养老护理员的社会地位

在多年养老服务的实践与探索中，事业发展中心深切感受到：养老护理员职业荣誉感和社会认同感的缺失，直接导致养老护理员人员短缺、专业水平不高，进而严重影响了养老服务的规范化和专业化，成

第四章 曜阳养老人文关怀

为社会养老服务体系建设的主要障碍之一。

▲ "当你老了"公益平台形象大使朱军演讲

▲ 中央电视台著名主持人张宏民主持启动仪式

事业发展中心与中国中央广播电视总台社会与法频道(以下简称"社会与法频道")将联合举办"养老护理员榜样人物事迹展播和颁奖活动"(以下简称"活动"),并在央视社会与法频道《夕阳红》栏目播出。

案例 4-27
养老护理员榜样人物事迹展播和颁奖活动

活动目的:贯彻落实十九大精神,充分发挥红十字会参与养老服务工作的作用,在全社会积极营造"养老、孝老、敬老"良好氛围,帮助社会正确认识养老护理工作,增加对养老护理员的社会认同感,让养老护理员有光荣感、有尊严,呼吁和倡导更多人参与养老服务工作。

活动形式:在红会推荐和个人自荐的基础上,由社会与法频道筛选30名展播候选人,录制视频,并通过网络媒体进行宣传,最终决定10名嘉奖人选,参加"守护夕阳—养老护理员荣耀盛典"节目录制,并在社会与法频道播出,全面展示养老护理员的优秀事迹和精神风采。

主办单位:中国红十字会、中央广播电视总台

承办单位:中国红十字会总会事业发展中心、中央广播电视总台社会与法频道

活动进展:目前,中心已经通过总会,通知各地红会推荐优秀养老护理员候选人,同时通过社会媒体广泛收集自荐材料。社会与法频道将从推荐材料中,初筛300名优秀护理员代表,并通过事迹比对、电话连线、视频对话等方式,确定30名最终入围人选。7月至8月,社会与法频道将为30名入围人选拍摄视频资料,并在央视网及夕阳红微信公众号上传视频,开展"点赞护理员、温暖夕阳红"网上预热活动,

每周在《夕阳红》节目中公布网络推荐结果,并最终确定 10 名嘉奖人选。9 月底,将在央视一号演播大厅录制"守护夕阳—养老护理员荣耀盛典"(以下简称"盛典")。2019 年 1 月 1 日盛典视频将在社会与法频道播出,同时在央视网、腾讯、新浪等门户网站提供下载观看服务。

第五章
曜阳养老机构人文关怀

瞧阳养老

第五章　曜阳养老机构人文关怀

自2009年以来，中国红十字会总会事业发展中心筹集社会资金，直接建成了3家曜阳养老实体，分别是扬州曜阳国际老年公寓、杭州富春江曜阳国际老年公寓和济南曜阳国际老年公寓。3家养老实体按照中心的统一要求，严格落实曜阳养老机构标准，在建设、服务和管理过程中不断夯实人文关怀特色，取得了较为突出的成绩和良好的社会声誉。

由于篇幅有限，本章主要选取济南曜阳国际老年公寓的案例，适量选取了扬州曜阳国际老年公寓和杭州曜阳国际老年公寓的案例。后两个公寓的更多案例，将分别在丛书的第二分册和第三分册中予以展现。

一、建设过程中的人文关怀

养老机构重视人文关怀，说到底就是要让老年人住在各类社会群体中，生活在社会中，而不是形成独立的孤岛，过着与世隔绝的封闭式生活[1]。因此，养老机构在建设过程中，要从老年人身心特点出发考虑问题，使养老设施更加符合老年人的生理心理需求。

（一）机构选址要充分考虑人文环境

对养老机构来说，好的人文环境就是周边有成熟的社区，有各种相应的配套设施，包括医疗急救、日常商品供应、体育健身、文化娱乐、管理服务设施，以及便利的交通等。这样既有利于给老年人以便利和

---

[1] 董红亚：《养老机构的建设与管理》，中国社会出版社2015年版，第37~38页。

安全感，使他们从心理上感到接近他们过去的生活形态，也有利于减少养老机构的配套降低成本[①]。

案例 5-1

老城区老社区中的养老公寓

济南曜阳国际老年公寓位于济南市槐荫区南辛庄街道，该街道下辖五个社区，面积2.02平方公里，现有9000多户近3万居民。街道辖区内交通便利，有104国道、经十路、经七路等；文教卫生条件优越，有济南市儿童医院、济南第五人民医院、南辛庄小学和南辛庄社区卫生服务中心；工商服务业发达，有济南二机床集团、济南市供销社、华联超市、东方航空大厦等。辖区内还有丁字山、琵琶山、槐苑广场等景观。似曾相识的街景，使入住公寓的老人很容易熟悉和融入新的生活环境。

公寓位于成熟居民社区，步行范围内超市、药店、银行等配套齐全一应俱全，生活便利。公寓对外交通非常便利，29路、K29路、102路、K102路、104路、125路、K164路等多条公交线路在公寓门前设有公交站台。30分钟车程即可到达济南西站。公寓距离济南市第五人民医院仅一公里左右的路程。便利的交通，方便子女来探望老人，减少了老年人入住公寓后与社会的脱节感和孤独感。

（二）建设过程要学会借用周边设施

在建设过程中，养老机构既不能搞大而全，也不能搞小而全，什么

[①] 董红亚：《养老机构的建设与管理》，中国社会出版社2015年版，第37~38页。

配套设施都要自己来建设，要学会借景，充分整合资源，降低建设和运营成本。一是要充分利用周边的医疗设施。如果周边已经具有二级以上医院且方便就医，则养老机构内部设置一个医务室即可。二是要充分利用周边的公共设施。如社区已有的老年人文化活动中心、老年大学等。在安排入住老人的相关活动时，可以将这些公共设施考虑进去，充分加以利用。三是要充分利用周边的绿化设施。如果机构旁边有公园，就要在设计中加以合并考虑，进行绿化。如果能与园林绿化部门达成共识，甚至可以在公园里设置供老年人休息的座椅及简易活动设施[①]。四是要充分利用周边的娱乐设施。尽管老年人利用娱乐设施的机会比较小，但是从方便儿女带着子孙来探望老人的角度考虑，养老机构附近如有适合儿童、青少年的娱乐设施，会大大延长养老机构入住老人与子女儿孙待在一起的时间，从而给予老人更多亲情关怀，有效降低老人的独孤感。

案例 5-2

运河文化区的扬州曜阳养老公寓

扬州曜阳国际老年公寓位于扬州市生态科技新城，毗邻著名的运河文化区"七河八岛"区域，不仅有得天独厚的自然条件，而且紧邻现代气息浓厚的主题公园，在为入住老人提供了恬静的自然风光的同时，也为子女探望老人提供了方便的家庭聚会场所。

---

① 董红亚：《养老机构的建设与管理》，中国社会出版社 2015 年版，第 37~38 页。

▲ 扬州曜阳坐落于扬州"七河八岛"生态湿地
会员漫步在公寓院内傍河的林荫道上

◆ **滋润的自然风光**

该区域由七条河流以及由其分割而成的八个岛屿组成,"七河"自西向东分别为:京杭大运河、壁虎河、新河、凤凰河、太平河、金湾河、高水河。在这七条河流的分割下,天然呈现出了八个岛屿。"八岛"自东向西分别为:聚凤岛、芒稻岛、金湾岛、自在岛、凤羽岛、山河岛、壁虎岛、新河岛。

"七河八岛"区域是扬州市生态自然环境保留最完好的湖泊、平原型湿地,境内自然资源丰富,湿地功能强大,被称为扬州的"绿肺"和城市的后花园,是扬州最佳人居环境的核心区域。正因为有了"七河"的滋润,"八岛"上的植物也很水灵。"七河"中的水野菱、芦苇、水菖蒲、荷、水花生等水生植物;河岸上的篱天剑、泽漆、泽生香豌豆、燕麦;"八岛"上的杨树、旱柳、水杉、枫杨、构树……无不透出原

第五章 曜阳养老机构人文关怀

始的神秘气息。

▲ 公寓老人乘船从金湾闸出发驶向凤凰岛

▲ 凤凰岛生态旅游区金湾大坝

◆ **完善的城市配套**

公寓周边 3 公里范围内有占地 150 亩的扬州乐园，项目宗旨是打造一个精致的、可全国推广的样板性中型主题游乐园；有占地约 48 万平方米的扬州马可波罗梦幻花海，项目是以"马可波罗历险记"为主题建设的花卉主题公园；有扬州 1912 万福小镇，与传统的商业街、商业步行街不同的是，1912 小镇主要功能是以文化休闲、旅游消费为主，兼具商业购物功能；有具现代又不失传统的万福大桥，该桥梁总体风格为楼台亭阁，整个底座似"凯旋门"，塔楼登高，可以遥看整个城区景致，模仿园林景廊设计，移步异景，在夜景照明的映衬下，月牙弯弯，水天一线，呈现"九成云外凭栏眺，万福灯火水连天"的美景；还有总规划面积约 73 万平方米的凤凰岛国家湿地公园，包括游客服务中心、温泉度假中心、湿地科普馆、运河栈道、游乐场、湿地植被区等。

曜阳养老 人文关怀的探索与实践之总论

▲ 老人春游马可波罗花世界　　　　▲ 花世界与万福大桥

扬州曜阳国际老年公寓的建设，开创了扬州会员制养老社区的先河，她区别于传统意义上的养老院，是一个既不脱离社会，但又独立、开放的老年社区，是老年人享受自由、快乐、悠闲晚年生活的理想家园。

案例 5-3

依托周边医院提供医养结合养老服务

自 2014 年建成投入使用以来，济南曜阳国际老年公寓在内设医务室、康复室的同时，积极与周边专业医疗机构合作，坚持以健康管理为基础、以医疗服务为支撑，为广大入住老人提供了医养结合养老服务。

公寓设置了医疗服务区和康复理疗区。公寓医务室聘请了多名有经验的主任医师，负责老人日常的健康咨询管理、一般疾病的诊治。多名经验丰富的理疗康复师，定期为老人提供理疗康复服务。公寓同时为符合条件的老人申请长期照护险。

在内设医务室的基础上，公寓与济南市第五人民医院建立了战略合作关系，为老人外出就医建立了绿色通道。截至 2018 年 6 月底，公寓通过绿色就医通道，为入住老人提供了 110 多次紧急就医服务。公寓同时与街道卫生服务中心建立了全面的合作关系，签约医疗专家定时上门为老人提供咨询、会诊、体检等医疗服务累计400余次。

通过多层次全方位的医养结合养老服务，公寓不仅大大提高了入住老人的健康水平，提高了入住老人的生活质量，普遍地延长入住老人的预期寿命，而且解决了家属对老人健康的后顾之忧。

（三）功能配备要满足老年人的需求

在建设过程中，养老机构要从满足老年人需求的角度，合理配置各类服务设施，使老年人能够便捷、有效地对建筑设计及设备设施进行利用，提高晚年生活的舒适度。

以养老社区（养老公寓）为例，尽管入住的大部分是自理型老人。但是要充分考虑到老年人的身体能力和健康状况的变化，除了配置就近的医疗保健设施外，养老社区（养老公寓）还要提前布局护理院等长期照护设施，以便失能老人入住，条件具备的还有提供临终关怀服务。

案例 5-4
从生活自理到临终关怀的全程照护养老综合体

扬州曜阳国际老年公寓位于扬州市生态科技新城，是中国红十字会总会事业发展中心筹资建立并指导的民办非企业养老实体。自2009年建成以来，公寓致力于建设曜阳养老品牌旗舰店的发展目标，努力打造"集医护康养于一体的全程照护"综合养老服务模式，为自理型老人、半失能老人、失能老人和患病老人等各类老人，分别提供生活照料、康复治疗、医疗护理、文化娱乐、精神慰藉和安宁服务等养老服务。

公寓占地118000平方米（177亩），总建筑面积95000平方米，主要包括自理型养老单元、老年护理院和曜阳康复医院等三大功能区域，同时设有健康娱乐服务、餐饮会议客房等配套设施，具备了"老有所养、老有所医、老有所教、老有所学、老有所为、老有所乐"的基本功能。

▲ 扬州曜阳国际老年公寓

◆ **养老公寓为自理型老人提供住宿及配套服务**

自理型养老单元共有 11 幢楼、490 套房、1603 张床。公寓为入住老人提供 24 小时生活管家服务，协助老人处理日常琐事。公寓在单元楼内配置了相应服务设施：一卡通系统，包含门禁、餐饮、消费等功能；紧急呼叫系统（每户每室都有紧急呼叫按钮），即时获取老人需求并协助处理突发情况；所有房屋接入中央空调、网络和有线电视，并提供全天 24 小时热水。公寓备有班车，每日两次组织入住老人外出购物。公寓同时协调所属曜阳康复医院，为入住老人提供入户健康服务和便民健康门诊。

第五章　曜阳养老机构人文关怀

▲ 挂在床头前的紧急呼叫按钮　　▲ 公寓员工照顾老人乘坐班车出行

◆ **文体活动中心为老人提供健康娱乐服务**

文体活动中心的健康娱乐服务设施包括室内和室外两部分，可供1500人同时开展活动。其中：室内设施位于公寓多功能老人休闲活动中心，设有桑拿室、理发室、健身房、棋牌室、老年大学、电子图书馆、台球和乒乓球室、游泳馆等；室外设施包括门球场和网球场等。

公寓每周有计划地安排适合老年人的健康娱乐活动，包括健康讲座、健身舞、健身操、桑拿洗浴、生日歌会等，不断丰富老年人的精神文化生活、提高老年人的身体健康水平。

▲ 公寓棋牌室　　▲ 定期组织健康讲座

◆ 曜阳康复医院为病患老人提供健康医疗服务

曜阳康复医院按二级康复医院配置，致力于建设扬州市脑科康复中心的发展目标，是苏北人民医院康复基地、复旦大学附属华山医院中西医结合老年病与延缓衰老研究基地，是扬州市居民医保定点机构。医院开放床位150张，现有医护人员70余人，其中主任医师5名、副主任医师3名、主管护师2名、护师5名。医院开设内科、中医科、放射科、检验科、超声科、康复科等诊疗科室，拥有螺旋CT、数字影像DR、彩超、心电监护仪、全自动生化仪、电解质分析仪等检查检验设备，以及中频治疗仪、脑循环治疗仪、空气波压力治疗仪、牵引治疗仪、电动训练床、电动直立床、多功能训练床以及水疗、中药熏蒸等系统康复治疗设备。医院不定期与北京301医院进行远程视频咨询和诊疗活动。

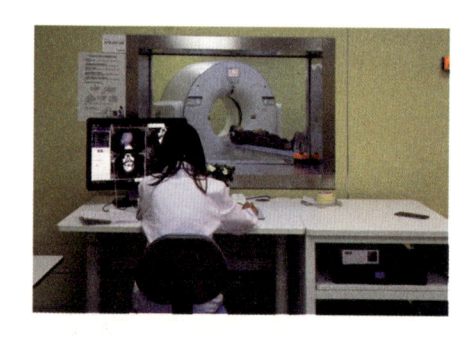

▲ 医院CT设备 　　　　　　▲ 医院DR设备

◆ 护理院为失能老人提供长期照护

护理院设在曜阳康复医院四层南区，开放床位50张，主要收住半失能、失能、失智老人和高龄独居老人。现有执业医生2名、执业护士3名、持证养老护理员10余名。护理院主要房型为单人间、双人间和四人间，每间均有独立的卫生间和储物柜。在对入住老人进行能力评估的基础上，护理院为入住老人提供不同等级的24小时照护服务，

包括生活照料、饮食辅助、医疗护理、康复训练、日常活动、精神慰藉和临终关怀等。根据公寓发展规划，2019年护理院开放床位将达到190张。

▲ 扬州曜阳康复医院

考虑到入住养老机构的老年人的孤独感比较普遍，具备条件的单位，在建设养老机构的同时，可以就近建设一个幼儿教育机构。通过就近观赏和参与幼儿教育机构的活动，老年人获得了与儿童亲近的机会，享受了天伦之乐，可以大大地减缓老年人思念儿孙的焦虑和孤独。同时通过组织相关孩子经常开展慰问老人的活动，也可以培养孩子的孝敬美德。

案例 5-5

与幼儿园毗邻而居的老年公寓

在设计过程中，济南曜阳养老公寓考虑到老年人晚年主要的精神顾虑是孤独，因此主动借鉴国外发达国家的养老服务理念，独树一帜，将老年公寓与幼儿园建在同一栋建筑内，毗邻而居，共同分享室外活动空间和多功能厅。六一儿童节，九九重阳节等重大节日的互动演出，既弘扬了中国尊老爱幼优良传统，又让老人经常能观看到天真活泼儿童的嬉笑玩耍，充分享受到儿孙绕膝的天伦之乐的晚年时光。

▲ 幼儿园小朋友与公寓老人共度重阳节

（四）内部功能布局要以老人为中心

一个比较专业的养老机构，除了配置老年人的卧室、医务室、护理站、集体活动空间以外，还必须配置饭食加热设备、冷藏设备，同时配置一些简单的康复器械等。所有这些设施设备，必须以老人为中心，既要便于管理人员和护理人员使用，也要便于老年人使用。

案例 5-6

以老人为中心的内部功能布局

济南曜阳国际老年公寓尽管只有5600平方米的建筑面积，但是坚持以老人为中心进行功能布局。公寓按照老人的需求和服务的需要，设置了相对独立的老人居住区、公共活动区和公共服务区，并配置了老年人需要的各类生活服务设施设备。

回字形居住区。每个楼层的老年人居住区，采用以护士站为中心的360度无死角环形结构设计，以便护理人员一目了然掌握老人的情况。根据老人护理等级由近及远进行安排房间，以便突发情况时照护人员能以最短距离、最快时间到达老人身边。老人房间均配有独立的卫生间，采用推拉门，面积较大，有利于轮椅进出、方便护理。公寓允许老人自带部分熟悉喜爱的家具，让老人体会到家的温馨。

多意境活动区。在护士台周围的文体活动区，每天固定时间由护理人员带领老人唱一唱熟悉的歌曲、做一些简单活动全身的舞蹈。公寓回字形环廊既方便老人的循环走动，也让老人感受到生命无止境的意境。临街观景长廊，采用大开窗设计，视野开阔，方便老年人临窗眺望，欣赏美景，思索人生，回忆往事。

多功能服务区。公寓每层都设有餐厅和茶点间，方便老人进餐和饮用茶点。餐厅宽敞明亮，桌椅均采用圆角设计，方便老人安全就餐。服务区内同时设医疗服务区有血压计、体重计等基本设备，随时为老年人提供健康服务。康复理疗区放置了一些简易康复设备，自理能力较强的老人可自行进行康复训练，自理能力弱的老人在护理人员协助下也可以进行康复训练。公寓配备了先进的洗浴床、洗浴椅、浴缸升降椅、移位机等护理设备，随时为老人提供温馨舒适的助浴服务。

（五）设施设备确保老人使用安全

养老机构的建筑设计及设备设施配置要以安全为首要原则，为老年人创建安全的生活环境。通过对设施细节的要求，全方位的保证老年人安全，如采取地面无高差、铺设防滑地胶、关键位置设置扶手等无障碍安全措施。

案例 5-7

养老服务中的安全考量

济南曜阳国际老年公寓位于济南市槐荫区南辛庄街道，开放床位

120张，主要收住失能老人、半失能老人和部分高龄独居老人。公寓把安全考量融入公寓建设、管理和服务的各个环节，确保入住老人生活舒适安全、精神愉快、身体健康。

坐卧安全。公寓购置了专门适合长期卧床病人的电动升降护理床，并使用电动褥疮垫，最大限度防止褥疮的发生，极大改善了失能老人的生活质量。

行动安全。公寓配置移位机等设备，方便入住失能老人从床上转移到轮椅及其他地方。公寓配置了先进的洗浴床、洗浴椅和浴缸升降椅，为失能老人提供了安全的洗澡服务。公寓每一楼层的通道、走廊及卫生间地面都采用无障碍设计，同时铺设防滑地毯、设置无障碍扶手，方便入住老人在楼内安全行走。公寓配备医用电梯，确保患病老人及时安全进入急救通道。

环境安全。公寓采用整体智能化设计，在电梯中加装了门禁控制系统，防止失智老人走失。在每个房间都加装了紧急呼叫器、在走廊里加装了无线呼叫器，确保护士站总控能够及时与老人进行通话，确保第一时间掌握老人的意外情况并及时采取各种措施。

膳食安全。公寓配备专业厨师、面点师，精心设计营养食谱，照顾患有特殊疾病老年人的饮食习惯，采用新鲜食材，膳食每餐留样72小时，餐具每日三次消毒，确保食品卫生安全，避免传染性疾病发生。

护理安全。从入住前家访、评估，到入住后试住，护理人员通过细心观察制定个性化护理方案。在护理过程中，通过日常生命体征监测、翻身、服药、大小便、巡视、病情观察等规范操作及各项生活服务记录、护理交接班、护理告知书等详细记录，保障护理安全，提高入住老年人的生活质量。

医疗安全。内设医务室，配有专职医师、主管护师、护士，同时与周边医院签订合作协议,开设就医绿色通道,做到小病不住院、重病及时会诊转诊,为老人解决健康医疗的后顾之忧。

后勤安全。配备专业物业管理人员和消控室24小时值班人员,对水、电、消防日日查,发现故障及时排除,并定期组织培训考核,后勤安全有保障。

(六)设施设备要遵循适老化原则

养老机构在房屋设计和设备设施配置中充分考虑到老年人的身体机能及行动特点,包括采用符合老年人视觉特点的色彩搭配、文字图案导引、配备大按键老人电话、设置助浴椅、居室房屋面积不宜太大、配合夜间辅助照明等措施。

案例 5-8
富春江曜阳国际老年公寓的适老化设计

位于杭州富阳区富春江畔的富春江曜阳国际老年公寓,北靠黄公望森林公园,尽享依山傍水之便利。公寓在设计过程中,处处考虑老年人的生理特点和生活需要,在房间布局、设备配置等方面增加了很多适老化的元素。

适宜老人的居室户型。房间一般在60~80平方米之间,大部分格局为一室一厅一厨一卫,既满足两位老人的正常生活需求,也大大减少了无效的活动范围,预防老人跌倒。

采光通风的房屋朝向。公寓所有房间都向北开门、向南开窗,不仅采光非常好,而且通透性也好。在略显寒冷的冬天,明媚的阳光照射

在静静的房间里，入住老人感到温暖安逸。

体贴入微的夜间照明。考虑到入住老人生理功能退化，晚上起夜的次数较多，同时又要创造好的睡眠环境，公寓在每个房间离地面 30 厘米高度的墙上，安装了感应地脚灯，不仅方便老人起夜的行走安全，同时避免强光刺激影响老人的睡眠进程。

关键时刻的呼叫器。考虑到相当一部分老人容易突发各类疾病，公寓在老人居室的客厅、厨房、房间和厕所都安装了紧急呼叫器，以便遇到各类突发情况，老人能就近触摸报警，公寓服务人员会在 2 分钟内到场处置。

另外，公寓在老人居室楼道里加装了扶手，所有通道采用无障碍设计。公寓在电梯里设置了简易座位，院区里安放了长椅等设施，方便老人随时就座休息。

二、服务过程中的人文关怀

（一）生活照料中的人文关怀

在生活照顾中，要首先根据老年人身体状况及需求、地域特点、民族、宗教习惯等因素安排膳食，以确保老年人获得健康生活的基本营养保证。

案例 5-9

三餐三茶的膳食服务

济南曜阳国际老年公寓针对老年人味觉迟钝、咀嚼能力衰退、消化吸收能力下降等特点，通过营养配餐，为入住老人提供搭配科学、营养均衡、美味可口的膳食餐谱。公寓坚持三餐三茶的饮食服务模式，积极满足入住老人少食多餐的需要。公寓同时为患有高血压、高血脂、高血糖等疾病的老人，提供相应的营养配餐。

▲ 济南曜阳国际老年公寓一周食谱

（二）护理服务中的人文关怀

在护理服务中，要依据护理等级进行服务。一是护理服务人员要了解每位老年人健康情况及其护理重点，采取有针对性的护理服务措施。二是护理之前做好沟通，了解老年人的心理状况和情感状况，让老年人理解支持护理工作。三是针对长期卧床的老人，要将原发褥疮、肺部感染等疾病尽早治愈，同时严格控制新发肺部感染、褥疮等疾病的发生。

案例 5-10

褥疮不是小事情

韩女士，63岁，2018年1月6号入住济南曜阳国际老年公寓。入住时老人呈植物人状态，留置胃管、尿管，气管切开术后气管套管。经进一步询问其家属得知，老人曾于2015年4月突发脑出血行侧脑室引流术，行气管切开术。由于韩女士的丈夫罹患4次脑梗，已出现认知障碍，其独生女儿照顾患病双亲老人的压力太大，因此将韩女士送到济南曜阳国际老年公寓入住。

经公寓医护人员进一步检查发现，因老人在家时家属护理不当，导致老人骶尾部可见约3厘米×2厘米、深约0.7厘米的陈旧性压疮，内有新鲜的肉芽，有脓苔附着。考虑到压疮对老人带来的痛苦和不便，护理人员将解决压疮作为护理的主要问题，坚持每天给老人的压疮部位消毒、换药，同时勤翻身，适当按摩老人的四肢，以减轻肌肉萎缩情况，增加皮肤弹性。经过一个月的精心护理，老人的压疮创面逐渐缩小，慢慢痊愈了。

与此同时，护理人员在驻院医师指导下，为老人制订了一份特殊的护理计划，合理搭配营养并通过鼻饲进食；坚持每日为老人吸痰、做好气管套管护理；做好会阴护理，及时处理大小便，观察尿量；定期给老人更换胃管、尿管，做好管路护理；定期给老人洗澡等，并及时与老人的女儿进行沟通。

功夫不负有心人。经过公寓护理人员 6 个月的精心护理，老人的体重有所增加，健康情况越来越稳定。老人的女儿经常来探望老人，看到老人的状况越来越好，真是看在眼里、喜在心上，逢人就说，济南曜阳老年公寓的护理人员待老人如亲人，用短短一个月时间就治愈了老人的压疮，不仅服务态度好、护理技术好，而且照顾得特别周到细致，作为老人的女儿，感到特别幸运也感觉从未有过的轻松和高兴。

对于失智型老人或有认知障碍的老人，养老机构要加以特殊的关注和照顾，要通过门禁管控、刷卡乘坐电梯等安全措施，确保老人的人身安全，防止出现走失等情况。在无法避免需要实施保护性约束之前，要通知家属，说明保护性约束的目的和必要性，取得家属的理解和配合。

案例 5-11

照顾失智老人，细心是关键

失智老人突发疾病，有很多不能表达自己的不适感受，全靠工作人员的细心观察和及时应对。

杨女士，85 岁，2017 年 11 月 4 日入住济南曜阳国际老年公寓。经初步评估，老人已属高龄，慢性老年病较多，患有冠心病、高血压、脑梗塞、血管性的老年痴呆和中度的认知障碍，时而糊涂，时而清醒。

刚入住时，老人精神状态很不好。有一天护理人员发现老人坐在轮椅上意识落寞，像是睡着了，问话也能回答，但仔细观察发现老人的口唇有青紫现象。护理人员立即把老人移至床上，给予吸氧，测量生命体征，通知医生查看老人。经过急救处理后，老人情况转危为安，逐渐缓解，意识逐渐清醒。后来询问老人，老人自述当时有一些心慌，像做了个梦一样。随后护理人员马上和家属沟通，并建议给老人调换一些口服药，老人的家属非常配合，并对护理人员表示感谢。

经向家属进一步了解，老人退休前在本市传染病医院从事护理工作，多年担任科室护士长。在后来的护理中，护理人员就经常和老人聊天，每天"护士长、护士长"地称呼杨女士。杨女士一听可高兴了，有时还和工作人员做一些互动。看到杨女士心情好转了，护理人员就轮流搀扶着老人在公寓环廊走一走，活动一下，锻炼一下。慢慢地老人的腿部有力量了，逐渐能自己行走几步。老人的活动能力越来越强、活动范围越来越大，心情也越来越好，饭量也增加了，体质和肤色也越来越好。家人每次来公寓探望，看到老人的变化，也非常高兴。

（三）医疗康复中的人文关怀

医疗康复中的人文关怀，对不同情况的老年人有着不同的方式和方法。对自理型老人，就是科学的健康保健服务；对患病老人，就是及时的就诊服务，包括门诊、急诊和住院治疗；对失能老人，就是长期照护加适当康复。

具体说，对入住养老公寓的健康老人来说，医养结合的养老服务就是日常的健康保健加患病时的及时就诊治疗。对入住养老公寓的患病老人来说，医养结合的养老服务就是患病时得到及时治疗（包括门诊治疗和住院治疗），痊愈后能够回到养老公寓继续自理生活。对入住护理院的失能老人来说，长期病患和功能损伤的情况已经不可逆

第五章　曜阳养老机构人文关怀

转，但如何减轻病患带来的痛苦和功能损伤带来的不便，仍然是老年人关心的焦点，对失能老年人能否克服困难、坚持生活有着至关重要的作用。

案例 5-12
扬州曜阳康复医院健康医疗服务工作月度简报①

一、医师入户巡诊情况

2018年5月份，医院安排医技护人员，到355名公寓会员家中进行了入户巡诊共计776人次。

（一）接受巡诊老人的居住情况

1号楼：15人；　　2号楼：24人；　　3号楼：27人；
4号楼：28人；　　5号楼：32人；　　6号楼：25人；
7号楼：46人；　　8号楼：85人；　　10号楼：26人；
11号楼：47人。

（二）接受巡诊老人的年龄情况

69岁及以下：36人，占比10.14%；

0岁~79岁：138人，占比38.87%；

80岁~89岁：167人，占比47.04%；

90岁及以上：14人，占比3.94%。

（三）接受巡诊老人的患病状况

（1）高血压：185人，占比52.11%；

---

① 备注：扬州曜阳康复医院位于扬州曜阳国际老年公寓院内，按二级康复医院设置。自2011年建成以来，医院以神经康复和运动康复为主要特色，致力于建设扬州地区脑科康复中心的发展目标。在推动自身建设发展的同时，医院立足公寓，积极主动为入住公寓的老人提供健康医疗服务。本简报反映的是2018年5月份医院为入住公寓的老人提供预防保健、健康医疗的情况。

（2）冠心病等心脏疾病：112人，占比31.55%；

（3）糖尿病：62人，占比17.46%；

（4）颈肩腰关节疾病：46人，占比12.96%；

（5）慢性支气管炎、哮喘：44人，占比12.39%；

（6）肠胃疾病：41人，占比11.55%；

（7）高血脂病：30人，占比8.45%；

二、医院急救出诊情况

2018年5月份，医院为公寓会员提供24小时急救出诊服务共计12人次。其中：

（一）时间分布情况

17：00~24：00，5人次；

零点至早上8：00，2人次；

白天8：00至17：00，5人次。

（二）老人疾病种类

脑出血：6人次；骨折：2人次；其他：4人次。

（三）急诊处置情况

（1）在家处置：4人次；

（2）入院处置：5人次；

（3）转院处置：3人次。

三、老人来院就诊情况

2018年5月份，公寓会员来院就诊共计236人次，其中：

（一）专家门诊：共计220人次，占专家门诊总就诊人次的80%。包括：

（1）神经内科专家门诊：48人次；

（2）心血管内科专家门诊：51人次；

（3）中医科专家门诊：33人次；

（4）康复科专家门诊：48人次；

（5）其他科专家门诊：40人次；

（二）住院就诊：共计16人次。

（1）内科康复：11人次；

（2）脑外科康复：5人次。

截至6月11日，13人已经出院，3人还在住院。

四、慢性病管理与服务情况

2018年5月份，医院对全体公寓会员人进行了慢性病评估登记，主要涉及高血压、糖尿病、冠心病等病种，涉及会员共计200人。

▲ 扬州曜阳康复医院医护人员入户巡诊

老人的健康需求是多方面的，可能发生的疾病也是多种多样的。大多数养老机构的内设医务室和就近的医院，都不可能满足老人的所有医疗服务需求。在这种情况下，养老机构主动邀请知名专科医院为入住老人提供慢性疾病的义诊服务，不仅能解决老人的患病之苦，也为相关医院提供了难得的患者来源，实在是一举多赢的好事情。

曜阳养老 人文关怀的探索与实践之总论

案例 5-13

富春江曜阳国际老年公寓组织开展口腔义诊活动

2018 年初，富春江曜阳国际老年公寓的生活管家陆续反映，多位入住老人因牙齿疾病，影响到了吃饭和睡觉，心情也不是很好。公寓了解到该情况后，考虑到临近医院没有口腔医疗服务，于是主动联系了拜博口腔医院，希望他们能到公寓为老人提供义诊服务。医院愉快地答应了公寓的请求。

2018 年 5 月 15 日，拜博口腔医院选派医生和护士组成义诊小组，专门到富春江曜阳老年公寓举行"保护牙齿　关爱健康"老年人口腔义诊活动。

活动现场，拜博口腔医院的大夫通过讲座的形式，以通俗易懂的语言，向老人讲解了口腔疾病防治知识和日常注意事项，重点对日常生活中不正确的洁牙护齿方式进行了纠正，建议大家要掌握正确的刷牙方法，养成良好的口腔卫生习惯。

讲座结束后，大夫们为老人进行义诊，接受口腔健康咨询，解答爱牙护牙的专业问题，并提出相应的治疗建议。通过检查后发现，现场不少老人都有牙齿缺失的情况。医生表示，这就是常说的"老掉牙"，但很少有人知道，"老掉牙"是一种疾病，需要及时修复治疗。到中午十二点多，共有 40 多位老人参加了培训后的义诊活动。医院大夫给每一位老人写明了初步检查结果和治疗建议，大部分老人需要到医院接受进一步检查和治疗。

义诊活动结束后，公寓生活管家将需要到医院接受检查和治疗的老人的情况进行了统计,并根据老人的时间安排,协调进城购物的班车把老人送到医院做检查和治疗。老人们都非常满意。

在协调附近医疗机构为老人提供慢性疾病义诊服务的同时,要高度重视对老人突发疾病的应急救治。养老机构如自身没有应急救治能力,必须与就近医院签订急救绿色通道,确保就近医院能在第一时间安排医护人员对老人进行紧急救治。

案例 5-14
扬州曜阳康复医院及时救治突发疾病的公寓老人

2018年5月2日晚6点40分左右,扬州曜阳康复医院在接到扬州曜阳老年公寓某入住老人的急救按铃呼叫后,在第一时间派出值班医生和护士,赶到老人家中进行急救。

值班医护人员赶到家里时,发现老人已昏迷、呼之不应,血压仅为80mmHg/40mmHg,情况非常危险。值班医护人员迅速将老人转移到医院抢救室进行救治。

在医院抢救室内,值班医生迅速打通静脉通道、补充血容量、给予氧气持续吸入,同时对老人进行了心电监护、血氧饱和度检测等一系列医疗救治措施。由于处置得当,30分钟后,老人的血压开始慢慢上升,各项指标逐渐恢复正常。此时,老人家属在收到公寓的通知后也及时赶到医院。考虑到老人的病情已初步稳定,经家属同意,医院用120急救车及时将老人转入位于市区的苏北人民医院继续进行全面诊疗。

▲ 医护人员迅速出诊 　　　　　　▲ 及时赶到会员家中

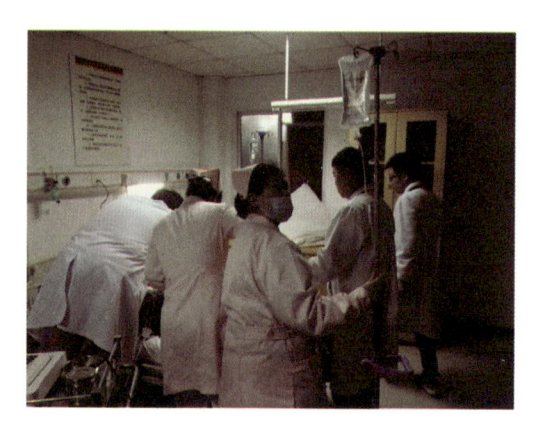

▲ 将老人转移至抢救室

（四）文化娱乐中的人文关怀

在文娱服务中，曜阳养老机构发挥老年人的主动性和积极性，通过组建老年人文体协会的形式，组织开展适合老年人身心特点的书画、手工等文化娱乐活动和康乐活动；同时根据节气、节日举办相关活动。

第五章 曜阳养老机构人文关怀

案例 5-15

丰富多彩的扬州曜阳老年人社团

扬州曜阳国际老年公寓 2009 年建成并投入使用。9 年来，为丰富入住老人的精神文化生活，提升老年人的生活品质，公寓支持入住老人通过组建文娱兴趣小组的形式，开展了多彩的文娱活动。目前公寓共有各类兴趣小组 9 个，包括舞蹈队、模特队、门球队、台球队、乒乓球队、书画协会、京剧协会、时政讨论小组、手工编织小组等。

（1）舞蹈队，现有成员近 50 人，经常练习广场舞、交谊舞和民族舞。有了舞蹈队，舞蹈室的使用率每天爆满，参加舞蹈训练的老人们忙得热火朝天。刚刚入住的会员徐维秋担任民族舞的教练，即便在炎热的夏季，仍然坚持每周两次的训练和排练。

▲ 曜阳舞蹈队 　　　　▲ 曜阳模特队

（2）模特队，现有成员近 30 人，每天坚持训练 2 小时。随着队伍的壮大，老人们的模特步也练得炉火纯青，参加公寓内每一次文艺演出都会赢得赞誉和掌声。老年人的价值感和幸福感油然而生。2013 年 12 月 6 日，模特队参加了扬州市广陵区"市民节"社区周末剧场优秀节目巡演，并在 2015 年重阳节首届"曜阳杯"广场舞大赛中担任颁奖

礼仪。

▲ 扬州曜阳门球队　　　　　　▲ 扬州曜阳台球队

（3）门球队，现有成员近40人，每周的一、三、五下午都会举行活动，每次参加练习的老人在30人左右。2014年4月，老年公寓与市老干部局共同举办了首届"门球邀请赛"。老年公寓门球队稳扎稳打、密切配合，凭着精湛的球技和顽强的精神荣获得了第二名。

（4）台球队，现有会员近20人。入住老人王炎主动给公寓捐赠了一张台球桌。公寓每两年组织一次台球比赛，发挥队员的特长，激发兴趣爱好，丰富老年生活。

（5）乒乓球队，现有成员近20人。公寓设有专门的乒乓球室，每天都有会员参加训练。公寓每年组织乒乓球比赛2~3次。2017年10月27日，曜阳乒乓球队代表生态科技新城，参加了扬州市首届"退管杯"乒乓球比赛荣获"优胜奖"。

（6）书画协会，现有成员近30人。在公寓协助下每周邀请少年宫的书法老师来讲授书法知识，不仅帮助老年人修身养性、陶冶情操，还让老人们以文会友、互相学习，感受书画的喜悦。2016年6月，公寓举办了近50人参加的"书画展览联谊笔会"，打造了"文化曜阳、书画曜阳"的良好形象。

第五章　曜阳养老机构人文关怀

▲ 扬州曜阳书画协会 　　　　▲ 扬州曜阳京剧协会

（7）京剧协会，现有成员近20人。每周五上午都进行排练，你一段我一曲，交流探讨京剧演唱的技艺。协会平时积极参加公寓组织的各项联欢活动，包括重阳节联欢、新春联欢会等。2014年1月，协会组织二十位老人走进文昌花园老年公寓，为入住老人举办了慰问演出。2016年11月7日，扬州市老干部京剧协会曜阳分会正式成立。

（8）时政讨论小组，是由公寓入住老人中的党员同志自发组织的。每周三下午，老人们便集中在一起关心时事，发表各自见解、互相讨论、学习时政、了解国家大事。通过学习讨论，党员老同志在大是大非面前始终与党中央保持高度一致，特别在"纪念抗日战争胜利70周年"活动中，表现出极大的爱国热情。

▲ 扬州曜阳时政讨论小组 　　　　▲ 扬州曜阳手工编织小组

175

（9）手工编织小组，20余名老人定期聚会，学习编织各式各样的物件，如花瓶、公主裙、包包等等，不仅锻炼了眼与手的协调能力，更带来了快乐与成就感。2016年11月7日，在扬州曜阳国际老年公寓成立7周年之际，小组举办了曜阳会员"手工作品展"，受到了与会领导和入住老人的一致好评。

案例5-16

学会用微信，时髦不掉队

近几年出现的智能手机，俨然一个随身小电脑，对年轻人来说，既方便又实用。但是对大多数老人来说，智能手机里眼花缭乱的软件和应用，很多老人都感觉不会用、也不适应。部分老人想学吧，但子女不在身边，找不到人教。因此智能手机中的微信，不仅没有给老人带来欢乐，反而带来了很多烦恼。与此同时，富春江曜阳国际老年公寓生活服务部的年轻人，也在为入住老人普遍不会用微信而烦恼。

一天，生活服务部的周炜大胆提出一个想法，教老人们用微信。同一部门的同事，大多数表示支持。但对谁来讲课，大家心里都没有数。周炜到公寓工作3年多了，是一个说干就干、干净利落的年轻人。在他的鼓动下，另外2位年轻人答应协助他当小老师。教师团队就这样选好了，马上进入备课环节。白天工作忙，只能晚上备课。三个年轻人利用晚上和周末加班备课，终于备好了5节课的内容。

报名消息通过生活管家发布出去，没想到一下子有50多位老人报名。三个年轻人心里既高兴又紧张，利用业余时间，又将课件PPT反复修改，生怕老人们听不懂。

5月4日青年节，既是一个特殊的日子，也是一个快乐的日子。富

第五章　曜阳养老机构人文关怀

春江曜阳国际老年公寓微信培训班正式开始。课堂上，周炜在讲台上一边实时操作、一边播放PPT，并耐心讲解，两名助教在下面，手把手教授老年朋友学微信。半个小时很快就过去了，尽快还没有全部搞懂，但很多老人已经体会到了微信功能的强大和便捷，纷纷要求加快教学进度。为了避免老人们学得快、忘得快，周炜耐心给老人说，慢慢来，不要急，连续5天，保证教会。在接下来的4堂课里，老人们学得非常认真，参加的老人也越来越多了。课堂上不时传出老人们成功完成某个操作的喜悦笑声，同时夹杂着个别老人未能顺利完成某个操作的急促求教。经过5堂课的教学，参加培训的绝大部分老人都学会了微信的使用。

为了让老人们感受到自己的学习成就，周炜和同事们设计了一个小小的结业考试。老人们在欢声笑语中仝部通过了考试。周炜和同事们为老人们颁发了结业证书。看到老人们在考试现场就急切地把活动照片通过微信分享给子女亲属的场景，周炜和同事们感到自己做了一件非常光荣而正确的事情。

在参加培训班后，一位老人专门写了一首打油诗，抒发自己的感受，并对周炜和年轻的同事表示感谢。诗是这样写的：

微信授课讲义稿，管家助学作辅导。打开手机二维码，添加朋友扫一扫。

修改昵称写真名，发图文字初学好。摇一摇来找朋友，按住说话太美妙。

学习学习再学习，一对一的接受考。微信培训结了业，手捧证书拍张照。

老人学习困难多，感谢老师付辛劳。培训暂时告一段，遇有不懂再请教。

（五）心理慰藉中的人文关怀

孤独是大部分老年人的心理特点。入住养老公寓的老年人感到孤独，主要有三个方面原因。一是因为退休，缺少了过去同事的陪伴，人际关系也变得简单了。二是子女孙辈忙于工作学习，很少来探望。三是有的老年人丧失配偶，个人独居加深了孤独的感觉。而入住护理院的失能型老人，因身体功能受到损失或障碍，人际交往大大减少等原因，容易滋生孤独、寂寞的情绪，并且由于其感知能力、交流能力和语言表达能力的减弱，会进一步加剧其孤独感、寂寞感。长时间的疾病缠身和生活不能自理，使失能型老人缺乏生活信心，怕连累家人，甚至产生濒死感，容易因为疾病和失能产生异常情绪和极端性反应。给老年人以精神慰藉，有助于减轻老年人的孤独感，增强晚年生活的幸福感。

对老年人的精神慰藉，主要由子女亲属、机构职工、志愿者、专业社工和特殊人群如儿童等来完成。其中子女亲属对老人的精神慰藉，养老机构要创造条件。

案例 5-17

104 岁老人的生日 Party

2018 年 4 月 30 日（农历三月十五），济南曜阳国际老年公寓 5 楼生活区一片喜气洋洋，每个人都洋溢着开心的笑容，楼道里墙壁上挂满了生日祝福的彩球和鲜花。走近一看，原来今天是田女士 104 岁的生日。

田女士今天一早就起床了，护理人员也提前协助田女士洗漱，换上漂亮衣服，帮奶奶梳头。经过一番梳洗，田女士看上去精神焕发。早饭后，同楼层的老人也纷纷送来祝福，有个老人还现场为田女士献歌一首，楼道里一片欢声笑语。10：30左右，院长和护理部主任手捧鲜花来到田女士房间，送上公寓对田女士的生日祝福。11：00，公寓食堂为田女士送来一个大大的生日蛋糕，田女士和同一层的老人都围坐在蛋糕旁，等着生日Party的开始。临近中午，田女士的子女带着孙子孙女陆续来到公寓，大家都带着鲜花礼物。整个房间充满了欢声笑语。护理人员点上蜡烛，和家属一起为田女士唱了一首生日快乐歌，祝田女士"生日快乐,寿比南山"！田女士特别高兴，一个劲地说"好！好！谢谢大家！你们都是好孩子！一起吃蛋糕！"田女士与家人孩子、公寓领导和护理人员、同层的老人围坐在一起，听着大家祝福的话，享受着曜阳公寓大家庭的温暖！

田女士2016年从医院出院后来到曜阳老年公寓，由于年事已高且身体比较虚弱，饭量也比较小、不能下床行走。公寓护理人员在驻院医师的指导下，制定了专门的护理计划，包括饮食照料、病情观察、用药指导等。田女士不能下床，护理人员就亲自喂老人吃饭。慢慢地，老人身体渐渐好转，可以坐上轮椅了，护理人员就每天推着田女士晒太阳、做手指操，陪着老人聊天。如今百岁高龄的田女士在公寓已经住了两年多。有时候，子女想接她回家住几天。她也不愿走，她说，"我哪里都不去，在这里挺好"。

案例 5-18
幼年在江苏、成年在北京、晚年在济南

闵学熊老人是从北京回来养老的。老人退休前是个机械工程师，会多个国家的语言。由于比较内向，老人性格有点孤僻，很少主动与人

接触，他的东西任何人都不能碰。老人刚来的时候，情绪很不稳定，时不时透出想回家的念头。后来得知，老人的女儿、女婿都在北京工作，老伴腿脚不好照顾不了他。

通过聊天，护理人员进一步得知老人出生在江苏，爱吃南方菜。护理人员把情况告诉了食堂师傅，食堂时不时做些南方菜给老人吃，老人非常高兴，情绪越来越好。在生活中，护理员常常帮他洗澡、修剪指甲、换被褥、整理房间，让他体会到公寓的温暖。在做好护理工作的同时，护理员也常常开导他："公寓条件还不错，您有啥想法就告诉我们"。"儿女工作忙、压力大，您要帮忙减轻他们的负担"。"您在公寓好好生活，身体好了，儿女们就会放心工作"等。尽管依然思念老伴和儿女，但老人的情绪一天天稳定并好转起来。

经过与老人的长期接触，护理人员摸清了老人的想法，针对性开展服务，帮助老人慢慢地习惯了公寓的生活，非常认可工作人员的服务。有时候，负责护士休息两天，老人就着急地问其他护理人员。待负责护士回来上班，老人问长问短、情同儿女。现在北京的女儿每个星期都打电话来问候老人，老人总是以非常肯定语气，让远方的女儿放心！上午一起做拇指操时，老人还经常乐呵乐呵。看到老人高兴的样子，护理员觉得老人一点都不显老，倒像个天真可爱的小孩。

（六）权益保障中的人文关怀

根据《中华人民共和国老年人权益保障法》，从国家层面上看，老年人的合法权益包括"从国家和社会活动物质帮助的权利"、"享受社会服务和社会优待的权利"和"参与社会发展和共享发展成果的权利"；从个体层面上，老年人的合法权益包括财产权、居住权、被赡养权、被探视权、医疗健康权、婚姻自由、与配偶的相互抚养的义务、接受救助权、社会优待权、宜居环境权、受教育权、劳动权、合法收入权、参与文化体育娱乐活动权等权益。

从我国近几年的情况来看，老年人权益维护的焦点主要在于维护老年人的受保障权，及时发放养老金、报销医疗费用等；维护老年人的财产权、防止诈骗事件发生；维护老年人的被探视权、敦促儿女经常探视老人等方面。第一项是政府的责任，第二项是政府有关部门、老人自身、家属子女的共同责任，养老社区要给予协助，第三项是家属子女的责任和义务，政府有关部门和社会要采取共同的措施。

案例 5-19

诈骗惊魂

2017年12月1日上午10点左右，扬州曜阳老年公寓入住老人王女士找到管家反映：今天上午她的老伴儿接到一个电话，说是扬州公安局刑侦队的。电话说她的老伴儿因为涉嫌一起要案，需要协助处理。电话里的人进一步说，老先生已经涉嫌违法，必须到公安局去自首并带好衣服准备拘留。夫妇俩听到这个电话后非常害怕，已经准备好衣物准备去自首。

管家听完老人的叙述后，立即告诉她这是一起明显的诈骗电话。管家在将情况报给管家部门负责人的同时，安慰王女士不要着急。随后，管家伴随王女士回到他们的住所。刚进门，管家发现王女士的老伴儿更为紧张。管家赶快安慰老人，让他也镇静下来。

经过进一步了解，管家得知，原来骗子一直在给老先生打电话，不让他有思考的时间。当骗子又打进电话时，管家顺势接过电话并告诉对方，"我们已经报警了"，随后挂掉电话。但两位老人的情绪并没有从骗子的骗局里走出来，担心要是真的是公安局的电话那就坏了。于是，管家先后拨通了公寓保安处，以及片区警察的电话。保卫处工作人员和社区民警先后感到王女士家，了解情况后安慰两位老人，告诉他们这是一起骗局。两位老人的情绪这才慢慢平息下来。骗子再也没有给老人打过电话。

经历了这么一起电话诈骗风波，王女士和老伴儿特别感谢公寓的管家、保卫人员和社区民警。在公寓组织的新年活动上，他们还现身说法，用自身的经历提醒其他老人要提高警惕、防范被骗。

三、管理过程中的人文关怀

在管理过程中，曜阳养老机构各项管理服务始终围绕老年人需求进行，让老年人充分感受到养老服务中的人文关怀。

（一）树立人文关怀的基本理念

养老机构负责人不仅要了解养老的政策法规、掌握养老服务和机构管理的基本知识，还要掌握人文关怀的基本常识，并通过教育培训，引导管理人员和服务人员在工作中对老年人提供人文关怀。

（二）建立完善内部管理制度。

养老机构要将人文关怀理念融入各项制度中，包括人事管理、财务管理、卫生防疫与食品安全、保障设施管理、消防安全等，同时通过培训和示范，让管理人员和服务人员了解制度、执行制度。

案例 5-20　扬州曜阳国际老年公寓主要管理制度一览

一、员工守则

二、部门工作职责

三、行政管理制度

1．财务报销管理制度
2．公文管理制度
3．印章使用管理制度
4．证照管理制度
5．办公用品管理制度
6．档案管理制度
7．工作会议制度
8．公寓值班制度
9．突发事件报告制度
10．接待来访工作制度
11．车辆使用管理制度
12．固定资产管理制度
13．行政查房制度

四、业务工作制度

1．会籍顾问工作行为规范
2．接待客户工作流程
3．老人入住管理制度
4．老人健康评估制度
5．护理等级评估制度
6．交接班制度
7．会员退会规定和流程

五、健康医疗服务规范

1．医疗服务诊疗规范
2．临床护理规范
3．生活护理规范
4．康复护理规范
5．营养配餐规范
6．紧急救护流程

六、后勤服务制度

（一）安全保卫管理规定

1．门卫管理规定

2．出入管理规定

3．院内交通管理规定

4．消防管理规定

5．消防应急预案

（二）餐厅服务管理规定

1．员工就餐规定

2．食品采购、验收、储藏及使用规定

3．餐厅卫生安全管理规定

（三）物品采购管理制度

1．申请物品采购流程

2．采购物品基本流程

3．验收入库流程

4．采购工作职责

（四）维修管理制度

1．工程部工作职责

2．水电工工作职责

3．弱电及网管工作职责

4．日常设备定期检查和维护细则

5．工程机房安全制度

（五）员工宿舍管理规定

1．员工宿舍入住条件

2．员工住宿安全规定

3．员工宿舍卫生规定

（六）保洁绿化管理规定

1．公寓公共区域卫生管理

2．绿化管理规定

七、员工管理制度

（一）员工薪资与奖罚

1．员工考勤制度

2．假期及请假制度

3．员工薪资管理制度

4．员工奖励与处罚规定

5．出差管理及费用报销标准

（二）员工考核管理制度

1．绩效考核管理办法与评价标准

2．试用期转正考核制度

（三）建立完善服务业务规范

养老机构要建立完善包括老年人能力评估、基本护理、应急护理、康复训练和社会工作等在内的业务流程规范，同时通过培训和示范，让服务人员了解规范、严格按规范进行操作。

案例 5-21

济南曜阳养老公寓主要业务规范一览

第一类：生活护理

1．洗脸的业务规范

2．梳头的业务规范

3．清洁口腔的业务规范

4．活动性假牙的护理规范

5．会阴清洁的业务规范

6．淋浴的业务规范

7．修剪指（趾）甲的业务规范

8．穿脱衣裤的业务规范

9．铺床的业务规范

10．整理床单位的业务规范

11．喂食的业务规范

12．协助如厕的业务规范

13．便器使用的业务规范

14．更换纸尿裤的业务规范

15．轮椅使用的业务规范

16．拐杖使用的业务规范

17．助步器使用的业务规范

第二类：医疗护理

1．服药的业务规范

2．滴眼药的业务规范

3．滴耳药的业务规范

4．压疮创口护理业务规范

5．睡眠照料的业务规范

6．简易通便法的业务规范

7．灌肠的业务规范

8．叩背的业务规范

9．协助翻身的业务规范

10．热水袋应用的业务规范

11．冰袋应用的业务规范

第三类：意外情况处理

1．心肺复苏的业务规范

2．坠床或跌倒时的处理流程

3．出现精神症状时安全保护流程

4．误吸预防流程

5．有自杀倾向时的应急流程

6．老年人外出不归时的应急流程

7．突发疾病或病情发生危重变化的应急处置流程

第四类：失智老人护理

1．失智老人护理一般流程

2．失智老人重复行为护理

3．失智老人错认行为护理流程

4．失智老人妄想和猜忌行为护理

5．失智老人幻想和错觉行为护理

6．失智老人跟脚行为护理

7．失智老人激越行为护理

8．失智老人游荡行为护理

（三）加强对职工的教育培训

通过专题培训，养老机构要引导全体职工了解老年人的基本常识，包括老年人的生理特点和心理特点。对养老护理员，还要开展老年人沟通技巧、老年人文体活动组织能力、老年人熟悉的文化娱乐节目等方面的专题培训，以提升他们满足老年人高层次需求的能力和水平。

案例 5-22
富春江曜阳国际老年公寓举办人文关怀专题讲座

7月14日上午，富春江曜阳国际老年公寓举办员工专题培训。中国红十字会总会事业发展中心副主任魏国博士以"人文关怀：在养老服务中践行人道主义"为题，为公寓全体员工做了专题讲解。

在讲座中，魏国博士首先介绍了人道主义的发展演变，重点介绍了社会主义人道主义的核心内容。在进一步介绍了"人文"、"关怀"和"人文关怀"的理论含义和实际意义后，指出人文关怀就是社会主义人道主义。随后，魏国博士列举了当代中国人文关怀缺失的主要表现，并从"物的依赖关系"、"陌生人社会环境"和"普遍存在怨恨心态"等方面分析了人文关怀缺失的原因。最后，魏国博士结合养老服务中人文关怀缺失的具体情况，提出了加强养老服务人文关怀的具体对策建议，包括全面满足老年人的多层次合理需求、营造人文关怀的社会环境、重视家庭子女在老年人人文关怀中的基础作用、给予养老护理员人文关怀等。

在讲座中，魏国博士不时停下来与公寓员工进行互动，帮助公寓员工更好地理解人文关怀的概念。在听了讲座后，很多员工表示，坚持以人为本的服务理念，就是养老服务中的人文关怀。自己从事养老服务很多年，为老人做了很多体贴的服务，满足了老人的合理需求，就是在践行人文关怀的理念。今后还要进一步加强理论学习，把人文关怀的知识学懂、弄通、悟透，落实到养老服务的具体工作中，把公寓养老服务做出特色、做出品牌，把公寓打造成曜阳养老的旗舰店。

富春江曜阳国际老年公寓管理团队、业务骨干和一线服务人员近40人参加了专题培训。

（四）加强检查完善考核奖惩

针对人文关怀的管理制度和操作规范，养老机构要进行定期检查、考核评价。对落实制度、执行规范成绩突出的，要及时给予表扬和鼓励；对落实制度、执行规范还存在问题的，要及时纠正。

总之，人文关怀作为一种有形和无形兼有的工作要求，贯穿到养老机构的建设、服务和管理的方方面面。只有养老机构的全体人员都树立了人文关怀的意识，机构建立了完善的管理、服务、运营的规章制度和科学的服务业务规范，同时加强考核监督，人文关怀才能真正落到实处。

附录一
曜阳养老机构主要管理制度

睢阳养老

编者按：机构养老服务中的人文关怀，涉及养老机构管理运营的方方面面。落实人文关怀的各项措施，科学严谨、基本完备的管理制度是必不可少的。近年来，扬州曜阳国际老年公寓在不断完善管理制度、加强养老服务规范化建设的基础上，先后两次高分通过了江苏省民政厅和质检部门组织的养老服务规范化验收。为了帮助广大养老机构完善管理制度、把人文关怀措施落到实处，我们在汇总整理扬州曜阳国际老年公寓相关制度的基础上，形成了本附录的主要内容，供广大养老机构参考。

第一节　养老机构主要岗位职责

一、院长岗位职责

1. 负责贯彻理事会作出的决定，制定和落实养老机构年度工作思路和工作计划。对机构制定的经营、成本指标和安全指标、满意度指标负责，并定期向理事会报告。
2. 负责落实养老机构的管理工作，监督、督促各项工作任务的落实。
3. 负责机构运营，执行年度预算，提高机构经济效益。
4. 负责机构团队建设与管理，并进行数字量化考核。
5. 负责对接政府及其他社会组织，争取社会资源对机构支持。
6. 完成理事会交办的其他任务。

二、常务副院长岗位职责

1. 协助院长工作，受院长委托行使对具体管理工作的布置、实施、检查、督促、落实执行的职责。

2. 负责主管机构行政、人事、物业后勤相关工作，落实安全责任。

3. 协助院长协调养老机构各部门之间的日常工作。

4. 协助院长维护与政府相关部门之间的良好关系。

5. 负责突发事件的处理工作，对机构内部各种纠纷进行调查，并做好善后处理。

6. 在院长缺席时，受托代行院长职务。

7. 完成院长交办的其他任务。

三、副院长岗位职责

1. 在院长领导下，分管机构的营销、财务、护理、医务、社工等的工作。

2. 配合常务副院长日常业务的协调工作。

3. 制定分管部门业务发展规划，负责分管部门的管理工作，落实安全生产责任。

4. 负责定期分析主管部门年度指标的完成情况，采取措施实现年度各类指标计划。

5. 负责机构新技术、新制度的引进和推广应用工作。

6. 负责第一时间处理分管部门突发事件，并及时向常务副院长反映。

7. 完成院长交办的其他任务。

四、营销部主管岗位职责

1. 负责养老机构经营指标，根据经营目标分解销售任务。
2. 组织制定并实施机构各类营销方案和营销计划。
3. 负责养老机构对外宣传工作，组织开展养老营销公关活动，树立养老机构社会形象，提高机构的知名度。
4. 负责建立、开拓并维护养老机构的客户渠道。
5. 负责展开各项市场调查工作，了解市场动态、客户需求和养老行业信息。
6. 完成分管院长交办的其他工作。

五、咨询顾问岗位职责

1. 根据年度销售目标任务，执行销售政策与计划。
2. 负责维护客户关系，建立更新客户档案。
3. 负责收集客户意见，了解客人对养老机构设施及服务的满意程度。
4. 保持维护与政府机构、企业老干处等对接客户的良好关系。
5. 负责接待来访者参观机构。
6. 负责与护理部相关人员进行老年人护理能力评估，对有意向入住机构的老年人进行家访并评估。
7. 与老年人家属签订养老服务合同，续订合同。
8. 完成上级领导交办的其他任务。

六、前台接待岗位职责

1. 负责机构前台接待工作，接听电话、业务咨询、客人登记、电话回访。

2. 负责接待咨询顾问预约的客人，并向上门前来咨询的客人介绍机构情况。

3. 负责接收和处理来访电话、邮件等。

4. 完成上级领导交办的其他任务。

七、财务部主管岗位职责

1. 负责组织财务部人员开展财务管理与会计核算工作，并向院长汇报。

2. 负责根据国家及机构相关管理制度的要求，在机构范围内建立健全有关财务管理与会计核算制度及实施细则，并组织落实。

3. 负责税务协调，配合银行、税务、中介机构和审计部门的检查和审计工作。

4. 负责机构预算管理工作，并从财务角度为机构运营提出合理化建议。

5. 完成上级领导交办的其他任务。

八、会计岗位职责

1. 负责与出纳共同执行现金管理制度。

2. 负责编制预算，并执行预算计划。

3. 负责安排机构经费收支工作。
4. 负责管理固定资产，定期检查、核对资产使用情况。
5. 每月向财务部主管汇报各类经费开支情况。
6. 完成上级领导交办的其他任务。

九、出纳岗位职责

1. 负责按时收取、结算和退还老年人费用。
2. 负责现金管理，按时核实存款和现金。
3. 负责记、报账手续、日清月结。
4. 负责财务印章、支票管理。
5. 完成与会计相关工作内容对接。
6. 完成上级领导交办的其他任务。

十、采购员岗位职责

1. 负责与签订采购合同，督促合同履行。
2. 负责催讨欠货、退货或索赔款项。
3. 负责根据各部门采购申请，实施择商、报价。
4. 负责办理物料验收、运输入库、清点交接等手续。与收货部门联系确认订购后到货情况，跟进售后服务，对不符合要求的物品负责调换退货。
5. 大型采购负责招投标手续执行，编制并发出邀标招标书。并参与评标、供货商选择等后续流程。
6. 完成上级领导交办的其他任务。

十一、库管岗位职责

1. 负责检查库房各种物资的品名、数量，如库房物资存量不够，要填采购单，写明库存量、月用量、申购量、到货期限，确认无误后交成本控制经理。

2. 物品、食品、饮品入库必须严格检查，要根据申购的数量及规格，检查货物的有效期、数量、质量，符合要求方可入库。

3. 物品、食品、饮品到货入库后要及时入账，准确登记。

4. 发货时要根据规章制度办理，领货手续不全不发货，如有特殊原因需到有关领导审批后方可出库。

5. 经常与使用部门保持联系，如有积压，要提配各部门，以防浪费。

6. 积极配合成本部门每月的盘点工作，做到账物相符。

7. 下班前要对库房进行安全检查，切断电源，锁好库房，把库房钥匙封好交给保安部登记后方可离开。

十二、物业部主管职责

1. 负责全面管理后厨、维修、安保、洗衣房相关事务。负责制定后勤工作计划，安排各项工作任务。

2. 负责定期检查后勤相关安全检查记录、巡查记录、留样记录、洗衣记录等日常台账管理。

3. 负责后勤各类设施设备维护。

4. 负责对接后勤外包方，并根据合同条款检查服务落实情况。

5. 完成上级领导交办的其他任务。

十三、保安员岗位职责

1. 负责在巡更点的巡视安保工作。
2. 负责进出入机构的车辆、人员管理登记工作。
3. 协助物业部主管处理各类安全事故。
4. 协助楼层主管处理老年人突发应急事件。
5. 完成上级领导交办的其他任务。

十四、保洁员岗位职责

1. 负责机构内所有公共区域及老年人房间的卫生清洁工作。
2. 负责临时性的清洁工作。
3. 负责保管清洁用具。
4. 完成上级领导交办的其他任务。

十五、维修工岗位职责

1. 负责对机构设施设备如水、电、暖的维修。
2. 负责检查水电暖等设施的正常运行。
3. 负责配合外部维保单位对机构内设大型机电、通风供暖设施的维护。
4. 完成上级领导交办的其他任务。

十六、洗衣工岗位职责

1. 负责机构所有入住老年人衣物及床品的收发、清点、登记、清洗、熨烫等工作。

2. 负责执行洗衣规范及熨烫烘干规范，严格执行消毒制度。

3. 负责洗衣房设备管理。

4. 负责做好每日工作记录并负责洗衣房内卫生清洁工作。

5. 完成上级领导交办的其他任务。

十七、厨师岗位职责

1. 负责供应机构老年人及员工的饮食。

2. 根据授权负责督促检查厨房规章制度和厨房职工职责的执行，检查厨房员工的相关工作。

3. 负责经济核算工作维持收支平衡，决定厨房的建设和采购工作。

4. 负责食堂的安全卫生工作。

5. 负责食堂库房管理。

6. 完成上级领导交办的其他任务。

十八、面点师岗位职责

1. 负责根据菜谱要求制备点心。

2. 负责面点间设备维护。

3. 负责面点间厨具清洗工作。

4. 完成上级领导交办的其他任务。

十九、小工岗位职责

1. 负责厨房餐具洗涤。

2．负责打扫餐厅、备餐间、餐梯等处卫生。

3．协助厨师分饭分菜及回收餐具工作。

4．负责定期做好消毒防蚊蝇工作。

5．完成上级领导交办的其他任务。

二十、绿化养护工岗位职责

1．负责管护范围的园林绿地清洁工作。

2．负责草花换季栽植等工作，所辖区域乔木、灌木、草坪、盆景的修剪、施肥、浇水、除草等工作。

3．制病虫害，定期喷洒杀虫药物。

4．负责及时补栽死、枯绿植。

5．日常巡视，及时制止对绿地造成损坏的行为。

6．完成直接上级交办的其他工作事项。

二十一、人事行政部主管

1．负责制定并实施年度人员编制及工资福利计划。

2．负责组织对员工的招聘、考核、奖惩等具体工作。

3．负责制定并落实各项人事工作计划，审查、签批各种人事表格、报告。

4．负责对养老机构工作人员职务变动、奖惩等向总经理提出建议。

5．检查、监督《员工培训手册》落实情况。

6．解决员工有关劳动人事方面的问题和投诉。

7．完成直接上级交办的其他工作事项。

二十二、人事专员岗位职责

1. 执行国家劳动法规定各项人事调配、员工录用、劳动合同签订等方面的政策、规定。
2. 执行机构内部招聘、考勤、绩效考核、劳动关系、企业文化管理等人力资源相关规章制度。
3. 负责养老机构安全、新员工入职培训等全机构大课组织、授课工作。
4. 负责招收定向培训及实习生，建立与护理学校良好关系。
5. 完成上级领导指派的其他工作。

二十三、行政专员岗位职责

1. 负责文件收发、文书起草、公文制定、文件归档、员工及老年人人事档案管理等相关工作。
2. 负责会议前期准备、会议记录和会后内容整理等工作。
3. 负责管理机构办公用品、办公设施等。
4. 负责机构车辆调度、管理工作。
5. 负责机构各类证照管理、年审工作。
6. 完成上级领导指派的其他工作。

二十四、护理部主管岗位职责

1. 负责机构老年人护理的管理工作，参与各楼层护理人员配置方案的制定，经批准后组织实施与协调，进行适时调整，并定期向院长汇报。

2. 负责拟订护理部工作计划及目标，经院长批准后组织实施。

3. 负责安排入住机构老年人评估工作，确定护理级别和制定护理计划。

4. 负责检查、督促护理部人员工作。定期组织会议，定期检查护理记录、护理查房，分析护理工作情况，不断提高护理质量。

5. 负责与老年人家属沟通，及时书写告知书。

6. 完成上级领导交办的其他任务。

二十五、楼层主管岗位职责

1. 负责组织制定楼层护理工作计划，并组织实施。监督检查各项规章制度和技术操作规程的落实情况，收集和整理管理资料，并定期向护理部主管汇报。

2. 负责指导监督楼层护理人员做好相关护理文书记录工作，核对当天护理任务执行情况，核对口服药执行情况。

3. 负责楼层物品、药品的管理，对护理员进行管理。

4. 负责安排员工为即将入住老年人准备相关用品，定期召开入住老年人座谈会，征求老年人的意见。

5. 负责测量老年人生命体征，做好药品发放工作；负责医嘱的核对及执行工作；按分级护理要求，定期巡视房间，观察入住老年人身心变化、定期为老年人做健康指导。

6. 负责已入住老年人的安全管理工作；执行入住老年人请假制度，登记因各种情况请假老年人名单并做好工作交接。

7. 完成上级领导交办的其他任务。

二十六、护理员岗位职责

1．负责做好各项生活护理、基础护理工作。

2．负责观察有特殊病情老年人的护理工作并做好记录，做好生命体征监测工作。

3．负责管理本楼层内冰箱常备药物药品、仪器等物品。

4．负责管理呼叫器，并提供相应服务。

5．完成上级领导交办的其他任务。

二十七、医务室主管岗位职责

1．负责制定医务室各项工作计划并负责组织人员实施。

2．负责书写新入住老年人的原始病历及老年人入住时身体健康状况的诊查与记录。

3．负责医疗急救工作。

4．负责与护理部对接，检查医嘱执行情况。

5．完成上级领导交办的其他任务。

二十八、医师岗位职责

1．负责实施医疗、预防、保健措施，签署有关医学证明文件。

2．负责对入住老年人健康状况进行巡视、体检。

3．负责机构老年人的转诊、疫情报告、危重病人抢救及医疗差错事故的上报等工作。

4．负责医务室的药品、物品的管理。

5. 完成上级领导交办的其他任务。

二十九、护士岗位职责

1. 负责协助医师进行诊疗接待工作，执行医嘱，进行护理工作。
2. 负责机构老年人输液工作。
3. 负责观察候诊患者和输液患者的病情变化。
4. 负责进行医务室消毒工作。
5. 负责医务室行政事务性工作。
6. 完成上级领导交办的其他任务。

三十、药剂师岗位职责

1. 负责药品（材）的日常管理工作。
2. 负责药品（材）预算、采购、保管、申领、分发、中药材加工炮制、登记、处方调配等工作。
3. 负责药物盘点和业务统计报表填写等工作。
4. 完成上级领导交办的其他任务。

三十一、康复师岗位职责

1. 负责完成机构老年人康复评估、制定康复方案、实施康复计划。
2. 运用PT、OT、ST等治疗方法，为机构老年人提供有针对性的康复服务。
3. 负责开发适合所在养老机构内老年人状况的康复课程。

4. 提供康复理疗咨询服务。

5. 完成上级领导交办的其他任务。

三十二、社工岗位职责

1. 负责组织、策划及指导入住老年人日常手操活动、晨练、文艺表演、入住老年人生日祝寿活动等。

2. 负责为新入住机构或不能适应机构生活的老年人提供导向、咨询和辅导服务。

3. 负责与社会组织、志愿者社团的联络，建立志愿者档案。

4. 维护老年人之间的关系，维系和发展老年人与其家人之间的互动关系。

5. 参与投诉的处理、纠纷的调解。

6. 完成上级领导交办的其他任务。

第二节　养老机构主要管理制度

一、行政管理制度

（一）目标管理制度

1. 根据机构内部各部门职责与实际情况，围绕满足老年人需求，结合上级单位领导的要求制定管理目标。

2. 机构院长对养老机构总目标负责，并将年度目标分解到各部门。

3. 各部门负责人对本部门目标负责，并将部门年度目标分解到每个岗位。每个员工对其岗位目标负责。

4. 管理目标须量化、可操作化，以便于执行和考核。

5. 当经营环境发生重大变化时，养老机构应向上级单位领导申请对管理目标进行必要的调整，提高管理目标的可行性。

6. 目标管理以年度任务书完成情况为考核依据。

（二）月质量检查制度

1. 确保通过每月全面检查机构的服务质量情况，推动机构护理服务质量、安全管理质量和卫生管理质量的持续提高。

2. 质量检查内容涉及：

（1）员工仪容仪表、精神面貌、行为举止规范；

（2）老年人护理记录、老年人意见及投诉记录情况；

（3）设备、设施、物料等物品的使用、管理、维护、保养的质量状况；

（4）环境卫生质量状况等；

（5）厨房、宿舍的卫生和安全情况；

（6）消防通道的通畅情况；

（7）物品采购是否及时到位；

（8）门卫安全措施及人员进出管理制度的落实情况。

3. 院长负责抽查每月工作落实情况，并形成检查报告。

4. 对所存在的问题要采取相应措施及时予以纠正，并保证有相关跟踪记录可查。

5. 将质量检查结果作为员工工作考核指标，并与奖惩机制挂钩。建立质检档案，记载员工违纪行为的时间、地点、内容、处罚和改正情况。

（三）服务满意度测评制度

1. 在醒目位置公示机构的投诉途径，并设置投诉箱。有专人负责受理处置（每宗投诉都应有回复）并记录。

2. 院长每周不定时与老年人进行沟通，听取老年人意见。

3. 机构内定期、不定期开展座谈会听取老年人意见，并保证有记录可查。

4. 采取不同形式进行服务满意度测评，并汇总分析。

（四）行政值班制度

1. 工作日及节假日设置行政管理人员值班，主管级以上人员按照排班表进行24小时值班。

2. 全面处置值班期间所发生的事宜，如遇突发紧急、重大事件应及时报告院长。

3. 负责检查工作人员的工作情况，了解老年人情况。

4. 不得无故脱岗或私自换班。因故不能值班的，应事先向院长请假，但不得由非值班人员代班。

（五）行政查房制度

1. 确保通过查房制度，了解老年人护理情况，督导护理质量的提升。

2. 查房内容：

（1）生活区环境卫生状况；

（2）老年人居室、各工作室物品摆放情况；

（3）老年人身体卫生情况；

（4）员工仪表仪容、员工交接班情况；

（5）老年人疾病的预防及治疗情况；

（6）消毒隔离工作情况；

（7）老年人活动的计划及记录。

3. 每周由护理部主管带队，楼层护理人员参加，检查工作并填写"查房情况记录"。院长每月进行抽查。

4. 查房发现的问题应及时跟进解决，建立查房档案。

（六）外包管理制度

1. 根据机构需求寻找外包公司，并按照机构采购流程签订外包合同。

2. 外包合同中应明确外包业务的范围和内容、双方的权利和义务、服务和质量标准、费用结算和违约责任等事项。

3. 须根据外包合同内容约定每月进行检查，确保其产品服务符合项目需求。物业部主管负责业绩考核，作为考核外包方的依据。

4. 须依据合同规定的结算条件认真审核结算的相关依据、文件和发票等凭证，按照机构流程，根据合同规定的结算方式与外包方结算。

5. 物业部主管如发现问题应及时督促整改，出现严重问题时上报院长。

（七）入住机构管理制度

1. 合同签署前，评估小组对老年人既往病史、现有疾病、心理和精神状况、自理能力等内容进行评估，判定老年人自理能力与护理等级。

2. 入住机构前老年人需要按照机构要求体检项目进行体检，并提供一个月内在本市医院进行体检的《体检报告》（体检项目包括：精神健康状况、传染性疾病等）。该文件将作为老年人的健康档案由机构进行保管。

3. 老年人入住后机构将结合实际情况对老年人进行护理等级调整，根据实际情况调整护理等级、护理费用。

4. 入住机构需要遵守以下规定：

（1）入住老年人可携带医保卡并自行保存。

（2）禁止携带管制刀具或其他利器进入机构；

（3）禁止携带贵重物品，机构不负责保管；

（4）禁止饲养宠物。家属禁止携带大型宠物进入机构。机构可设置小型宠物代管处；

（5）禁止在卧室内、卫生间及公共区域内吸烟；

（6）家属探望老年人的物品、食品、药品需到护理站进行登记交接，并标注老年人姓名。

（八）老年人出入机构制度

1. 通过入院评估后，机构通知老年人入住，办理入住需携带老年人及监护人的证件、材料、病历、缴费凭证。机构向老年人和监护人告知其护理等级、风险，告知双方责任义务，签订入住协议及相关告知。

2. 建立"自带物品登记本"。由护理员逐项检查、记录老人携带的日常生活用品，并请老年人与家属共同确认并签字。严防违禁物品带入居室，贵重物品请监护人带回。

3. 咨询顾问向老年人和家属介绍养老机构环境、规章制度。

4. 咨询顾问负责出入机构登记，行政人员和财务负责准备老年人入住物品、缴费凭证入档、开发票。

5. 老年人出院，家属需携带缴费凭证。与财务核实入住期间所发生的所有费用，双方确认无误后签字，由机构财务存档。

（九）老年人档案管理制度

1. 建立老年人入院档案：

（1）老年人入院档案一人一档，档内须有申请、登记、通知、协议、清单、健康评估或病历等内容；

（2）档案盒标识清晰，包括：房间、床号、姓名。

2. 文件管理制度：

（1）由人事行政专员负责档案管理，专柜放置，文件柜加锁；

（2）执行档案的分类、归档、保管、借阅等管理制度；

（3）不得随意外带重要的文件材料。确因工作需要外带的，需经机构领导批准后，办理档案外借手续，方可带出，用毕及时归还；

（4）阅档人对所借阅档案必须妥善保管，不得私自复制、调换、涂改、污损、画线等，不能随意放置，以免遗失；

3. 未经院长允许，档案不得交给家属或老年人。

（十）养老机构健康档案基本框架与数据规范制度

1. 健康档案的基本内容主要由个人基本信息和主要卫生服务记录两部分组成。

（1）个人基本信息。

①基本信息：如姓名、性别、出生日期、出生地、国籍、民族、身份证件、文化程度、婚姻状况等。

②社会信息：如户籍性质、联系地址、联系方式、职业类别、工作单位等。

③亲属信息：如子女数、父母亲姓名等。

④社会保障信息：如医疗保险类别、医疗保险号码、残疾证号码等。

⑤基本健康信息：如血型、过敏史、预防接种史、既往疾病史、家族遗传病史、健康危险因素、残疾情况、亲属健康情况等。

⑥建档信息：如建档日期、档案管理机构等。

（2）主要卫生服务记录。

①疾病管理：高血压、糖尿病、肿瘤、重症精神疾病等病例管理信息

②医疗服务：门诊诊疗信息、住院诊疗信息、住院病案首页信息、健康体检信息等。

2. 个人健康档案标识符由组织机构代码（8位数字）、建档时间（8位数字）和顺序号（5位数字）3部分组成，总长为23位代码（包括小数点），结构见下图：

```
□□□□□□□□□.□□□□□□□□.□□□□□
                          │         │       │
                          │         │       └─ 顺序号
                          │         └─ 建档时间
                          └─ 组织机构代码
```

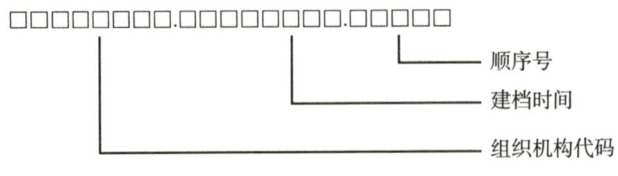

个人健康档案标识符结构

3. 机构在运营中，对下面三方面内容档案内容进行持续更新：

（1）对卫生服务过程中的各种服务记录；

（2）定期或不定期的健康体检记录；

（3）专题健康或疾病调查记录。

4. 具体操作细节可参照卫生部印发《健康档案基本架构与数据标准》。

（十一）会议管理制度

1. 会议前的准备工作：

（1）确定会议议题；

（2）做好会议前通知例：参加会议人员、时间、地点、分送与会人员必要的资料，通知与会人员准备必要的资料等；

（3）做好会议场所、设备的准备。

2. 会议出席人员如要缺席，必须提前向直接上级请假，经批准后方可缺席。

3. 会议由人事行政部负责记录，会后整理会议纪要，经与会人员签字后存档。

4. 会议记录要求如下：

（1）按照养老机构纪要格式进行记录；

（2）记录内容准确，无遗漏，不发挥，如实记录；

（3）形成会议纪要初稿后，经院长确认后，方可发送相关参会人员。

(十二)保密制度

1. 养老机构重要信息文本，合同协议、老人档案等，须按规定的阅读权限范围内进行传阅。

2. 重要文件须建立台账，存档于上锁文件柜内，钥匙由专人保管。

3. 权限范围外人员翻阅各类公文及其他内部资料，须经院长审批后方可进行。

4. 工作需要携带秘密公文外出的，须经有关领导批准。

5. 行政人员调动工作时，须办理移交手续，并在交接清单上签字。

6. 对养老机构还在调查、讨论、处理过程中的需要保密的事项，机构内部人员不得公开。

(十三)公文管理制度

1. 政府及曜阳联盟发文、各部门书面申请报文，须认真清点文件的种类、数量、检查无误后签收。

2. 按照文件种类，详细登记收文时间、名称、文号。

3. 综合性文件由人事行政部统一存档，各类业务文件由对口部门存档。

4. 凡以养老机构名义草拟的各类公文须送行政人事部核稿。

5. 根据档案管理期限对公文销毁，并进行备案登记。

(十四)信息管理制度

1. 养老机构须将重要信息向上级单位、理事会及时汇报，从而保障主管领导准确掌握机构的重要情况。

2. 重要信息应于当日报送，重要信息包括：

(1) 养老机构内造成人员伤亡或影响较大的事故及灾情；各类突发事故/事件；

(2) 民政及其他政府部门领导、上级单位领导检查工作、现场办公、听取汇报等情况；

（3）家属严重投诉；

（4）新闻媒体采访、报道与养老机构相关事件。

3. 基本信息根据上级单位要求按时报送，基本信息包括：

（1）贯彻落实上级单位重要工作部署及开展工作情况；

（2）机构入住率、培训、安全生产等基本情况。

（3）相关信息须由院长确认后方可报送至上级单位。

（十五）印章管理制度

1. 养老机构印章均由院长或者指定人员管理和保管，存放于带锁柜内。

2. 使用印章（包括公章外带）须经院长签字批准。在紧急情况下可以打电话请示，征得院长口头同意后方可使用印章，使用后须及时补办相关手续。公章外带可根据办理事项重要性，增派用章见证人。

3. 用章登记内容包括用印和用信人、事由、时间、批准人、经手人等。

4. 凡于机构内加盖印章文档，印章管理人应将其进行复印存档。

（十六）软件系统管理制度

1. 养老软件系统的使用权限修改，须经院长批准，并发出书面通知后方可生效。

2. 在使用软件时，遇到无法处理的情况，由机构内设软件管理员或者由行政人事部出面联系软件公司解决。非专业人士禁止随意调整系统。

3. 软件使用人员须经过培训合格后方能进行操作。

4. 软件使用人员须对登录密码保密，并对自己的一切操作负责。

5. 安装管理软件系统的电脑严禁移作他用。

二、人事管理制度

（一）人力资源规划制度

1. 根据机构发展战略和工作计划，明确机构人力资源工作目标，包括：计划期内人力资源开发利用的总目标、总政策、实施步骤及总的预算安排。

2. 人力资源规划的制定步骤如下：

（1）收集分析机构信息资料：包括养老机构的经营战略和目标、职务说明书、核查现有人力资源的数量、质量、结构及分布状况等信息。

（2）预测人力资源需求：根据养老机构自身运行情况以及是否存在扩张计划，确定职务编制和人员配置（包括养老服务与管理相关专业实习生岗位）。

（3）预测人力资源供给：进行管理人员、护理员、医护服务人员供给情况预测，掌握从机构内部及外部可获得的养老服务人员的数量。

（4）确定人员需求，包括人员数量、人员结构、人员标准等方面。

（5）确定人力资源规划的目标：确定计划期内人力资源开发利用的总目标、总政策、实施步骤及总的预算安排。

（6）结合人力资源管理各个模块，制定机构人力资源方案。

3. 人力资源规划的制定与实施由院长进行审核后方可执行。

（二）招聘录用制度

1. 选择招聘渠道并发布招聘信息。

（1）主要渠道：专业招聘网站、机构网站、报纸、现场招聘会、员工推荐、猎头寻访、内部招聘、校园招聘。

（2）招聘信息应包括养老机构介绍、岗位名称、招聘人数、工作地点、岗位职责、任职要求、机构网址、联系人及联系方式等。

2. 简历筛选：教育背景、工作经历、知识技能、个人基本信息等。

3. 进行面试。

（1）初试：行政人事部主导，面试结束后填写面试评价表，将通过面试人员资料交至用人部门。

（2）复试：用人部门主管主导。面试结束后填写面试评价表，并签字确认。

（3）主管级以上人员面试需要院长进行面试。

4. 审批：面试合格人员，由行政人事部办理员工入职审批手续。

5. 试用与转正：试用期满由部门主管提交是否转正、延期或辞退报告，由行政人事部审核后执行。

6. 进行劳动合同签订工作。

（三）薪酬制度

1. 薪酬结构包含：岗位工资、绩效工资、奖金、福利待遇。

2. 人事行政部负责核定全体员工的工资报酬；工资标准的最终确定、变更、调整均需经院长批准。

3. 工资的发放：

（1）工资的计算与给付由财务部存入员工银行账户形式发放。

（2）因不可抗拒等因素无法按期支付员工的工资时，应于发薪日前10天通知全体员工，并公告变更后的发薪日。

（3）临时给付情况包括：员工辞职或被辞退或者员工本人病故。

4. 工资的代扣代缴：

（1）个人收入所得税；

（2）各项社会保险费和公积金；

（3）依法制定的机构规章制度规定可以扣发的工资、员工违反公寓的规章制度而受到公寓处罚的罚款；

（4）员工请病、事假等而减发的工资。

（四）劳动关系管理制度

1. 机构内部劳动关系管理须建立在劳动法基础上，以劳动法为最终管理依据。

2. 合同条款具备以下必备条款：

（1）劳动合同期限；

（2）工作内容和工作地点；

（3）工作时间和休息休假；

（4）劳动报酬；

（5）社会保险；

（6）劳动合同终止的条件；

（7）违反劳动合同的责任

根据本单位的实际，合同双方可协商约定服务期和保守商业秘密等其他条款。

3. 劳动合同期限：根据不同岗位和任职资格协商确定，劳动合同届满，经双方协商一致，可以续签劳动合同。

4. 合同变更：单位和员工如认为有必要，经协商一致可以书面形式对原订劳动合同的部分条款进行修改、补充、废止，任何一方不得任意变更。如协商不成的，劳动合同应当继续履行。

5. 合同解除包括：协商解除、单位解除、员工解除。

6. 合同终止：劳动合同期满、劳动合同主体资格丧失或在客观上已无法履行合同的情况下，劳动合同可以终止。

7. 合同顺延：在须对员工采取特殊保护期间（停工医疗期内、女工"三期"内），不终止劳动合同。

8. 单位对下列解除或终止劳动合同的员工给予经济补偿：

（1）单位提出并经双方协商一致解除劳动合同的；

（2）员工因单位有违规行为而提出解除劳动合同的；

（3）员工经过培训或调整工作后仍不能胜任工作的；

（4）员工在停工医疗期满后不能从事原工作或另行安排工作的；

（5）因单位客观情况发生重大变化（转产、搬迁、技术改造、兼并、分立等），致原合同无法履行又不能协商一致变更，或者单位确需依法裁员的。

9. 补偿标准：

（1）给付标准：按照员工在本单位的工作年限，每满一年给予相当于本人一个月工资收入的补偿金。

（2）计算标准：计发补偿金的月工资收入，按员工解除劳动合同前12个月的平均工资收入计算。

10. 法律责任：因一方主观上有过错，导致劳动合同无效或部分无效，给对方造成损害的，应当承担赔偿责任；违反劳动合同的，应当承担相应的责任；给对方造成经济损失的，应当承担赔偿责任。

11. 劳动争议：与员工因劳动权利和义务产生分歧引起争议的，依照《劳动法》的规定，通过协商解决或申请调解、仲裁直至提起诉讼方式解决。

（五）培训制度

1. 年度培训计划的拟定：根据机构整体经营战略，并结合各职能部门的培训需求，拟订单位年度培训计划。

2. 月度培训计划的拟订：围绕年度培训计划，制定每月培训计划。

3. 培训方案或计划的审批：培训计划经院长签字确认后执行。期间如经营环境发生变化，需要对计划内容进行及时调整。

4. 培训方案的实施。

（1）行政人事部负责养老机构新员工入职培训、综合类课程的培训工作；

（2）各部门负责部业务培训的实施；

（3）因公须外派人员参加相关专业培训，或邀请外部专家到养老机构内开展相关培训，经院长审批后方可执行。

5. 培训档案的建立及内容：

（1）培训档案的建立：单位开展的新员工入职培训、各类员工在职培训、员工外训等活动结束后，行政人事部应建立相应培训档案。

（2）培训档案的内容：对培训人员名单及签到记录、培训教案（或教材）、培训照片、考核结果记录等相关内容进行存档。

（六）员工奖惩制度

1. 奖励制度。

（1）甲类奖励（每项加10分，可叠加）。

①创新管理流程、研发新的护理技术等，并受到行业认可；

②在各类重大事故中能够挺身而出，挽救老年人生命；

③发现重大隐患及时采取措施避免危险的发生；

④在市级、区级护理相关评比中荣获第一名；

⑤主动学习，并获取劳动保障部、民政部认证的证书；

⑥其他为机构建设和发展做出突出贡献的情况。

（2）乙类奖励（每项加5分，可叠加）。

①遵守考勤纪律，季度出勤率100%；

②遵守各项规章制度，工作积极主动，无工作失误，服从安排；

③3次以上受到老年人、家属口头或书面表扬；

④在一季度内无老人、家属投诉；

⑤在月度员工互评中，得分最高。

2．纪律处分。

（1）甲类过失：

①工作时间内将商贩等闲杂人员带入机构者；

②酗酒、赌博、打架斗殴或唆使别人打架、滋事者；

③服务态度、服务内容受到老年人或家属投诉，情节恶劣者；

④因玩忽职守、违反技术操作规程，造成老年人走失、烫伤、触电、火情等意外事故，及其他威胁老年人生命安全或造成重大损失的行为；因当班人员失误导致药品丢失、药量不足、发错药致使老年人吃错药、少吃药；

⑤向老年人家属直接或者间接索要财物者；

⑥利用职权营私舞弊，谋取私利，进行不道德的交易或活动；

⑦介绍机构工作人员到其他单位上班；

⑧造成机构重大影响或损失；

⑨乙类过失两次以上不改者；

⑩其他过失与上述条款性质类似，按此条款处理。

（2）乙类过失：

①粗鲁对待老年人，与老年人产生争执；

②擅自进入老年人房间休息、洗澡、看电视等行为；

③服务态度、服务内容受到老年人或家属投诉，情节较重者；

④违反护理操作规程，对老年人造成伤害；

⑤未能正确保管老年人药品，导致药品丢失、药量不足且未告知家属；

⑥诽谤他人，影响团结和个人或集体声誉；

⑦遗失机构的钥匙、印章或单据等；

⑧违反宿舍管理制度，情节较重；

⑨甲类过失两次以上仍不改正；

⑩其他过失和上述条款性质类似，按此条款处理。

（3）丙类过失：

①违犯机构关于仪表仪容的规定；

②无故迟到、早退；

③不按时参加交班会、机构培训等；

④当值时间擅离工作岗位，出现闲逛、睡觉、干私人事情等非工作范围内的行为；

⑤服务态度、服务内容受到老年人或家属口头批评，情节较轻者；

⑥未及时给老年人进行身体清洁、翻身；未及时清除房间异味等，情节较轻者；

⑦未经批准擅自调换班次；

⑧违反宿舍管理制度，情节较轻

⑨其他过失和上述条款性质类似，按此类条款处理。

（4）奖励及处罚标准：

①员工记乙类奖励、乙类及丙类过失须报至护理部主管确认签批，员工记甲类奖励、甲类过失须报至院长确认签批。

②丙类过失：初次违反者填写过失单，扣5分，对再次违反者填写过失单，扣10分。丙类过失期效为一年，到期如无新犯自动取消。

③乙类过失：对初次违反者填写过失单，扣20分；对再次违反者提出书面警告，扣30分；乙类过失期效为两年，到期如无新犯自动取消。

④甲类过失：对当事人予以劝退；如对机构造成经济损失者，按照劳动法程序赔偿机构费用。

⑤季度奖励积累超过10分，奖励10%绩效工资；季度奖励累积超过20分，奖励20%绩效工资；护理部可为已获得乙类奖励的员工另外申请奖励。季度扣分累积超过20分，扣10%季度绩效工资；季度扣分

累积超过 30 分，扣 20% 季度绩效工资；累积扣分超 50 分，予以劝退。

（5）处罚程序：

①员工违纪或因违纪受到处分，须填写《员工过失单》。《员工过失单》应列明违纪事实、判定违纪程度，并提出处理意见；有见证人时，须见证人签字确认，违纪人应在过失单上签认。

②在机构季度绩效考评中涉及加分或者减分项目时须附上相应的奖励单或者过失单。

三、财务管理制度

（一）捐赠管理制度

1. 捐赠涉及范围包括政府捐赠、个人和企业自发捐赠、社会组织捐赠。捐赠类型包括资金和物资。接受捐赠时须开具加盖机构印章收据，并有院长签字。

2. 捐赠资金管理要求：

（1）资金申请：

①财务部负责捐赠资金及物资的申报、预算方案的编制、资金使用计划的制定和实施管理，人事行政部负责项目的具体组织实施工作。

②人事行政部按照资金预算的编制要求，统一填制《资金项目申请报告》及《活动承办预算表》，报送至财务部审核。

（2）申请审批：

①项目承办人填写《专项资金请示单》，注明款项的用途、金额、支付方式（包括收款人、账号、收款银行、支付期数、现金、银行转账、支票）等内容，审核有具体款、项级科目的预算表。

②部门负责人对提交的资金申请进行审核，签字认可后交由财务及

相关合作部门会签确认。

③会签完成后报分管领导进行审核签字，并交机构院长审批；重要的项目支出实行集体决策和审批。

（3）资金拨付程序及使用管理：

①资金的拨付实行逐级审批制度。

②资金使用审核批准后，申请人需复印自留一份，同时将项目资料存档备案。申请人将所有批件交与财务人员，财务对批准后的资金支付申请进行复核，无误后办理支付。

③资金支出预算经审核批准后执行，预算执行中如发生实际支出与预算不符，则需重新进行申请、审批。

3. 捐赠物资管理要求：

（1）捐赠物资登记与存放：

①建立捐赠物资台账，包括物资名称、数量、种类和价格。

②捐赠物资中的食品和易耗品等有质保期的要按照质保期到期时间分别摆放。

③捐赠物资保管人要定期对物资存放点进行盘查，防止存放物资损坏。

（2）捐赠物资领用：

①捐赠物资申请经院长签字后方可发放。

②填写领用单时，领用物品名称必须与捐赠登记物资名称一致。

③捐赠的食品在领用时要查看质保期，禁止领用发放过期食品。

（3）捐赠物资的盘点：

①捐赠物资管理员定期对捐赠物资进行盘点，并予以记录。

②对于过期或自然损坏的捐赠物资，及时做好统计和说明，报院长审批后，按规定予以报废。

4. 捐赠资金及物资的监督管理：

（1）财务部应对捐赠资金及物资实行跟踪管理，定期或不定期对项目实施及项目经费支出进行监督检查。接受内部监督及社会监督，同时邀请审计部门进行专项审计。

（2）对检查中发现的问题应分清责任，严肃处理。

（3）捐赠信息披露由项目负责人提出披露内容和方式，部门负责人审核后报机构院长审批。

（二）物资采购管理制度

1. 申请单审批基本程序：部门经办人填写申请单，经由部门负责人签字后，交由财务部门经理审核签字，报院长审批后方可执行采购；如采购申请超出 800 元以上，须报理事、理事长审批后方可执行采购。

2. 申请单的审批权限：

（1）固定资产、大件物品采购报理事、理事长审批；

（2）零星物品、常用物品购进报院长审批；

（3）厨房每天经营所需的原、辅材料由厨师长上报物业部主管审批。

3. 供货商选择：

（1）如采购物资由长期供应商供应，可直接联系供应商供应；如果没有长期供应商应寻找至少三家供应商；对于零星项目的采购可安排采购员在市场上直接采购。

（2）采购人员在采购时应注意所购买物品的商标、品质、有效期、卫生标准等内容。采购特殊设备、配件、用品、服装和厨房原、辅材料等时，有关部门可派专人协助采购员采购。

4. 采购价格的确认：

（1）采购员在充分掌握市场行情，了解供应厂商进货渠道、生产状况和资信度以及市场价格等信息后，将供应商情况及报价报院长审查，由院长审定。

（2）鲜活产品应按略高于批发价格、低于市场零售价报价，并保证其质量。

（3）供应厂商所供食品、饮料保质期到期日在三个月以内，或保质期已过三分之二的不得采购。

5. 采购项目验收必须凭物品申请单和发货票交库房验收，验收合格后由所需部门领用。

6. 采购项目的结算：

（1）所有采购项目由采购人员凭采购申请、发票（税务正式发票）、入库验收等相关单据填报，由库房验收或部门收货人及厨师长或部门经理签字，财务部审核，经院长审批后付款。

（2）2000元以下采购可以直接支付现金，超过2000元的必须办理对公转账结算。一般情况每月结算一次。

7. 采购安全要求：采购员须确保食品安全，将安全保障放于首位，并承担安全责任。

（三）预算管理制度

1. 机构财务预算按年度编制。年初由各部门、各项目按照预算要求编制本部门年度预算计划，由机构财务负责汇总整理，上报机构领导审批。审批后分季度、月份落实预算指标。机构人事行政部具体负责组织编制、汇总、上报、下达；负责预算执行和日常流程控制；负责预算执行情况的分析报告。

2. 机构各部门负责本部门预算及各项目预算的编制，财务预算主要以现金预算、预计资产负债表和预计损益表等形式反映。各部门及各项目应当按照机构制定的财务预算编制基础表格和财务预算指标计算口径进行编制。

3. 财务预算的调整。

（1）在年度中期，根据上半年的预算执行情况对年度财务预算进行调整。因市场环境、经营条件、政策法规等发生重大变化而导致财务预算执行结果产生较大偏差的，可以调整预算。

（2）确需调整的财务预算，应由预算执行部门提出财务预算的调整幅度。办公室审核分析后，编制机构《年度财务预算调整表》，进入审批程序。

4. 财务预算的执行情况。

（1）财务按照授权审批程序执行。对于无合同、无凭证、无手续的项目，不予支付。

（2）每季度由财务提供《预算执行情况表》，下发至各部门及各项目，各部门及各项目说明预算的执行情况及进度，并汇总至财务，由财务形成《预算执行报告》上交机构领导。

（3）年末由机构财务提供决算报表，发至各部门及各项目。各部门及各项目进行决算说明，并汇总至财务，再由财务形成《决算报告》上交机构领导，为年度绩效考核及未来决策提供财务数据。

（四）现金管理制度

1. 机构内库存现金额按一定额度留取。

2. 现金支付范围主要包括：福利费用、差旅费、小额紧急采购支出等。

3. 现金收付须详细审查现金收付凭证、审查开支数额、院长签字单据，经办人和证明人是否签字，以及齐全合法的原始凭证。

4. 在收付现金后，在发票、收付款单据或原始凭证上加盖"现金收讫"或"现金付讫"。

5. 主管会计须定期核对现金数额，检查出纳库存现金情况。

（五）发票管理制度

1. 发票统一由财务部进行管理，负责发票管理、领、退、开具等日常工作。

2. 设"发票使用登记本"领取时要记载领用日期、数量、发票起止号、经手人。

3. 发票限在机构合法经营范围内使用，在发生经营业务确认收入后，方可开具发票。

4. 发票须一次性如实开具，要求项目齐全、内容真实、字迹清楚并加发票专用章。

5. 填写错误的发票应加盖作废章或签写作废字样后，粘贴在存根上保存。

（六）固定资产管理制度

1. 固定资产的单位价值界定由养老机构投资单位提供，包括：康复护理设备、计算机设备、通信设备、交通运输设备、办公设备、工程设备、厨房设备、清洁设备、其他设备等。

2. 财务部资产管理要求：

（1）建立固定资产卡片，详细记录固定资产名称、规格、数量、单价、总值金额、购建日期、使用年限、产地及存放地点。

（2）参与固定资产验收、盘点、处置等工作。

3. 行政部资产管理要求：

（1）负责办公设备类、办公家具等固定资产管理工作。

（2）负责统筹汇总固定资产购置计划和预算，履行审批程序。

4. 其他部门资产管理要求：

（1）编制并向行政部报送本部门的年度固定资产购置计划及预算。

（2）指定本部门固定资产负责人，确保固定资产的完整及合理使用，出现问题及时向工程部门报修，对不能使用的资产及时提出处置申请，做好固定资产的日常管理工作。

（3）参与固定资产的盘点、处置等工作

5．固定资产的报废、毁损要由主管会计提出处理意见，经院长审批后交至投资单位。经投资单位同意后，方可履行报废手续。

（七）库房管理制度

1．库房管理过程控制：

（1）采购关：掌握物品库存数量，以及主要物资消耗情况。

（2）入库关：按采购单核实物品数量，填写入库单，履行入库交接手续，不合格品不得入库。

（3）领料单：接到审批程序完整的领料单后，及时按所列编号、品名、数量备货，按规定办理出库手续。

（4）用料关：库管员在接到审批程序完整的领料单后，及时按所列编号、品名、数量备货，按规定办理出库手续。

2．定期进行账目核对，保证账账、账实相符。

3．按照"先进先出"的原则，分类、分架码放，做好标签，注明物品的种类、名称、数量、序号等要素。

4．掌握物料用品的保质期，对即将到期的货物，应提前向使用部门反映。

5．库房的日常管理做到四"必须"：上班必须检查仓库门锁；下班必须拉闸断电、锁好门窗；库房内必须保持通风、环境清洁；易燃、易爆危险品须按需购入，及时领用。

（八）经济合同管理制度

1．养老机构经济合同包括资产采购合同、服务外包合同（安装、维修、装修、检修、保养、清洁、租摆、绿化、安全）、投标书、租赁合同等经济类文书。

2. 签订合同对象应为具有法人资格、以及具有一定资信能力、经营能力、履约能力的法人。

3. 合同一律采用书面形式，明确双方当事人的权利、义务、履约方式、违约责任等事项。

4. 修改、补充和解除合同，一律采用书面形式（另行签订协议）。

5. 在有条件的情况下，合同文本应交由律师审核通过后方可签订盖章。

6. 合同主办部门须对合同履行过程中的各个环节进行把控，掌握签订合同的履行情况，发现问题及时处理。

四、营销管理制度

（一）营销计划管理制度

1. 通过对养老机构进行市场分析，确定机构未来一段时期内的发展目标和经营战略。

2. 进行市场调研：

（1）明确自身的机构特色及市场定位、员工素质及服务能力、装修及硬件配置情况。

（2）市场其他养老机构情况，包括收费水平、设施情况、服务项目设置、人员配备情况等信息。

（3）掌握民政养老最新政策与导向，尤其是其中的优惠政策以及政府购买服务政策。

3. 设定营销目标，包括：营销财务目标包括总营业额、利润、出租率等内容。

4. 制定营销战略及计划：围绕产品、价格、渠道、促销等营销组合因素制定营销计划，明确具体营销手段、销售成本。

5. 营销计划执行的控制：

（1）将营销计划确定的目标和预算按月份或季度进行分解；

（2）根据养老市场情况进行适时调整，确保营销计划的顺利完成；调整须经院长同意后方可执行。

（二）养老市场开拓制度

1. 通过各种渠道了解潜在客户的信息，并按市场细分、片区、类型、消费潜力进行整理。明确拜访目的及应达到的目标，拟定拜访客户的计划和方案。重点拜访客户包括民政局、老龄委主管领导，街道办、社区养老工作主管领导，大型企业老干处领导、养老机构院长。

2. 拜访前打电话进行预约，一般致电的时间应安排在对方正常上班时间。提前准备好机构有关资料，包括宣传册、促销单张、名片。

3. 拜访中相互交流，介绍机构服务项目及近期推出的优惠措施；认真聆听客户提出的意见及建议，争取客户与机构合作。

4. 拜访结束后，需要结合拜访计划整理拜访要点，向理事做简要汇报。

5. 跟进协议签订事宜及后续工作，定期做好关系维护工作。以电话拜访、行业交流、微信、短信等形式保持密切来往。

（三）定价管理制度

1. 新建养老机构定价过程中，须考虑下列定价策略：

（1）机构设施设备投入；

（2）劳动力成本；

（3）政府养老服务购买政策；

（4）地理位置；

（5）区域同行定价水平；

（6）辐射区域居民收入水平；

2．结合当地政策进行养老服务价格管理：

（1）根据当地养老政策，对实行政府指导价的服务收费项目，按照有关规定制定养老服务收费标准。

（2）根据当地养老政策要求进行机构养老服务相关产品提价。

3．日常价格管理要求：

（1）明码标价，明确养老机构各类收费项目组成。

（2）需要调整养老服务价格时，同联盟内养老机构单位和地区交换价格信息作为参考。

（四）广告宣传制度

1．销售顾问根据养老机构的市场计划和目标拟定广告策划草案（包括市场调查与预测、广告战略和策略、宣传媒体的选择以及费用预算等）。

2．确定广告的目标和主题并构思出广告创意，并联系广告公司制作成品。

3．从阅读人群、成本、受众人群等要素出发，选择合适的媒体进行投放。

4．广告投放同时，就广告内容须对前台接待进行培训，统一解说口径。

5．广告投放后，须从广告销售效果和广告本身效果两个方面进行广告效果的评估。

（五）销售提成制度

1．养老机构专职营销人员在完成本月销售任务基础上，每增加入住一张床位，可获得一定比例的提成。

2. 养老机构内部员工介绍老人入住机构，给予固定金额的奖励。

（六）营销资料管理制度

1. 养老机构销售资料包括宣传册、宣传光盘、老年会员资料、销售任务分解表、统计表、电话咨询登记本等。

2. 宣传类资料如宣传册、光盘等宣传物，须从销售部门领取，每次记录领用数量。

3. 经营类资料如销售任务表、统计表、电话咨询登记表，保存至营销部门办公室。

4. 重要客户档案类资料如业务对接领导、行业专家、同行院长、企业老干处工作人员等信息按客户名称分类，每一客户建一份档案，并对客户联系电话、生日等相关信息进行登记。

（七）电话咨询登记制度

1. 接到咨询电话后，根据客人问询情况对机构服务进行介绍。如果家属、老年人有意向上门参观，可约定好参观时间。

2. 根据对方来电信息，准确填写《电话咨询登记簿》，包括老年人年龄、健康状况、需求等基本信息。

3. 举办大型活动时，可通过电话、短信、微信形式邀请潜在客户。

（八）营销活动组织制度

1. 营销活动包括店庆、重阳节活动、各类节日庆祝活动、与政府联合举办的活动等。

2. 对活动主题、内容、规模进行总体构思，内容涉及：

（1）明确分工及各项任务完成的时间；

（2）进行开支预算；

（3）内外环境布置（大厅、公共区域、活动场所等）；

（4）明确活动邀请的目标客人、领导、媒体及活动参与人员名单；

3．调查摸底，了解参加人员情况，环境布置所需饰品供应情况和价格情况等；

4．将总体构思编制成初步计划，交院长审阅。根据院长的修改意见，制定最终活动计划。

5．根据活动计划进行操作，活动结束后将有关资料、照片存档。与记者保持联系，了解活动反响，追踪报道情况。同时在机构网站、微信号上进行推介。

五、护理管理制度

（一）分级护理制度

1．根据老年人身体状况进行护理等级评估，并依据护理等级进行服务。

2．护理等级分级标准：

（1）自理。

（2）介助Ⅲ级。

（3）介助Ⅱ级。

（4）介助Ⅰ级。

（5）介护Ⅲ级。

（6）介护Ⅱ级。

（7）介护Ⅰ级。

（8）特级护理。

3．自理等级对应服务内容：

（1）每天清扫房间1次，保持环境清洁，空气新鲜，无异味；

（2）协助老年人整理床铺，保持衣被清洁。至少1周清洗被服1次，必要时随时换洗；

（3）每天送开水至少 2 次；

（4）可提供理发、刮胡子服务；

（5）督促老年人做好个人卫生，夏季每周 2 次洗澡，其他季节每周 1 次；

（6）每天测生命体征 1 次；

（7）护理人员 24 小时值班，每天至少 1 次巡视房间，及时了解老年人的身心变化；

（8）医生每周查房 1 次；

（9）根据老年人兴趣，组织参与社会活动，文娱活动等；

（10）及时通知用餐。

4. 介助Ⅲ级对应服务内容：

（1）包括自理服务内容（1）~（3）；

（2）协助理发、刮胡子、剪指甲、洗头；

（3）协助老年人做好个人卫生，夏季每周 2 次洗澡，其他季节每周 1 次；

（4）每日测生命体征 1 次；

（5）护理人员 24 小时值班，每天至少 2 次巡视房间，及时了解老年人的身心变化；

（6）医生每周查房 2~3 次；

（7）根据老年人兴趣，组织参与社会活动，文娱活动等；

（8）及时通知用餐；

（9）正确保管药物并提醒老人定时服用。

5. 介助Ⅱ级对应服务内容：

（1）介助Ⅲ级服务内容的（1）~（6）；

（2）老年人的衣物要定期换洗，保持整洁、得体；

（3）护理人员24小时值班，每天至少3次巡视房间，及时了解老年人的身心变化；

（4）医生每周查房4~5次；

（5）根据老年人兴趣，组织参与社会活动、文娱活动等；

（6）及时通知用餐；

（7）正确保管药物并提醒老人定时服用。

6．介助Ⅰ级对应服务内容：

（1）介助Ⅱ级服务内容的（1）~（6）；

（2）协助老年人行走和床椅转移；

（3）护理人员24小时值班，每天至少5次巡视房间，及时了解老年人的身心变化；

（4）医生每天查房1次；

（5）根据老年人兴趣，组织参与社会活动、文娱活动等。

（6）及时通知用餐或协助用餐；

（7）正确保管药物并协助老人定时服用；

（8）协助外出就医。

7．介护Ⅲ级对应服务内容：

（1）介助Ⅰ级服务内容的（1）~（4）；

（2）送餐到房间，并喂饭、喂水；

（3）帮助老年人如厕，协助洗澡每周2次，帮助刷牙、洗脸、洗脚、洗臀；

（4）帮助老年人起床穿衣、睡前脱衣；

（5）帮助老年人床椅转移；

（6）每日测生命体征1次。

（7）护理人员 24 小时值班，每天至少 5 次巡视房间，及时了解老年人的身心变化；

（8）医生每天查房 1 次；

（9）根据老年人兴趣，组织参与社会活动、文娱活动等；

（10）正确保管药物并协助老人定时服用；

（11）协助外出就医。

8. 介护Ⅱ级对应服务内容：

（1）介护Ⅲ级服务内容的（1）~（5）；

（2）帮助老年人如厕、排大便，帮助洗澡每周 2 次，帮助刷牙、洗脸、洗脚、洗臀；

（3）帮助老年人起床穿衣，睡前脱衣；

（4）帮助老年人床椅转移；

（5）每日测生命体征 1 次；

（6）护理人员 24 小时值班，每天至少 6 次巡视房间，及时了解老年人的身心变化；

（7）医生每天查房 1 次；

（8）根据老年人兴趣，组织参与社会活动、文娱活动等；

（9）正确保管药物并协助老人定时服用；

（10）协助外出就医；

（11）视天气情况，经常带老年人到户外活动 1 小时。

9. 介护Ⅰ级对应服务内容：

（1）介护Ⅱ级服务内容的（1）~（7）；

（2）帮助老年人床椅转移，帮助卧床老年人每 2 小时翻身 1 次，预防压疮发生；

（3）每日测生命体征 1 次；

（4）护理人员24小时值班，每2小时巡视1次房间，及时了解老年人的身心变化；

（5）医生每天查房1次；

（6）根据老年人兴趣，组织参与社会活动、文娱活动等；

（7）正确保管药物并协助老人定时服用；

（8）协助外出就医；

（9）视天气情况，经常带老年人到户外活动1小时。

10. 特级护理对应服务内容：

（1）介护Ⅱ级服务内容的（1）~（8）；

（2）每日测生命体征1次，特殊情况随时测；

（3）帮助做好医疗护理，做好病情观察、管道护理、用药，保持呼吸道通畅；

（4）护理人员24小时值班，每1小时巡视1次房间，及时了解老年人的身心变化；

（5）医生每天不定时查房至少2次；

（6）协助外出就医。

（二）新入护理员工带教考核制度

1. 新入职员工通过入职带教考核合格后方可上岗。

2. 带教老师选择标准：

（1）入职机构至少满半年。

（2）经机构护理部主管和本楼层主管推荐，自入职起工作表现突出，护理操作规范。

（3）以护理人员为主。

3. 带教流程：

（1）带教第一天：简单介绍机构整体情况和楼层老年人状况，告知注意事项；

（2）带教第二天：对新人进行所带教知识的考核，加深印象。继续熟悉对不同护理级别老年人的护理工作流程；

（3）带教第三天：对新人进行前一天所带教知识的考核，带新人学习白班护理流程；

（4）带教第四天：考核前一天所学内容，系统实操前三天所学习护理内容；带新人学习夜班护理流程；

（5）带教第五天和第六天：对新人进行所带教知识的考核。新人尝试自己动手做一些护理工作，不懂的内容随时询问带教老师；

（6）带教第七天：以新人为主独立完成系统护理工作，带教老师监督考评。保证新人能独立完成所有项目后，带教老师在培训表上签名，完成入职培训。

4. 带教考核内容包括：纪律情况、服务质量、业务水平、协作动手水平。

（三）24小时护理工作制度

1. 白班工作流程：

（1）早6：00~6：30开始协助老年人起床、饮水、整理床铺、晨间护理；7：40进行交接班，由主班护理人员就夜间老年人情况进行口头交班，特殊情况进行床头交班，并记录于交班本之上。

（2）上午8：00开始协助老年人用早餐，协助服药、洗漱、整理床铺、更换床上用品，协助如厕等。

（3）上午9：00开始带楼层老年人活动

（4）10：00安排吃茶点、饮水。

（5）12：00开始协助老年人用午餐，协助服药、洗漱、如厕；13：00左右开始协助午休。

（6）14:30开始协助老年人起床、如厕、整理床铺，测量生命体征；15:00安排吃茶点，饮水。

（7）17:00开始协助老年人吃晚餐，协助服药、洗漱、如厕，安排茶点。

（8）19:30开始陆续安排老年人休息。

白班工作除上述流程外，还包括摆放药品、给老年人洗澡、协助部分老年人进行康复锻炼、定时翻身、测量血糖、安排志愿者为老年人服务等。

2. 夜班工作流程：

（1）夜班两人，于19:30之前到达所在楼层，然后开始交班。先由主班护理人员在护理站就白天老年人情况进行口头交班，主要包括有无新入、离院、住院、请假老年人、特殊病情变化老年人、药物改变的老年人等情况。

（2）白班护理人员和夜班两名护理人员巡视老年人，进行床头交接。夜班人员应保证观察到每个老年人精神状态，观察有无病情变化，并与白班人员进行交流。

（3）一名夜班人员摆口服药，认真核对口服药本，注意剂量、有无加药、减药等情况。摆完药后由另一名护理人员核对。

（4）21:00由两名护理人员帮助老年人就寝，包括口服睡前药物，泡脚等。

（5）22:00开始，每隔两小时巡视老年人一次，应确保巡视到每一位老年人，并协助老人翻身、换尿垫。观察有无特殊病情变化，及时发现问题，处理问题。若有老年人按呼叫器，及时赶到处理。

（6）早晨6:00开始协助老年人起床，包括穿衣、洗漱、处理大小便、撤下已污染的床上用品并换干净被褥。

（7）统一将老年人推至护理人员站，口服餐前药，喂水。特殊老年人测生命体征。

（8）书写护理交班记录、大便记录、口服药记录并签字，准备进行交班。

（9）两人值班时，必须保证一名护理人员处于值班状态。严格按照规定时间巡视，做好各项记录。

（四）护理人员交接班制度

1. 值班人员必须坚守岗位，履行职责，保证各项工作准确、及时、连贯地执行，保证全机构入住老年人的护理安全。在接班者未到之前，交班者不得离开岗位。

2. 值班者必须在交班前完成本班的各项工作。应填好本楼层交班报告及各项护理记录（要求客观、真实、及时、完整、准确，字迹整齐、清晰，内容简明扼要、有连贯性，运用医学术语）；用过的物品分别放置；备齐护理车内各项用品；清理护士站卫生。

3. 每班必须按时交接班，接班者应提前30分钟到护士站，参加晨会（各班次交班报告会）。清点应接物品、药品，接班者未接清楚之前，交班者不得离岗。遇有特殊情况，须做详细交待，并与接班者共同处置完成后方可离岗。

4. 交班人员必须能够熟练地报告当班楼层所有入住老年人状况、流动情况及是否有特殊病情变化。每日晨会中，楼层主管布置当日工作重点，提出应注意改进的问题，一般不超过15分钟。

5. 对定位、定数放置的血压计、手电筒等物品应当面交接清楚并签字登记，由楼层主管和值班主管交接并确认签字。数目不符时必须查清原因，及时补充。

6. 凡在交接班过程中发现的问题由交班者负责，接班后发现的问题由接班者负责。

7. 交接班时，由值班护理人员重点报告新入住老年人的健康评估情况，说明需特级护理、一级护理及需监测血糖、携带生命体征测量仪的老年人；对特殊情况（生日、请假等）的入住老年人及相应的治疗、护理和应对的措施及方法做详细的交接。值班护理人员做交班记录，对重症老年人重点交接、床头交接。

8. 交班主要内容包括：

（1）入住老年人总数、请假、销假、急诊住院、离开机构、死亡人数以及新入住、重危、有特殊状况的老年人状态变化及思想情绪波动。

（2）医嘱、护嘱执行情况，重症护理记录，各种检查标本采集及各种处置等基础护理和生活护理的完成情况，以及尚未完成的工作情况。

（3）查看昏迷、瘫痪等危重老年人有无压疮，基础护理完成情况，各种导管固定和通畅情况。

（4）常备药品及抢救药品、器械、仪器的数量、技术状态等，交接班者均应签全名。

（5）交接班者共同巡视检查房间是否达到清洁、整齐、安静的要求及各项工作的落实情况。

（五）护理部例会制度

1. 每周一次，召集人需做好会议前的准备工作：

（1）做好会议前通知（参加会议人员、时间、地点、分送与会人员必要的资料，通知与会人员准备必要的资料等）

（2）清理会议场所，调试设备。

2. 特殊情况不能参加会议的，必须提前向相关负责人请假。

3. 会议内容主要为：

（1）本周入住老年人护理情况通报；

（2）本周重点工作布置；

（3）管理工作要求；

（4）制度培训。

4. 重要会议由护理部指定人员记录，会后整理会议纪要，经与会人员签字后存档。

（六）护理人员值班岗位制度

1. 实行24小时、365天值班制度。值班期间按照各项日常工作的护理程序要求，完成各项基础护理、生活护理、安全工作及各项护理文件的书写。

2. 阅读护理人员《交班报告本》、新入机构老年人的《健康评估报告》《交代事项本》。查看护理记录，重点关注患有高血压、糖尿病等慢性疾病的老年人，以及所属楼层入住人数、特级护理、一级护理老年人的情况。

3. 处理并执行临时医嘱及老年人夜间的各项治疗及护理。协助未就寝的老年人做好生活护理，及时就寝，督促探视者离开机构。

4. 根据护理级别按时巡视老年人的房间，观察老年人睡眠情况，确保突发状况下，第一时间发现并针对个案采取治疗护理措施，做好后续评估工作。对有病情变化的老年人，积极开展救治，并做好各项记录。必要时在值班医生的建议下，经监护人同意后，由值班护理人员负责与各部门联系做好夜间老年人的转院工作。

5. 负责各室的紫外线常规消毒，并做好登记。检查贵重物品、冰箱常备药物、无菌包、抢救物品、药品、仪器等是否齐全。

（七）护理查房及护理计划个案讨论制度

1. 护理查房内容包括：基础护理的落实情况、专科疾病护理内容、心理护理、技术操作执行状况。每月有针对性地选择3~4个个案进行护理查房和护理计划讨论。

2. 凡病情危重，危急生命或护理难度较大及死亡病例，均应进行护理病例讨论。讨论由护理部主管主持，楼层主管、楼层全体护理人员均应参加。

3. 讨论时由楼层主管及护理人员汇报老年人病史，介绍老年人病情，目前采取的护理措施、效果，并提出问题。

4. 与会护理人员根据老年人的病情，结合老年人的护理情况、评估手段，提出个人对护理工作的意见和建议。

5. 对死亡老年人的护理讨论：参加抢救的护理人员应汇报抢救的经过、护理措施落实的结果，楼层主管对抢救配合、病情观察、基础护理、护理记录、评估手段、个案护理计划制定和实施等方面进行综合分析，找出护理上存在的不足，提出改进措施。

6. 讨论情况应记录在护理查房讨论记录中。

（八）药品管理制度

1. 所有入住老年人的药品（注射用药除外），由护理人员统一保管，按医嘱服药到口，并由执行护理人员签名。不允许私自携带药品及服用，否则后果自行承担，机构不承担任何责任。

2. 小药柜内基数药品应指定专人管理，并做到定期清洁和检查。

3. 存放药品的外包装盒标签应完整、清晰，药品的名称、规格、剂量、有效期等均应与外包装一致。每日清点并记录，检查药品，防止积压、变质，如发现有沉淀、变色、过期、标签模糊，立即停止使用并报上级部门处理。

4. 特殊及贵重药品单独存放并加锁，需要冷藏的药品应置于冰箱内。

（九）消毒隔离制度

对不同类型老年人采取不同消毒隔离方式：

1. 对于新入住的老年人，进行必要的检查和临床观察。一旦发现老年人可能患有传染性疾病，立即安排就诊。在确诊的状态下，通知监护人安排老年人离开机构，建议立即转入（传染病院）治疗，并及时上报有关部门，对所住房间进行严格认真消毒。

2. 对于已入住的老年人，定期检查身体并密切观察，一旦发现患有传染病，立即通知监护人负责办理转院，并及时上报有关部门。对老年人入住房间进行严格消毒。同时填报机构传染病报告卡，采取积极的预防和控制措施，防止机构内感染的暴发与流行。

3. 疑有传染病者，按常规进行隔离。老年人的排泄物和使用过的物品进行严格消毒，未经消毒处理的物品，不得带离或转借他人使用。

4. 工作人员日常消毒隔离操作要求：

（1）医护人员衣帽整齐干净。执行无菌操作时，应严格执行消毒、隔离制度及无菌技术操作规程。

（2）护理人员在执行各项护理工作前、后及接触各类医用垃圾、生活垃圾、呕吐物、腹泻物、换洗的衣物、协助老年人用餐前后等必须认真洗手；老年人用餐前后、使用卫生间前后等必须认真洗手，避免交叉感染。

（3）使用不同颜色垃圾袋，严格区分各种垃圾，由专人负责回收处理。

①黑色垃圾袋：用于生活垃圾；

②黄色垃圾袋：用于医用垃圾和老年人排泄物；

③红色垃圾袋：用于呕吐、腹泻、血迹等污染的被服。

（4）消毒工具应（敷料、器具等）严格按消毒规定时间使用。

（5）设立独立的洗衣设备，单独清洗呕吐、腹泻、血迹等污染的衣物和被服，与正常老年人的衣物、被服区分，避免交叉感染。使用洗衣设备前，用消毒液浸泡30分钟后，再清洗衣物。

(6)应定时对房间进行通风换气、清洁、常规空气消毒；老年人离开机构、死亡后对所住房间进行严格消毒。

(7)及时为老年人更换被服。保持良好个人卫生习惯，按时洗浴、理发、剪指甲等。

(十)应用保护性约束告知制度

1. 有精神、神志障碍的老年人，在不配合护理、影响工作正常进行或者存在拔管（各类插管、引流管）、自伤可能时，可实施保护性约束。

2. 实施保护性约束之前通知家属，说明目的和必要性，取得家属的理解和配合。不同类型老年人采取不同措施：

(1)对神志清醒的老年人需实施保护性约束。在取得老年人家属同意的同时，应向老年人讲清保护性约束的必要性，获得老年人的配合。

(2)对昏迷或精神障碍老年人，取得家属的理解和配合后实施强制性约束，以保证老年人的医疗护理安全。若家属不同意保护性约束则需要签字注明，由此发生的意外后果自负，机构不承担责任。

3. 对需要使用约束带的老年人，按常规进行评估。

4. 约束带使用中注意做好约束处皮肤的护理，防止不必要的损伤。在约束局部加垫或毛巾垫保护，每2~3小时松解约束带一次，并定时翻身，按摩局部受压皮肤，促进局部血液循环。

(十一)各项护理操作前告知制度

1. 遵医嘱、护嘱落实各项护理操作前，向老年人及家属讲解该项操作的目的、必要性。

2. 操作前应告知老年人该项操作的程序及可能带来的不适，取得老年人配合。

3. 严格遵照各项操作规程进行，操作中做到语言行为文明、规范。

4. 操作中不得训斥、命令老年人，做到耐心、细心、诚心地对待每一位入住老年人。护理人员应熟练各项操作技能，尽可能减轻由操作带来的不适及痛苦。

5. 操作失败时，应礼貌性道歉，取得老年人谅解。

（十二）保护性医疗、护理制度和入住老年人隐私保护制度

1. 护理人员对入住老年人的病史、症状、体征以及个人的习惯、嗜好等隐私进行保密。

2. 护理人员在查房时，可能对老年人造成伤害的病情分析必须在室外进行。

3. 在诊疗过程中，老年人的隐私仅向护理人员公开，护理人员有义务保守秘密。

4. 对于可能造成老年人精神伤害的疾病、生理上的缺陷、有损个人名誉等状况，履行告知义务。

（十三）护理危机管理制度

1. 护理危机是指对机构正常运营或声誉造成潜在破坏的事件，如老年人走失、摔伤、伤人、自残事件等。

2. 针对养老机构可能存在的护理危机，护理管理人员应进行护理信息收集，拟订护理危机事件应急处理预案，进行护理员的危机管理教育、培训。

3. 护理危机发生后，护理管理者应在第一时间赶赴现场，根据应急预案处理危机。护理管理者必须本着实事求是的态度向老年人和家属讲明实情，争取老年人和家属的理解和支持。

4. 危机事件处理后，护理管理者应形成事故报告，上报院长及理事会；同时组织员工进行案例分析，杜绝事件的再次发生。

（十四）护理安全管理制度

1. 实行"护理部主管—楼层主管—护理人员"三级目标管理责任制，

护理部设立安全领导小组，楼层成立安全监控小组。

2. 坚持预防为主原则，重视前馈控制，做到"三预、四抓、两超"，即：预查、预想、预防；抓易出事故的人、时间、环节、部门；超前教育、超前监督。

3. 对在护理工作活动过程中发生或发现护理过失、可能引起过失行为或发生争议的情况，做到及时逐级汇报，及时纠正错误，同时封存相关物品。

4. 楼层护理人员站设立"过失和缺陷登记本"，对发生的过失或缺陷进行登记。

5. 护理部每季度、楼层每月对出现的过失或缺陷进行分析，做出相应的处理，并提出改进措施。

6. 机构采用的护理用品要求三证齐全，物品质量、性能符合国家质量要求。

（十五）护理差错、事故登记报告制度

1. 建立《差错、事故登记本》。发生差错、事故后，应积极采取补救措施，以减少或消除不良后果。

2. 当事人应及时上报发生差错、事故的经过、原因、后果，并进行登记。发生差错或事故的各种有关记录、检验报告及造成事故的药品、器械等均应妥善保管，不得擅自涂改、销毁。

3. 发生差错、事故的个人，如不按规定报告或有意隐瞒，按情节轻重给予处罚。

4. 差错、事故发生后，护理部主管应组织护理人员进行讨论，并确定事故的性质，提出处理意见。

5. 各楼层主管组织护理人员定期分析差错、事故发生的原因，预防事故再次发生。

(十六)护理投诉管理制度

1. 如有老年人或家属对护理服务不满,以书面或口头方式反映到护理部或其他部门,受理投诉员工应及时接待,做好老年人、家属安抚工作并进行记录,杜绝与家属、老人当场产生纠纷。

2. 相关部门接到投诉后,应及时反馈给护理部楼层主管。楼层主管需认真核对事情经过,分析事发原因,形成解决方案。若超越处理权限,则应及时向护理部主管汇报,由上一级领导提出解决意见。

3. 护理投诉力求当日内进行答复,由护理部主管向老年人或家属进行回复,表示歉意并反馈机构就投诉问题的解决措施。如投诉事件性质严重,必要时由护理部主管、院长出面接待并解决投诉。

4. 对于已定性各类投诉,护理部应组织员工总结经验,并提出服务整改措施。

5. 如发生重大护理、医疗事故投诉,参照国家《医疗事故处理条例》进行级别判定,处理。

(十七)护理风险防范制度

1. 严格执行各项规章制度和操作规程,努力提高护理人员专业技术水平。

2. 进行各项护理操作均需履行告知程序,部分护理操作需确认签字。

3. 按护理级别和护理程序要求及时巡视,认真观察老年人各项变化并做好记录、签字;规范、如实记录各项护理文件;严格执行"三查七对"制度;进行无菌技术操作时,严格执行无菌技术操作规范。

4. 确保老年人用药安全,注意药物配伍禁忌,密切观察老年人用药后是否出现不良反应;各类药品放置有序,加强安全管理。

5. 护理用具、仪器应定期检查,保证功能运转正常。护理人员应熟悉放置位置,熟练掌握各种仪器的使用方法。

6. 按有关规定使用一次性护理物品，并定期检查，防止过期、包装破损、潮湿、污染等现象发生。

7. 对老年人进行身体及心理状况评估，评估可能发生的意外及状况，制定相应的护理措施或个案护理计划，并追踪管理。

8. 制定并落实突发事件的应急预案和危重老年人抢救护理预案。

9. 禁止吸烟，禁止使用电炉、电磁炉、电饭锅、电褥子等电器。

10. 严格按规定分类处理垃圾，避免再次污染及交叉感染。

（十八）护理环境温度控制制度

1. 根据天气情况，科学合理控制公共区域和房间温度，避免老年人身体不适或生病。

2. 降低空调使用成本，节约能源，杜绝浪费。

执行人员：护理部人员

制度内容：

（1）空调启用规定：

①冬天：老年人居室内温度在22℃以下，开启空调取暖；

②夏天：老年人居室内温度在28℃以上，开启空调制冷；

③空调设置温度：夏季不低于26℃；冬季不得高于26℃。

（2）在空调开启期间，老年人居室宜关闭门窗。严格按照操作规程开启、关闭空调。

（3）护士站周围空调酌情开放。餐厅空调根据用餐安排定时开放，老年人回居室后，必须及时检查落实护士站和餐厅空调关闭情况，老年人离开居室时应关闭空调。

（4）对躁动老年人和体温调节中枢紊乱或有特殊情况老年人，护理人员应酌情开放空调，延长空调开放时间，并及时做好记录。

（5）各班护理人员做好老年人空调使用记录，由楼层主管上报财务部。

六、医疗管理制度

（一）查房制度

1. 院长、副院长、医务和护理主管查房每周 1~2 次，管床医师、护士查房每天 1~2 次，查房一般在上午进行。

2. 对重病老人，医师、护士应随时观察病情变化，及时处理，并做好记录。

3. 查房时要按各自的岗位职责严格要求，认真负责。对需要治疗、护理和康复的老年人按各专业情况提出进一步检查或治疗意见，给予必要的临时医嘱。主动征求患病老人对医疗、护理、康复、生活等方面的意见。

4. 上级医师查房，要审查新入院、重病老人的诊断、治疗计划，决定特殊检查治疗，抽查医嘱、病历、护理质量，听取医师、护士对诊疗护理的意见，并做出针对性的指示。

（二）医疗服务制度

1. 严格按照医疗服务机构管理办法、临床诊疗规范为入住老人开展临床医疗服务，确保医疗服务安全。

2. 医务人员要定期查房，每天 1~2 次。

3. 每年组织入住老人体检 1 次。

4. 每月组织 1 次卫生宣传教育工作。

5. 自觉接受当地卫生行政部门监督检查、参加行医资质年检。

（三）医嘱制度

1. 医嘱一般在上班后 2 小时内开出，要求层次分明，内容清楚。

转抄和整理必须准确，一般不得涂改，如需更改或撤销时，应用红笔填"取消"字样并签名。临时医嘱应向护士交代清楚。医嘱要按时执行。开写、执行和取消医嘱必须签名并注明时间。

2. 医师写出医嘱后，要复查一遍。护士对医嘱有疑问时，必须查清后方可执行。原则上不得下达口头医嘱，抢救或手术中下达口头医嘱，护士需复诵一遍，经医师查对药物后执行，医师要及时补记医嘱。每项医嘱一般只能包含一个内容。严禁不看病人就开医嘱的草率作风。

3. 护士每班要查对医嘱，夜班查对每日医嘱，每周有护士长组织总查对一次。转抄、整理医嘱后，需经另一人查对，方可执行。

4. 凡需要下一班执行的临时医嘱，要交代清楚，并在护士值班记录上注明。

5. 医师无医嘱时，护士一般不得给病人做对症处理。但在紧急情况或医师不在时，护士可针对病情临时给予必要处理，但应做好记录并及时向经治医师报告。

（四）护理服务制度

1. 按照每日生活护理程序，按时为老人提供生活护理服务。

2. 严格按照生活护理操作规程和等级护理内容进行各项护理操作。

3. 凡需要压疮护理的老人，床前须有明显标志，并建立床前翻身卡；必须定时翻身（一般2小时左右），并有详细记录；对患压疮老人应在床边重点交班。

4. 加强巡视，对危重病人每日巡视不少于4次，如发现老人情况异常，应及时通知医务人员。

5. 注意老人的生活安全，防止意外情况发生。

（五）医师值班与交接班制度

1. 节假日须设有值班医师。

2. 值班医师应按时接班，交接班时应巡视居室（病房），了解患病老人情况，并做好床前交接。

3. 医师在下班前应将重病老人的病情和处理事项记入交班簿，并做好交班工作。值班医师对重病老人应做好病程记录和医疗记录，并扼要记入值班日志。

4. 值班医师负责各项临时性医疗工作和病员临时情况的处理。

5. 值班医师夜间必须在值班室留宿，不得擅自离开。护理人员邀请时应立即前往视诊。如有事必须离开时，应向值班护理人员说明去向。

6. 每日晨，值班医师将老人情况重点向上级医师报告，并向经治医师交清重病老人情况及尚待处理的工作。

（六）护理员值班与交接班制度

1. 生活区护理员实行三班轮流值班，建立交接班制度。

2. 值班人员应严格按照生活护理程序、等级护理内容，对老人进行生活护理。

3. 交班者应提前填写好交班记录，做好交班准备；接班者应提前接班，清点人数、物品，并办理交接班手续。

4. 接班者应详细阅读交班簿，了解老人情况，对重点护理老人应在床头交接。

5. 晨间交接班时，由夜班护理员全面报告老人生活及疾病变化情况。

（七）老年人健康档案书写管理制度

1. 新入院老人必须在24小时内完成老年人能力评估，建立老年人健康档案，并进行管理和保管。

2. 老年人健康档案力求详尽、整齐、准确，字迹清楚整洁，不得删改、剪贴，医师签全名，并按规范整理。

3. 健康档案原则上每月应有一次记录，特殊情况随时记录并签全名。

4. 各种检查报告单应按顺序规范粘贴。

5. 老人出院、转院、死亡，应在当日完成出院、转院小结和死亡记录。死亡记录除病史摘要、治疗经过外，应记录抢救措施、死亡时间、死亡原因，由经治医师书写，上级医师审查签全名。

6. 借阅老年人档案，要办理借阅手续，阅后按期归还；对借用的档案，应妥善保管和爱护，不得涂改、转借、拆散和丢失。

7. 老人出院、转院、死亡后，档案由行政部门统一专人管理，原则上应永久保存。

（八）药品管理制度

1. 采购药品应严格按照卫生行政部门规定的渠道采购，验明药品相关合格证书，并对药品进行进货检查验收，保证药品质量。

2. 根据基本用药目录和用药需求，做好常用药物的储备。

3. 设专人管理药库药品。根据药品特性（如避光、低温）分别保管，注意药品的失效期，避免变质、损失和浪费。

4. 每月对机构内的药品进行盘点，做到账物相符，盘点登记表及处方应妥善保管。

5. 实行药品零差率销售的品种，应在指定的配送企业采购，按统一药品价格销售，不得以任何方式加价销售。零差率药品与非零差率药品应分别采购、分别入账、分别管理。

6. 毒麻药品和一类精神药品应有安全贮存设施，实行专库、专柜、双人、双锁管理。

7. 临床使用新药需提出申请，经药事管理委员会讨论通过后方可购入。使用新药时，要注意临床观察，收集、整理、分析、反馈药物安全信息，并及时上报主管部门。

（九）医疗废弃物管理制度

1. 严格执行《一次性使用医疗用品废弃物管理暂行办法》，防止医源性感染。建立医疗废弃物管理责任制，明确医务主管为第一责任人。

2. 医疗废弃的暂存场所要合理选址，有明显的警示标志和防鼠、防蚊蝇、防盗等安全措施，定期消毒，保持环境整洁。

3. 产生医疗废弃物的科室，要有专人负责登记、分类收集、暂存、密闭运送。

4. 医务人员出诊治疗后，应将医疗废物带回，不得留在出诊地点与生活垃圾混放。

5. 医疗废物按类别分置于专用的包装物或密闭的容器内，进行交接登记。登记内容包括来源、种类、重量或数量、交接时间、处置方法、最终去向以及经办人签字等，登记资料至少保存三年。

6. 收集医疗废物的容器或收集袋要有统一标志，锐利废物和高度污染的医疗废物按规定分别放入密闭、防刺、防渗容器或收集袋内。

7. 使用专用运送工具，将分类分装的医疗废物按规定时间、路线，运送到指定的暂存场所，不得渗漏、遗撒、污染环境。医疗废物暂存时间不超过2天。

8. 医疗废物管理人员应进行相关法律和专业技术、安全防护以及紧急处理等知识的培训。

（十）防止交叉感染消毒制度

1. 老年人居室应每天按规定消毒。

2. 老年人住院期间，如发现传染病，应按规定消毒原则处理。

3. 入住老年人应经常保持整洁，应定时淋浴或擦澡、理发、洗头、剪指甲等。

4. 老年人用过的便盆、便壶应进行消毒，脸盆、澡盆，每次用后应及时擦洗与消毒。

5. 餐具用后消毒，茶具固定使用并按期消毒。

6. 被脓、血、排泄物所污染的敷料和布等用可靠的方法进行浸泡消毒后洗涤，必要时再行煮沸消毒，小件敷料可焚烧处理。

7. 患者的衣服、被单、枕套等应定期更换，必要时随时更换。

8. 打扫厕所的清洁工具，与打扫其他场所的工具，应严格分开。

9. 建立消毒隔离工作记录册和传染病登记册。

七、康复治疗管理制度

康复是指综合、协调地运用各种措施减轻身心和社会功能障碍，使患者得到整体康复而重返社会。养老机构中很多老年人都有老年病、慢性病和伤残，这些老人都迫切需要得到康复服务。目前国内开展康复服务的养老机构主要是设有老年病医院、老年康复医院等的大型养老机构，此类经过当地卫生部门批准的养老机构在开展康复服务上有较强的技术力量与设备优势，能较好地满足老人康复服务的需求。为此，有必要对这些养老机构提供的康复服务进行科学管理，从而充分发挥其现存的功能和优势。

（一）接诊制度

门诊医师负责接待老人患者、确定治疗方案、开处方和治疗单，并介绍老人到相关治疗室治疗。医师征询治疗师意见，确定治疗方案（包括康复治疗目标、康复治疗方案）、开医嘱、送交治疗单，安排老人到相关治疗室治疗，并请治疗师在医嘱单上签字。安排老人每日治疗时间，并告知注意事项。

（二）医疗安全制度

医师必须向老人说明病情、诊疗计划及医保报销情况，让老人或家属签署自费协议书、授权委托书、特殊治疗知情同意书（如瘫痪患者知情同意书等）；对有瘫痪、骨折、骨质疏松等感觉运动障碍的老人，必须在病历中强调老人应有专人陪护，以防跌倒、骨折、脑卒中等意外事故发生。主管医师每周一至周五随上级医师对本组新入院、疗效差（由主管医师提出）的老人查房；周一至周六早上由主管医师常规查房；对危重患者随时查房；下班前要再查房；每晚9点值班医师负责全科查房后方能就寝；星期日值班医师负责全科查房；实施小组工作制，各组医师按照分组带领本组相关治疗师，共同制定新入院和疗效差老人的临床诊断、功能诊断、康复治疗目标和方法。

（三）交班制度

各组医师和值班医师必须参加每日晨交班，值班医师必须在交班时将本人记录本亲手移交给下一班值班医师。每日交班内容如下：

1. 新入住机构老人主诉、病史、临床诊断、功能诊断（重点评定内容）、康复治疗目标和方法。

2. 病情变化、治疗方案变动。

3. 因故临时停止治疗的老人。

（四）修订医嘱制度

各组医师每日完成查房后，根据病情需要修订医嘱，并应及时通知护士和相关治疗师。

（五）病情反馈制度

熟悉主管老人的病情，及时了解治疗后反应，并在病程记录中记录；及时将各种检查报告向老人和上级医师反馈并在病程记录中记录。对于疗效差者，应组织人员当天评定，并修订治疗方案，于次日实施。

（六）参与治疗制度

医师查房、开医嘱结束后，需到治疗室了解所管老人的治疗情况，参与所管老人的治疗。

（七）医疗组长排班制

医疗组长负责医师排班，上班、值班、查岗以排班表为准；若有特殊情况需要换班，应提前一天通知排班人员，持有代班人员签字同意的申请单交科室主任签字认可后，附在排班表上并更换值班人。

（八）医师质量保证基本程序

为提高医疗质量，医师必须严格遵守以下质量保证程序：

1. 专题讲座日：每周一次，由科室主任统一安排。

2. 读书报告日：每周一次，由科室主任统一安排。

3. 定期康复评定：各组医师组织本组每周评定一次。具体要求：对各组住院一个月以上和疗效差的老人每周一次评估；各组新入住机构老人24小时内评定；各组出机构老人出机构前24小时内评定；各组医师负责主持（主持人因故不在病房时，指定负责人），主管治异师负责评定，并将评定结果记录在评估表和病历中。

4. 病历审核制度：由医疗组长审核所有病历，并负责签字。

八、社工管理制度

（一）失智老人社会工作服务制度

1. 机构社工在掌握失智老人的基本资料的基础上，运用个案工作、小组工作等方法对失智老人进行服务。

2. 遵从失智老人沟通原则：

（1）同理心原则。

（2）接纳老人原则。

（3）耐心与尊重原则。

3. 采用的介入方法：

（1）缅怀治疗，主要适用于帮助缓解抑郁、轻度失智等问题。

（2）人生回顾，主要适用于帮助老年人处理长期的情绪问题。

（3）现实辨识，主要适用于预防和缓解老年人认知混乱、记忆力衰退。

（4）动机激发，主要适用于预防、缓解老年人社交能力受损、负面情绪等。

（5）园艺治疗，主要适用于预防和缓解老年人身体和精神的衰老。

4. 服务流程：

（1）接案。

①收集老年人资料，包括：个人基本信息、失智等级、生活经历、家庭情况等。

②了解老年人的问题和需要，决定是否需要紧急介入；

③评估老年人的问题解决是否在老年社会工作者的能力范围和机构能力范围内，必要时予以转介；

④与老年人或主要照顾者建立专业关系。

（2）预估。

①优先评估老年人面临的风险，如健康、抑郁、自杀等；

②根据实际情况，协调进行跨专业、综合性评估，包括老年人的问题、需求和资源状况等；

（3）计划。

①根据老人具体情况，可邀请老年人家庭参与服务计划制定；

②设定服务计划的目的和目标；

③制定介入策略、行动步骤及进度安排；

④拟订预期存在的困难、风险及其应对策略和预案；

（4）介入。

①促使老年人学会运用现有资源；

②对老年人与环境产生的冲突进行调解；

③运用各种能够影响老年人改变的力量帮助老年人实现积极的改变；

④采用优势视角，鼓励和协助老年人发挥潜能：

（5）评估。

①根据服务计划中制定的过程评估和成效评估计划开展评估；

②采取多种方式收集和分析与服务相关的资料，包括客观资料、主观感受与评价等；

③撰写评估报告。

（6）结案。

①巩固老年人及所处环境已有的改变；

②增强老年人独立解决问题的能力和信心；

③结案后提供跟进服务。

（二）志愿者招募制度

（1）机构社工须通过正规渠道联系志愿者团体，联系渠道包括：当地市/区志愿者联合会、街道办事处居委会、正规注册志愿者团体、大学/学院等正规组织。

（2）社工负责对志愿者资质进行初审，审核通过后上交护理部主管进行复审。审核合格后，由社工向申请人发放曜阳志愿者工作证。

（3）志愿者机构进行志愿活动，必须提前七天预约。如果是大型活动（志愿者15人以上），志愿者团队负责人必须提前半个月将活动方案交给机构社工，活动方案最终经院长审核通过后方可执行。

（4）志愿者开展活动时，机构社工须对服务过程进行把控，确认服务未偏离计划目标。社工须对服务过程及结果记录，包括：老年人活动参与度、满意度，志愿者服务质量情况以及其他需要协调的问题。

（5）社工负责对志愿者档案进行管理，包括志愿者名单、志愿活动方案、反馈表、服务记录卡、服务过程照片等。

（三）养老机构时间储蓄制度

1. 志愿者参与为曜阳老年人服务的时间将进行记载存档，志愿者本人或志愿者确认的老年亲属可享受由曜阳联盟养老机构提供的储存时间等值的养老服务。

2. 服务内容包括：

（1）心理慰藉服务：陪伴老年人聊天、协助老年人参与文化娱乐等。

（2）专业护理服务：提供具有执业技能资质的生活护理、康复理疗、心理治疗等相关老年人身心健康、生活便利方面的服务。

（3）个性化服务：根据养老机构特殊情况提供的个性化志愿服务，如法律支援、处理家庭纠纷等相关老人权利方面的服务。

3. 参与时间储蓄志愿者条件：

①机构所在城市 18~65 岁公民（不限户籍）；

②无传染疾病，具有健康证明；

③无不良记录证明。机关、事业、企业单位人员，由单位出具，其他人员由公安机关出具；

④专业服务的志愿者，应提交学历、职业、执业技能或资格证书；

⑤在曜阳志愿者组织进行注册，并签订协议。

4. 时间储蓄管理方法。

（1）时间折算。

①日常照料服务。按照实际服务时间记录，不包括往返交通时间以小时为计量单位。

②专业服务：提供执业技能资质的专业服务，将根据服务内容赋予一定比例系数，乘以实际服务时间记录。

③个性化服务：根据养老机构特殊情况提供的个性化志愿服务，将予以服务时间三倍以上记录。

④服务时间在服务老年人进行服务星级评定后生效，时间根据老人对服务评价按比例进行折算。（五星100%、四星90%、三星80%、二星60%、一星50%，半年内三星以下服务累计3次以上，取消服务资格。）

（2）时间记录与查询：相关服务记录信息将记录在志愿者注册服务账号内，包括服务内容、服务时间、服务评价等；记录人可通过APP随时查询。

（3）时间支取：

①志愿服务本人60岁以上可从时间银行中时间支取等同志愿服务时间的养老服务；

②志愿者本人时间账户受益老年亲属可在志愿者书面确认下，支取等同志愿服务时间养老服务；

③时间支取不受地域限制，全国范围内曜阳养老机构均可支取。

5. 在时机成熟时，曜阳养老联盟时间储蓄银行账户可与政府主导养老时间储蓄银行账户对接。

（四）老年人活动组织制度

1. 社工每月对老年人活动情况进行总结，同时制定下月老年人活动计划，确保老年人活动按照计划和目标进行。

2. 每月应根据节气、节日推出相关活动。专题活动组织开展前一周应出具活动计划书。计划书内容包括：活动主题、参加人员、项目、所需道具、预算、风险预案等内容。计划书经过院长审批后方可执行。

3. 大型老年专题活动组织时应与养老顾问进行沟通协调，实现养老机构营销目的。

4. 老年人每次活动时间不宜超过 40 分钟，如在活动中老年人出现不适的情况，应立即停止活动，确保老年人身体安全。

5. 活动结束之后，须及时清理活动场地，并进行记录。

（五）老年志愿者互助小组实施办法

1. 曜阳老年志愿者互助服务，指养老机构入住自理、低龄老人自愿用个人时间、技能等资源，为机构内其他护理半自理、失能、高龄老年人提供无偿服务的公益性活动。

2. 养老机构内部可根据老年人构成以及运营实际情况，建立老年志愿者互助小组。

3. 老年志愿服务者与互助服务对象采取"一助一"、"一助多"、"多助一"的互助服务形式开展活动。

4. 互助服务以精神慰藉为主：

（1）帮助新来老年人适应、熟悉养老机构环境。

（2）通过每日走访扶助对象，掌握扶助对象身体、精神状况；如有异常情况向机构护理人员反映。

（3）通过上门交流，排解扶助老人的心理压力。

（4）与机构外来志愿者一起，共同组织机构老年活动。

5. 养老机构对参与老年志愿者互助服务活动成绩突出老人，可给予物质或者精神奖励。

九、安全管理制度

（一）安全教育制度

1. 行政人事部负责制定机构全年的安全教育培训计划，包括教育的时间、形式、内容和参训人员。

2. 培训形式包括安全知识的讲座、现场实际操作等。

3. 安全培训内容应结合养老机构实际情况，开展以防火、防盗、防破坏、防治安灾害事故、防交通安全事故、反恐怖主义为重点的安全教育。

4. 每年召开三次以上全员安全教育大会，定期组织消防、安全方面专业人员来机构培训指导。

5. 每年组织一次以上全员进行消防演习、突发事件的疏散活动，提高员工应变能力。

（二）安全责任制度

1. 养老机构成立安全生产领导小组，并负责建立健全本单位安全管理工作的各项制度，定期组织安全检查的落实情况。

2. 每年由养老机构主管领导与各职能和业务部门负责人、各职能和业务部门与班组长以及个人签订各类安全责任书，分解安全责任，逐级落实。

3. 行政人事部负责院安全责任书的起草，经机构安全生产领导小组审查后负责组织签订和监督实施工作。安全管理责任内容参照安全责任书。

4. 各职能和业务部门负责本部门或各岗位职工安全责任分配工作，可依据养老机构布局，根据属地管理、分级管理为原则采用网格化管理方式对安全工作进行分配。

5. 各部门负责人落实网格化安全管理内容，网格化职责区域上墙。

院长安全责任书模板

1. 院长依据相关法律法规对本院安全工作负总责。

2. 建立健全本单位治安保卫工作的各项制度，实行目标管理，逐级落实，定期考核，奖优罚劣。

3. 维护整个院区安全稳定，实现安全"八无"。（无政治事故、无交通事故、无火灾事故、无盗窃事故、无医疗事故、无责任事故、无违法乱纪事故、无食物中毒事故）

4. 对全院员工进行经常性的安全和遵纪守法教育，增强法制观念，提高安全防范意识。

5. 按照上级和公安机关的有关规定，确定要害部位，严格落实各项安全保卫措施。

6. 定期组织安全检查，不定期组织安全抽查。及时发现和消除安全隐患，对暂时难以解决的，采取临时安全防范措施。

部门负责人安全责任模板

1. 安全工作贯穿全年工作始终，每月召开本科、室安全形势分析会并有记录。

2. 制定部门年度内的安全工作计划，与员工签订安全责任书，责任落实到人。

3. 每周应对所辖区域进行全方位安全检查，做到周有检查，有检查记录。

4. 每月组织所属人员学习有关法律、法规及安全教育一次，以提高干部、职工的安全意识，增强遵纪守法的观念，以防发生各类安全事故，并有记录。

5. 建立安全工作档案，资料齐全。

6. 具体指标要求

（1）无政治事故（无影响较大的政治事件、被局、处以上机关通报）。

（2）无盗窃（无偷盗经济损失5000元以上、公安机关立案、受到上级通报的事件）。

（3）无火灾（无因火灾造成万元以上经济损失和人员伤亡）。

（4）无重大交通事故（无公安交通管理局认定的甲方责任事故）。

（5）无中毒事故（无三人以上中毒症状）。

（6）无违法违纪（职工无违法犯罪行为、被刑事拘留，无违纪金额千元以上的事件，单位领导无违纪受处分）。

（7）无重大责任事故（无因管理不到位、违反安全生产操作规程造成事故和一定损失，渎职造成人员伤亡、单位被处罚千元以上、直接经济损失万元以上的事件）。

（8）无医疗护理事故（不发生卫生部颁发的《医疗事故处理条例》中认定的各种事故）。

（三）安全管理制度

1. 机构安全生产领导小组负责组织、指导机构内各部门贯彻落实国家的安全生产方针和有关政策、规定，协调机构内各部门安全生产工作。

2. 机构部门负责人安全生产工作包括：

（1）对本部门执行安全生产规章制度的情况进行经常性的监督检查，对各岗位、设备的安全操作和安全运行进行监督。

（2）参与制定机构内防止伤亡、火灾事故和职业危害的措施及危岗位、危险设备的安全操作规程，并负责督促实施。

（3）进行现场安全检查，及时发现、处理事故隐患。如有重大问题及时向上级报告；一旦发生事故，负责组织拯救现场，参与事故的调查、处理和统计工作。

（4）对本部门员工进行安全生产的宣传、培训和教育工作。

3. 机构基层管理者安全生产工作包括：

（1）执行机构各项安全管理规章、规定和制度，对本班组员工在生产工作中的安全健康负责。

（2）检查本班组员工正确使用服务设备用具、安全防护装置、个人防护用品等，消除危险隐患。

（3）对本班组员工进行安全操作方法的指导和检查，随时纠正错误操作。

（4）发生安全事故后立即报告，并保护现场，参加调查，分析原因，提出改进措施和处理意见。

4. 基层员工安全生产工作包括：

（1）遵守劳动纪律，执行机构安全规章和安全操作规程。

（2）熟练掌握本工种操作程序和安全操作规程，正确使用防护用品。

（3）认真学习安全知识，提高操作技术水平，关心安全生产情况，提出合理化建议。

（4）发生工伤事故时，参与抢救伤员、保护现场，报告上级并协助调查工作。

（四）交通安全制度

1. 机构行政人事部负责交通安全方面的法律法规的宣传教育工作，不断提高全体员工遵纪守法意识和交通安全的自觉性。

2. 行政人事部负责机养老机构内机动车的登记工作和机动车的审

验工作。

3．实行"定人定车"制。当"定人定车"为两人（含以上）定同一机动车辆时，须指定一名车长，实施车长责任制。

4．实行机动车准驾制度，《准驾证》由人事行政部根据公司现有车辆使用情况和工作需要予以核发。禁止无公司《准驾证》驾驶公司机动车辆。

5．各部门的公务用车须建立行驶记录。

6．机构机动车辆发生重大、特大交通事故，当事人应及时向行政人事部主管汇报，并代表单位与交管部门接洽，配合交管部门对事故的处理。

（五）设备安全管理制度

1．养老机构内设施设备包括：护理康复设备、后勤设备、工程设备、建筑设施等。

2．设备安全检修维护工作须建立维护设备台账，对发现问题及时反馈：

（1）设备日常保养由指定班组工作人员负责。

（2）设备日常检查由机构基层管理人员负责。

（3）设备日常维修由机构内维修人员负责，解决不了问题寻求维保厂家或者设备厂家。

（4）设备年度保养由设备维保厂家负责。

（5）新建、改建、扩建工程设备由专职工程人员负责。

3．设备安全使用管理：

（1）设备的使用操作者必须按照设备的操作规程正确无误使用和操作。

（2）操作人员在操作设备前，必须经过对设备的结构、性能、安全操作、维护等技术、安全知识进行培训，经考核合格后方可操作设备。

（3）操作人员作为设备维护第一责任者，确保正确操作和落实日常维护工作。

（4）操作人员工作调动或更换操作设备时，要将完整的设备及附件办理移交手续。

（5）设备发生事故时，操作人员须按规定采取措施，并及时上报有关领导，通知检修人员处理，并配合检修人员检修。

（六）安全预防制度

1．养老机构安全预防包括安全意识、安全操作以及安全防护设备方面要求。

2．护理人员须培训合格后方可上岗操作、值班。

3．护理人员健康条件须符合国家标准要求。

4．护理操作规范，避免用力过猛、速度过快、操作位置不当。

5．配备劳动防护用品，避免以身体代替工具，损伤护理人员健康。

6．避免护理人员带病、超负荷过度劳动。

（七）安全应急预案

1．消防疏散预案。

2．停电应急预案。

3．发生盗窃报案预案。

4．跑水应急预案。

5．家属闹事预案。

6．老年人伤人事件预案。

7．突发停水处理预案。

8．应对疫情预案。

9．突发食物中毒预案。

十、保障管理制度

（一）门岗工作制度

1. 对外来人员、车辆进行严格询问、登记，填写《外来人员出入登记簿》。非机构机动车辆未经许可一律不准驶入机构。

2. 本单位人员停放车辆一律要求一车一位，整齐停放，不得占用多个车位、越位停车、占用车道；接洽业务、参观访问者以及其他厂商营业、采购、检查、安装等人员所乘车辆，须按指定位置停放。

3. 对出入机构人员做好登记确认工作。老年人及其家属出入登记时，保安室工作人员需确认家属身份、确认请假条真实有效，防止老年人意外走失。

4. 开关伸缩门时应仔细观察，防止伤及老年人，同时关注大门前过往车辆及人员的安全。

5. 未经人事行政部允许，所有推销、收废品等闲杂人员不得进入机构。

6. 及时处理突发事件，并上报主管领导，不要与来客发生冲突。

（二）安全巡视制度

1. 按时按巡更点巡视机构，掌握机构各处安全动态。夜间巡视中尤其注意门窗是否关上。

2. 巡视区域内治安、消防隐患，检查各类设施、器材是否处于良好状态。做好值班日志、巡更、交接班记录等。值班期间不得脱离指定岗位，严禁酒后上岗。

3. 巡视中发现楼内老年人及员工需要帮忙时，应积极主动提供帮助。

4. 巡视中发现可疑人员应进行问询，并取得中控室支持。

5. 遇到突发事件，应及时上报并控制好现场，待上级领导指示后进行下一步工作，禁止私自拨打报警电话。

（三）中控管理制度

1. 中控值班期间严禁擅离职守。妥善保存中控室各种报警设备的自动记录、监控录像资料，以备后查。

2. 严格遵守各类设备的操作规程，及时保养、维护设备。设备发生故障，及时与有关部门联系，说明情况，协助修理，并认真做好故障处理记录。

3. 值班人员接到火警信号后，负责跑点的人员应立即赶赴现场进行勘察。如发现火情或觉察到潜在事故，监控人员应立即报告领导及有关部门负责人，并按预定方案采取紧急措施，事后做好详细记录。

4. 保安监控设备的录像内容属机构机密，未经院长和物业部主管同意，任何人不得将资料私自复制、翻拍，或查看监控。

5. 除中控室的工作人员外，其他人员未经物业部主管允许禁止入内参观。

6. 监控中发现异常情况，立即通知该区域负责人进行处理。

（四）公共区域保洁制度

1. 公共区域是老年人和员工共同享有的活动区域，包括：机构大门内园林区、晾晒区、接待大厅、洽谈室、电梯、楼层走廊、公共卫生间、餐厅、老年人公共活动空间等服务区域。

2. 清洁内容包括：地面、玻璃门窗、门框、指示牌、扶梯、电梯、装饰物品。

3. 保洁员根据各自分工片区和老年人活动的时间规律，安排好不同区域的清洁时间，不得影响老年人的正常活动和正常休息时间。

4. 保洁员需做好清洁工具以及清洁剂的管理，做好清洁设备的维护。科学合理使用清洁消耗品，杜绝浪费。清洁设备出现故障及时上报联系维修。

5. 清洁过程若发现异常现象及时报告主管领导。

6. 清洁标准参照《机构清洁作业标准表》。

（五）老年人房间保洁制度

1. 老年人房间清洁包括以下内容：

（1）整理老年人物品。

（2）打扫除尘：用扫把扫清地面；用吸尘器吸净地面的灰尘；用抹布擦拭门、窗、桌柜、灯罩、电视机等各种家具设备；倒掉垃圾桶内的废物垃圾。

（3）擦洗卫生间：擦洗脸台、马桶、水龙头等卫生洁具；擦洗四周瓷砖及地面；擦亮镜面及各种金属挂杆。

（4）检查设备：在清理过程中，检查家具、设备等是否有损坏情况。

（5）室内通风：开窗透气，促进室内空气流通。

2. 在清洁前与老年人说明室内清洁的内容和要求，征询老年人意见后方可进行清洁工作。

3. 清洁中发现老年人身体存在异常情况，应及时向楼层主管汇报。

4. 清洁标准参照《机构清洁作业标准表》。

（六）机构虫控消杀制度

1. 制定年度消杀计划，全年全区域共计6次。

2. 针对春、夏季虫害滋生情况，在重点如机房、污水井等区域加强作业次数。

3. 由保洁人员或协同消杀工作人员到各公共区域（机房、污水井等重点区域由工程部人员协助进入）进行消杀布药工作。

4. 保洁员对消杀布药效果进行跟踪。

（七）厨房卫生消毒管理制度

1. 食堂工作人员必须进行体检，提供相关健康证明方能在食堂工作。

2. 遵守有关食品卫生制度，按规定做好食品分类储藏。做到食品存放四隔离：生与熟隔离；成品与半成品隔离；食物与杂物、药物隔离；食品与天然冰隔离。严禁储藏室堆放杂物、化学试剂等有毒物质。

3. 保证饭食卫生、饭菜和灶具的清洁卫生，杜绝因食物不洁而发生事故，严格遵守《食品卫生法》。

4. 保持食堂内部、餐厅、备餐间、餐梯等环境卫生，每周至少进行一次大扫除。

5. 食用工具、餐具用完后，必须清洗干净，保持洁净，做到"一洗、二涮、三冲、四消毒、五保洁"。

（八）食品安全管理制度

1. 对储藏的食品经常检查，过期、霉变食品经登记后及时销毁。

2. 做好食品留样，至少保证三餐全部留样，且至少保留48小时。

3. 食品添加剂使用严格按照《食品安全国家标准食品添加剂使用标准》的规定精确称量后添加，并做好记录。

4. 非厨房、面点房工作人员未经允许不得进入操作间。

（九）老年人膳食管理制度

1. 根据老年人的基本饮食情况和营养状况，在机构营养师的指导下完成日常菜谱的编制工作。

2. 按照营养治疗膳食的质量标准及烹调营养技术进行操作。

3. 根据护理人员反馈，尽量满足老年人对食品口味和菜式的要求。

4. 根据节气、季节对膳食进行科学调整。

5. 老年人所有餐食必须当天制作，不得过夜。杜绝添加可能引起老年人噎咳的食材或调味品。

(十)维修管理制度

1. 各区域需要维修时拨打值班维修工电话,并进行记录,维修结束后由区域员工签字确认。

2. 维修中要严格遵守安全操作规程,确保个人生命安全及机构安全。结束维修后需进行记录。

3. 维修工发现运行中设施设备故障需要停止运转,应合理安排停机检修。

4. 维修工具由专人保管,不得随意乱借。备品配件不得随意丢弃、好坏混放,杜绝损坏和浪费备品配件情况发生。

(十一)能源管理制度

1. 每天记录水、电、能源消耗统计数据,作为能源管理及同期能源对比、能源预算的基础。

2. 物业部主管进行能耗分析,如发现异常,应排查原因,并将分析结果及拟采取的措施上报机构领导。方案认可后需落实到每个部门。

3. 年度预算时提供能源数据,根据前一年能耗情况进行下一年度能源预算。

(十二)洗衣消毒制度

1. 严格执行消毒标准和消毒程序:

(1)使用84消毒液浸泡30分钟;

(2)用洗衣粉清洗;

(3)两次过水清洗;

(4)烘干存放。

2. 做好感染控制工作,分类洗涤衣物,呕吐、腹泻等污染的被服专机专洗,防止交叉感染。

3. 填写消毒记录。

（十三）洗衣设备管理制度

1. 洗衣房设备由洗衣工操作，严禁其他人员动用。

2. 严格按规程操作，严禁违章操作及设备超负荷运行。设备应经常擦拭，保持清洁无灰尘。

3. 工作前必须检查机器、电器设施是否完好，螺丝有无松动，各组各系统及各安全防护设施装置是否完好，出现故障和零件损坏应及时进行修理更换。

4. 发现异常声响或异味、运转不正常现象应立即停机检修，严禁设备带病运行。传动装置每三个月浇注润滑油，每半年、全年进行保养检修和保养大修。

5. 下班前切断所有电源和水源阀门，关好门窗，做好防火、防盗、防破坏工作。

附录二
曜阳养老机构基本业务规范

瞳阳养老

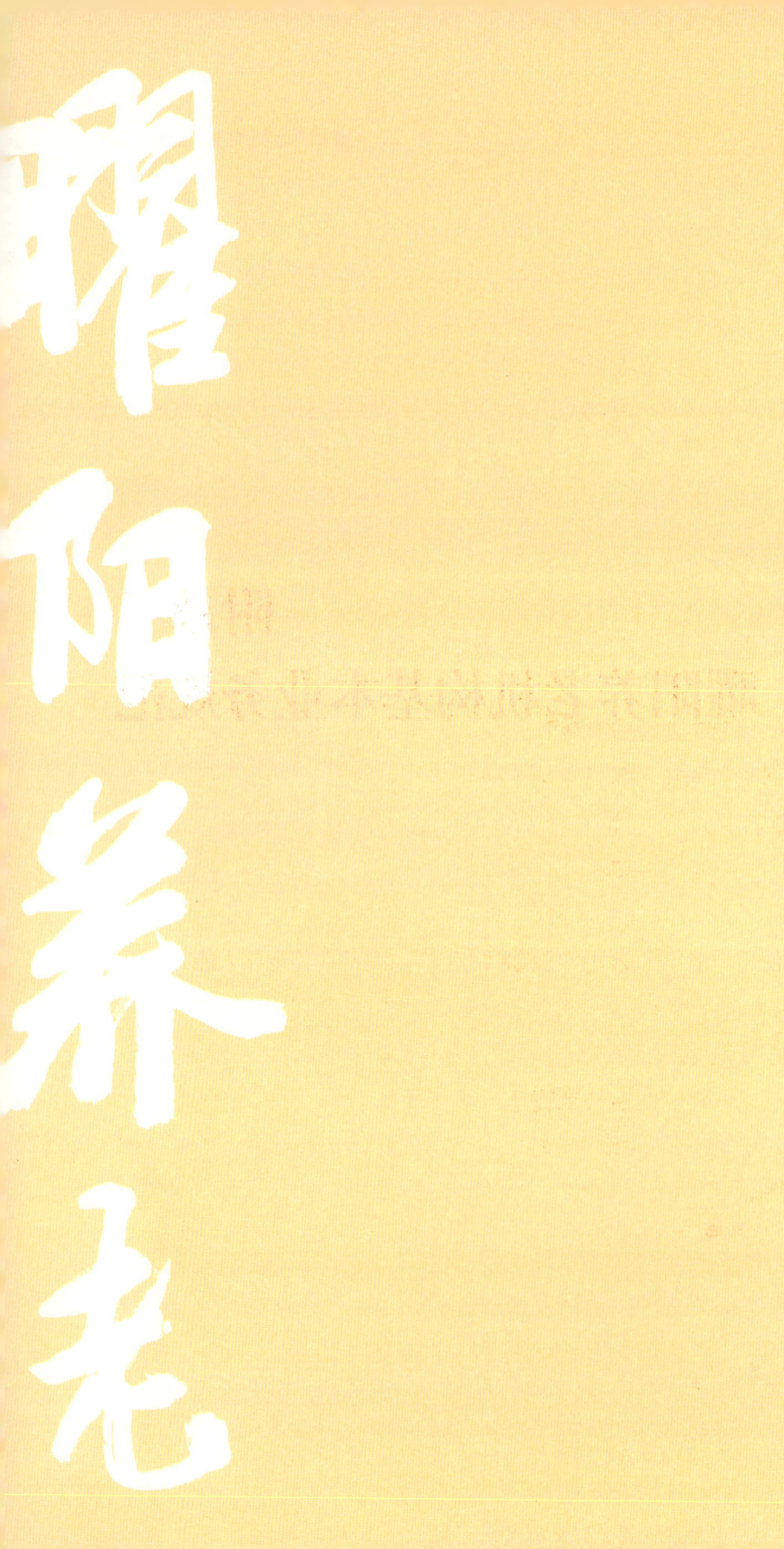

附录二　曜阳养老机构基本业务规范

编者按： 机构养老服务中的人文关怀，涉及养老机构服务业务的方方面面。落实人文关怀的各项措施，科学严谨、基本完备的业务规范是必不可少的。济南曜阳国际老年公寓作为一家专业型养老护理院，通过不断完善养老服务规范，达到了提高服务质量、避免经营风险、实现可持续发展的目的。为了帮助广大养老机构完善业务规范、把人文关怀措施落到实处，我们在汇总整理济南曜阳国际老年公寓相关业务规范的基础上，形成了本附录的主要内容，供广大养老机构参考。

一、能力评估流程

1. 收到老年人评估申请；
2. 由机构评估小组实施评估；
3. 评估员通过询问被评估者或照顾者，填写"老年人能力评估基本信息表"；
4. 填写"老年人能力评估表"确定各一级指标的分级；
5. 使用"老年人能力评估结果判定卡"，最终确定老年人能力等级，填写在"老年人能力评估报告"中；
6. 评估员进行确认签名，并请信息提供者签名；
7. 老年人接受养老服务后，若无特殊变化，每6个月定期评估一次；出现特殊情况导致能力发生变化时，进行即时评估。

二、护理业务流程

（一）基本护理流程

1. 洗脸

（1）关门窗，防对流，防受凉；

（2）备齐用物，向老年人解释；

（3）倒热水，测试温度（42℃左右为宜）；

（4）毛巾拧干，正确缠绕于手上；

（5）擦洗脸部：眼睛、前额、鼻部、脸颊、耳部、颈部；

（6）视情况使用洁面乳液或洗面皂，清水洗净；

（7）涂润肤霜；

（8）安置老年人于舒适体位，整理用物。

2. 梳头

（1）关门窗，防对流，防受凉；

（2）备齐用物，向老年人解释；

（3）安置老年人于合适体位，干毛巾围于老年人颈肩部，卧床老年人铺于枕上；

（4）梳理头发（卧床老年人可先梳一侧，再梳另一侧；散开头发，一手压住发根，一手持梳子从发根梳到发梢。长发打结者，先从发梢到发根逐步梳理顺畅后再从发根到发梢梳理整齐）；

（5）按老年人习惯梳理发型；

（6）安置老年人于舒适体位，整理用物。

3. 清洁口腔

（1）关门窗，防对流，防受凉；

（2）备齐用物，向老年人解释；

（3）安置老年人于半坐卧位或坐位，不能坐起者，取侧卧位或头偏向一侧；

（4）干毛巾或塑料围布围于颌下，弯盘置于口角旁；

（5）漱口，观察口腔情况，取下活动性假牙（帮助扶持水杯或帮助用吸管吸水；用棉棒清洁者，助老年人张口，借助压舌板观察）；

（6）进行刷牙或用棉棒清洁口腔（将涂上牙膏的牙刷递给老年人，让其自行刷牙，最后用清水彻底漱净口腔；棉棒沾水，擦洗顺序：由臼齿纵向擦洗到门齿，擦洗左右外侧面，左上内侧面和咬合面，左下内侧面和咬合面；左侧颊部，同法擦洗右侧，最后擦洗舌面和腭部；

（7）用毛巾擦干口唇好周围水迹，视情况涂润唇膏；

（8）安置老年人于舒适体位，整理用物；

4. 活动性假牙护理

（1）备齐用物，向老年人解释；

（2）屏风遮挡，助老年人张口，轻轻取下假牙；

（3）帮助老年人清洁口腔；

（4）用牙刷蘸牙膏刷洗假牙各面，流水冲净；

（5）轻轻装上假牙，暂时不用则将假牙浸于冷水中保存；

（6）安置老年人于舒适体位，整理用物。

5. 会阴清洁

（1）关门窗，冬天调节室温至22℃~26℃；

（2）备齐用物，向老年人解释，屏风遮挡；

（3）倒好热水，用手或水温计测试温度（水温42℃）；

（4）安置体位，暴露会阴；

（5）擦洗或冲洗会阴；

（6）撤去便盆、橡胶单、中单、更换内裤，整理衣被；

（7）安置老年人于舒适体位，整理用物。

6. 淋浴

（1）关门窗，调节室温；

（2）解释，备齐用物，送老年人入浴室；

（3）调节淋浴水温至40℃；

（4）协助老年人脱去衣裤，扶老年人坐在淋浴床上；

（5）征询水温，先协助老年人洗头；

（6）用洗面奶洗脸，冲净；

（7）洗净全身，关闭淋浴器（冲湿全身，用浴液或浴皂依次涂擦耳后、颈部、双上肢、胸部、腹部、背臀部、会阴部、双下肢、双足，温水冲净）；

（8）尽快擦干头发、身体，协助穿衣裤；

（9）送老年人回房休息，整理用物，清理地面，清洗衣物。

7. 修剪指（趾）甲

（1）关门窗，防对流，防受凉；

（2）备齐用物，向老年人解释；

（3）将手和脚分别浸泡于41℃~45℃热水中5~10min，用毛巾擦干；

（4）手下垫纸巾，逐一修剪指甲，修剪成半弧形，用锉刀修整指甲；

（5）足下垫纸巾，逐一修剪趾甲，修剪成平形，不留角，用锉刀修整趾甲；

（6）纸巾包裹剪下的指（趾）甲碎屑丢入废物桶内；

（7）安置老年人于舒适卧位，整理床单位；

（8）整理用物，消毒指甲刀。

8. 穿脱衣裤（开襟衣物）

（1）关门窗，冬天室温达24℃~26℃；

（2）向老年人解释，松开盖被；

（3）脱开襟上衣：解开纽扣，脱去健侧衣袖，将一侧上衣平整地披于老年人身下，从另一侧拉出，脱下另一侧衣袖，整理衣服；

（4）穿开襟上衣；

（方法1）：协助老年人穿好患侧衣袖，翻身侧卧，将另一侧衣服平整掖于身下，协助平卧，从另一侧身下拉出衣服，穿好开襟上衣。

（方法2）：将衣服与衣袖展开，横放成"一"字形，一手托老年人腰部，另一手将衣服横穿过老年人腰下，展开衣服的衣袖，穿好两侧衣袖，再一手托老年人肩颈部，另一手将衣领轻轻向上提拉至颈部，扣好纽扣，整理衣服。

（5）安置老年人于舒适卧位，整理床单位。

9. 穿脱衣裤（套头衣物）

（1）关门窗，冬天室温至24℃~26℃；

（2）向老年人解释，松开盖被；

（3）脱套头衫：将上衣拉至胸部，协助老年人一侧手臂上举，顺势脱出袖子，依法脱去另一侧，再一手托起老年人头颈部，另一手将衣服从头上脱去；

（4）穿套头衫：辨清衣服前后面，护理员一手从衣服袖口处穿入到衣服的下摆，手握老年人手腕，将衣袖轻轻向老年人手臂套入，同法穿好另一侧，再将衣领口从老年人头部套入，整理衣服；

（5）安置老年人于舒适卧位，整理床单位。

10. 穿脱衣裤

（1）关门窗，冬天室温至24℃~26℃；

（2）向老年人解释，松开盖被；

（3）脱裤子：协助松开裤带、裤口，护理员一手托腰骶部，另一手将裤腰向下褪至臀部以下，再协助褪至膝部，然后一手托膝部，另一手拉出裤管，同法脱出另一侧；

（4）穿裤子：护理员一手从裤管口伸入到裤腰口，轻握老年人脚踝，另一手将裤管向老年人大腿方向提拉，同法穿好另一侧，向上提拉至臀部，再协助老年人侧卧，提拉裤腰至腰部，平卧，系好裤带，整理裤子；

（5）安置老年人于舒适卧位，整理床单位。

11．铺床

（1）备齐用物，检查床铺；

（2）移开床旁桌，移床旁椅至床尾，物品依次放椅子上；

（3）取大单，依次于床上散开，先铺一侧床头，再床尾，转对侧铺好床头床尾，四角包紧，中线对齐，床面平整；

（4）取被套，齐床头，对中线，依次散开，尾部开口处分开，放入S形折叠的棉胎，于被套内展开棉胎，系好开口处系带；

（5）盖被齐床头，两次边缘内折齐床沿，尾端内折平床尾，盖被平整无虚边；

（6）取枕芯、枕套，一手从枕套正面一端套入，以枕套内面捏住枕芯的一端，另一手将枕套往下拉，套住枕芯，四角充实，拍松枕头，开口背门放置；

（7）移回床旁桌，床旁椅。

12．整理床单位

（1）备用物，关门窗；

（2）向老年人解释，放平床头床尾床档、支架，移开床旁桌椅；

（3）协助老年人向对侧侧卧，检查背部及尾骶部皮肤；

（4）清扫并拉平床单（从床头至床尾扫净床上渣屑，注意扫净枕下。拉平床单，包紧床角。协助平卧，转至对侧，依法扫净和整理对侧床单）；

（5）整理被套，枕头拍松放回原处；

（6）整理老年人衣裤，安置老年人于舒适体位，移回床旁桌椅；

（7）整理用物，取下床刷套，清洗消毒备用。

13．喂食

（1）关门窗，调节室温；

（2）向老年人解释，洗手；

（3）协助老年人坐位或半坐卧位，手边放清洁小毛巾，胸前围餐巾；

（4）先喂适量温水以湿润口腔，再小口喂固体食物，偏瘫者送食入口腔健侧。喂前先测温度；

（5）小口喂食，固体、流质食物交替喂，防噎食。流质食物可用吸管饮用；

（6）进食完毕，协助刷牙或漱口；

（7）安置老年人于半卧位或右侧卧位，整理用物。

14．协助如厕

（1）卫生间地面干燥，防滑，开启排气扇；

（2）向老年人解释，征得老年人同意后搀扶老年人或帮助老年人使用助行器到卫生间；

（3）松裤带，身体稍前倾，坐于便器上，卫生纸放于老年人手旁；

（4）不锁门，叮嘱老年人耐心排便，避免过于用力；

（5）便毕，协助老年人慢慢站立，系好裤带、洗手、扶老年人回房；

（6）冲洗便器，开窗通风，洗手。

15．便器使用

（1）准备清洁、无破损便盆；

（2）向老年人解释，用屏风或布帘遮挡；

（3）协助平卧，松裤带，将裤子退至膝下，屈膝卧位；

（4）臀下垫橡胶单、中单或一次性尿布；

（5）一手托老年人腰骶部，一手拿便盆，放入老年人臀下，使便盆扁平部朝向尾骶部；

（6）便后，一手托老年人腰骶部，一手取出便盆，擦净肛周皮肤，必要时温水清洗。便盆卫生纸遮盖；

（7）安置老年人于舒适体位，整理床单位，开窗通风；

（8）处理便盆，洗手。

16．尿壶使用

（1）关门窗，调节室温；

（2）向老年人解释，用屏风遮挡；

（3）松裤带，裤子退至臀下；

（4）放入尿壶：

①男性老年人侧卧位，下侧腿伸直，上侧腿略屈曲前倾，壶身置于下侧腿与腹部之间，底部靠床，下垫卫生纸，尿壶接口接阴茎，嘱排尿。仰卧位时则抬高床头，壶身置于会阴部。

②女性老年人平卧位，双下肢屈曲稍外展成伸直自然分开，以能放入尿壶为宜，臀下垫卫生纸，根据女性尿壶接口的不同结构调整放置部位，接住尿道口，稍用力按压使之紧贴会阴皮肤，嘱排尿。

（5）尿毕，用卫生纸吸干局部尿液，或用毛巾洗净局部；

（6）整理衣裤和床单位，安置老年人于舒适卧位；

（7）倒除尿液，冲洗尿壶，整理用物，洗手。

17．更换纸尿裤

（1）关门窗，调节室温；

（2）向老年人解释，屏风遮挡；

（3）松裤带，裤子退至臀下；

（4）松开纸尿裤胶贴，放下会阴部的纸尿裤部分，清洗会阴部；

（5）协助老年人侧卧，取下湿的纸尿裤，清洗臀部；

（6）固定干净纸尿裤（协助老年人平卧，两腿中间的纸尿裤往上拉倒上腹部，把两边的胶贴对准后片两侧腰围部分，分别撕开粘贴）；

（7）调整腰部和腿部的褶边，避免卡住皮肤；

（8）整理衣被，安置舒适体位；

（9）整理用物，洗手。

18. 服药流程

（1）洗手，准备药物及温开水；

（2）核对老年人姓名、药名、剂量、给药时间与途径，并检查药品是否受潮、变色等。按医嘱服药（或家属要求自备药品），不得擅自选药给老年人服用。

（3）协助老年人服药，确认无余下药物，方可离开，必要时检查口腔以确认是否吞下。老年人无法服药或拒绝服药时，及时向医生汇报并告知家属，并及时记录。

（4）整理用物，记录。

19. 滴眼药

（1）检查药品名称、用法及是否过期、混浊和变色；

（2）向老年人解释，询问眼睛情况；

（3）用清洁毛巾洗净眼部，观察眼睛情况；

（4）取坐位或仰卧位，坐位时备靠椅背或床头，头后仰，颈肩部垫软枕；

（5）滴入眼药（护理员站在老年人右侧，左手拇指和食指轻轻分开上下眼睑，右手持眼药水距离眼睑 1~2cm，嘱老年人眼睛向上看，将药液滴入眼睑和眼球之间的间隙（下穹窿）1~2 滴）；

（6）将上眼睑轻轻提起后松开，轻轻闭眼，同时按压内眦（内眼角稍下方）2~3 分钟；

（7）用毛巾或纸巾擦干面部外溢的药水；

（8）整理用物，洗手，记录。

20. 滴耳药

（1）查对药名及用法，检查药液是否过期、变色、沉淀、异味；

（2）向老年人解释，洗手；

（3）用消毒棉签清洁外耳道，观察外耳道情况；

（4）侧卧位，患耳向上；或坐位，头侧向对侧肩部；

（5）将药液滴入耳内（一手将老年人的耳廓向后上方牵拉，使耳道变直，另一手持滴耳药将药液顺外耳道壁滴入3~5滴）；

（6）滴药后按压耳屏数次，保持原位数分钟；

（7）用毛巾或纸巾擦干面部外溢的药水；

（8）整理用物，洗手，记录。

21. 轮椅的使用

（1）准备并检查轮椅；

（2）向老年人解释；

（3）轮椅至床旁，轮椅与床呈45°或椅背和床尾平齐，拉起车闸，翻起踏脚板，固定轮椅；

（4）协助老年人坐于床旁，或协助老年人卧于床侧，屈膝，护理员立于老年人右侧，一手置颈肩处，一手至左膝外侧，扶老年人坐起，协助穿鞋；

（5）协助老年人坐于轮椅上：让老年人双手放在护理员的肩上或环绕于颈部，护理员的双手合抱老年人的腰部，双脚和双膝抵住老年人双脚双膝的外侧，或一脚伸入老年人双脚之间，协助老年人站立，旋转身体坐于轮椅上；

（6）翻下脚踏板，调整坐姿，系好安全带，根据需要盖上毛毯。松刹车，推轮椅；

（7）上台阶：轮椅正对台阶，踩下后倾杆，顺势推轮椅上台阶；

下台阶：调转轮椅方向，先下后轮再下前轮，倒退下台阶；

下斜坡：调转轮椅方向，倒退下行；

（8）慢推轮椅，平稳前行。久坐轮椅者，定时扶轮椅扶手，抬高臀部片刻。

22．拐杖的使用

（1）准备合适的手杖或腋杖并检查；

（2）向老年人解释；

（3）扶杖行走：

①手杖使用：手杖置健侧手，重心在健侧，手杖向前挂出，患侧向前迈出一步，重心转移到患侧与手杖上，健侧跟上。遵循"手杖、患侧、健侧"的顺序前行；

②腋杖使用：患脚不着地的行步方法：双侧腋杖同时放前一步，患脚腾空，健脚跟上；

（4）患脚可着地的行步方法：

①四点步：右拐前移，迈左脚，移左拐，右脚跟上；

②三点步：两侧腋杖与患脚同时向前，健脚跟上；

③二点步：右腋杖与左脚同时移动，左腋杖与右脚同时移动；

（5）扶杖上下楼梯（使用手杖上下楼：上楼梯时，手杖放在上一个台阶上，健侧先上，患侧跟上；下楼梯时，手杖先放在下一个台阶上，患侧先下，再下健侧）（使用腋杖上下楼：上楼梯，健脚先上，然后患脚与左右腋杖同时上。下楼梯，两腋杖同时先下，患脚下移，健脚跟上。)

（6）未熟练使用前，应有人扶持或陪伴防止老年人跌倒。

23．助步器的使用

（1）向老年人解释；

（2）协助老年人平稳站立；

（3）双手放在扶手上，身体略向前倾；

（4）扶助步器行走：

①无轮子的助步器：举起助步器放前约 15cm，患脚前行，健脚跟上；

②有轮助步器：推动助步器向前约 15cm 放稳，患脚前行，健脚跟上；

（5）指导老年人循序行走，每天定时锻炼。

24．睡眠照料

（1）调节室温，避免对流；

（2）征询老年人意见，协助老年人如厕；

（3）协助铺好床铺，拍松枕头，冬天可先用热水袋热被窝，待老年人入睡时取出；

（4）协助做好睡前卫生：刷牙，洗脸，洗会阴，洗脚；

（5）扶老年人上床，安置舒适卧位，呼叫器放在枕边，便器放于床边，方便老年人取用；

（6）关灯、关电视，依老年人习惯决定厕所是否留壁前小灯，拉上窗帘；

（7）保持周围环境安静。

25．简易通便法

（1）关门窗，调节室温；

（2）向老年人解释，用屏风或布帘遮挡；

（3）松裤带，裤子退至臀下，协助左侧屈膝卧位；

（4）准备开塞露或甘油栓，取下开塞露瓶盖，无盖者剪去头端，挤出少量液体润滑开口处。如使用甘油栓则剥去外包装,用清水浸湿润滑；

（5）将开塞露或甘油栓插入肛门：戴手套，用手分开老年人臀部露出肛门，一手将开塞露插入，挤入全部药液，退出开塞露瓶。如是甘油栓则捏住底部，细端朝内插入肛门 3~4cm。拉上窗帘。

286

（6）清洁肛门，保留 5~10min，协助排便；

（7）整理用物，洗手。

26．灌肠

（1）关门窗，调节室温；

（2）向老年人解释，用屏风或布帘遮挡；

（3）松裤带，裤子退至臀下，协助左侧屈膝卧位；

（4）将灌肠袋挂于架子上，高度约 40~60cm；

（5）戴一次性手套。灌肠袋连接肛管，润滑肛管前端，排尽管内气体，夹管；

（6）插入肛管：一手分开老年人臀部露出肛门，一手将肛管插入直肠 10cm 左右，固定肛管，开放管夹，使液体缓缓流入。

（7）滴毕夹管，用卫生纸包裹肛管轻轻拔管，擦净肛周；

（8）保留 5~10min 后协助排便，整理用物，洗手。

27．叩背

（1）关门窗，调节室温；

（2）向老年人解释，说明目的；

（3）协助取坐位或侧卧位，操作者站于老年人背侧，一手扶老年人胸肩部，一手叩背；

（4）手固定成背隆掌空状态，有节奏的自下而上、由外向内叩打背部 3min 左右；

（5）指导老年人有效咳嗽，鼓励多饮水；

（6）安置老年人于舒适卧位，整理床单位，洗手。

28．协助老年人翻身

（1）关门窗，调节室温；

（2）向老年人解释；

（3）松开盖被，放平床头床尾支架；

（4）老年人仰卧，屈膝；

（5）协助老年人侧卧：

①一手托老年人颈肩部，另一手托腰部，将老年人上半身抬起，移向近侧；

②另一手托腰部，另一手托大腿，将老年人下半身抬起，移向近侧，拉起床档，护理员转至对侧，一手扶老年人肩部，另一手扶髋部，将老年人轻轻翻身至护理员侧。或者先拉起对侧床档，将老年人移向近侧后直接向对侧翻身。

（6）观察老年人背部皮肤，整理衣服；

（7）用软枕固定侧卧姿势，在老年人的背部，胸前各放一软枕，上侧腿略向前方屈曲，下侧腿微屈，两膝之间，垫以软枕；

（8）整理床单位。

29. 热水袋应用

（1）备齐用物，向老年人解释；

（2）测水温（不超过 50℃），一手持热水袋袋口边缘，另一手将热水灌至约 1/2 位置，排出热水袋内气体，拧紧袋口塞子；

（3）擦干热水袋表面的水渍，倒提检查有无漏水，套好布套；

（4）将热水袋放入老年人所需部位（足下或身旁），距离局部皮肤 10cm；

（5）为老年人整理好盖被，做好记录，定期观察。

30. 冰袋应用

（1）备齐用物，向老年人解释；

（2）取小冰块适量，用水冲去冰棱角，将冰块及少量的水装入冰袋约 1/2 或 2/3 位置；

（3）排除袋内气体，加紧袋口，擦干水渍，倒提检查有无漏水，套好布套；

（4）将冰袋置于所需部位，如降温则置于老年人头部及颈部、腋下、腹股沟处等，局部垫干毛巾；

（5）观察冷疗效果及局部皮肤情况，询问老年人感受，降温后30min测体温。遇老年人畏寒应及时撤除冰块；

（6）整理用物，记录。

31．心肺复苏

（1）判断意识，呼吸，呼叫120；

（2）开放气道，快速清除口腔内可见的异物和呕吐物。施救者一手放于患者的前额向后压，保持头后仰，另一手的手指抬起下颌以防舌后坠；

（3）判断呼吸，无法呼吸者进行人工呼吸。判断呼吸的具体方法，施救者的耳朵贴近患者的口鼻部，观察有无气体流出的声音，胸部有无起伏，感觉有无气体流动。

（4）口对口人工呼吸2次；

（5）判断有无脉搏（检查颈动脉搏动），无搏动者，心前区锤击1~2次（手握空心拳，小鱼际侧朝向胸壁，垂直向下锤击胸骨中下段交界处）；

（6）胸外心脏按压，人工呼吸（仰卧于硬板床或地板上，双手掌叠加按压胸骨中下1/3交界处，即剑突切迹上方二横指，手臂伸直，肘部固定，按压使胸骨下陷4~5cm，频率100次/分，胸外按压与人工呼吸的比例为30∶2，持续进行）；

（7）效果观察。

（二）应急护理流程

1．坠床或跌倒时的处理流程

（1）评估伤情：意识、损伤部位、疼痛情况、肢体活动等。疑脊柱骨折防移位，向上一级领导汇报；无明显受伤征象者，观察24小时，注意意识、血压、肢体活动有无异常。

（2）外伤较重，或有意识不清，骨折或疑有内脏损失者，呼叫120。

（3）通知家属。

（4）做好记录（时间、地点、老年人情况和处理经过等）。

2．出现精神症状时的安全保护流程

（1）观察老年人日常言行，及时发现老年人异常精神症状。

（2）向领导汇报，通知家属，联系就医。

（3）按医嘱治疗，观察病情，预防意外，重者按医嘱协助家属转医院治疗。

（4）做好记录，包括时间、地点、老年人情况和处理经过等。

3．误吸预防流程

（1）坐位进食，卧床者抬高床头，侧卧或头侧转进食。

（2）安静，集中注意，小口进食，细嚼慢咽。

（3）喝水、喝汤呛咳重者，可将食物加工成糊状。

（4）观察进食呛咳情况，做好记录。

4．有自杀倾向时的应急流程。

（1）发现老年人有自杀念头，立即向领导汇报并通知家属。

（2）评估相关因素，有抑郁等心理问题者，及时就医。

（3）对因处理，心理疏导，安全防范。

（4）详细交接班，做好相关记录。

5. 老年人外出不归时的应急流程。

（1）向领导汇报，联系老年人，联系家属；

（2）询问亲朋好友，协助查找，未找到则报警；

（3）妥善保管老年人留下的物品，派两人清点、登记；

（4）做好记录。

6. 老年人突发疾病或病情发生危重变化应急处置流程

（1）第一时间通知家属，立即拨打120，根据需要进行胸外心脏按压、吸氧，并及时报告护理部主管和主管医生；

（2）做好护理及各种告知记录，并让家属后续签字为证；

（3）家属短时间赶到者，由家属跟随120救护车去医院急救；家属暂时无法赶到者，由值班护理人员陪老年人随120救护车去医院急救，或听从上级领导安排；就诊资金可由机构先行垫付，家属后续补付；

（4）120救护车赶到现场确认老年人已经死亡，并且家属确认不再送医院者，由家属自行联系殡葬服务；值班护理人员根据家属要求，向家属提供相关殡葬服务电话，由家属自行联系，根据家属要求，可有偿提供穿衣、整容等后续料理服务；

（5）楼层主管指导保洁及时做好房间的最终消毒。

三、康复训练流程

结合实际情况，养老机构可为老人提供的康复服务项目有运动治疗、物理因子治疗（理疗）和作业治疗等。不同的康复治疗项目应设立一间单独的治疗室。

（一）基本流程

1. 凡需康复治疗的老人，首先由康复医师进行身体功能评估，根据评估结果填写治疗申请单。

2. 康复治疗师根据老人疾病的特点和身体具体情况，制订相应康复治疗方案。

3. 康复治疗师在康复治疗过程中密切观察、了解老人的情况和反应，并向老人交代注意事项和自我观察的方法，争取老人的配合。

4. 康复医师对老人的功能状况进行定期评估，并做好详细记录，并根据功能恢复中存在的问题，调整治疗目标、修正治疗方案。

5. 经过一段时间康复治疗后，对老人身体功能进行系统评估。对功能恢复且处于稳定期的，不再给予康复治疗。功能未能恢复的，依据老人意愿和经济支付能力，调整完善康复治疗方案。

（二）主要方法

1. 运动治疗：使用康复踏车、站立架、电动站立床、助行器、轮椅等康复设备，开展包括关节活动度训练、增强肌力和肌肉耐力的训练、恢复平衡能力训练、转移训练，以及恢复步行能力训练等。

2. 物理因子治疗（理疗）：适合在养老机构使用的理疗手段包括低频电、中频电和静电以及红外线、远红外线、可见光线、紫外线等，中医理疗包括热敷、冷敷、拔火罐、刮痧、艾灸、针灸、推拿、按摩等。

3. 基础性作业治疗，使用手功能训练设备、作业疗法成套设备等康复设备。如果没有康复设备，可以采用：

（1）穿衣训练。针对胳膊瘫痪的老年人，通过教老年人用一只胳膊穿衣服实现训练目标。

（2）发扑克牌训练。训练老人的胳膊和手指的灵活度。

四、社工服务流程

（一）小组工作流程

1. 需求评估普遍调查

（1）提出小组总目标；

（2）需求评估潜在组员；

（3）调整细化目标；

（4）确定小组性质、结构、规模：

①招募组员；

②精选组员；

③组员面谈契约。

（5）设计方案计划书：

①与督导讨论方案；

②确定方案；

③组员面谈契约。

（6）小组评估。

2. 开组

（1）调整方案；

（2）小组进行时；

（3）小组评估。

（二）个案工作流程

1. 服务准备

（1）信息收集：老年人生理、心理、社会生活状况。

（2）信息获取：老年人个案登记表；访谈老年人、家属、原社区、工作单位与其他知情者。

2．需求预估

（1）分析与预估：根据收集的信息分析老年人需求、优势、问题与挑战及其成因；决定是否接案；列出可行的服务方案。

（2）形成需求评估报告：从老年人、家庭、养老院、政府、社会方面分析。

3．制定计划

分析服务对象特点，据此制定工作总体目标、阶段性目标；确定阶段性目标、介入方式与具体措施。

4．介入实施阶段：填写个案工作服务记录

（1）针对老年人的直接工作及其目标：针对老年人入住机构时、入住机构后、离开机构或转院的介入；

（2）针对老年人家属的介入及其目标；

（3）针对养老院其他人员的介入及其目标；

5．结案评估

（1）结案理由：提出持续目标与建议；接受督导与上级评估；对服务过程进行汇总；总结完成目标情况

（2）持续目标：督促服务对象心理调适，进行跟踪服务。

参考文献

1. 孟凡平:《社会转型期弱势群体人文关怀研究》,上海三联书店2017年版。
2. 寇东亮、张永超等:《人文关怀论》,中国社会科学出版社2015年版。
3. 陈杰等:《人文关怀:当代中国社区发展新坐标》,华南理工大学出版社2012年版。
4. 张文娟:《中国社会养老服务体系建设》,社会科学文献出版社2017年版。
5. 董红亚:《中国社会养老服务体系建设研究》,中国社会科学出版社2011年版。
6. 青连斌:《求解中国养老难题》,中共中央党校出版社2017年版。
7. 赵学慧:《老年社会工作理论与实务》,北京大学出版社2013年版。
8. 李惠玲:《护理人文关怀》,北京大学医学出版社2015年版。
9. 董红亚:《养老机构的建设和管理》,中国社会出版社2015年版。
10. 贾素平:《养老机构关于与运营实务(第2版)》,南开大学出版社2014年版。
11. 杨慧、吴志军等主编:《市场营销学(第2版)》,经济管理出版社2001年版。

12. ［美］马斯洛原著，刘烨编译：《马斯洛的人本哲学》，内蒙古文化出版社 2008 年版。

13. 贾玉娇：《中国养老服务体系建设中的突出问题及解决思路》，载于《求索》2017 年第 10 期，第 90~98 页。

14. 刘士杰、原新：《中国人口老龄化：进程、问题与政策》，载于《中州学刊》2011 年 11 月第 6 期。

15. 张泽滈、肖瑶等：《将养老服务推向高质量发展阶段——"养老服务质量理论与实践论坛"观点综述》，载于《西安交通大学学报（社会科学版）2018 年第 4 期。

16. 民政部、国家标准委关于印发《养老服务标准体系建设指南》的通知。

17. 陆杰华：《新时代积极应对人口老龄化顶层设计的主要思路及其战略构想》，老龄居产业联盟，2018 年 6 月 7 日，https://mp.weixin.qq.com/s/EtW3vbB5t8-X8j27s_C3lA；

18. 科普中国·科学百科，马斯洛需求层次理论，2010 年 5 月 3 日，https://baike.baidu.com/item/%E9%A9%AC%E6%96%AF%E6%B4%9B%E9%9C%80%E6%B1%82%E5%B1%82%E6%AC%A1%E7%90%86%E8%AE%BA?fr=ala0_1_1%3A。

后　记

中国红十字会事业发展中心参与公益养老服务近二十年，打造了曜阳养老公益品牌，人文关怀和医养结合是主要的品牌特色。

2018年7月，经扬州曜阳国际老年公寓李彤院长和丁敏副院长共同提议，中心决定编撰出版《曜阳养老人文关怀的探索与实践》丛书，全面总结中心参与公益养老服务、打造曜阳养老品牌所取得的初步成绩，为各级红会参与养老服务和广大养老机构提供经验和借鉴。随后，中心成立了丛书总编委会和一分册编委会，扬州公寓、杭州公寓各自组成编委会，分别负责二分册和三分册的编撰工作。经过两个多月的艰苦努力，丛书全部书稿得以完成，准备交付出版社编辑出版。

书稿编撰工作始终是在中心主任江丹同志的领导下进行的，是中心和扬州曜阳国际老年公寓、杭州富春江曜阳国际老年公寓和济南曜阳国际老年公寓的历届领导和全体职工集体智慧的结晶，凝聚了大家多年的心血。

第一分册主要由魏国、李强胜、李彤、肖敬友、瞿文进、孙林海、丁敏、黄红华、曲夕彦、王玉峰、亓文、张骅等撰写。其中：编撰提纲由魏国和李强胜共同拟订，江丹同志审定；第一章、第二章由陈星林、周昊威整理材料、亓文撰写初稿、魏国修改完善；第三章由张骅撰写初稿、魏国修改完善；第四章由李晓东、傅阳、汪亮等提供素材，亓文撰写初稿，魏国修改完善；第五章由亓文、李强胜撰写初稿、魏国修改完善，其中涉及扬州公寓的案例分别由李彤、孙林海、丁敏、王玉峰等负责撰写；涉及杭州富春江公寓的案例由肖敬友、黄红华、张世平等负责撰写；涉及济南公寓的案例，由瞿文进、曲夕彦负责撰写。附录一"曜阳养老机构主要管理制度"由扬州公寓李彤、孙林海、丁敏、王秋林、丁苏峰等整理完成。附录二"曜阳养老机构基本业务规范"主要由济南公寓瞿文进、曲夕彦整理完成。书中图片，主要由傅阳、胡楠、桑荷薇、曹金、刘雅莉等提供，由亓文整理并统一配图。

第二分册主要由李彤、丁敏、王玉峰等组织撰写。参与案例编写的有：李彤、孙林海、丁敏、王秋林、王苏雨、王松清、王勇、尤蕾、方梅兰、任河、刘劲松、许荣、许德云、孙丽、孙震林、李玫、时新剑、吴海全、吴滢、赵万玘、赵欢欢、殷玲、黄文、彭倩倩、葛宇、蒋叶萍等。李彤、丁敏统稿并初次通稿。

第三分册主要由肖敬友、黄红华、张世平等组织撰写，参与编写的有：肖敬友、黄红华、张世平、周炜、陈群英、冯露萍、骆杨洋、陈芳菊、杨锋、陶琳、余玉明、陆利琴、陈叶、楼卉、赵秀峰、何婷英、俞云儿等。肖敬友、黄红华统稿并初次通稿。

全书由魏国做最后通稿并审稿。

全国人大常委会委员、中国社会保障学会会长、中国人民大学郑功成教授在百忙之中为丛书作序。中央党校青连斌教授、中心顾问潘明才同志、中国传媒大学符绍强教授等专家对丛书的编撰工作提出了建设性意见，使丛书的内容更加严谨。扬州日报社编辑谢里、杭州市富阳区资深媒体人裘一琳分别指导了扬州公寓和富春江公寓的编撰工作，使两个公寓的案例显得更加鲜活。第二分册和第三分册的案例点评由中心副主任魏国、中国人民大学杨立雄教授和中国人民大学博士生余舟等共同完成。北京师范大学周亚副教授协助整理了人文关怀专题相

后 记

关文献资料，首都医科大学附属北京康复医院康复诊疗中心主任郄淑燕主任医师为附录二中的康复治疗流程提供了专业的建议。在此，我们一并表示衷心的感谢！

本丛书在编撰过程中，参考和吸收了国内外专家学者关于养老服务和人文关怀的诸多研究成果，在此致以深深的谢意！

本丛书在编辑出版过程中，得到了经济科学出版社的大力支持。在项目商讨阶段，中国财经出版传媒集团副总经理、经济科学出版社社长兼总编辑吕萍女士专程与中心主任江丹同志见面，详细了解曜阳养老工作和中心的出版意图，共同确定了合作出版《曜阳养老人文关怀的探索与实践》丛书及相关事宜。在此，谨向社长吕萍女士表示诚挚的感谢！

中国红十字会总会事业发展中心副主任
丛书总编委会副主编、执行主编
第一分册编委会副主编、执行主编

魏 国
2018年8月底于北京

曜阳养老
人文关怀的探索与实践
之 扬州曜阳

中国红十字会总会事业发展中心 主编

中国财经出版传媒集团
经济科学出版社
Economic Science Press

《曜阳养老人文关怀的探索与实践》丛书

总编委会

主　　　编：江　丹
副 主 编：吴昂坪　魏　国　金宏图　王国华　侯　毅
执 行 主 编：魏　国
执行副主编：李强胜　李　彤　肖敬友　瞿文进
委　　　员：严　俊　李晓东　傅　阳　蒯江春　孙林海
　　　　　　左元香　郝圆媛　王玉峰　丁　敏　王秋林
　　　　　　丁苏峰　黄红华　张世平　曲夕彦　亓　文

第一分册编撰委员会

主　　　编：江　丹
副 主 编：吴昂坪　魏　国　金宏图　王国华　侯　毅
委　　　员：严　俊　李强胜　李晓东　李　彤　孙林海
　　　　　　肖敬友　瞿文进　郝圆媛　傅　阳　蒯江春
　　　　　　王玉峰　亓　文
执 行 主 编：魏　国
执行副主编：李强胜
撰　　　稿：魏　国　李强胜　亓　文　李晓东　李　彤
　　　　　　肖敬友　瞿文进　孙林海　王玉峰　丁　敏
　　　　　　黄红华　曲夕彦　张　骅　汪　亮　韩奇杉

资料整理：亓　文　胡　楠　桑荷薇　傅　阳　曹　金
　　　　　陈星林　周昊威　刘雅莉

第二分册编撰委员会

主　　　编：李　彤
执 行 主 编：丁　敏
副　主　编：孙林海　王玉峰　王秋林　丁苏峰　何美兰
　　　　　　韩传伟　王松清
撰　　　稿：王苏雨　王　勇　尤　蕾　方梅兰　任　河
　　　　　　刘劲松　许　荣　许德云　孙　丽　孙震林
　　　　　　李　玫　时新剑　吴海全　吴　滢　赵万玘
　　　　　　赵欢欢　殷　玲　黄　文　彭倩倩　葛　宇
　　　　　　蒋叶萍

第三分册编撰委员会

主　　　编：肖敬友
副　主　编：黄红华　左元香　张世平
撰　　　稿：吴晓明　骆杨洋　陈芳菊　杨　锋　周　炜
　　　　　　陈群英　余玉明　冯露萍　赵秀峰　张　群
　　　　　　俞云儿　张小平　何婷英　杨廷友　楼　卉
　　　　　　陆利琴　陈　叶　汪潇潇

丛书前言

江 丹

中国红十字会总会事业发展中心党支部书记、主任
中国老龄事业发展基金会副理事长

我是江上青烈士的后代,生在新中国、长在红旗下。在成长发展过程中,我和我的家人都得到了党和国家无微不至的关怀、社会各界方方面面的关心。作为革命烈士的后代,我一直在思考如何继承先辈遗志、回报社会、为国家和人民做一点有意义的事情。

1999年,我调任中国红十字基金会副理事长。一次偶然的机会,我到美国去考察,发现美国政府对美国籍退伍军人的养老工作做得很好。回到国内,我到各地去调研,发现国内养老事业还远远不能和美国相比,特别是对革命伤残军人等国家功臣和劳动模范的养老服务工作,总体上不尽如人意。我想,我们的国家是中国共产党领导的社会主义国家,中国共产党是全心全意为人民服务的政党。如果党和国家对老百姓的服务,包括养老服务,还不如资本主义国家做得好,那社会主义的优越性就无法体现。于是,我萌生了协助红十字会探索参与公益养老事业的想法,得到了领导、单位和家人的大力支持。

在有关领导和红十字会总会的大力支持下,中国红十字基金会设立了事业发展办公室,后更名为中国红十字基金会事业发展中心。2011年,经中编办批准,中国红十字会成立了总会事业发展中心,专

门负责管理和指导中国红十字基金会建立的教育实体和养老实体。

无论是在中国红十字基金会，还是在中国红十字会总会事业发展中心，我带领各位同事，始终高举红十字公益大旗，开展了大量的红十字"一老一小"公益工作。其中，"一老"就是公益养老事业。回顾19年来的工作，中心的公益养老服务事业，服务对象经历了从革命建设功臣等老人、到中西部地区的贫困失能老人、再到中西部公益养老机构以辐射更多失能老人的过程，工作形式经历了从建设若干曜阳养老机构直接提供养老服务、到资助中西部民办养老机构以提高贫困老人生活质量、再到为广大民办养老机构的发展提供支持性服务的过程。

《曜阳养老人文关怀的探索与实践》丛书，就是从人文关怀的视角，对中心开展公益养老事业、创建曜阳养老公益品牌19年探索历程的回顾与总结。丛书共分为三册，中国红十字会总会事业发展中心担任总主编和第一分册主编，第二分册由扬州曜阳国际老年公寓主编，第三分册由杭州富春江曜阳国际老年公寓主编。两个公寓是中心在当地党和政府的支持下、在爱心企业的帮助下，分别于2009年和2012年建成并投入使用的曜阳养老旗舰店。

《曜阳养老人文关怀的探索与实践》丛书的第一分册，主要反映中心参与公益养老事业、打造曜阳养老品牌的思考、探索和成绩，内容包括五章和两个附录。其中：

第一章"新时代背景下的人文关怀"，主要从理论上阐述了人文关怀的基本含义、社会主义人文关怀的基本内容和新时代背景下中国特色社会主义人文关怀的时代内涵。

第二章"社会养老服务中的人文关怀"，首先从理论上阐述了建设社会养老服务体系的重要意义，简要介绍了我国社会养老服务体系

建设情况，分析了我国社会养老服务体系建设过程中人文关怀缺失的表现及原因，提出了社会养老服务中加强人文关怀的对策建议。在此基础上，进一步分析了自理型老人和失能型老人的生理特征和心理特征，从居家社区养老角度和机构养老角度，分别提出了加强社会养老服务人文关怀的具体措施，并就如何做好养老护理员的人文关怀提出了建议。

第三章"曜阳养老的探索历程"，首先简述了中心的发展历程，随后介绍了中心参与公益养老事业的时代背景和探索历程，总结了中心参与公益养老事业的具体做法，并简要概括了取得的初步成绩和社会影响。在此基础上，提出了中心今后五年参与公益养老事业的发展目标和工作措施。

第四章"曜阳养老人文关怀"，全面反映了中心在参与公益养老事业、打造曜阳养老公益品牌中，实施人文关怀的具体做法和成绩，包括协调资金募集物资给予物质关怀、举办医养结合实体给予健康关怀、举办公益演出活动给予文化关怀等直接性工作，以及协助加强人文关怀的队伍建设、积极营造人文关怀的社会氛围等间接性做法。

第五章"曜阳养老机构人文关怀"，从建设过程、服务过程和管理过程三个维度，以中心在扬州、杭州和济南三地直接建设的曜阳国际老年公寓的实际工作和具体做法为案例，全面反映养老机构层面的养老服务人文关怀工作。

附录一"曜阳养老机构主要管理制度"，以扬州曜阳国际老年公寓的现有制度为基础，汇总整理而成，力图为广大养老机构提供一个完善管理制度、落实人文关怀的样本和示范。

附录二"曜阳养老机构基本业务规范"，以济南曜阳国际老年公

寓的业务规范为基础整理而成，力图为专业护理型养老机构提供一个完善业务规范、落实人文关怀的样本和示范。

《曜阳养老人文关怀的探索与实践》丛书的第二分册、第三分册，主要是以案例故事的形式，分别反映扬州曜阳国际老年公寓和杭州富春江曜阳国际老年公寓在养老服务人文关怀中的具体做法。其中：

"老有所养"部分，包括老年人的衣食住行、生活照料、物业服务、法律援助、精神慰藉等方面内容，以及临终关怀等特殊服务。

"老有所医"部分，包括自理型老人的保健服务、日常医疗与应急医疗，失能型老人的长期照护、紧急救护、康复训练等。

"老有所乐"部分，包括老人自己组织和养老机构开展的各种文化活动、体育活动、娱乐活动、旅游活动、娱乐型工作（如开心农场）等。

"老有所学"部分，包括公寓组织入住党员老同志，学习时事政治知识、理解党和国家政策、保持入党初心、坚定理想信念的系列活动，以及公寓为老人宣讲医疗保健知识、现代科技知识、信息技术知识、金融业务知识等。

"老有所为"部分，主要是入住养老机构的党员老同志和热心老人，继续发挥党员的先锋模范作用、发挥余热，通过担任公寓志愿者、照顾高龄老人、为公寓发展建言献策、参与青少年教育等形式，为养老机构、周边社区及社会承担力所能及的工作。

在我们探索公益养老服务的过程中，中共中央总书记、国家主席、中央军委主席习近平同志在浙江省工作期间、原中共中央政治局常委、全国政协主席贾庆林同志在北京市工作期间，对我们给予了充分的肯定和特别的支持。时任第十一届全国人大常委会副委员长、中

国红十字会会长华建敏、现任全国人大常委会副委员长、中国红十字会会长陈竺、时任第十届全国政协副主席张怀西、时任第十一届全国政协副主席张梅颖等党和国家领导人，对中心开展的公益养老工作给予了高度的评价和充分的肯定。时任中国红十字会党组书记、副会长王立忠、王伟、江亦曼、赵白鸽等同志、现任中国红十字会党组书记、副会长徐科等同志，对中心开展的公益养老工作给予了高度的肯定和积极的支持。原江西省委书记、人事部部长舒惠国、原人民日报社副总编辑陈俊宏、原国土资源部耕地保护司司长潘明才、原北京市委组织部常务副部长史绍洁、全国老龄委办公室副主任闫青春等领导同志，给予了大力的支持和帮助。在此，我们一并表示衷心的感谢。

在具体工作中，全国人大常委会委员、中国社会保障学会会长、中国人民大学教授、博士生导师郑功成、中央党校青连斌教授、中国社会保障学会副会长、南京大学童星教授、复旦大学附属华山医院主任医师董竞成教授等知名专家，给予了大力支持和指导帮助，在此我们表示衷心的感谢。特别值得一提的是，郑功成教授欣然答应了我的请求，在百忙之中为丛书作序，让我们备受鼓舞。

中央电视台著名播音员张宏民、著名歌唱家杨洪基、韩磊、王莉等一大批艺术家加入了中心组建的"博爱艺术团"，每年到中西部慰问贫困失能老人，为他们送去了高水平的精神文化服务。在此我们表示衷心的感谢！

在扬州曜阳国际老年公寓、杭州富春江曜阳国际老年公寓和济南曜阳国际老年公寓的建设和发展过程中，江苏省及扬州市、浙江省及杭州市、山东省及济南市的党委、人民政府，以及规划、土地、建设、民政、卫生防疫、安监、消防等部门，红十字会组织等相关单位，都给予了大力的支持和协助，在此一并表示衷心的感谢！

作为中国红十字会总会直属事业单位，中心始终高举红十字公益大旗，在公益养老事业方面做了一些积极的探索，为新时代红会工作提供了一些可行的思路。总的说来，成绩是初步的，归功于各级党政领导、红十字会总会领导和全体红会同仁、以及社会各界、热心企业和爱心人士。我们希望更多的红十字会组织能够参与到公益养老服务事业中来，希望各级党政领导能够更加支持红十字事业的改革创新，希望更多的热心企业和爱心人士能够支持红十字会事业和公益养老事业。

编撰《曜阳养老人文关怀的探索与实践》系列丛书，是中心在参与公益养老事业、创建曜阳养老公益品牌过程中的一次大胆尝试。特别是从人文关怀视角总结养老服务工作，在国内可能是"第一个吃螃蟹"的。但是我们也清楚地看到，国内还有很多社会组织参与公益养老服务，做出了非常突出的业绩，非常值得我们学习借鉴。我们希望通过这套丛书，能与大家交流经验体会，相互取长补短，一道发展进步，共同推进我国的公益养老事业。

中心在推进公益养老服务事业的过程中，与3000多家养老机构建立起了较为密切的联系。我们也希望通过这套丛书，能够为众多养老机构的建设和发展，提供有益的借鉴和帮助。中心愿意与众多养老机构共同携手，为更多的老人提供更加优质、更加全面的养老服务，为早日实现两个一百年奋斗目标而共同努力。

由于我们的能力和水平有限，书中错误难免，敬请各位领导、各位专家和广大同行批评指正。

江 丹

2018年8月28日

前言

养老领域的人文关怀，就是一种立足于老人的真实需要和基本价值，建立在重视老人、关心老人、尊重老人的人文精神基础上并以人文的方式关注老人的生存状况，以满足符合老人人性的合理需要、促进老人的全面自由发展为目标的融物质关怀与精神关怀、感性关怀与理性关怀于一体的具有道德价值的情感态度和实践行为。用我们自己的话来讲就是：在打造全程照护养老模式、重点突出医康养护业务、加强内部管理与服务的过程中，要处处、时时、事事体现"人情味"。

扬州曜阳国际老年公寓位于扬州市生态科技新城，是中国红十字会总会事业发展中心秉承"心系民生、回报社会"的公益理念，筹资建立并指导支持的民办非企业养老实体。

自2009年建成以来，公寓始终秉承"人文关怀"和"医养结合"的建院理念和办院特色，致力于建设曜阳养老品牌旗舰店的发展目标，努力打造"集医康养护于一体的全程照护"综合养老服务模式，为自理型老人、半失能老人、失能老人和患病老人等各类老人，分别提供生活照料、康复治疗、医疗护理、文化娱乐、精神慰藉和安宁服务等养老服务。

在夕阳无限好的老龄阶段，在扬州这个获得"联合国人居奖"、处处生机盎然的城市，在扬州曦阳这个充满着"人情味"的地方，涌现出了一个个充满人文关怀气息的故事篇章，我们精心撷选，按九个篇章编辑成书，以飨读者。

在老有所依篇，集中反映了老人对安定社会、富强祖国的依赖，对婚姻美满、幸福安康家庭的依赖和对全程照护、无微不至曦阳大家庭的依赖，满足了老年人归属与爱的养老需求。

在老有所居篇，集中反映了扬州曦阳地处"七河八岛"湿地公园的宜居环境，自理型养老单元、曦阳康复医院和老年护理院三大功能区域所拥有的住宿、餐饮、医疗、娱乐、安全等适老化配套设施，满足老年人基于安全层次居住的养老需求。

在老有所养篇，集中反映了专业的餐饮服务团队，专业的保安公司、绿化公司，以及扬州曦阳管理下的家政服务队伍、管家、后勤保障队伍、法律顾问所提供的专业服务，满足了老人对营养饮食、安全出行、物业维修等衣食住行、生活照料基本服务需求和法律援助等特殊服务需求。

在老有所医篇，集中反映了扬州曦阳康复医院围绕建设"扬州脑科康复中心"的目标，依靠一支由高水平医生、护士、康复治疗师组成的专业队伍和先进齐备的检查检验、医疗护理、康复治疗设施设备，为老人提供健康管理、急诊急救、康复治疗等优质服务，满足了自理老人保健服务、日常医疗与应急医疗和失能型老人的长期照护、紧急救护、康复训练等养老需求。

在老有所乐篇，集中反映了扬州曦阳充分利用棋牌室、桑拿室、书画室、门球场、开心农场等设施条件，采取请进来，走出去的办法，通过组建京剧协会、书画家协会、门球协会，以及舞蹈和老年模特活动小组，开展丰富多彩的文体活动，满足了老人对文化、体育、娱乐、旅游等精神与文化娱乐方面的需求。

在老有所学篇，集中反映了扬州曜阳通过老年大学兴趣班、系列健康、科技讲座，以及老年人自己组织的时政学习、手工制作等学习小组，开展一系列学习活动，满足老人对自尊、自立、自强的养老需求。

在老有所教篇，集中反映了扬州曜阳党支部，围绕爱党、爱国、爱社会主义、爱曜阳的主题，开展的党员活动、时政讲座、红色主题参观等寓教于乐的活动，以满足老年人，尤其是老党员、老干部心系祖国、心系共产党，在组织上、心理上的归属感。

在老有所为篇，集中反映了曜阳老人自发地担任志愿者、照顾高龄老人、为公寓发展建言献策、捐款捐物等好人好事，通过参与社会、继续奉献、发挥余热、回报社会，实现个人的人生价值，满足老年人自我实现的需求。

在老有所终篇，则是用少量的篇幅，营造一种让老人和家属正视生老病死、坦然接受生命规律，安享晚年的氛围。

扬州曜阳的做法，正如世界卫生组织在2002年《积极老龄化：政策框架》所指出的那样，"它容许人们在一生中能够发挥自己在物质、社会和精神方面的潜力，按照自己的需要、愿望和能力参与社会，在需要帮助时，能够获得充分的保护、安全和照料"。

本书真实地再现了发生在入住扬州曜阳老人身边的事件，同时配有大量图片加以佐证，没有小说似的虚构和夸张，并辅之以养老专家的专业点评，增加了可读性、趣味性和专业性，让读者窥一斑而知全貌。我们希望通过一个个小故事，拾掇起一幅扬州曜阳的人文关怀的画卷，次第展开在读者面前，让读者徜徉其中，进而认识并熟悉扬州

曜阳，了解入住扬州曜阳的老人们，乃至于同这些和蔼可亲的老人们共同分享人文关怀下的快乐。如是，便是编撰本书的宗旨。

由于我们水平有限，书中错误难免，敬请各位读者指正。

扬州曜阳国际老年公寓院长

扬州曜阳康复医院理事长

李 彤

二〇一八年夏秋之交于扬州

目录

老有所依 / 1

温暖夕阳爱相伴 / 3
九旬高龄续良缘 / 6
新春佳节庆团圆 / 8
九旬夫妇庆高寿 / 11
西皮二黄伴人生 / 16
集体生日心田暖 / 19
公益疗养献爱心 / 20

老有所居 / 23

寻常百姓福寿地 / 25
身在花园四季春 / 28
安乐居处心情爽 / 32
老人心中伊甸园 / 35
抱团养老到曜阳 / 38
祖孙同乐抗酷暑 / 42
叶落归根在曜阳 / 44

老有所养 / 51

锅碗瓢盆进行曲 / 53
曜阳关爱小点滴 / 59
后勤保障男子汉 / 67
证件丢失好着急 / 69
关爱老人送温暖 / 70
欢声笑语入心来 / 72
烟雾报警还真灵 / 74
曜阳美食香众口 / 78
九九重阳爱意浓 / 85
大雪严寒曜阳暖 / 88

老有所医 / 91

入户巡诊保健康 / 93
急救演练学技能 / 95
老人急救在子夜 / 96
守护生命用爱心 / 98
"救命车子"常救命 / 101
我是真的没想到 / 104

老有所乐 / 107

端午曜阳粽子情 / 109

竞猜灯谜庆元宵 / 111

春游踏青精神爽 / 113

谁包粽子多又快 / 116

曜阳里约奥运会 / 120

美妙歌声通中外 / 122

暖冬同享天伦乐 / 126

百家喜拍"全家福" / 129

报童歌声送祝福 / 134

歌舞轻扬迎新年 / 137

花团锦簇心情美 / 140

月圆情浓庆良宵 / 144

除夕欢乐不夜天 / 147

翰墨书香满曜阳 / 152

老有所教 / 159

卸任大使讲党课 / 161

瞻仰周恩来纪念馆 / 163

心中永远牢记党 / 164

支部共建发新芽 / 166

党员教育不停歇 / 169

老兵座谈庆"八一" / 171

让历史告诉未来 / 172

战士歌声更豪迈 / 176

我的祖国我的家 / 179

老有所学 / 181

门球场上露锋芒 / 183
健康讲座真是好 / 186
志愿服务送健康 / 190
紧跟时代学电脑 / 194
不会微信怎么办 / 195
老年大学开学了 / 197
串珠串出美生活 / 199

老有所为 / 201

老当益壮志愿者 / 203
开心农场开心事 / 205
心灵手巧好制作 / 209
心理咨询解孤独 / 213
牵手共拥绿家园 / 218
舞动生命美夕阳 / 220

老有所终 / 225

最后旅程要安详 / 227

老有所依

瞧陌养老

老有所依

温暖夕阳爱相伴

2015年11月7日,是扬州曜阳国际老年公寓成立六周年的纪念日。这一天是秋季的最后一天,是冬天的前奏。这一天风雨交加,气温骤降。但是,无论是谁,只要走进曜阳老年公寓的大餐厅,就会立即被现场热情的气氛所感染,忘记外面的冷风阴雨,融入这个温暖的集体中来。

六年了,尽管公寓的领导和工作人员都有变动,但住在曜阳的老人却始终如一地爱它、信赖它,把它当成自己的家、自己心灵的归宿。每年公寓的生日,老人们都会像对待自己的生日一样,以自己最能表达心意的方式来庆祝。今天,公寓会所二楼的餐厅布置得喜庆热闹。上午9点左右,老人们就陆续聚集到这里了。曜阳人有个约定俗成的习惯,就是无论是什么集体活动,先来的人一定是坐在最里面,把便于走动的靠外位置留给后来的人和腿脚不便的人。果然,一会儿工夫,被人搀扶着的和坐着轮椅的老人也陆续地进场了,十多张轮椅被整齐地排在会场的最后排。

今天的庆祝形式虽然还是以歌舞为主,但增加了不少新内容。扇

▲ 会员庞彪即席赋诗书法表达对曜阳的祝福

▲ 老人与公寓员工表演舞蹈

3

舞《开门红》是顾明顺老人特意为今天的庆生会编排的节目。老人中间的舞蹈爱好者与员工一起日夜苦练，总算在三四天时间里走上了舞台。红红火火的扇子、欢快跳跃的节奏、喜气洋洋的笑脸，把会场的情绪一下子点燃了，一下子就赢得了一个碰头彩。

这边刚刚舞罢。那边厢一大队人马早已拉开了架势。只见数十人的队伍，迈着矫健的步伐走上台来。这支队伍虽然着装不统一，但人人气宇轩昂、神态认真。音乐响起，他们便一招一式地打起太极拳。白鹤亮翅、野马分鬃……92岁的夏春英老人的动作虽然算不上标准，但她一板一眼的架势，一点儿不比年轻人差。太极拳是一项适合老年人的运动，因此在扬州曜阳格外受欢迎。87岁的陈哲老人以前就是太极高手，也是社区的太极老师。入住公寓后，她一如既往无私地传授大家太极拳法，使曜阳会员中有一大批老人爱上了这项运动。86岁的季绍琦老人打起拳来，一点不像耄耋老人，她活跃的身影始终是一个跳动的音符。台下的一位老太太虽然坐在轮椅上，但她在音乐响起时，双手比划着，其认真的模样丝毫不逊色于台上的表演者。

梁光玉老人入住公寓较早，已在公寓共渡了六个春秋冬夏，见证了公寓的每一步发展与成长。梁老师在庆生会上，深情地讲诉了一件让她难忘的住事：2013年盛夏，气温总是在摄氏40度左右徘徊。而此时，一枝黄花入侵到公寓大院，并大有漫延滋长之势。若不及时铲除干净，公寓优美的环境和秀丽的景致将遭遇难以预料的灾难。公寓领导和员工们顶着烈日高温，对一枝黄花发起了歼灭战。烈日里，他们有的用铁锹铲，有的用手拔。最终彻底清除了大院内的一枝黄花。事后他们看到，被清除的植物堆成了一座小山。这其中的汗水和辛劳，老人们都感同身受。这件事也让老人们更坚定了以此为家的信念。

老有所依

▲ 李彤院长邀请会员、员工代表分享喜悦

▲ 曜阳院庆老人们和员工欢聚一堂

联欢会进入到了高潮，台上台下的互动游戏让全场沸腾了，一人取胜全场欢呼，一人落败众人加油。分不清究竟是谁和谁在游戏了，反正就是一个乐！此时，有人提醒：省着点儿精神，晚上还有重头戏呢。是呀，晚上的庆生晚宴谁能错过呢？除了精心准备的美味佳肴，更有精心准备的综艺表演。今晚，曜阳必定是个不夜天！

【点评】

　　人是社会性的动物，参加集体活动、进行社会交往，是人的基本需求。利用养老机构成立纪念日，组织入住老人开展文体活动，通过互动表演、集体聚餐、发放纪念物等方式，有利于加强入住老人之间、员工与入住老人之间的情感沟通，增强老人对养老机构的认同感，积极营造大家庭的欢乐氛围。

九旬高龄续良缘

2014年中秋前夕，92岁公寓会员吴祖庚老人与46岁俞晓华女士领取了结婚证书、喜结良缘。9月4日，公寓领导和会员们齐聚吴老在公寓的家中，为其举办了简朴热闹的婚礼。

▲ 吴老夫妇开心地向会员展示"结婚证"　　▲ 新郎盛装登场引来一片掌声

吴祖庚老人1923年出生在一个贫苦家庭。抗日战争初期参加革命，跟随中国共产党领导的淮南大众剧团，驰骋于淮南、金浦路东地区各县遍撒抗日种子。他先后参加了著名的莱芜战役、渡江战役，多次荣立战功，获得独立自由奖章、三级解放勋章及各种奖章数枚。在党和部队的培养下，他从一个失学少年成长为党的文艺战士和政工干部。历任淮南大众剧团音乐股长、新四军淮南艺专辅导员、第三野战军文工团音乐股长、中国人民解放军第35军文工团副团长、华东海军文工团队长兼教导员、海军舟山基地政治部文化科长、东海舰队工程二处政治处主任。1962年选调国防部第七研究院，先后任706研究所、723研究所工厂政委，1979年11月离休，2012年10月17日入住扬州曜阳国际老年公寓。战争年代，他创作的歌曲起着鼓舞士气、瓦解敌军的战斗作用。许多作品曾在军内外各种刊物、广播媒体上发表并多次获奖。离休后,他不断地充实自己,努力创作并活跃在各种舞台上。他参加合唱团、时装表演队,常年坚持冬泳,成为全国冬泳协会会员。2006年获得"扬州市健康老人之星"荣誉称号。改革开放后,他激情讴歌改革开放的崭新面貌,深情吟唱祖国大好河山的瑰丽风光,热情称赞快乐多彩的离休生活。为了创作出更多更好的作品,64岁的吴老参加了老年大学和上海音乐学院函授部作曲专业的学习,使得音乐创作更上了一个台阶。歌曲《幸福老人爱唱歌》由高邮市代表队和扬州市青松艺术团演唱,分别获省、市文艺调研一等奖和铜牌。

▲ 吴老夫妇手捧老年公寓赠送的贺礼　　▲ 吴老高歌一曲《在那遥远的地方》

吴祖庚老人来到扬州曜阳后,老当益壮,永葆青春。每天清晨,人们都会在曜阳的八角广场看到老人的身影,听到老人"吊嗓子"。吴老积极参加公寓的各项活动,登台献艺,演唱歌曲,并积极组织老人的唱歌爱好者学唱歌曲,辅导大家练习演唱。吴老还发挥自己的特长,与另一会员(作词)合作,创作了现今扬州曜阳每逢活动必唱的歌曲《有家有家在曜阳》(作曲),深受老人们的欢迎。

俞晓华女士今年46岁,离异多年,之前的生活并不幸福,去年来扬州曜阳担当保姆，照顾吴老的生活。在电视台记者采访俞女士的过程中，询问她为何看上吴老时，俞女士说，我之前的生活并不幸福，看中他也并不是为了钱，而是感觉吴老人好，会关心人、照顾人。俞女士举了个事例：有一次深秋，自己陪同吴老跟随曜阳免费班车到市内。因车上人较多，她便将座位让给其他老人，而自己坐在了班车的车厢台阶上。吴老看到后，从行驶的车辆后部座位上站起，扶着车栏杆，颤颤悠悠地来到她面前，将一个包裹递给她，让她垫在台阶上，以免受凉。诸如此类的小事，让俞晓华在与吴老的接触中，深感吴老的体贴和关心，也让她感动的心渐渐地与吴老贴得更紧了。为更方便照顾吴老生活，两人经过慎重考虑，毅然冲破传统阻力，走到了一起。

【点评】

在老年人的精神世界里，爱情依然是重要的、合理的情感需求。从情感关怀的角度，全社会都应该支持老人拥有美满的爱情生活。扬州曜阳国际老年公寓积极促成入住老人的婚姻大事，并为其举办简朴而热闹的婚礼，是将人文关怀落到实处的具体体现。

新春佳节庆团圆

农历大年三十，是万家团圆、欢乐相聚的日子。随着公寓入住会员的不断增加，在扬州曜阳这个大家庭一起共度除夕的老人和亲属们也越来越多。在临近春节之时，会员子女们就陆陆续续带着自己的孩子、对父母的思念和祝福来到曜阳公寓。侯华鑫老人的二儿子从西藏拉萨将私家车托运到昆明，后从昆明驱车2200多公里开到扬州，为的就是在这合家团圆的时刻能够陪伴在自己的父亲左右，陪他一起共进年夜饭，共迎新春佳节。

◀ 会员侯华鑫老人的二儿子和儿媳妇从西藏经昆明开着私家车到达扬州曜阳与父亲共度除夕，尽享人伦之乐

大年三十下午5时，中国红十字会总会事业发展中心主任江丹来到公寓慰问老人们。刚进公寓大厅，江丹主任就向大家拜年，并致以新春的问候。随后，江丹主任和公寓会员、员工一起共进年夜饭，逐桌向老人们敬酒，亲切问候在场的每一位会员。

年夜饭在会员与员工欢乐的《祝福歌》舞蹈中开始了。公寓年夜饭现场充满了温馨、和谐、亲和的氛围。会员袁宝林老人的孙子王子涛

▲ 江丹主任亲切慰问除夕夜为老人服务的扬州曜阳员工

▲ 江丹主任亲临除夕年夜饭现场看望公寓老人并向大家致以节日的问候

首先迫不及待地跑上舞台，给大家带来经典歌曲《荷塘月色》。82岁的老人吴志祥已在公寓生活了6年多，在今天这个传统的佳节里，他为大家带来了自己创作的诗歌《十送祝福》，字正腔圆的朗诵赢得台下掌声连连。会员钱炳根带来了经典的二胡演奏《洪湖水浪打浪》。钱老在台上拉琴，台下的其他会员跟着和唱，其乐融融。会员演出精彩，员工也不甘示弱，员工江红明、焦霞和赵万玘分别为大家演唱歌曲《望星空》和《心雨》，为老人们送上节日的祝福。丁敏副院长一曲《一生缘》，述说着会员们与曜阳的美好情缘。

▲ 除夕团圆饭抽奖活动邀请96岁的姚慧老人（左二）为晚会抽奖

▲ 丁敏副院长（右一）颁奖后与获得二等奖的老人合影

老有所依

晚宴设置了抽奖送祝福环节。上台领取礼品的老人都非常高兴，分别给大家送上了新春的祝福。晚宴在欢歌笑语中慢慢接近尾声了，大家还期待着曜阳太极广场上即将燃放的绚烂礼花焰火呢……

▲ 除夕夜曜阳餐厅内其乐融融

▲ 王秋林副院长（中）颁奖后与获得三等奖的老人合影

【点评】

大年三十，一家人围着在一起，热热闹闹吃一顿团圆饭。这是我们中华民族的传统习俗，也是广大老百姓辛苦一年的期盼。扬州曜阳充分利用这个节日，组织入住老人及家属共进年夜饭，有利于消除入住老人的孤独感，让入住老人享受更多的家庭温暖。

九旬夫妇庆高寿

邵婉、郑志超夫妇都是九十高龄的离休干部。他们虽已满头银发，

11

但精神矍铄，生活自理，不愿麻烦任何人。一路走来，他们历经时代变换，却始终不忘共产党员艰苦朴素的优良传统。在日常生活中，他们勤俭节约，对社会和集体的付出却毫不吝啬。在入住公寓前，他们把自己的唯一住房无偿捐献给了扬州市老干部局作为公益使用。在90岁生日之际，二老又向公寓捐赠了两套自动麻将桌椅和两套休息桌椅，供公寓老人休闲娱乐所用。同时，二老还给公寓所有入住会员、在职工作人员以及来宾送上一对马克杯，寓意大家都能拥有"一辈（杯）子幸福"！

2017年5月11日下午，扬州曜阳二楼的餐厅内，公寓服务部的管家们和餐厅工作人员们忙碌着，他们正在为公寓1号楼103的会员邵婉、郑志超夫妇的90寿宴准备着。

◀ 郑老夫妇年轻时的合影

晚上6点，在王秋林副院长主持下，寿宴正式开始。寿星郑老激动地表示，夫妇二人从来没有正式地过过生日，今天是第一次，此刻的

老 有 所 依

▲ 郑老夫妇欣赏公寓琼花盛开

◀ 郑老夫妇给阳台的花儿浇水

心情无法用言语形容，他和老伴对曜阳工作人员和来宾表示诚挚的感谢。

扬州曜阳党支部书记、副院长丁敏和扬州市老干部局党委书记、局长徐萌女士分别致贺词，对二老表示深切地祝福，祝愿二老福如东海、寿比南山，并期许在二老的百岁宴上，大家再相逢！

曜阳康复医院副院长黄文女士现场唱了一首歌曲《人间第一情》，祝福二老健康长寿。同为公寓会员的吴志祥夫妇，为庆祝郑老夫妇90寿辰，特作贺诗一首。

曜阳养老 人文关怀的探索与实践之扬州曜阳

▲ 扬州老干部局徐萌为老人送上生日的祝福

▲ 郑老夫妇向公寓捐赠麻将桌椅和休闲桌椅两套

为了对郑老夫妇的无私奉献表示感谢，扬州市老干部局和扬州曜阳国际老年公寓分别给二老颁发了荣誉证书，感谢二老对社会和公寓所做的贡献。

▲ 郑老夫妇的世纪拥抱

老有所依

在大家的祝福声中，生日蛋糕被徐徐推到了寿星老人面前。寿星夫妇共同许愿，吹蜡烛，切蛋糕，并送给彼此一个拥抱，感谢对方六十载的陪伴，感谢六十年来的相互关心、呵护和照顾。

▲ 参加生日宴的部分来宾、老人和员工合影

【点评】

古人云，人到七十古来稀。在当代中国，老人能够过上九十大寿，既是老人和家庭的幸福，也是国家和社会的幸福。扬州曜阳主动为高寿老人过生日，为老人送上党和政府、机构员工、同住老人的祝福，就是关爱入住老人的具体体现。

西皮二黄伴人生

提起京剧琴师马忆程，老一辈的京剧爱好者恐怕知道的很多，因为当年他曾在京剧界大大地出了一回风头。他的一个大胆的尝试，打破了京剧唱腔数百年来的框框，为后来的京剧唱腔作了一回"出头椽子"。

马忆程是泰州人，自小就爱好京胡，因他家庭富裕，衣食无忧，有条件到处寻访高手，更加上他天资聪颖，博采众长，练得了一手好琴。不到二十岁，他便在泰州、扬州、镇江一带小有名气了。票友中，如得他的伴奏，那是一件很值得与人说道的光彩。

◀ 53 岁时马忆程的艺术照

1949 年 6 月，22 岁的马忆程和许多热血青年一样，怀着打倒反动派、解放全中国的理想，报名参了军。部队首长问他有什么爱好和特长，他说他会拉京胡。于是马忆程便被留在了当时的华东军政大学文艺系京剧队。这样马忆程成了专业演奏人员，得以更广泛地接触到了京剧。京剧界像一个大宝库，各种行当、各种流派，林林总总，让马忆程真正地感受到了京剧艺术的绚丽多彩和博大精深，也让他的学习有了更明确的方向。他找来各个流派代表人物的唱片，梅（兰芳）派、余（叔岩）派、马（连良）派等，反复听，仔细研究。马忆程不但研究他们唱腔中优美的部分，也研究他们的不足部分，自己在心里替他们重新设计这些他认为不尽如人意的地方。久而久之，马忆程对唱腔设计有了自己的体会和感悟。

从部队转业后，马忆程正赶上新疆建设兵团到内地来招收文艺人才，马忆程便和妻子一起到了新疆，成了新疆建设兵团京剧团的首席琴师。此时的马忆程已不满足做一名琴师了，他找来一切可以找到的资料，研究京剧的历史和演变发展，研究各种流派之间的差异和互补，研究其他剧种和京剧的关系，研究维吾尔族音乐与京剧相糅合的可能性。

功夫不负有心人。不久，新疆兵团京剧团排演一部反映新疆人民生活的新戏《冰峰雄鹰》，马忆程担任首席琴师和唱腔设计。他一方面大胆地将新疆地区的民族音乐和京剧相糅合，一方面他为主角设计了一段二黄流水的唱腔。这可是一件极其冒险的事儿。京剧唱腔中，历来只有西皮流水，从未有人将二黄与流水结合在一起。这出戏在1958年参加西北五省文艺会演时，受到专家和观众的一致赞扬。当年的国家级刊物《戏剧报》刊登了对马忆程的专访。从此，中国的京剧舞台上就有了二黄流水的优美音韵。此后，马忆程对京剧唱腔的革新一直持续。在后来新编的《天山红花》一戏中，马忆程又大胆将哈萨克族音乐与京剧唱腔相糅合，设计一套富有新疆民族风情的京剧唱腔。这出戏在1965年西北五省文艺会演时，获得了巨大成功，中央人民广播电台全程录制了这出戏，并在数年内多次播出。

八十年代初，国家恢复了职称评审制度，马忆程成为我国"文革"后首批国家一级演奏员，这对于他来说，是实至名归。

曜阳养老 人文关怀的探索与实践之扬州曜阳

▲ 琴瑟和鸣，其乐融融；纹枰论道，从容谈兵。这就是马老日常在曜阳的生活写照

如今，已是耄耋老人的马忆程回到家乡，住进了扬州曜阳。马老虽然年近90，但他人格魅力不减，艺术魅力不减。他离开新疆后，他的学生晚辈仍然很关心他。他的一名学生马丽娟女士在得知他的原配夫人去世后，千里迢迢来到扬州，愿追随她的马老师，与他相伴到老。现在，他俩每天过着深居简出的生活，充满了只有他们二人才能体味的情趣。马丽娟是出色的京剧票友，工青衣花旦，兼老生。只要一有闲暇，马忆程便操起京胡，马玉娟便亮开嗓子："海岛冰轮初转腾……"或是老生戏《乌盆记》中选一段，或是一人一把京胡西皮流水响起来，或是摆开棋盘，我黑你白对弈一局……时光就在宁静和亲密中缓缓流过。这就是马忆程在扬州曜阳的惬意生活。

【点评】

青年时期砥砺创新，晚年生活云淡风轻。革命建设功臣不仅能在扬州公寓安享晚年，而且还能继续书写艺术人生，这既是革命建设功臣晚年最大的幸福，也是扬州曜阳国际老年公寓建设的初衷。

老有所依

集体生日心田暖

生日是纪念一个人来到这个世界的日子。在扬州曜阳里，每个月的第二个星期二，公寓都会为本月过生日的老人举办集体生日宴，大家相聚一堂，共同庆生，欢声笑语一片。在过生日前，公寓服务部的管家们首先会确认本月过生日的老人名单，核对后予以公告，并上门邀请寿星们参加。生日当天，不到就餐时间，管家们就已经到达餐厅准备迎接寿星们的到来，搀扶他们就座。

▲ 公寓员工为会员们端上生日蛋糕　　　　▲ 公寓会员品尝长寿面

老人们全部到齐后，管家送上生日的问候及祝福，当然还有必不可少的生日蛋糕和生日快乐歌了。在歌声中，餐厅的工作人员及服务部的管家们会呈上一桌桌美味佳肴。管家为老人上菜、切蛋糕。寿星们对于大家热情的招待都倍感温暖，纷纷竖起大拇指，真正体会到"放在心上、住在爱里"。

19

【点评】

　　孤独是大部分老年人的心理特征。利用生日聚会，给予入住老人精神慰藉，是养老机构人文关怀的具体体现。扬州曜阳通过举办集体生日宴等活动，营造家人陪伴、邻居祝贺的欢乐氛围，有利于老人的身心健康，养老机构就成为入住老人的温馨家园了。

公益疗养献爱心

　　2013年，扬州曜阳与青海省红十字会合作，开展了"曜阳公益养老青海行"的公益养老活动。经过筛选，多杰本、扎西等八位家庭困难、贫病孤寡老人，成为扬州曜阳的第八批公益会员。

　　9月27日，青海省大通县东山夹敬老院68岁老人靳生祥，同其他七位老人一起，被青海省红十字会推荐到扬州曜阳居住一段时间。

　　从未出过远门的五保户靳大叔也是其中一位老人。他到了扬州曜阳以后，也许是水土不服，或是饮食不当，没过几天就发热、拉肚子。当班管家方梅兰知道这件事后，当即向王秋林副院长反应情况。王院长立即赶往曜阳康复医院，为靳大叔办理住院手续。方梅兰用轮椅推靳大叔去康复医院，然后又去靳大叔房间，整理了洗漱用品、衣物等日用品送去。第二天，方梅兰用自己休息时间，在家里做了可口的饭菜送到康复医院来，并一勺一勺地喂靳大叔吃饭。靳大叔激动得连声说"谢谢！"事后，靳大叔对医护人员说：扬州曜阳的小方就是我的亲人。

▲ 公寓员工到扬州火车站接青海公益会员

▲ 青海公益会员在公寓合影　　　▲ 公寓举办青海公益会员欢迎会

　　作为中国红十字会总会事业发展中心旗下的养老实体机构，扬州曜阳坚持弘扬"人道、博爱、奉献"的红十字精神和爱老、敬老、助老的传统美德，自2011年开始，开展了"博爱在扬州·公益疗养曜阳行"的公益养老活动。扬州市红十字会在全市范围内，甄选出对国家、民族、社会做出贡献的革命军人、离退休老干部、教师和科技工作者、劳动模范、

曜阳养老 人文关怀的探索与实践之扬州曜阳

▲ 青海公益会员生病住院期间，曜阳管家送餐到病床

见义勇为者等，每期选出10人作为公益会员（配偶可陪同），安排到扬州曜阳进行为期3个月的公益疗养。入住期间吃、住、行等费用，全由扬州曜阳公寓负担。到目前为止，扬州曜阳共安排了九批共107人为期三个月的公益疗养，受到社会和领导的高度好评，取得了很好的社会效益。

【点评】
　　扬州曜阳国际老年公寓高度重视自身的社会责任，在力所能及的范围内，为特殊老人群体提供公益疗养服务，充分体现了曜阳养老品牌的公益性与人文关怀特色。

老有所居

曜阳养老

寻常百姓福寿地

2009年，扬州曜阳刚刚创办，大多数扬州人都不知道这是一个什么单位。有人试着打听了一下，晓得这是一个老年人养老的地方，里面环境好、条件好、服务好，估摸费用大概也不会低。

随着入住曜阳的老人越来越多，它高品质而不高价的名气不胫而走。不仅扬州市区和周边城市的人来，就连哈尔滨、兰州、吉林、克拉玛依、南京、上海等地的老人听说了扬州曜阳后，也放弃了自己生活多年的老家，来到了这里。有的人没能立即得到公寓房，就留下自己的联系方式给工作人员，希望如果有了可调济的公寓房，一定给自己留着。因此，当扬州曜阳的二期公寓房基本建好可签约租住时，各地的老人们闻风而至，刚推出的八号楼的公寓房很快就被签订一空。

▲ 曜阳公寓鸟瞰全景图　　▲ 福寿曜阳

60多岁的马女士是某医院退休的职工，她哥哥几年前成为空巢老人，后来患了中风，由于身边没有亲人，医治不及时，生命虽说保住了，但留下较为严重的后遗症，生活不能自理，生活质量很不理想。

前些天，马女士和丈夫一同来扬州曜阳试住。通过几天的亲身体验，马女士觉得这里最令他们动心的就是医疗保障和公寓工作人员的贴心关怀。再一打听费用，竟完全不是自己以前猜测的那种高不可攀的数字。以她和老伴两人的退休金，完全可以轻松地在这里生活。她把自己的想法和儿女们商量后，儿女们一致表示，像舅舅那样孤独地老去的悲剧再也不能重演了，要享福可千万不能等。于是，马女士很快来办理了会员入住手续。可是，马女士对自己的选定的那个户型有点想法，于是她第二天又来到公寓，找到工作人员，说出自己对公寓房装修的想法。工作人员一边听她说，一边在电脑上帮她作修改，马女士得到满意的设计方案后高兴地签了字。回去以后，马女士又想到一处不甚理想的地方，想再作一些改动，但又担心公寓的工作人员会嫌她烦，便不想再麻烦了。可过了一天，马女士实在憋不住，还是找到工作人员，再次提出了修改意见，工作人员二话不说，立即打开电脑，按照马女士的要求作了修改。马女士做梦也没想到，自己以前认为高大上的曜阳竟是这样周到贴心，为老人服务这样不厌其烦。

▲ 扬州曜阳全景

童老太也是在试住了以后才开始认识并喜欢上曜阳的。童老太是从企业退休的，以前压根没想过要改变自己的老年生活方式。2018年年初，她好奇地和一个朋友来曜阳试住。谁知就这短短的三天时间，让童老太不想离开了。她了解入住的有关事项后，觉得自己和老伴二人的退休工资完全可以在这里生活，不会给儿女们增加任何经济负担。大喜过望的童老太不但自己订了一套75平方米的公寓房租住，还动员了自己的七八个兄弟姐妹。她想约上自己的亲人，一起来这儿热热闹闹地养老。

1月23日，一位姓张的先生开车带了一车人来看公寓房。原来这位张先生平时忙于生意，很少有时间陪伴独居多年的老母亲，心中很是不安。打听到扬州曜阳是一个很适合独居老人居住的养老机构，便抽空带着母亲和家人一起来帮母亲选房。张先生一家人在这里看了环境，包括餐厅、活动室、健身房，又看了样板房和康复医院，心里很是满意，便准备给母亲签约。可老母亲面有难色，张先生细心地询问，原来老人家觉得这里什么都比家里好，可就是没有熟人，一人在这里会寂寞，她准备回去和老邻居、老伙伴们商量一下，看能不能再动员几个老人一起来。张先生临走时再三请工作人员留一套他们刚刚看中的公寓房，因为老人肯定会来入住的。

孟老师现在苏南生活，她年轻时曾在扬州工作了几十年，退休后卖掉了扬州的住房，随丈夫回到了他的家乡生活。数年前，她丈夫去世了，唯一的儿子又在国外，她就想回到熟悉的扬州生活，可就是无处安身。一次无意中和多年前的老同事通电话，得知扬州还有这么一个养老机构，她再也按捺不住，立马来扬州曜阳老年公寓，办理了入住手续，再次回到了扬州的怀抱，遂了她多年的愿望。

扬州曜阳以它躬身谦和的修养，让每一位老人都宾至如归，乐不思他。

曜阳养老 人文关怀的探索与实践之扬州曜阳

▲ 远眺曜阳老年公寓楼

【点评】

　　大气而不霸气，高质而不高价。扬州曜阳以合理的定位和价位，满足各类老年人需求，将自己打造成为老百姓的养老公寓，使不同行业的退休老人都能在这里找到适合自己的居所，为老龄化社会献上了一份独具魅力的礼物。

身在花园四季春

　　常有人说，春天的扬州曜阳简直就是个大花园。那边的腊梅花还未凋尽，这边路牙边上迎春花的枝条上就迫不及待地冒出了许多细细的小花苞。几天的太阳一晒，一场春雨下过，那些绿色的小花苞就渐渐地变成了淡黄色，散落在绿叶中，好像小姑娘的花裙子一样。不经意间，那淡黄色的小花骨朵儿就张开了小嘴，变成了一个个黄色的小喇叭。别看这喇叭小，可她吹响了春天的集结号，一下子，从地里冒出许多知名和不知名的小家伙；那些平时总是高出迎春花许多的乔木和灌木，仿佛也听迎春花的号令，陆陆续续地捧出了自己酝酿了一秋和一冬的宝贝，一起来装扮这美丽的大花园了。

▲ 曜阳公寓东花园

扬州曜阳的楼群之间，都是一个个小花园，里面既有常绿植物，也有应季的花木。公寓内有一条小河，自西向东，蜿蜒流过，边有亭台楼阁，真有小桥流水人家的意境。公寓东边有大片的植物园，植物园的东边是金湾河，现在，公寓东边的植物园和金湾河沿岸成了老人们百看不厌的地方。

沿道路种植的迎春花，把公寓大院的所有路径都打扮成了鲜花簇拥的道路，老人们走在这样的路上，就有一种走红地毯般的感觉，脚步便也不由得轻快了许多。人们三三两两地走过这鲜花大道，来到植物园中。爱拍照的自然是喜不自胜；不会拍照的，则站在花下，笑眯眯的，让别人拍下自己与花的合影。这边的杏花粉白中透着一丝红晕，那几株红梅则是大大方方地亮出嫩红的本色，性急的白玉兰等不及绿叶来陪衬，就独自站在枝头展开玉一样的花瓣，露出了鹅黄的花蕊，让花下赏花的老太太们心疼不已，仿佛看到自家小孙女在风中敞开了外衣，怕她着凉，又不敢动她，怕一不小心惊吓了她。旁边的紫玉兰好像大家闺秀一样，沉静优雅地静观着人们，不急不躁。昨晚刚下了一场春雨，使得河边的几株梨花玉色浸润，仿佛美人噙泪，格外让人怜爱。

最豪气的要数桃花了。她们是一个大家庭，行动统一，说开花，数天功夫，就哗啦啦地全部开了。那灿若云霞的桃花一朵挨着一朵，一树挨着一树，不由分说地就成了这花园里最抢眼的主角了。老人们站在桃花丛中，半天挪不开脚步，看也看不够。你说这桃花也没得到更多的照顾和营养，怎么她开起来就这样轰轰烈烈、气势磅礴呢？这桃树的花如此浓烈，果实又是那样的香甜，这种奉献精神不正是人类高尚情怀的写照吗？人在花下，心向往之。

春风好像特别善解人意，连续好几天都是春风轻拂，艳阳高照。这就使得公寓里植物更显精神了。几天来，不但迎春、杏花、梨花、桃花、玉兰等次第开放，樱花、茶花、杜鹃花、红叶李、琼花、紫薇、紫堇、蝴蝶花、美人蕉、海棠、蔷薇、月季等也你追我赶地站在枝头亮相了。花儿都开了，树也不甘寂寞。柳树挂起一根根绿丝带，嫩苞在枝条的随意摆动中绽开了新绿，才几天时间，叶片间又漾起一层毛茸茸的柳絮，它们像长了翅膀一样，漫天飞舞着，一会儿在花丛中和小蜜蜂们打打闹闹，一会儿又落在老人的睫毛上，逗着老人来抓它们，真是又调皮又可爱。那些香樟、银杏、法国冬青、金镶玉竹、榉树、五角枫、广玉兰、八角金盘、雪松、柏树、鸡爪槭等，也不甘落后，纷纷穿上了春天最时尚的衣衫，说不清整个植物园是绿肥红瘦，还是春色平分。

这姹紫嫣红的景象比唱大戏还勾人，让老人总爱一有时间就往这儿跑。别以为他们仅仅是看客，他们其实是这儿最负责的园丁。今天看到这一片绿的多，红的少了，那数天后就会有人买来蔷薇、茶花等花苗栽上；明天看到那一带春季观赏植物够了，可秋冬无花可赏了，就会有人专门到花木市场买来桂花、腊梅、枫树等苗木补上。王长安是全公寓里最闲不住的老人。清明前后，他几乎经常是脖子上挂着单反相机，手里提着水桶和铁锹，看到哪儿的花开了，他就停下拍几张照片；看到哪里需要补几锹土，他就停下来挥锹铲土。公寓老人每天一看到王长安进植物园了，也就不约而同地来了，人们散落在花树中，人面桃花相映红，着实让王长安忙不过来，他手中的相机自然也成了大家的宝贝。

▲ 曜阳公寓外围墙　　　　　▲ 曜阳公寓院内傍河的林荫道

花是人精神，人在花中笑。曜阳的春天，用什么样的语言才能形容你的美丽呢？

【点评】

拥有美丽如画的自然环境，是每一个人都向往的生活。对很少外出旅行的老年人来说，居住地周围的自然环境更加重要。扬州曜阳通过蔓延四季的绿色与花香，让入住老人感受到了生命的芬芳，体味到了人与自然合一的哲思。对庭院绿植的及时维护，不仅体现了养老机构内部的秩序与管理，而且为入住老人创造了美丽的人文环境。

安乐居处心情爽

2015年初，扬州曜阳推出了一项"免费体验试住"的活动，在社会上引起了不小的轰动。退休老人马玉莲很早就听说扬州曜阳老年公寓了，可是担心费用高，自己的退休工资承受不起，因此也一直未能如愿。现在有了这样一个机会，一定要去亲自体验一下。

▲ 公寓举行免费入住体验会员欢迎介绍会

2015年元月11日，马玉莲夫妇俩随着第二批体验人群来到了扬州曜阳。刚下汽车，马玉莲心里就觉得特别舒服，一是这里的空气特别清新。这里满眼都是绿树和花草，没有喧嚣嘈杂的喇叭声，没有浑浊的气味；二是这里的人们，无论是公寓的工作人员，还是住在这里的老人，每个人的脸上都洋溢着发自内心的快乐微笑。而接下来的三天体验生活则更给了马玉莲夫妇许多的惊喜。首先让他们惊喜的是伙食。不但有常规的饭菜，还有各种小吃、杂粮等品种。

全天的伙食不但荤素搭配、粗细搭配，而且口味清淡，特别适合老年人的健康要求。

最让马玉莲夫妇感到意想不到的是这里服务的贴心周到。他们入住的当晚，公寓副院长王秋林就来到他们的房间，询问他们缺什么，需要什么，有什么地方不喜欢或者不适应等。到了晚上，他们怎么也打不开房间的电视机，于是打了个电话到总台。两三分钟后，公寓服务人员上门来帮他们解决了问题。当天晚上，他们洗澡时不小心把卫生间的浴帘杆子碰了一下，浴帘掉了下来。第二天早上，马玉莲在吃早餐时随口说了一下。刚巧公寓服务部经理在一旁路过，听到马玉莲的话后就停下脚步，问明了他们的房号。早餐后，马玉莲夫妇往回走，快到自己房间时，看到有工作人员扛着人字梯从他们的房间出来。原来就在他们吃早餐的时候，服务部经理已安排工程部师傅修好了浴帘。

马玉莲他们每天和公寓老人们一起活动、就餐，总是能感受到和外面不一样的氛围，这种氛围究竟是什么，她一时也说不清楚。一天，马玉莲在大院中闲逛，无意中遇见了自己几十年前的老同事姚老太。九十岁高龄的姚老太不但腰身挺拔，而且神采奕奕，她边打手机，边往棋牌室走。马玉莲他们走到健身房、多功能厅和阅览室等处一看，到处都是热热闹闹的，真像回到了大学校园一样。贴心的设计和温馨的体验让马玉莲等一批批体验试住的人舍不得离开了，于是，他们不约而同地订租了二期的公寓房，成为这里的长住民。

曜阳养老 人文关怀的探索与实践之扬州曜阳

▲ 公寓兰青亭、太极广场　　▲ 曜阳公寓内的网球场、门球场

1月17日那天上午,老陈拿着登有"曜阳免费体验试住"广告的扬州晚报,兴冲冲地到了曜阳老年公寓。讲明来意,出示证件,很快就领到了第四批的免费体验试住券。两天下来,他们除了吃饭睡觉外,就在公寓内转悠。看了多功能休闲活动大厅,看了康复医院;看了硬件,也体验了软件。越看越觉得可爱,越看越不想走。老陈家住宝带小区,虽说也算是市中心,购物方便,可随着年纪渐老,生活自理一年比一年地力不从心了。尤其是碰上头疼脑热、刮风下雨什么的,就深感不便。接受采访的老陈穿了一件大毛翻领的空军飞行服,显得很精神,他说,我身体还好,老伴是个老资格的"三高"了,说有事就有事,不得不防,这次来,是带着目的的。老陈说,这里有三好。第一是环境好,处于重点打造的"七河八岛"风景区的金湾半岛上,也就是将来旅游区的中心地带。第二是交通好,曜阳公寓门口的大路正在整治,公交车招手就停,今后还将专设站头。第三是设施全,曜阳多功能活动中心应有尽有,健身房、棋牌室、音乐室、舞蹈房、阅览室、多媒体教室等等。这儿的伙食也是按照老人健康标准做的,可口但不油腻。试住者是免费,常住者一天也就十几块钱。更难得的是,这里的人特别地和蔼可亲,从院长到保安,从炊事员到保洁工,个个都是见人一脸笑。一行四人中,已有一个好友吴老太动心了。80多岁的吴

老太是离休干部，一人独居多年，早年的收入还接济接济儿女。现在，儿女们都过得很好了，吴老太就想伙着老陈一家，一块儿来扬州曜阳继续做好邻居、好朋友。老陈说，这第四批的 20 个试住者，个个都不想走。

【点评】

　　试住体验作为养老公寓有效的订租手段，不仅需要让老年人客户感受到优质的硬件设施，更要让老年人感受到公寓对老年人的专业服务，并与养老服务团队进行互动交流。良好的环境和高效优质的养老服务，是扬州曜阳老年公寓试住体验活动成功的关键。

老人心中伊甸园

　　如果您感兴趣，每一位曜阳老人都会兴致勃勃地为您讲上一段发生在自己身上的"入住故事"！

▲ 公寓楼间纵横交错的风雨长廊

　　住在一期公寓的戴为奎老人，原是一名屡立战功的农垦战士。几年前，他住进了扬州曜阳。公寓里丰富多彩的生活、优美的生活环境和公寓周到细致的服务，不但让戴为奎老夫妇俩感到满意，而且在他们的儿女中也留下了深刻的印象。五一节期间，戴老的女儿来看望父母，听说二期公寓房已竣工面市，便兴冲冲地去看了样板房。不看不知道，一看就再也忘不掉了。他们立即就订租了两套大房型的公寓房，一套给公婆住，一套为自己留着，等不远的将来自己退休时，也可来享受这优雅恬静的晚年生活。

扬州大学的退休教师梁阿姨听朋友说曜阳老年公寓是如何如何的好，有点不相信，便和自己的兄弟一次次地来曜阳考察。考察的结果和朋友的说法基本一致，她便自己家订租了一套，她的兄弟也订租了一套。没过几天，梁阿姨老年大学的同学听说了此事，也要来看看。于是，梁阿姨就又带着七八个同学来看房。这一批同学看过房后，回去一商量，立即就有好几个人也来订房。这消息传到老年大学的梁阿姨所在班里，又有一批人要来看房。于是，梁阿姨又带着一队人马前来看房。当即就又有好几个人动了心，说回去和老伴商量一下，也来这里养老。梁阿姨笑得合不拢嘴，她说，这么一来，她们这个班有近一半的同学将来要住这里了，就可以在这儿开班上课了。其他同学一听也乐了，大呼："要得！"

孙巧莲老人是一位坚强的女强人。她中年时，由于单位不景气，下岗了。她不怨天不怨地，打起精神，重新创业。经过数年奋斗，她的企业有了明显的起色，孙巧莲就招聘了一批同样是下岗工人的老姐妹一起再就业。现在，孙巧莲的企业有了一定的规模，她也老了，老伴也去世了，她就将企业交给了儿子经营，自己只想找一个安心养老的地方，于是，就来到了曜阳。一辈子辛辛苦苦工作的孙巧莲，看到生活在曜阳的同辈人是那样的自在、潇洒，爱唱歌的有自己的伙伴；爱运动的有场所、有器械；爱打麻将有麻将室、有牌友。老人之间又是那么友善，真是做梦都没想过老了还会有这样的生活。孙巧莲毫不犹豫地订租了一套住房。回去以后，她将在曜阳看到的一切告诉了那些老姐妹。这帮老姐妹听说后，一下子就涌来了，她们看完也毫不迟疑地订租了公寓房。她们还开玩笑说，还选孙巧莲做她们的头，带她们一起过高质量的养老生活。

杨秀兰家住邗江区的杨庙镇，多年来一直身体不好，各种慢性病不离身。她在曜阳康复医院住院治疗期间，一有闲暇就到大院内散步。慢慢地杨秀兰发现，住在曜阳老年公寓里的老人和住在外面的老人不同，他们生活特别自在舒心。他们不扯家长里短，不用给儿女带孩子、做家务，他们每天都像年轻人一样运动、唱歌、跳舞、读报看书，甚至还编排文艺节目上台表演。这让杨秀兰羡慕不已。杨秀兰病好出院后回自己的家中，就觉得心里像缺了什么似的。前思后想，她决定在曜阳租住一小户型，让自己也潇洒一回。

家住在公寓附近的一对农村老夫妇，近期得知自己家被划到了拆迁范围内，老夫妇俩是又喜又愁。喜的是可以通过拆迁，改善居住条件了。愁的是自己生于此长于此，熟悉了这里的一切，如果拆迁，就要离开所熟悉的一切，也不知将来的住所是否合心意，是不是也有这么敞亮的环境。老两口折腾得几夜睡不着觉。他们的儿女读懂了父母的心事，几个人一合计，决定给父母在曜阳订一套公寓房，让他们既不离故土，又能改善居住条件。老两口知道以后，兴奋得像孩子似的，赶紧忙着归置东西，准备搬家。儿女们劝他们不要着急，离搬家还有些日子呢。老太太说，怎么能不着急呢？以前看到住在公寓大院里的老年人生活得那么舒服、惬意，心里羡慕得不得了，梦想要是自己也能在那里面生活该多美呀。没想到现在美梦就要成真了，真恨不得今天就搬家呢。村里其他老人听说了，也和儿女们商量着要在曜阳养老呢。

曜阳养老 人文关怀的探索与实践之扬州曜阳

▲ 曜阳游泳馆　　　　　　　　▲ 曜阳阅览室

原来，曜阳早就在老人们的心中留下了美好的印象，成了他们心中的伊甸园。

【点评】
　　金杯银杯，不如老百姓的口碑。对于养老机构而言，良好的口碑就是最好的宣传手段；而良好的口碑来自对于养老服务质量的追求。扬州曜阳得到了各方面老人的褒奖，这些褒奖就是公寓最好的广告宣传片。

抱团养老到曜阳

"你们也来曜阳啦！"

这两天，时不时地会有相识的老人在扬州曜阳的大院内不期而遇、相互打着招呼。他们或是几十年的老同事，或是相处多年的老邻居，大家纷纷来到曜阳，都是为了一个共同的目的：到曜阳养老。

老有所居

曜阳公寓房的租住有一个特点，就是一户搬来后，接着就会有一批人来，不是亲戚就是好友，一起入住曜阳，按现在的时髦话来讲，就是"抱团养老"。

▲ 曜阳公寓房客厅 　　▲ 曜阳公寓房卧室

扬州大学刘老师退休后，每天在家听不到学生的欢声笑语，也难得见到熟人朋友，觉得生活一下子变得空落落的。后来听朋友介绍，夫妇二人来曜阳实地考察了一番后，觉得比较适合自己的养老理念，便订了一套房，并在微信朋友圈中发了一下，然后就出去旅游了。刘老师的邻居和朋友看到消息后，也纷纷前来考察。等刘老师夫妇从新马泰等地旅游了一圈回来，看到他们新居所的上下左右都是自己的故旧好友，真让他们又惊又喜，仅有的一点陌生感也烟消云散了。

阙女士是一位退休的机关干部，唯一的女儿又在外省工作。阙女士和老伴退休后，觉得家里老大的一所房子空荡荡的，总是缺点儿什么。女儿得知了父母的情况后，让他们去外省，和女儿女婿外孙一起生活，享受天伦之乐。阙女士和老伴去住了一阵，还是觉得不如在老家扬州自在。偶然中，听同单位一位退休同事说扬州曜阳的养老环境不错，阙女士将信将疑，便数次来曜阳考察。他们考察的结论一次比一次满意，便不再犹豫，把家搬进了公寓。待他们住下后才发现，原来这里还有好几户是他们老年大学的同学。这些同学也和他们一样，是老朋友或是亲戚搬来后，亲见了老人们在这里的幸福生活，才来这里定居的。

▲ 曜阳公寓房厨房　　　　　　▲ 曜阳公寓房卫生间

当然，也有例外。国庆假期刚过，二期公寓会员会籍中心接待处来了一对气质不凡的老人。这对老夫妇虽然年已八旬，但身板挺拔，气宇轩昂。原来是一对离休的部队老干部。这对老人南征北战，足迹踏遍了大半个中国，离休以后一直在外地。现在老了，想落叶归根，便回到了家乡扬州。少小离家老大回，家乡虽有亲朋故旧，但还得有一处安身之所呀。老两口考察了扬州的好几所养老机构，总觉得不太理想。当他们来到曜阳国际老年公寓以后，这里优美的环境、周到的服务、健全的设施和亲和的人文气息，让他们一下子有了归宿感。从此便不再作他想，很快就在这里安家了。

杨阿姨和老伴是来自扬州郊区公道镇的普通企业退休职工。数年前，杨阿姨的老伴得了小中风，在综合医院治疗以后，便来到曜阳康复医院做康复治疗。杨阿姨每天在老伴治疗的间隙，推着老伴的轮椅在曜阳老年公寓大院内散步，有时也和公寓的老人一起唱唱歌、跳跳广场舞。曜阳老人健康阳光的生活态度、公寓良好的环境和服务，让杨阿姨动心了。她打听了公寓入住的条件后，觉得自己和老伴两人的退休工资完全可以承受，便拿出自己的积蓄，在曜阳订了一套小户型公寓房。杨阿姨觉得这种小户型非常适合他们：面积不大，便于打扫卫生；两张并列的床铺，更是方便照顾老伴的起居；家中有几处紧急按钮，遇有紧急情况就会得到及时救治。现在，杨阿姨每天上午把老伴送到后面的医院做康复治疗，自己就回家做家务，或是烧一些可口的小菜。下午。杨阿姨会和老伴一起去唱歌、打麻将，安闲地打发时间。

▲ 曜阳寿星和金湾桥

曜阳，像一只大船，承载着老人们的梦想，也承载着年轻人的孝心，在金湾河畔静静地等待着……

【点评】
　　年轻时曾经居住在一起的亲友、邻居、同事等，年老的时候继续居住在同一个养老社区，原有的社会关系和人际关系得以继续维持，老年人心中就会保持较强的安全感，这就是抱团养老的根本所在。抱团养老，满足了老年人的社会交往需求。

祖孙同乐抗酷暑

　　今年夏天真够热的，气温一路飚升到 37℃。像这样的酷暑就算是身强力壮的年轻人也觉得不适应，更别提那些体弱多病的老年人了，真是一个苦夏。可扬州曜阳里的老人们不但没觉得时光难挨，反而更多了些许笑声，因为最近公寓里住进了一对儿带着两个孙子的老夫妇。

　　李老先生和老伴都住在老城区的街边上，房子已破损得很厉害，面积也不宽敞。他们的儿子和女儿都各有一个上小学的孩子。夏天学校放暑假了，大人要上班，不放心把孩子单独留在家里，就都送到爷爷奶奶家来了。可李老先生家地方小不说，还是临街的。两个顽皮的孩子闲不住，经常趁老人不注意时，就溜出去不见踪影了。急得老两口经常是顾不上买菜做饭，只忙着找孩子，还不停地和孩子斗气。现在听说曜阳国际老年公寓可以像宾馆一样，随时可以入住，住多久都可以，高兴得不得了，当天晚上就和儿女商量了一下，儿女也很支持。第二天一早，李先生一家便赶来了，要了一套 75

平方米的两室一厅一厨一卫的户型，每天只要120元。这祖孙四人便安顿下来了。

李先生的两个孙子来到户外一看，乐疯了。这里和公园一样，有那么多树，还有操场和球场。树上的知了一声一声地叫着，让两个小家伙急得要爬树逮知了。公寓的工作人员见到了，赶忙制止住。得知他们是想逮知了后，工作人员便找来一枝竹竿，一番修整后，便做成了一个逮知了的专用工具。俩小子每天拿着竹竿在树底下转悠，再也不想溜到外面去了。偶尔，他们想爸妈了，就打开电脑，和爸妈视频聊上几句。李先生的儿女见老少都安乐，便让他们这个夏天就住在这里，等孩子们开学了再回家去，钱由他们来付。

李先生笑呵呵地对儿女们说，开学了孩子先回去，他和老伴想长期入住这里，这样以后每年假期孩子们就有地方待了，自己老了也不用愁了。

【点评】

　　李姓老人入住扬州曜阳，充分反映出当代中国老人抚养孙辈的现状，因此养老公寓的服务不仅要面向老年人，也面向老年人的家属。不仅要让老人能够享受到晚年生活的舒适轻松，又要为老人照看孙辈、享受天伦之乐提供方便，这就是对老人最好的人文关怀。

曜阳养老 人文关怀的探索与实践之扬州曜阳

叶落归根在曜阳

一、夕阳如歌

自打 6 月初季绍绮老师和老伴住进扬州曜阳以来，曜阳大院里不但多了许多的歌声和琴声，而且也多了许多笑声。

▲ 季绍绮老人

▲ 抗战老兵的杨孙苏与老伴季绍绮

今年 86 岁的季绍绮老人原来是一所中学的音乐教师，退休以后，她赴美国给儿女带孩子，一待就是十八年。渐渐地，孩子们都长大了，有了独立意识，需要独立的空间。季老师觉得自己也应该学学美国人的习惯，尝试一下单独生活。于是，季老师分别入住过两家美国的老年公寓。美国老年公寓不能说条件不好，也不能说人与人之间不热情，但语言的障碍、文化的隔膜、食物的不合口味，都使季老师心里有一种挥之不去的孤独和乡愁。特别是每逢中国传统的节日，季老师也只有在心里默默地思念家乡的亲人，回忆从前的景象。慢慢地，回家的意识越来越强，乡思成了漫无边际的芳草，铺满了她的整个心怀。

老有所居

前年3月，季老师回国，偶然听说一位老朋友住在扬州曜阳，便来看望老朋友。谁知，季老师到了曜阳老年公寓，竟见到了自己想象中的理想家园，再也不想离开了。她当即订下公寓房，然后迅速地回美国办理了有关事务，就迫不及待地就飞回了祖国，回到了家乡扬州。季老师带着91岁的老伴来到了曜阳，老伴看到满眼葱翠的庭院，听到满耳熟悉的乡音，又在公寓餐厅品尝了淮扬风味的饭菜，高兴得哼唱起来，连说："太好了！太好了！就在这里不走了！"

季绍绮夫妇住进公寓的第一天，就感到了由衷的欣慰。原来，刚搬完东西，老夫妇俩归置物件，收拾房间，便有一些小小的疏漏或是小缺憾。老人不想麻烦别人，等以后家人来了再处理，但这几天的生活就多少会受到影响；若是和公寓管家说，又怕别人嫌麻烦。管家巡查走到季老师家，得知了这些情况后，也没说什么。谁知过了一会儿，公寓工程部就来了人，三下五除二就把他们烦心的事给处理好了。这让季绍绮夫妇喜出望外，没想到这里的服务这样及时周到，效率如此高。季老师心里真正有了家的感觉，而老爷子干脆躺在床上唱上了。

▲ 季绍琦老人指挥公寓会员合唱《歌唱祖国》

听说季老师是专业搞音乐的，公寓里一帮爱唱歌爱音乐的老人们可乐开了。住在一号楼的许建鸣老太太家有一架钢琴，她便热情地邀请季老师到她家练琴。公寓也把多功能厅定时对季老师开放，让她充分享受三角钢琴带来的欢愉。季老师来到公寓不到半个月，就已交了好多朋友，他们每天在一起唱啊笑啊，好像一群天真的儿童，在分享美味的糖果。

6月16日，公寓给6月份过生日的老人办集体庆生会，季绍绮深情唱起了自己作词作曲的歌："我有幸来到曜阳，看到的是笑脸，尝到的是美味……"

二、家乡味道

同样从美国回来，到扬州曜阳安度晚年的还有一对老夫妇。

68岁的耿奶奶和70岁的老伴是最近刚刚入住公寓的。耿奶奶的两个儿子都在美国成了家，耿奶奶老两口平时常常往返于两国之间。儿子们都很孝顺，竭力劝说老人留在美国养老。耿奶奶和老伴也看过美国的几家养老院，觉得硬件设施确实不错，可就是语言不通，没法和别人交流，每天除了吃饭睡觉外，其他活动一概都不想参与，搞得心情很抑郁。尤其是老爷子原来每天早上爱唱唱京剧，下午爱打几圈麻将。一日三餐也是耿奶奶的一个软肋。二老都是在扬州生活了一辈子的人，对扬州的食材和口味最适应，换了口味就觉得味同嚼蜡，一两天还可以将就，时间一长，连做梦都想扬州春天的蒌蒿苔、夏天的菊花头、秋天的大螃蟹、冬天的小青菜……于是，耿奶奶和老伴决定做一对老"候鸟"。可是，不巧的是，没想到今年的夏天这么热，这让耿奶奶有点为难了。因为每天要解决三餐问题，就得上街买菜，回来还得烟熏火燎地下厨房做饭。

老有所居

▲ 曜阳二期公寓厨房　　　　　　▲ 曜阳二期公寓卧室（双人床）

  正当耿奶奶一家为难时，他们得知扬州曜阳推出了新的养老条款，既不用交纳会员金，成为长期会员，也无须交纳押金，只需按天交纳住养费，就可以享受和正式会员一样的服务。耿奶奶和老伴二话不说，提上包就到了公寓，住进了一套57平方米的标间。这种标间有两张床位，有厨房、卫生间；有洗衣机、电视机、电磁炉、24小时空调和24小时热水等一应生活用品，每天只需100元。老爷子算了一笔账：住宾馆，按这样的房间面积算，每天的收费一定不止100元，且没有洗衣机和厨房等设施；更没有这样敞亮又清新的户外庭院，更不用说这里还有那么多的老年朋友和那么多的活动设施。最让老爷子开心是，他每天早上又可以放开嗓子唱京戏，下午又可以在有空调的棋牌室打上几圈麻将了，这样快快乐乐的，一天时间很容易就打发了。让耿奶奶最开心是，不用每天跑菜场，也不用下厨房挥汗劳作，一样能吃到新鲜可口的饭菜，且每天的食谱不重复，吃完饭连碗都不用洗，真像生活在天堂一样。

三、都市农园

  公寓会员丁阿姨今年已经70多岁了，面色红润，精神矍铄。问她

曜阳养老 人文关怀的探索与实践之扬州曜阳

有何养生秘诀，她说一方面在于健康的饮食起居，另一方面则得益于所处的生活环境。丁阿姨曾经在美国生活了8年多，早已将健康、绿色、生态、环保作为自己生活的重要内容。2015年，当她返回中国回到故乡安度晚年时，选择了入住扬州曜阳。

▲ 曜阳公寓全景

在朋友的鼓动下，带着一颗好奇的心，丁阿姨参加了公寓的3天试住活动。当天，她便对这里产生了浓厚的兴趣。这里，西有大运河、廖家沟、芒稻河，东有金湾河，南有夹江，北有"七河八岛"，更甚有茱萸湾、凤凰岛、马可波罗花世界等主题公园环绕，是一块绿水环抱、风光旖旎的生态宝地。最为令她心动的是，公寓为老人开辟了闲暇自耕娱乐的"开心农场"，让老人种自己爱吃的果蔬。对于从小生活在农村的她而言，无疑是最大的诱惑。在年老之时能够回归自己最初的生活，是多少人一辈子的梦想，而她的这个梦居然在扬州曜阳实现了。虽然她入住时未领到田地，但偶尔去田地边转转，总能收获到邻里们的热心分享，谁家的葱长得旺，谁家的瓜种得甜，谁家的豆种得好，都不忘与她分享一二，因此她也总能吃到最新鲜的食物。即使哪天自己不愿意做饭了，只要去餐厅，也能够吃到各色时令蔬菜和新鲜营养的饭食。何况那"开心农场"每年也会根据会员入住情况和老人身体状况进行调整呢？！丁阿姨由衷地表示，入住半年来，她是越发喜欢曜阳这个大家庭了。

老有所居

▲ 曜阳公寓楼

【点评】

旅居海外的老人选择入住扬州曜阳安度晚年,是我们中国人典型的叶落归根。这个根,既是亲情的根,也是文化的根。而文化的根,最能体现的莫过于饮食口味和生活习惯。

老有所养

老有所养

锅碗瓢盆进行曲

朝阳的金晖照耀着不远处巍峨的城郭，也映照着扬州曜阳绿树环绕的楼群。新的一天又开始了。

一扇扇门吱吱呀呀地开合着，住在公寓里的老人们陆续走出了家门，朝散发着香气的餐厅走去。

餐厅里，几十张餐桌整齐地排列着，每张桌子上放着的调味瓶静静地站立着。酱、醋、盐、辣椒……它们像一个个音符，等待着主人将它们揉进一支支旋律中，组合成一曲曲动听的锅碗瓢盆进行曲……

晨曲

睡了一夜好觉的老人们，此时感觉自己如十七八岁的小伙子一样，浑身充满活力和使不完的劲儿。尤其在这晨光里，更感神清气爽。因此，早晨的时光老人们可不敢怠慢，打拳、练操、跳舞过后，便去餐厅用早餐。今天的早餐会是什么呢？豆浆+鸡蛋+馒头？还是牛奶+菜包？还是其他什么？管它呢，反正都是热腾腾的新鲜餐食，能让人胃口大开，会让人心情愉悦。

果不其然，今天的早餐和昨天不一样，和前两天都不一样，今天是端午节，早餐是豆浆+咸鸭蛋+粽子。哦，又是一年端午节了，日子过得多快呀，记得去年端午节，我们也是坐在这里吃粽子的。一年的时光，就在如童谣一般的生活中过去了。尽快吃早饭吧，吃完了还得去干一件重要的事呢。

奋斗了几十年，如今早已卸下一切重担，一身轻松地来到曜阳，享

53

曜阳养老 人文关怀的探索与实践之扬州曜阳

受这平静的岁月,品味这甘甜如怡的生活,还能有什么重要的事呢?有的,有一件丝毫不可懈怠的事情在等待着他们。

▲ 老人们与公寓工作人员喜摘收获

  吃完早餐的老人纷纷回到自己的公寓房,找出了小锹、铁铲、镐头、锄头等农具,来到了一块田畴边。这是公寓无偿分派老人的一块菜地,每人分得了桌面大一块。放眼望去,一块块菜畦里,红的红、紫的紫、青的青,个头儿也是高高低低。你种辣椒,我种茄子,他种茼蒿。下一茬,我种南瓜,你点黄豆,他搭黄瓜架。每一天都有新鲜的蔬菜,每一季都可尝到最时鲜的瓜菜,自己吃不了的,就相互交换。

  老人们叫这块地为"开心农场"。是呀,怎不开心呢?这小小的一块地,可以让老人回到孩童时代菜地里捉蝈蝈斗蛐蛐的情境中,也满足了他们心驰神往多年的田园牧歌式的生活。从这块地里,他们收获的不仅是一把菜豆，更收获他们尚能躬耕劳作的自信和快乐。

华彩乐章

  时近中午，老人陆陆续续收工回公寓。胡梅芳老人特别开心，因为她今年栽种的南瓜已结了好几个瓜纽，看样子过不了多少时间，就会接二连三地有南瓜吃了。扭头看看身边其他的老人，不是捧一把豇豆，就是摘了几个西红柿……他们相互商量着中午做几个什么菜，是炒着吃，还是包饺子吃；是老几个自己动手做，还是打电话请餐厅的厨师来公寓做，或是带到餐厅去加工。

  中午，餐厅吃饭的老人比平时少了一些，一打听，原来有不少老人的子女接走了老人，回家过节了。奇怪的是，今天餐厅里又多了一些年轻的面孔。原来这些是老人们的子女来和老人一起过端午节了。一时间，餐厅的小灶上热火朝天。

  "您的清蒸仔鸡上呐——"一声吆喝，四座皆笑。

  "您的烧黄鱼来了——"

  "您的四菜一汤全了——"

  馥郁的香气在餐厅里弥漫，节日的欢欣洋溢在每一个老人的脸上。是的，被子女惦记着是福；子女没空来看望，必是他们事业工作繁忙走不开，岂不也是福？更何况，住在这里，每天都像过节一样热闹喜庆。

  今天餐厅供应的午餐也不错，有鱼有肉有蔬菜，就是味淡了一些。

  味淡是个老问题了，就是解决不了。公寓的餐饮委员会曾邀请过好几名公寓老人代表参加餐厅的管理和餐饮的食谱制定，还请来了扬州大学的营养专家参加制定食谱。菜谱也是每周不雷同，每天不重复。老人们觉得有些小题大做，只要把味淡的问题解决就行了。可是，数

年来，从公寓领导到餐厅的工作人员，重三再四地讲什么"低油、低盐、低糖"能防治高血脂、高血压、高血糖。用"三低"来防治"三高"，或许有道理，因为好几位曾经患有"三高"的老人在曜阳国际老年公寓住了一段时间以后，病症均有不同程度的减轻或缓和。要不然郑志超夫妇为啥给餐厅送来"以人为本，吃得开心"的锦旗？郑志超夫妇都年过八旬，老伴患有严重的糖尿病，对饮食的要求比较挑剔。他们吃了一段时间的餐厅饭菜后，颇有裨益，便给餐厅送来了一面锦旗。

▲ 会员郑志超夫妇给公寓餐厅送来锦旗

浓酱重油属于那个热情洋溢的年代，属于那些流汗流血的岁月。时间荏苒，属于自己的岁月已渐趋平静，属于自己的情怀已沉淀成一杯醇厚的老酒。岁月把曾经的酸甜苦辣咸五味慢慢过滤，现在再来细细品味，留下的只有淡淡的芳香。那么就顺天应时，细细地品味吧。无

老有所养

论是欢欣的时光,还是失落的时光,都在心里当成淡淡的佳酿,醉饮在这端午佳节,在这芬芳四溢的季节。

渔舟唱晚

夕阳下的金湾河波光粼粼,夏日的晚风从河面吹来,一派清凉。清清的河边,三三两两的老人徘徊在河岸上,或垂钓,或看晚霞起起落落。偶尔,一艘小船驶过,船上人朝垂钓的喊道:"嗨,钓到什么了?"垂钓的人不开口,旁边站着的人忍不住,答道:"钓着你了!"河岸河心一阵大笑。小船悠然滑过水面,传来一道道涟漪,很快又恢复了平静。

"嗨!我钓到了,快来帮忙!"欣喜若狂的呼叫声仿佛出自少年的口中。于是,三三两两的人群迅速集聚,七手八脚,拉竿拖线,一条活蹦乱跳的鱼儿被拉上了岸。一阵骚动,一阵欢笑,钓鱼的老人像得胜的将军,被簇拥着,一脸得意。

▲ 金湾河畔垂钓忙

天渐渐晚了，几位刚才跳广场舞的老太太循声找来。此时，河边垂钓的人又多了几位，鱼篓里不时传来"扑喇、扑喇"的声音，听动静，里面的鱼儿不少。老太太们替他们高兴，说道："好啊！刚出水的鱼儿，又是野生的，晚上可以小酌两杯了。"

老汉们则大方地说："晚上一齐来吃鱼吧！"

"哎，晚上吃什么呀？"

"老规矩，杂粮粥、山芋、玉米、面条、馒头、水饺……"

"就吃饺子吧。饺子就酒，越吃越有。"

"好吧，你们快些回，我们先去买饺子，迟了怕卖完了……"

灯火通明的餐厅里传来了令人垂涎欲滴的烹鱼的香味和酒香。此时的餐厅成了信息发布中心，有人把今天钓鱼的事儿编成了一则曲折的故事，有人则讲起来鱼菜的十二道做法……

星星在天上眨着眼睛，仿佛也在入神地听着这些有趣的事儿，只有青蛙不甘寂寞，扯开嗓子高声唱着。蓦地，一声京腔京韵从夜空传来："稻花香里说丰年，听取蛙声一片……"

【点评】

　　锅碗瓢盆进行曲，反映了曜阳公寓入住老人的常态化生活，既有物质生活的满足，也有精神生活的体验；既有文体活动的快乐，也有休闲劳作的惬意。这就是我们理想中的晚年生活。

老有所养

曜阳关爱小点滴

接车

对于老人们来说，有时候一些小的举动就可以暖人心，一句简单的问候就可以让他们开心半天。扬州曜阳的管家们对老年人的人文关怀并不只是嘴上的一句简单的问候，而是做在行动上。无论每天坐班车出门的老人是多是少，无论天寒地冻还是酷暑炎热，扬州曜阳的管家们在那个时间段都会出现在班车前，等待老人归来，帮他们拎东西，搀扶他们下车，防止他们在下车途中摔倒。

◀ 接车管家协助老人下车

管家帮着拎老人买回来的生活用品、食品等等，老人们脸上一个个露出了温暖的笑容。

【点评】

预防跌倒，是老年人安全工作的重点之一。公寓员工对老人安全的关注，就体现在细小工作中。

买菜

公寓管家的工作多种多样，就连老人私下的生活遇到困难时，也会向管家求助。

要吃饭就必须买菜。由于老年公寓的地理位置不在闹市区，周围没有什么菜场、超市，老人买菜就是个很困难的事情，如果要到最近的菜场，也要步行二十分钟，这对于老年人来说就是相当累的一个体力活了。此时公寓的管家们便会义不容辞的提出帮老人买菜。虽然这些活儿并不是管家们的职责，但只要老人有所需要，管家们便不辞辛苦，风雨无阻地每天早上去菜场替老人购买新鲜蔬菜及瓜果，以确保在上班后第一时间将新鲜的蔬菜送至老人手中。

【点评】

民以食为天。扬州曜阳支持自理型老年人自己煮饭烧菜，并提供必要的帮助，既满足了老年人对饮食生活的个性需求，也锻炼了老年人的自理能力，有助于延缓老年痴呆。

陪逛超市

对于行动不便的老年人来说，去超市购物是件麻烦事情。公寓里一位名叫邹建国的老太太，行动不太方便，每次出行需要推着轮椅才可以走路。但走路时腰呈半躬状态，老人感到非常痛苦。公寓管家看在眼里、记在心里。老太太每次去超市，都会安排一位公寓管家跟随同行。管家下车后，先将公寓的老人——搀扶下车后，然后就跟随邹老一同行走，陪她购物。结账时，管家帮她装置购买的食品、生活用品。有时从超市出来，邹老太太还要去银行办理业务。管家总是无微不至地搀扶她过马路，陪同她办完整个银行业务。

【点评】

养老服务的每一次服务，都不是简单的履行工作流程，而通过仔细观察，尽可能地主动服务，满足老年人的需求。这就是曜阳养老在细微处的人文关怀。

求助

凌晨一点左右，紧急呼救按铃骤然响起。看到手腕佩戴的接收器，原来是自理型公寓11212房的徐从法老人求助了。公寓管家任河立即上门查看。

原来这两天老人腿脚无力，行走都靠保姆搀扶，头脑开始糊涂了，不肯吃饭……当天夜间起来上厕所，保姆去扶他，但老人站不起来，瘫坐在地。任管家马上和保姆一起，将老人扶坐到沙发上，并不停向老人询问情况,可老人就是一声不吭。这时,康复医院医生在听到呼救联动后也赶过来了。经过初步检查,医生发现老人情况还好,就是心跳稍微快一点。任管家打电话给他子女,可子女们全部关机,联系不上。医生进一步询问保姆,得知老人之前因病住院治疗,出院才两天,各项检查指标都好,就是腿脚无力,其他没有什么问题。确保老人没有什么危险、且不需要急救治疗后,医生和任管家一起,把老爷子扶到床上休息,并与保姆作了详细地交待后方才离开。

【点评】

老年人突发疾病是养老公寓常见情况,管理人员及时与家属与医院联系,方能最大限度地保证老人的安全。

急救

2018年3月31日15:40,扬州曜阳会员陈松椒老人在超市购物期间去卫生间方便,一脚踏空摔倒了,需送医院检查。王秋林副院长闻讯后,立即呼叫了曜阳康复医院的救护车,并随车来到了超市门口,将陈松椒老人抬上救护车,送往苏北人民医院检查治疗。

到了医院,王院长先自己垫费,为陈松椒老人挂号、拍片、检查等。这期间又打电话通知老人的女儿,告诉相关情况。19:10左右,陈松椒老人的女儿赶到了医院,跟王院长进行了交接。

检查结果出来了,但CT片子显示不清楚,老人的家人要求继续检查,明天预约,星期一就诊。陈松椒老人本人要求回公寓休养,大家便乘车回到公寓。到了公寓后,先赶回公寓的王院长提前等候并搀扶陈松椒下车，并与当班管家蒋叶萍用轮椅将陈松椒老人送到家中休息。

【点评】

　　行走中跌倒，是大部分老年人意外受伤的原因之一。老年人突然受伤后，工作人员及时反应并给予相应的处置。对老人给予人文关怀的背后，是扬州曜阳对入住老人的高度责任心。

相援

2018年5月11日，公寓管家孙震林和孙丽到曜阳康复医院取药，正好遇到公寓会员孙佩芝老人的保姆在为老人办理出院手续。两位管家热心地询问了老人的治疗情况，并主动跟随保姆一同来到病房看望老人。看到两位上了年纪的保姆，两位感到光靠两个保姆要将老人挪到移动床上，困难还是比较大的。考虑到老人大病初愈，不能受凉，两位管家拿来了床单床垫铺在移动床上。

◀ 管家护送孙奶奶回家

在两位管家的协助下,两个保姆将老人抬到移动床上,将老人安全护送回到公寓家中。

【点评】
养老服务中,寻常事中见大爱,点点滴滴见关怀!

调解

2017年11月的一天,晚上10点多钟,值晚班的管家赵万玘、蒋叶萍收到公寓11号楼某户的呼叫,便立即上门查看。

到了会员家,发现原来是两位老人因为一通电话闹矛盾了。由于个人原因,胡叔叔一个人住在公寓,妻子龙阿姨住在扬州城内,所以两人约定了每天的通话时间。今天阿姨打电话时,恰恰胡叔叔在洗澡,错过了约定的时间,电话一直无人接听。城里的阿姨误以为叔叔在公寓出事了,就急忙从扬州打车到公寓,发现叔叔安然无恙,只是虚惊一场,但两人却爆发了冲突,因此按了呼叫铃。

了解情况后,管家首先安抚阿姨的情绪,然后耐心调解两人之间的冲突,让彼此多想想对方的优点,对彼此多一分理解与包容,好好沟通。经过一个多小时的耐心劝说,两位老人最终和解了。

【点评】

　　夫妻因小事吵架、闹矛盾，是老人家庭常见的磕磕碰碰。公寓工作人员及时介入，帮助双方做好沟通调解，舒缓老人之间的对立情绪，有助于家庭和谐、晚年幸福。

安抚

　　2017年腊月初八中午11点左右，当班管家接到电话，说3号楼306室的章丽萍奶奶在5号楼2层走廊因身体不适、腿脚无力，不小心摔倒了。随即，管家蒋叶萍、孙丽将轮椅推着赶至现场，赵欢欢部长已经赶到，章奶奶已被扶起坐在凳子上，嘴角有流血。

　　5分钟后，曜阳康复医院医生也赶来了，向章奶奶细心询问身体状况，章奶奶讲膝盖有点疼，嘴巴有点疼。经过医生检查，她的牙齿掉了导致流血。做了简单的处理后，管家将章奶奶用轮椅送至康复医院做进一步检查，并联系其儿子。一路上，管家不停地安慰老人，并关照她还有哪不舒服到时要跟医生讲。

　　到了康复医院后，医生开始为其做检查，腿能站、能伸，手部还有点肿，指头有破皮，牙齿掉了，手部软组织有点损伤……做完这一系列的检查，已是中午的12点多了。管家又将章奶奶送至家中，并为其把手上、脸上的脏东西用毛巾擦拭干净，并用创可贴将伤口贴好，瘀青地方用毛巾冷敷。

> **【点评】**
>
> 安全无小事。及时发现老人的意外受伤，及时送老人去医院，持续跟进后续服务，这样的关怀行为，不仅让老年人安心，也让家属放心。

清扫阳台

2018年5月22日下午，曜阳管家任河与方梅兰当班巡视。到八号楼8208号马忆程老人家时，老人请他们进去，说有事跟他们讲。老人把他们带到卫生间，把朝北的窗户打开。两人立即感到一股刺鼻味道扑鼻而来。经过仔细勘查发现，原来楼上个别老人将生活垃圾随意丢弃在朝北的二楼平台，堵住了平台下水口，下雨后水不能及时排泄，将垃圾浸泡在水中，天气晴好、温度上升，致使平台上垃圾发酵，发出了难闻的气味。老人实在是没法开窗户透气，只好请他们安排人员进行清理。

◀ 管家帮助会员清理二楼平台上的垃圾

两位管家看了以后，二话没说，立刻就取来簸箕，又找来几个垃圾袋，爬过窗户，跳到平台，很快将垃圾装袋，并用水将平台冲洗得干干净净。

两位管家把平台清理干净后，马上回到了公寓服务部，将情况告知了服务部负责人。服务部马上起草了禁止往平台扔垃圾的警示公告，张贴到各楼公告栏里。从此，再也没有乱丢垃圾的情况发生了。

【点评】

发现问题、及时解决问题，不推诿、不塞责，并且举一反三、防范问题再次发生，这就是优质服务，这也是对当事老人的人文关怀。

后勤保障男子汉

扬州曜阳工程部里都是一些年轻的男同志，平时给人的感觉是大大咧咧的，其实他们在工作中，心可细着呢。

2018年5月的一个傍晚，工程部晚班值班的陆卫平在与上早班的姜明冬交接班时，发现室内照明突然跳闸了，便立即前往配电室查看原因，发现不是室内跳闸，而是供电局供电故障。他立马联想到当时正是老人出行高峰期，很有可能有老人被关在电梯内。按照公寓紧急情况处理预案，陆卫平与姜明冬二人立即汇报给当班领导，同时又兵分两路，检查一期公寓楼和二期公寓楼的所有电梯。果然，他们在2

号楼、7号楼和8号楼分别发现了3名被困老人，随即采取措施，将被困电梯内的老人救出，保障了老人的生命安全。

▲ 扬州曜阳工程部技术人员检查机房空调机组设备运行情况

6月5日，公寓刚开启夏季中央空调的时候，有老人反映空调效果不好。工程部得知后，立即派人到现场检查。经过排气、清洗空调滤网等措施，及时给老人送来了清凉。

6月25日，工程部的时新剑、姜明冬、曹勇接到11608住户报修空调漏水后，立即上门查看。发现空调进水阀门处有裂纹，就随即关闭总阀门进行排水，冒着酷暑，在天花板狭小的空间内，经过半小时努力，终于更换了空调进水阀门，解决了住户的烦恼。

一天，工程部值晚班的王海军在地下机房巡查时，发现空调机组冷冻水压力下降到零刻度，时新剑和王海军意识到问题的严重性，立即联系了后勤部长王勇及分管后勤的丁苏峰副院长。公寓领导立即安排工程顾问常勇到现场进行查看。所有人员都在半小时内赶到现场，对空调设备进行联合检查。经过2小时排查后，大家发现是由于空调内部窜水而导致冷冻水压力不稳定，便立即更换了另外一台空调机组进行制热，同时分成3组对公寓老人活动中心、医院及会员住宿的11栋楼进行了排气工作，一直到凌晨1点，彻底解决了空调制热问题。

【点评】

养老机构设备设施的运维保障，关系到入住老人的日常生活。及时发现并排除设备设施运行中的故障和问题，消除相关问题给老人带来的安全隐患，是对入住老人关爱的具体表现。

证件丢失好着急

2018年4月中旬，公寓会员88岁的邵婉老人因病住院。住院期间，老人突然发现身份证丢失了。4月26日，公寓王秋林副院长打电话给后勤部长王勇，告诉他因为身份证丢失，老人很多事情无法办理，希望他尽快帮忙解决。

在与泰安镇派出所电话联系后，王勇来到派出所，找到负责办理身份证的民警。民警提出，补办身份证必须本人到派出所办理，因为要录取本人的指纹。王勇说老人现在已经卧病在床，没有行动能力，希望能特事特办，帮老人办理身份证。派出所领导在得知这一情况后，当即同意不需要老人到派出所现场办理，由公寓出具介绍信并由公寓工作人员代办即可。第二天，王勇带着公寓介绍信和相关证件去泰安派出所为老人办理了临时身份证，并及时交到了老人手中。

曜阳养老 人文关怀的探索与实践之扬州曜阳

> **【点评】**
> 　　一切为老人着想。针对住院老人的特殊情况，扬州曜阳公寓积极协调公安机关，为老人提供办理补领证件服务，既体现了养老公寓对老人的人文关怀，也体现了党政部门执政为民的情怀。

关爱老人送温暖

　　2015年5月8日，第68个世界红十字日，是扬州曜阳国际老年公寓一个特殊的日子。这一天，公寓大院内张灯结彩，欢乐的气息流动在公寓的每个角落，洋溢在每位老人的脸上。

▲ "5.8"活动现场，扬州市第一人民医院"学雷锋"志愿服务总队、扬州房地产信息中心义工服务队，为曜阳老年公寓老人和周边群众服务

▲ 扬州市民政局、扬州市委老干部局、扬州市老龄办、扬州市红十字会、扬州世明双语学校等单位的领导和代表参加了活动

　　上午，扬州市第一人民医院的青年志愿者和扬州市房地产信息中心的青年志愿者们如约来到扬州曜阳。这两支青年志愿者队伍，数年

来坚持无偿为曜阳的老人们提供服务。第一人民医院的志愿者们全部由医护人员组成，有全科、内分泌科、心脏内科、保健科等，他们带来血压计和血糖仪等，随时为老人提供服务，并给老人传授保健知识。市房地产信息中心的志愿者队伍已和公寓结成紧密的帮扶关系，他们每两个月就到公寓来，帮助老人解决电脑、手机的有关问题，教老人们视频聊天、安全网购等，深受老人的欢迎。今天这两支志愿者队伍在公寓的广场上摆开了工作台，准备为老人们服务。

▲ "5.8"纪念活动中公寓的老年模特队登台走秀

今天来到公寓的还有一些特殊的客人。

扬州市老干部艺术团的演员们，给曜阳的老年朋友们带了音乐快板《再夸扬州城》、无伴奏女生小合唱《雕花的马鞍》、女生独唱《我的祝福你听见了吗》等。

扬州市红十字会博爱艺术团和扬州市长跑协会乒羽俱乐部的志愿

者，为老人带来了舞蹈、三句半、独唱等表演节目。

扬州世明双语学校的孩子们，则为爷爷奶奶们表演了活泼欢快的歌舞节目，让台下观看的老人们笑眯了眼。

公寓的老人们也不甘落后，他们也抖擞精神，为客人们表演了配乐朗诵、模特走秀、京剧诗文会等富有特色的节目，让客人们耳目一新。

曜阳人天天都生活在关爱里，今天，他们特别感受到一种温馨。他们想把这种爱和温馨带给其他需要帮助和关爱的老人，把红十字的"人道、博爱、奉献"精神带给每一位老人。

【点评】
养老服务的人文关怀也要借势借力。在世界红十字日，组织各类志愿者到公寓为老人提供专业服务、举办文化娱乐活动，不仅有利于传播人道、奉献、博爱的红十字精神，而且也弥补了公寓在服务能力方面的短板。

欢声笑语入心来

在曜阳公寓快乐的老人里面，有一位老爷子显得很特别，他总是乐呵呵的，兴致特别好。可熟悉他的人都知道，他以前可不是这个样儿的，别说是笑，就连说话都很难得，几乎没人见他笑过。他叫侯华鑫，今年81岁。侯华鑫老爷子年轻时支边到了西藏工作，并在那里安了家。退休以后，他想叶落归根，便带着老伴回到了家乡扬州，先住在文昌花园，后来住进了曜阳老年公寓。谁知在西藏生活了一辈子的老伴却水土不服，不久就生病去世了。

▲ 从西藏来扬州为老人庆贺生日的子女们

▲ 侯华鑫80大寿和子女吹蜡烛

相濡以沫几十年的老伴一下子没了，加上侯老又在西藏工作了几十年，扬州的亲朋故旧很少，因此，他一下子就像孤雁离群，陷入了深深的孤独和悲哀中。他每天也不出门，只在家里看电视、看报、打瞌睡、发呆。一段时间以后，侯老爷子觉得自己听力不行了，视力也下降了，走路腰腿也发软了，睡眠也不行了，总之，各种身体机能都明显下降。

公寓的领导和管家看到侯华鑫的状况很是担忧，他们轮番地上门来，陪他聊天、逗他说话、引他到人群中参与活动，让他走出丧偶的阴影。功夫不负有心人。侯华鑫老人在公寓工作人员和其他老人关怀下，渐渐地愿意走出家门，和其他人交流了。公寓的领导趁热打铁，又带他参加歌咏兴趣小组，又参加模特表演队的排练。闲暇时，一些爱好运动的老人也会邀请他打桌球或是打门球。就这样，侯华鑫终于走出了孤独寂寞，融进了曜阳这个温暖的集体。他现在常常是丢下歌谱就拿起球杆，成了一名充实而又快乐的老人。

曜阳养老 人文关怀的探索与实践之扬州曜阳

▲ 公寓员工参加侯华鑫80大寿

【点评】
　　少来夫妻老来伴。失去了妻子的陪伴,老人的落寞孤独油然而生。曜阳公寓领导和员工注意观察老人的心理状态,及时采取各种措施,帮助老人减缓对故去亲人的思念,逐步建立起积极的生活态度,享受积极的晚年生活,这是对晚年丧偶的老人的最大关怀。

烟雾报警还真灵

　　2016年冬天的一个晚上,一位来自青海省的公益会员习惯性地在室内吸起了香烟,由于门窗封闭,他室内的消防报警器鸣响了。值班人员立即奔向报警现场,后来才发现是虚惊一场。那位公益会员诧异地说:"没想到,你们这儿的报警器这么灵啊!"

公寓有一些老人有时喜欢在家里做一些适合自己口味的小菜,公寓充分考虑到老人们的这些需求,因此,给每户老人都配备了安全的电磁炉。但有些老人不习惯电磁炉,他们喜欢用猛火爆炒,要改用液化气灶。对于这一要求,公寓管家们苦口婆心,耐心地做老人的工作,终于使老人们理解了他们的苦心。一天,一位老人在公寓里炒菜时,忘开油烟机了,室内的油烟呛人,使得报警器鸣响了。工作人员通过监控探头,找到了事发现场,帮助老人处理了油烟。这件事给大家提了个醒,从此,公寓管家每天巡查时,都要提醒老人家用电器不用时,要拔掉插头或是关掉开关。每晚老人们入睡以后,公寓管家都要悄悄地进到一些独居的老人家中查看,及时帮他们关掉家电的开关等。公寓里有两位爱吸烟的独居老先生,公寓管家更是时时刻刻把他们放在心上,每天早中晚都要到他们房查看,提醒他们不要躺在床上抽烟,防止大意酿成火灾。

扬州曜阳是一个老年人集中居住的地方,因此,安全是曜阳人最挂心的事。曜阳的管理人员除了把老人们的衣食住行等各方面的安全因素常抓不懈以外,消防安全就是他们头脑里绷得最紧的那根弦。

公寓自2009年开业以来,就成立了以公寓领导为负责人的消防安全领导小组,并按部门设置下设五个工作小组,明确一把手为责任人,形成了覆盖全公寓的消防组织网络,制定了一整套操作性强的规章制度。公寓每年年初时,首先与各部门签订消防安全责任状。每次工作例会或其他大小会议上,都把消防安全作为必不可少重要内容进行强调、布置和检查。每月还定期组织集中检查,重点部位全天候监控。公寓每招进一名员工,都要对其进行消防安全培训,消防安全知识和消防技能不合格，就不得上岗。对老员工也定期组织消防安全培训和考核。

▲ 公寓每年都要专门召开全院老人参加的安全会议

此外，公寓还经常邀请扬州市消防支队的官兵们来公寓，对员工和入住的老人进行消防知识讲座，手把手地教他们正确使用消防设备，教他们在火情发生时怎样安全逃生，使全公寓从领导到每位老人，心中都有消防意识，人人都会安全避灾。

2015年5月26日，公寓就召开全体员工大会，要求各部门大家汲取5月25日河南鲁山康乐园老年公寓重大火灾责任事故的深刻教训，开展自查自纠整改活动。公寓同时召开各楼栋的楼长会议，通报了全院安全消防检查工作，请大家协助公寓对查出的火灾隐患及时进行整

▲ 员工培训水带连接　　　　　▲ 员工培训水枪使用

老有所养

改，以确保入住老人的生命财产安全。

公寓自2009年正式运营以来，严格按照建设部《老年建筑设计规范》建设施工，每年投入大量人力和财力，建立和健全了一套行之有效的消防报警和喷淋系统，通过消防安全验收和年检。目前，公寓设有两套消防栓灭火系统、5套喷淋灭火系统、1214个报警点、158个消火栓、256个移动式灭火器材。其中公寓一期五栋公寓楼就有消火栓80个、移动式灭火器100个。公寓设置了微型消防站，成立了微型消防队，定期组织演练。对这些消防设备，公寓每个月都有检查，发现问题及时解决，全年用在消防设施更换、维护上的资金近十万元，保证了这些消防器材在关键时刻能发挥作用。

▲ 员工培训干粉灭火器使用　　▲ 公寓微型消防站内基础消防设备齐全

有人、有制度、有设备、有教育、有演练，公寓真正地把消防警钟装进了每一个人心里。

扬州曜阳国际老年公寓对消防安全常抓不懈，因而使得这里的老人们生活得无忧无虑。开业九年来，除了两次有惊无险的报警以外，至今没有发生过一起火险。曜阳，真是老年人的福寿地啊！

> **【点评】**
> 　　消防安全是养老公寓管理的重中之重，建立完整的制度和预案、明确责任到人、按标准配备设备、通过教育和演练将消防安全警钟装进每个人的心里。防患于未然是曜阳人的责任，安全永远是对老年人首要的保障。

曜阳美食香众口

美食佳处

　　俗话说，民以食为天。曜阳老年公寓餐厅的墙上，悬挂着一面由公寓老人亲手书写的"美食佳处在曜阳"牌匾，这是公寓老人对餐厅菜肴的最高褒奖。

　　对于老年人的饮食，公寓一直以"营养、适口、变化、丰富"为目标，竭尽全力为老人提供健康、营养的菜肴。对于老年人而言，吃得安全健康且有味，才算吃得美好。因此，公寓餐厅点点滴滴收藏着老年人平日反馈较好的菜谱，同时也勇于尝试新品。有很多来考察的老年人，就是品尝了公寓餐厅提供的美食而决定留下来！

年来了

　　为了更好地将会员和员工的三餐安排好，让大家吃得放心、吃得满意，公寓决定与有着多年餐饮管理运营经验的扬子江集团进行合作，委托其旗下的口碑较好的餐饮名店扬州花园国际大酒店对曜阳餐厅进行管理。2018年2月5日，扬州花园国际大酒店正式进驻扬州曜阳。虽然餐厅的运营费用仍然是扬州曜阳支付，但作为扬子江集团承接的第一个养老项目，首先考验的就是运营十天后的年夜饭，这也是能否融入扬州曜阳大家庭的第一次考验。公寓的年夜饭，既是会员们大团圆的日子，也是向会员家属上交测试答卷的时候。

作为一家老牌四星级酒店，承接一个几十桌，甚至上百桌的宴会，于酒店而言是驾轻就熟的。然而大厨们没有因为熟悉而掉以轻心，为了让年夜饭兼美味、创新为一体，让老人们有更新的口感，曜阳餐厅的厨师们倾注了酒店所有项目团队的智慧。从菜单的制定、菜品的搭配，到烹制的方法，都一一做了研究，甚至哪一位厨师做哪道菜最好吃，都进行了分配。最终确定，由曙光厂餐厅项目的厨师长马俊协助曜阳厨师长吴海全，共同完成年夜饭的任务。两位厨师长从早上7点到岗开始准备，直至深夜10点打扫完最后一个灶台，才拖着疲惫的身体回家与家人团圆。

所谓功夫不负有心人，首场考验得到了全公寓老人们的好评，得到了公寓领导的认可。即使已过去数月，依然会听到有的老人说：我最大的遗憾就是没有吃到今年的年夜饭，明年我一定要留下来过年。

家的滋味

俗语有：最长情的告白就是陪伴。于老人而言，要的其实不多，哪怕是一声问候、一句关怀和一刻的陪伴，都能让他们高兴好久。一天中午，公寓的会员梁奶奶找到餐厅的经理，说：你是许经理吧，我要表扬吴大厨，他是一个有责任心，有集体荣誉感，用心做事的好同志。梁奶奶列举了很多吴大厨的事迹：每天的问候、制作的美味菜肴、对她细微的关心……

其实梁奶奶说的这些，都是餐厅人每天都在做的，只是吴大厨更加用心，更加用情。扬州曜阳餐厅的大厨们打造"情满曜阳，家的滋味"，这种滋味不仅仅在餐厅，也导入到所有的服务项目。

变废为宝的小花瓶

花瓶是日常的装饰，形态各异，但扬州曜阳国际老年公寓餐厅的花瓶却有着不同的价值和使命。因为它们本是一些该扔掉的酱菜瓶，经过一番装饰，给酱菜瓶系上了红丝带，立即变成了带有喜感的小花瓶。

餐厅原有的桌面装饰花是由一枝塑料小花插在小瓷花瓶内，虽有红有绿，但缺了生气。现在花瓶有了，小花哪里来？当然是就地取材。餐厅员工们带着剪刀在公寓院子里寻找着，看着这个叶子好看，看着那个叶子也不错，在不影响整颗植物美观的情况，剪一些多余的枝条，拿回餐厅清洗、修剪，再将叶子一一组合，摆放在餐桌上，餐桌立即变得生动起来。就餐的会员们看见桌上的花瓶眼前一亮，直呼"太漂亮了，你们真有心！"更有会员拿出手机拍着照片，发到朋友圈。

一杯凉白开的温馨

有一天中午正值开饭时间，会员谭大叔在装汤时说："哎呀，今天我忘带水杯了"。谭大叔的这句话，提醒了餐厅的吴大厨：餐厅缺少热水瓶和凉水杯。饭前一杯水，于老人而言是很重要的：有的老人需要饭前用药，有的老人习惯饭前喝一杯白开水，还有的老人不习惯味道重的菜，需要先用白开水涮一下。

午餐结束后，吴大厨便马上到市场买了两个水瓶和两个凉水杯，第二天中午便放到了调料区，并告诉老人们自助使用。

餐厅配备热水瓶和凉水杯，这一小小的举动，给了老人们大大的惊喜，让他们觉得很温馨。8607号住户丁奶奶，甚至将热水瓶和凉水杯的照片发到了曜阳会员群。紧接着常老、谭老、叶老等多位老人发表了留言，盛赞餐厅给他们带来的方便和温馨。常老说：吴大厨想我们所想，是我们的贴心人。

▲ 公寓会员排队取餐　　　　▲ 公寓会员在餐厅就餐

不一样的红烧肉

红烧肉在淮扬菜系中是一道名菜，也是寻常百姓餐桌上的"常客"。传统红烧肉，做法也是多种多样，而公寓餐厅出锅的红烧肉在扬州却独此一家。这道菜一经推出，得到了公寓老年朋友的一致好评。无论是看重口味的吃货朋友，还是对红烧肉不太感兴趣的朋友，看了都会垂涎欲滴！

吴大厨他们这道菜，打破了淮扬菜的传统做法，融合了粤菜的新式做法，从选料到配制都由吴大厨一人过手。肉不肥不瘦，汤汁是吴大厨用南腐熬制的秘制汤汁，加上各种特色香辛。这道菜的最大特点是炖工，没有四个半小时的炖工是不出锅的。其间还要不停地炒动，炖出来充满了腐乳香，且肥而不腻、入口即化。

粽爱有佳

又是一年粽叶飘香季，老人们早早地惦记起了粽子的各种美味。2018年端午节，餐厅为能满足老人的心愿，早早地准备了放心食材：碧绿的新鲜粽叶、上等的糯米、上好的金丝蜜枣、秘制的红烧肉、香肠、鸭蛋黄等，还准备了部分老人爱吃的小白粽。卫生也是很讲究的，吴大厨要求粽叶用沸水煮烫四十分钟，然后由餐厅的大姐们齐心协力加班加点完成每道工序，保证粽子的新鲜。

节日到来，会员对粽子的需求量逐日增加，有的老人甚至将餐厅包的粽子当成礼品带到外地，送子女，送亲朋。粽子虽然好吃，但老年人不宜多吃，为此餐厅特地提醒老年人，不要多吃，尤其晚上不要吃，不易消化。

凡是吃过餐厅粽子的老人们，都说比外面买的好吃，性价比特别高。

暖心的吴大厨

吴大厨是公寓餐厅的代言人。公寓大部分老人对吴大厨都格外喜欢。每次来餐厅，老人们都会四处张望，看不到吴大厨就会追问：吴大厨呢？爷爷奶奶们都喜欢和吴大厨聊天，拉拉家常、谈谈心事、说说烦恼。彼此的关心问候，成了餐厅一天当中最美好最享受的事情。

有一次，一位爷爷在盛汤时不慎打翻了汤碗，吴大厨看见后一个箭步冲过去，扶住老人并急切询问道："爷爷，您烫到哪了？疼不疼？"

住 6401 号公寓的邹奶奶已 89 岁高龄，且腿脚不方便，一直都是由她女儿陪着来餐厅吃饭。有一次，她女儿到深圳开会几天，她一个人艰难地推着轮椅到餐厅用餐。吴大厨看见后，立即跑上前推她到桌前，并询问她想吃什么，帮她打饭。用餐结束后，又将邹奶奶送回家。一连几天，吴大厨坚持接送老人到餐厅吃饭，直到她女儿回来。

吃不够的风沙鸡

风沙鸡是广东一带的传统风味名菜，口味别致。此菜工序烦琐，洗净的鸡沥干水分，再经两次调味，用浸渍料浸渍三个小时，再给鸡肉淋上调制而成的脆皮水，吊风口处风干，最后放入烤箱中烤出枣红色，使得鸡肉外脆里嫩。

风沙鸡在公寓餐厅一经推出，受到了会员们的一致好评。老人们不用外出下馆子，就能品尝到正宗的港澳菜品。会员毛老师说："吴大厨时不时给我们一道新菜的惊喜，既满足了我们口味求变的心理，也丰富了我们的味蕾。"

自家的大众厨房

曜阳的餐厅追求的是"大厨房+家庭化"的运营模式。除了有很浓郁的亲情关怀外，餐厅还提供便捷服务，比如：快速订餐、置办家庭大小宴会等。只要你想，就有得吃。

会员顾老师说："这个餐厅的厨房功能太强大了，比自家的厨房方便快捷多了。自从吴大厨来了以后，我没有在家里烧过一次饭，既方便又省事。最关键的是价格便宜量又足。尤其是来三五个好友小聚一下，简直是太有面子了。"

会员殷奶奶笑盈盈地说："我是资深吃货。以前我只要有空都会到城里各大饭店吃美食。你们来曜阳前，我经常到附近的1912小镇去品尝美食。自从你们来了以后，我再也没有去。那里的菜和咱们餐厅比起来简直弱爆了。现在连我吃货女儿都经常到我这里来蹭饭，还指定吃红烧肉和鲈鱼的时候，一定要告诉她。"

24小时的等候

3月28日夜里12点多，吴大厨被一阵电话铃声惊醒。原来是公寓11507号房陈老师的订餐电话。陈老师说，明天中午家里来人，想要定几个菜，并提出了菜肴制作中的一些要求。吴大厨将陈老师的需求一一作了记录。

第二天中午，陈老师的亲友们应约到餐厅就餐，大家对曜阳公寓餐厅的菜品赞不绝口。吴大厨走到陈老师一家的餐桌前，征求他们对菜品及服务的意见。陈老师很激动地说："大家都很满意。昨天夜里真不好意思，那么晚了还打扰您，真是抱歉！"吴大厨笑着对陈老师说："不客气，我的手机24小时等候您的来电！"

【点评】

民以食为天。吃饭既是生存需要，也是生活乐趣。扬州曜阳国际老年公寓餐厅围绕老人对餐饮的需求，不断创新菜品花样、创新服务内容，不仅提升了就餐老人的生活幸福感，也提升了入住老人对养老公寓的满意度。

老有所养

九九重阳爱意浓

重阳，不只是登高、赏菊、吃重阳糕，重阳更是一个表达"爱和孝"的敬老日。今年的重阳节，公寓除了给入住的会员发重阳糕，还将社会对老人的尊重和关爱传递给入住的各位老人，各种"爱和孝"的活动也在重阳节凸现出来。

曲艺名人走进曜阳

"扬州曲艺名人小剧场"是扬州电视台的一个固定栏目，由扬州曲艺界名人出场表演，重阳节当天，"扬州曲艺名人"来到曜阳义演。在二楼多功能厅，持续80分钟绘声绘色的精彩演出，赢得了会员们阵阵的欢笑与掌声，让老人们度过一个温馨而快乐的重阳节，感受到了来自社会的关爱。

▲"扬州曲艺名人小剧场"重阳节走进曜阳进行慰问义演

▲扬州电视台马伟表演扬州评话《斗杀西门庆》

"党员义诊"走进曜阳

重阳节下午，扬州市第一人民医院"党员为民服务"一行专家也走进曜阳，为扬州曜阳的老人们进行义诊活动。

在义诊现场，专家们被在此等候的老年会员所包围。

心血管专家孙蓬一一解答了会员疑问，并根据老人的情况提出了不同的建议与检查方案。

骨科专家董献成更是成了大忙人，"我的腿疼……我的腰椎间盘突出需要注意哪些方面……我的X光片你给看看……"

消化科专家徐子山也被老年会员围住，不停解答他们的疑问，并从心理上打消老年会员对疾病的担忧……

呼吸科专家丁惠珍也很受老年会员的欢迎，"秋天到了，我的老年慢性支气管炎要注意哪些方面……我最近呼吸有点吃力要做哪些检查……"

▲ 重阳节市人医专家前来公寓义诊　　▲ 市人医专家为老人义诊现场

护师身份的党办主任姚英同样也被很受老年会员青睐，"我老伴中风有两三年了，在护理方面要注意些什么……"

截至16：30，扬州市第一人民医院的专家们共计接待老年会员问诊达70多人次，帮老年会员解决了许多实际问题。

江苏银行走进曜阳慰问老人

江苏银行扬州分行的部分党员代表，借重阳节之际，上午也来到公寓，慰问曜阳老人。他们除了看望住在公寓的部分老客户外，还给公寓老人送来节日的慰问。他们在公寓二楼餐厅，为每一位前往餐厅就餐的老人们派发糕点，同时送上节日的祝福，并将日常金融防骗宣传手册分送给老人。

▲ 江苏银行工作人员分发糕点给老人

▲ 江苏银行党员代表看望会员丁梅君夫妇

【点评】

养老机构要满足老人多方面的需求，借力借势是常态。利用各种社会资源和志愿服务资源，是丰富养老机构服务内容的有效手段。

曜阳养老 人文关怀的探索与实践之扬州曜阳

大雪严寒曜阳暖

2018年1月3日晚至4日，受强冷空气影响，扬州迎来了2018年的第一场雪。这场雪下了整整一夜。一夜之间，整个城市银装素裹，宛如一个白色的童话世界。据老人们讲，扬州已经有十多年未见下过这么大的雪啦。

▲ "白头偕老"的曜阳寿星

1月4日清晨，雪还在下，扬州曜阳的员工们却无心欣赏雪景，只一心挂念着公寓的老人们。他们早早地来到公寓，将主要通道的积雪清除掉，确保老人的行走安全。公寓会员侯华鑫老人看到后，也安排其在公寓看望他的子女加入到公寓扫雪的队伍中。同时公寓服务部在每个楼栋和通道口都安排工作人员值守，守护每位需要外出的老人行走安全。

▲ 公寓员工搀扶老人雪中行

4日下午，大雪还在继续，公寓院长组织所有在岗的员工集体义务劳动，清理树上和主要道路的积雪。一直到晚上，雪仍在下着，为防止第二天道路冰冻，院长在4日的晚上20:00至22:30又带领公寓服务部的员工们对主要道路进行了除雪清理；会员刘志群也加入了扫雪队伍。

▲ 为了老人方便出行，清理积雪大行动

曦阳养老 **人文关怀的探索与实践之扬州曦阳**

  5日清晨,雪终于停了,公寓王秋林副院长清晨6点半就组织服务部员工对道路进行除雪,同时安排公寓管家给行动不便的老人送餐上门。家住公寓附近的二桥村陈忠书记知道公寓的情况后,也安排了铲雪车,将公寓内的主干道以及公寓门口附近路上的积雪都进行了清理,方便了公寓老人和员工的出行。

  严寒冰冻的气温下,公寓工作人员的身上却是热乎乎的,老人们心里更是暖洋洋的……

【点评】

  灾害天气出现时,及时启动应急预案,确保入住老人出行安全,体现出了公寓对老人的关爱。员工与会员齐上阵,是入住老人对养老公寓平时工作认可的表现。

老有所医

睡眠养老

入户巡诊保健康

老人入住曜阳老年公寓,除了对饮食有特别的要求外,另一个特别关注的就是健康和医疗问题了。为此,扬州曜阳康复医院特别为公寓会员成立了医疗服务部,每天都会为公寓会员开展入户巡诊。除了为老人测量血压、心率,提供健康咨询和用药指导等常规服务外,还会因公寓会员的一些突发情况,及时热忱地进一步延伸服务。

一天,当医护人员巡诊到5幢513室的周楚芬奶奶家时,发现86岁高龄的奶奶,因腰腿疾病走路不便,正在服用的甲钴胺药片已用完。护士便拿着奶奶的医保卡到康复医院开好药,并送到她老人家手里,老人感动地谢字不离口。

5月30日,当医护人员巡诊到10幢510室张棪奶奶家时,测得她双臂血压都在170/120mmg。了解到85岁高龄的老奶奶是一人独居,医护人员随即与公寓管家取得联系,让他们近期一定要对老奶奶加以特别关注,并叮嘱奶奶下午到医院医疗服务部进一步检测血压。当天下午,张奶奶到医院测得血压为195/125mmg,心血管专家刘劲松大夫及时为奶奶调整了降压药,并嘱咐公寓管家要每日定时检测老人的血压。经过连续5天的药物治疗和密切观察,老人的血压终于控制在了正常范围内。

曜阳康复医院一直坚持巡诊制度。医院的医护人员把住在公寓的会员按健康状况分为三个等级,一级会员一周上门巡诊一次,二级会员半月巡诊一次,三级会员一个月巡诊一次。巡诊时,他们带着血压计、血糖仪和一些常用药,发现老人有什么异常及时检查治疗,不让小病拖成大病。对新入住的公寓会员进行全面的体检、健康评估,并建立

曜阳养老 人文关怀的探索与实践之扬州曜阳

▲ 公寓每周安排医护人员进行入户巡诊

健康档案，做到人人有健康档案，个个在巡诊范围内。近期，曜阳康复医院又推出了"健康服务清单"的新常态，内容包括：（1）未病管理，即建立健康档案、体检、膳食管理、运动管理、体重管理、戒烟限酒、心理疏导、健康讲座；（2）慢病管理服务，即糖尿病、高血压、高血脂、心血管疾病、慢阻肺病、肿瘤等慢性病管理；（3）急症治疗服务，包括特约专家坐诊、远程专家会诊、绿色就医通道、24小时急诊、急救治疗等；（4）康复护理服务。即肌力训练、抗阻运动、力量性锻炼、关节训练、健康操、练习发音、吞咽训练、呼吸训练、认知训练、排便护理、褥疮清洁护理等。

【点评】

　　医养结合的养老服务，就是在养老过程中如何便捷地提供医疗保健服务。这既是广大老人特别关心的问题，也是办好一个养老机构的必备条件。扬州曜阳国际老年公寓联合扬州曜阳康复医院，通过入户巡诊等形式，将医疗健康服务及时便捷地送进老人身边，让老人真正感受到了住在扬州曜阳的安心和踏实。

老有所医

急救演练学技能

2018年5月8日,为纪念第71个世界红十字日,大力弘扬"人道、博爱、奉献"的红十字精神,帮助更多老人学会应急救护的知识、掌握应急救护技能,扬州曜阳康复医院专门为扬州曜阳员工及会员,开展了专业的心肺复苏急救演练培训活动。

▲ 心肺复苏急救知识讲解现场

▲ 会员们认真学习心肺复苏急救知识

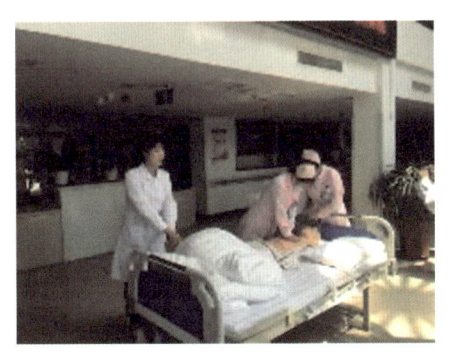

▲ 公寓医院护士为大家做心肺复苏演练

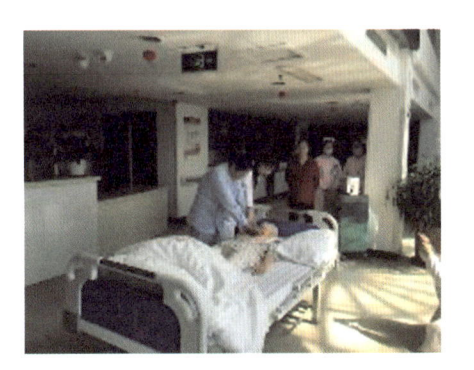

▲ 公寓员工踊跃参与心肺复苏练习

活动现场，医护人员向公寓员工及会员普及了应急救护知识，现场指导他们开展心肺复苏演练，使他们初步掌握了应急救护技能，得到了公寓员工及会员好评。

【点评】

人命关天。老人是各类突发疾病的高危人群。养老机构的员工，掌握心肺复苏急救技能，能够在关键时刻对患病老人进行科学施救，抓住黄金时间，及时挽救患病老人的生命。

老人急救在子夜

一

2016年11月6日，晚上11点左右，当班管家赵万玘、方梅兰二人手腕上佩戴的"电子表"震动并鸣叫起来，这是公寓智慧化养老的一部分，紧急呼叫系统发出的报警。两位管家看到表上显示：2103，这是会员谭本昆家。随即，他们便朝着谭本昆家中跑去。进了家门，只见谭老躺在床上，已经四肢无力，缩在被子里，身体还在不停地颤抖。原来他正在发烧，并伴有剧烈的咳嗽。

两位管家立即联系康复医院值班医生，请医生尽快出诊。经医生到场后检查，初步诊断为急性肺炎，要赶快送到市区综合医院才能得到有效医治。方梅兰和赵万玘当即协同医生、护士将谭本昆抬上公寓24小时待命的救护车，同时又联系谭老的大女儿，但一直联系不上。不管老人亲人在不在，都要以抢救病人为重，赵管家当机立断，立即陪同康复医院的医生，将谭本昆老人送到苏北人民医院急诊室抢救。路上，赵管家还接通了江苏省苏北人民医院的绿色通道。到达医院后，老人立即被送到急诊室，赵管家则去为他挂号、缴费，并陪同老人做各项检查。经过诊断，医院值班大夫决定老人住院治疗。赵管家帮助老人办理了入院手续，并为老人安排好了陪护人员。

第二天清晨7点多钟，管家赵万玘终于联系上了老人大女儿。等到他女儿到病房后，赵万玘与他女儿做了仔细的交接后才离开医院，回到公寓已经上午10点多了。

由于送医及时，谭本昆老人在医院住院治疗2周后即痊愈出院了。出院那天，老人子女把老人送回公寓房间后，还专门到公寓服务部对赵万玘、方梅兰两位管家表示感谢。

二

2018年1月的一天夜里，寒风呼啸、天寒地冻。公寓服务部接到保姆电话，说会员吴老先生在家突然昏厥。公寓管家和曜阳康复医院的医护人员得知情况后，一面对老人迅速进行基础救治，一面和家属取得联系。在征得家属的同意后，他们迅速派出救护车，医护人员随车陪着老人，同时与已经开通绿色通道的扬州市第一人民医院联系，只用了二十多分钟，便将老人送往医院进行救治。经过抢救，老人转危为安。老人的子女十分感动，说："这样的寒夜，你们用这么短的时间就把病人送到了医院，就连我们子女也做不到啊！"

曜阳养老 人文关怀的探索与实践之扬州曜阳

【点评】

随着独居老人越来越多，及时发现老人的突发病情并送医处置，考验着社区养老机构的服务人员。在信息化手段的帮助下，协调各类医护力量及时为患病老人提供医疗健康服务，并及时通报其家属，这就是扬州曜阳人文关怀中的医养结合。

守护生命用爱心

扬州曜阳大院内的曜阳康复医院虽然规模不大，但在曜阳公寓会员和周边老人的眼里，它就是生命的守护天使。多年来，曜阳康复医院致力于老年常见病的治疗和各种慢性病的康复研究，尤其是去年与苏北人民医院合作以后，对老年病的治疗和康复达到了一个新的境界。

▲ 公寓医院检验室

老有所医

2017年3月的一个上午，70岁的公寓会员卢筱凤老人突然感到头晕目眩，四肢无力。在曜阳管家的帮助下，老人随即来到公寓大院内的曜阳康复医院。经过全面检查，医生诊断为颈椎压迫神经引起的眩晕症。医生专门为她制定了康复治疗的方案。经过一段时间的针灸、推拿、刮痧、水疗等一系列的康复治疗，困扰她多年的颈椎病治好了。卢阿姨开心极了，她对朋友说："虽说我在扬州没有亲朋故旧，但住在扬州曜阳比在家方便多了，连治病都不用出大门。来曜阳养老来对了。"为了及时减少病痛，卢阿姨在医护人员的指导下，购买了一套水疗的设备，每天坚持在家进行康复治疗。现在的卢阿姨，每天活跃在健身房，一点不像七旬老人。

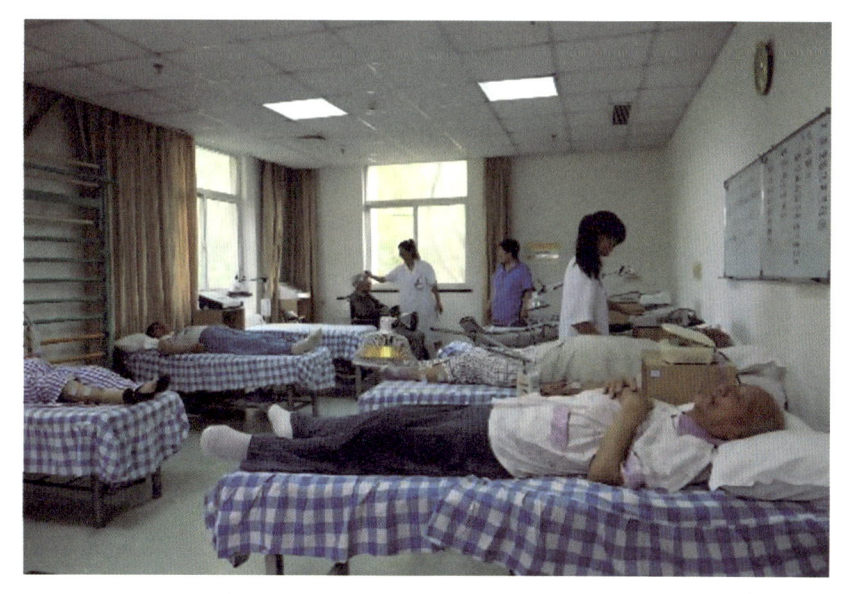

▲ 会员们正在公寓医院康复治疗室做康复治疗

曜阳养老 人文关怀的探索与实践之扬州曜阳

目前住在曜阳康复医院进行康复治疗的刘肇鼎、熊秀芳夫妇，都已是年过八旬的老人了。刘肇鼎老先生长期从事教育工作和学校的领导工作，积劳成疾，特别是年岁渐高以后，身体状况不佳，患有胆结石、白内障、高血压等多种疾病，还一度脑出血，留下较严重的后遗症，生活不能自理，不能说话，性情也变得比较暴躁。老人的子女带着老人多处求医，在多家医院治疗，吃了好多药，可疗效就是不理想，后听别人介绍扬州曜阳康复医院有专门针对老人常见病的康复治疗项目，便带着老人来试试。

医生们针对刘老的病症，制定了一套综合治疗方案。经过一段时间的治疗后，刘老先生的状况有了明显的好转。为了方便老人长期的康复治疗，老人的几个子女商量了一下，干脆给老人在公寓租住了一套公寓房。这让老两口乐得合不拢嘴。这样他们上午在医院进行必要的治疗，下午就在风景优美的金湾河畔散步。数月下来，刘肇鼎老人的病情逐步好转，现在生活能够基本自理，独立走路，还能说话与人交流。儿女们感慨地说："曜阳真是一块福地，父母在这里不但住得好，连病都好得快！"

【点评】

老年人是心脑血管类疾病多发的群体。心脑血管疾病一旦发作，重者危及生命，轻者经抢救后也容易出现偏瘫等严重功能障碍。中国红十字会总会事业发展中心在扬州打造阳康复医院与老年公寓的联合体，就是要为入住老人提供全方位的医养结合养老服务。康复医院将老年常见病的治疗和康复作为自己的业务方向，对老年人的尊重和关爱，也是人文关怀的具体体现。

老有所医

"救命车子"常救命

衣食住行，是一般人的生活必须，而对于老人，特别是耄耋老人和患有疾病的老人来说，"医"却是放在第一位的重要元素。而对住在扬州曜阳里的老人来说，他们的心是踏实的。因为，公寓不但有康复医院，还有一辆救护车。别看这辆救护车平时停在那儿不起眼，可关键时刻却作用非常大，能在最短的时间内，把老人送到更好的医院急救。因此，公寓里的老人都称它为"救命车"。此话一点不虚，最近发生的几件事，就充分证实了这个"救命车"名副其实。

一

2013年2月13日中午，82岁的独居老人吴祚建吃过午饭，慢慢地往宿舍走。走着走着，便觉得心里难受。吴老想，快到自己宿舍了，回去好好睡一觉也许就会好了。他艰难地挪着步子，慢慢地走进了电梯。电梯门一打开，吴老更觉得难受。他眼看着自己的房门就在不远处，却怎么也走不了，也叫不出声，眼睛一黑，便失去了知觉。

住在靠近电梯的夏建慧奶奶听到门外的响动不对劲，便走出门外观看，恰巧发现倒在地上的吴祚建。夏奶奶赶忙按下紧急呼叫的按钮，一边叫来楼层里的其他邻居。大家有的掐人中，有的喂水。公寓的管理人员和康复医院的医生很快也赶来了，他们一看眼前的情景，不由分说，立即将老人送上公寓的救护车。在车上，他们和吴老的子女取得联系，又和指定的医院联系。20分钟后，救护车开到了市人民医院。车一到医院，医院急诊室的医护人员就迎了上来。经医生检查诊断，

吴老患的是心肌梗塞，病情万分危急，若是再耽搁几分钟，病人也许就无法救治了。经过医生的精心治疗，吴老现在又活跃在公寓的时政学习小组会上，他仍然保持着天天读报，关心国家大事、关心国际风云变幻、关心身边大事小事的良好习惯……

二

2014年3月25日凌晨1点多钟，住在扬州曜阳3202的魏蓉玲忽然听到楼顶上传来时断时续的"笃笃……笃"的敲击声，仔细再听，就是楼上3302的住户发出的声音。魏蓉玲心里一紧：楼上是独居的84岁的周焕成老爷子，近来听说他身体不适。这个时候敲击地面，绝非寻常。于是魏蓉玲按过呼叫按钮后，就赶紧往楼上跑。敲不开门正在着急，公寓管家和康复医院的医护人员赶到了。打开房门，发现周老先生已躺在地上，不能开口说话，仅有一点意识了。

在场的人员一起七手八脚地将周老先生穿上衣服，抬上公寓的救护车。救护车一路呼啸着驶向苏北人民医院。车一到医院，周老先生就立即被抬上了手术台。原来周老因其他病灶引发了脑积水，如果抢救不及时，将会危及生命。周老先生痊愈后，感慨地说："如果不是在曜阳老年公寓这么好的地方，也许我就再也见不到大家了。"

三

5月8日，是国际红十字日，这一天，公寓热闹非凡，因为今天将有好几拨社工要来公寓和老人们联欢。早上，各楼的生活管家照例挨家挨户地巡查，走到四号楼的周永林公寓时，发现周永林还睡在床上。

管家告诉他,今天公寓里有文艺演出,还有志愿者服务队,要不要去看看,周永林嘴里含糊不清地嘟囔了一句。管家巡查完回到办公室,觉得不对劲,就告诉了同事。一位年长一些的管家说:"不对,我发现他最近特别爱睡觉,肯定有问题!"于是,两人小跑着来到周永林家,只见他的嘴角流出一些带血的唾液。她们联想到周永林曾得过两次脑溢血,现在这个症状会不会是旧病复发呢?二人立即向领导和康复医院报告了病情。数分钟以后,领导和康复医院的医生都来了,他们看了老人的情况,初步诊断周永林老人再一次突发脑溢血,立即着手将周永林抬上救护车,并一路带着氧气包等急救物品,护送周老到了苏北人民医院。

因抢救及时,周永林老人现在状态已经有了很大的好转。他对来看望他的亲友们说:"有的人发一次脑溢血就回不来了。我在曜阳老年公寓发过三次脑溢血,都抢救过来了。多亏了曜阳有这么好的人、这么好的条件啊!"

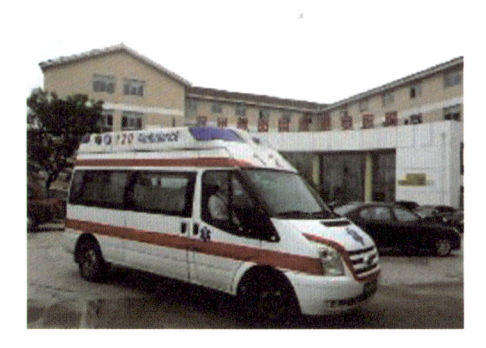

▲ 公寓 120 救护车　　　　　　▲ 医护人员和管家第一时间抢救吴祚建老人

其实,类似吴祚建、周焕成、周永林的事件,曜阳每年都会发生好多次,而每次都会在最短的时间内得到妥当的处置和解决。因为,曜阳有一支随叫随到、贴心周到的服务团队，有一套越来越完善的处置突发事件的措施和方案，还有一辆全天候待命的"救命车"。

【点评】

人命关天。有一支负责任的服务队伍，才会有一辆全天候待命的"救命车"，才会有与死神赛跑的救治，才会有一次次起死回生的奇迹发生。曜阳公寓的管家在巡视中能够及时判断出老年人的身体状况，充分显示了这辆"救护车"的专业水平。

我是真的没想到

2017年4月18日上午，扬州曜阳5号楼201的会员梁光玉奶奶将一面印有"技精　德重"的锦旗送到曜阳康复医院，并带来了一封感谢信，感谢她在住院期间康复医院的医生护士们对她的精心治疗和无微不至的照护，让她重获健康。梁奶奶这样写道：

我今年3月10号腰椎病突然急性发作，来势凶猛，疼痛难忍，当时整个身子一点也不能动，要挪半步都很困难。我沉住气，也不急于走动，心想多歇会儿就会有好转的。可是一直到了晚上还是这样，我真有点害怕了，心想这下完了，我要瘫下了。好不容易挨到了第二天早上，公寓的管理人员带来了个轮椅来看我，帮我穿好衣服鞋子，把我推到了康复医院，找到了陶阔祥大夫。陶大夫问完了我的病情后，他很快就提出了治疗方案。他说：先给你输液治疗，等情况稳定以后再做康复

老有所医

▲ 公寓会员梁光玉给医护人员送来锦旗

理疗。我看陶大夫挺热心，也不拒绝。我有点感动，但内心对他的医疗效果仍抱怀疑态度。

　　一上午输了三瓶液之后，自觉在病床上身子动动也不怎么疼了。于是我试着下地上洗手间，唉！怎么又可以像原先一样可以自由走动了——真是没想到如此神奇，变化这么快！病房的其他人和来看望我的公寓管家也觉得变化快，疗效好。连续输液几天后，陶大夫让我去做康复理疗。以前我也做过几种理疗，只觉得那是样子货而已，但我这次还是抱着试试看的态度，找到了理疗师包义生为我做针灸、拔罐。但在推拿前，我担心他会给我推坏了、推反了、推糟了，我想试试他的口气，我问他："你见过我的核磁共振的片子吗？"他很快地把片子放在我的眼前，给我讲解我的腰椎骨的病情，讲得很仔细很专业，头头是道，我打心里佩服他，于是由衷地说道："你很专业，在这小小的康复医院为老人治病真是屈才了！"他很谦虚，也不以为然，这真是我没想到的。为我做推拿的包大夫和小王医生，他们的手法很在行，凭着手上的功夫，就能在我的腰部找到我的病区、病灶，我真是服了他们。住在康复医院的病人，绝大部分都需要做理疗，每天上午需做针灸、推拿的病人很多，把病房的那么多病床都躺满了，天天要排队才能做得上，这真是我没想到的。

  我这把年纪的人住过许多医院，也见过很多各种病人和医护人员，他们的作风几乎大同小异。我们公寓的医院我也住过几次了，可这次一进到病房就有焕然一新的感觉，年轻的护士们打针挂水，针头也能百发百中，业务很是熟练。最难能见到的是护士长能亲自下病房查卫生，并用手探摸。如果有点问题，马上回头喊清洁工重新补课。在老年公寓的康复医院，像这护士长的认真态度和严格管理的方法，说明我们的康复医院已步入规范化的阶段。我真想为我们的康复医院点赞，为康复医院的领导点赞，为康复医院的医护人员点赞！

【点评】

  在经历了一段曲折的探索后，自2016年10月起，扬州曜阳康复医院终于走上了规范化发展的道路。这是一篇扬州曜阳入住老人根据亲身经历亲自书写的文字。曜阳康复医院作为公寓的重要组成部分，慢慢得到了老人的认可，逐渐造就了曜阳养老品牌的社会信誉与百姓口碑。

老有所乐

老有所乐

端午曜阳粽子情

农历五月初五，是中国民间的传统节日——端午节，扬州曜阳为了弘扬中华民族民俗文化，传承尊老爱老敬老的传统美德，在端午节期间特别举办了"满满端午爱，浓浓曜阳情"的关爱系列活动：一是进行包粽子比赛活动；二是由天长市民乐团为老年朋友来慰问演出；三是让老人走出公寓，参加社区的端午节纪念活动。

▲ 安徽省天长市民乐团来公寓慰问演出　　▲ 民乐团舞蹈队带来表演《中国大舞台》

在天长市民乐团老公寓的慰问演出活动中，生活在扬州曜阳的每位老人都真切地感受到了来自社会各界的温暖和关爱。演出在民乐合奏中拉开帷幕，歌曲演唱动感十足，二胡、笛子等表演经典传神，戏曲对唱默契，葫芦丝演奏诙谐幽默……一个个精彩的节目将本次端午节活动推向高潮，让老人们看得如痴如醉，纷纷拍手叫好。浓情民俗与精彩节目的搭配，让扬州曜阳的老年朋友们度过了一个难忘的端午佳节。

而在包粽子大赛时，老人们更是摩拳擦掌，驾轻就熟，欢声笑语一片。活动现场，粽叶、糯米、蜜枣、花生、红豆等一一被摆上桌，粽叶还散发着阵阵清香。裁判一声令下，老人开始取材料包粽子。来参加比赛的大多是技术娴熟的老人，在她们的巧手下，短短一会儿功夫，一个个精美的粽子就诞生了。不过也有些老人的技术比较生疏，包粽子时屡屡出现"纰漏"，好不容易包好了粽叶，糯米又漏了出来。部分老人对包粽子颇有心得，在比赛的过程中不断与同组伙伴分享经验，大家相互配合协作，一会儿工夫，成堆的粽子便呈现在眼前。尽管老人们的技术参差不齐，但大家都很尽兴。

▲ 第一组选手比赛接近尾声　　▲ 第二组选手比赛正如火如荼

今年的端午节，除了在公寓参加包粽子比赛，扬州曜阳的老人们还走出去，加入了社区端午纪念活动。部分老人应邀参加了在翠月东苑小区举行的"品味端午节，传递大众情——端午节体验文化趣味活动"在活动现场，扬州曜阳的老人们表演了精彩的二重唱《儿行千里》及葫芦丝独奏，当社区观众得知她们年龄都是80岁以上老人时，无不为她们的精彩表演喝彩、鼓掌、赞叹。在社区举行的包粽子环节，公寓三位老人娴熟的包粽技巧和粽子精致的造型，征服了现场观众和评委，夺得第二名的好成绩。活动结束后，社区将粽子蒸煮后，送给了社区的困难党员、贫困户和低保户，让他们也一起共迎传统佳节，感受幸福。

【点评】

　　老年人有社会交往的合理需求。让老人尽可能走出小小的个人生活圈，广泛地参与公寓、社区的集体活动，展示才能、切磋技艺、结交朋友、焕发青春，这是扬州曜阳深入研究老人心理需求并加以满足的具体例子。

竞猜灯谜庆元宵

　　2016年2月22日，农历正月十五，是传统的元宵节，扬州曜阳多功能厅早已是张灯结彩、灯火辉煌。大厅的上空挂满了大大小小的灯笼，正中间四张鲜红闪亮的灯笼上，正反两面张贴着醒目的大字："元宵灯谜"、"福寿曜阳"。

▲ 会员王长福、谈鸿声互相探讨谜面　　　▲ 曜阳元宵灯谜会现场

曜阳养老 人文关怀的探索与实践之扬州曜阳

  上午9点不到，扬州曜阳的老人们陆陆续续来到灯谜会现场。主持人说明活动细则之后，猜灯谜的活动就正式开始了。老人们在谜面面前，或低头沉思，或用笔在纸上写着什么，没带纸笔的则在手心上比划着；还有的三三两两聚在一起轻声商量、猜度着……而猜出谜底的忙争先恐后的举手，跑到兑奖处核实结果，主持人宣布正确之后，一脸的欢喜跟小孩子似的，有的甚至还高举双手蹦跳起来，并拿着猜中的小奖品又投入到猜谜现场中；而当知道自己没猜中时，也不气馁，笑了笑立马转身回去继续猜谜。大家一个个都非常认真、投入。

  一上午的时间，三百多条灯谜被老人猜中了一大半，兑奖处原本堆积如山的奖品，也剩下不多了。这次的灯谜会，会员尤复、殷尔翔、胡爱华、王长福等老人"表现突出"，每人都猜中了10条以上，堪称"射虎高手"。看着他们手上满载而归的小奖品和脸上露出开心的微笑，想必明年的灯谜会还会再来力拔头筹。

▲ 拿着纸笔认真研究谜面　　　　　　▲ 核对谜底领取奖品

老有所乐

> 【点评】
>
> 元宵猜灯谜，是中华民族的传统文化活动。扬州曜阳开展元宵猜灯谜活动，不仅激发了老人的思维活力、有利于延年益寿，而且传承了优秀的传统文化，给予了老人精神文化层次的人文关怀。

春游踏青精神爽

2015年4月1日8时40，一辆大巴车在茱萸湾公园的门前停了下来。车上抢先跳下两名工作人员，守在车门口伸出双手，将车上的人一一搀扶下来，并高喊着："两人一排，手拉手，一起走。"在一队队红领巾飘飘的小学生队伍中，这一车人显得很特别，因为他们虽然和小学生们一样兴奋得有说有笑，但他们个个都是满头白发。看看他们胸前挂着的信息卡才知道，原来这是扬州曜阳的老年会员春游来了。

这已不是扬州曜阳第一次组织会员外出游玩了。这几年，每到春天，公寓都要组织老人们外出游玩，去年就组织了五十多名老人到杭州旅游。但对八、九十岁的老人而言，过远的外地游则对他们的体力是个考验。针对老人一般深居简出的生活规律和在公寓入住的有不少是外地老人的情况，因此，公寓大多组织他们在近郊游玩，特别是扬州富有特色和新建的地标性场所，如扬州瘦西湖、个园、何园、凤凰岛、"双东"历史街区等，以及扬州泰州机场、双博馆、江都水利枢纽工程等。

曜阳养老 人文关怀的探索与实践之扬州曜阳

▲ 列队漫步走在春游的路上

老人们一路欢声笑语走进了茱萸湾公园。91岁的胡梅芳老人兴高采烈地和几个老朋友坐上公园的游览车前进了。潘庆斌夫妇走在队伍的最后面。他们边走边聊，一边欣赏大自然的美丽，一边畅谈人生的感悟，还不忘记用手机把美景"带回家"。

郑志超夫妇已入住公寓好几年了，平时很少外出。这次公寓组织春游，恰巧郑老的老伴生病住院，听说公寓组织春游，便和前来看望她的公寓工作人员说，一定要带郑老去春游。郑老今年已经87岁，眼睛又不好使，公寓便特别安排工作人员一直搀扶着他游完全程。这让郑老非常感动，说这是他最开心的一次郊游。

老人们来到公园北端的动物园时，看到平时难得一见的各种动物，兴奋得又叫又跳，仿佛又回到了童年时代，尽情享受着童趣。他们有的拿出包中的食物分发给调皮的小毛猴，有的赶快拍照，并与它们合影。尤其是"欢乐少年"王长安，他不仅逗活蹦乱跳的猴子玩，还拿

老有所乐

▲ 哎，快给我吃的哟　　　　▲ 可爱神奇的小狐猴，我来给你们拍个照

起相机跟4只石头猴子拍照，由于没对准，结果丢了一只。回来看到照片，老人很是遗憾，好想回去再补拍一次。

茱萸湾公园真是一个和谐的大家庭，许多动物都平等和谐地共生，火烈鸟、松鼠、孔雀、狐猴、斑马等等，见到老人们来了，不但没有恐惧地躲藏起来，反而和老人亲密接触，这让老人们意外地惊喜，便纷纷拿出包里的食物，来款待这些"小朋友"。

老人们一路走一路看，要上坡了，大家就相互搀扶着，要过桥了，前面的提醒着后面的人，工作人员则重点关照几位腿脚不便和眼睛不好的老人。王长安是这支队伍中的"中青年"，他既经常照顾别人，也让别人担心他。因为他爱好摄影，经常为了取景，他爬高下低，很是"不安分"。不过，这次他可是收获满满，拍了上百张照片，花团锦簇，人在花中，花映人面，让老人笑得美滋滋的。

集合的时间到了，老人们仍然依依不舍，恨不得和每一只小松鼠、小狐猴都拍一张照，和每一只火烈鸟说一声"再见"。娄源芬女士自豪地说："今天，是我走的最远的一次。"一上车，老人们就迫不及待地问王秋林副院长，"下次还到哪里？"王院长说："只要你们听话……"话音刚落，大家都开心地笑了。

115

曜阳养老 人文关怀的探索与实践之扬州曜阳

▲ 游玩的老人们集体留影

回来后，老人们讲起游玩的趣闻滔滔不绝，这让没有去的老人十分惋惜。应大家的要求，第二天，公寓又继续组织第二批老人春游茱萸湾。

【点评】
　　让白发苍苍的老人成为"顽童"，让春天的气息在老人身上萌发。适时组织身体状况允许的老年人出游，对老年人身体与心情是很好的调节。

谁包粽子多又快

　　扬州曜阳的节日似乎都来得比较早，持续的时间也格外长一点。这不，6月19日，端午节的前一天，曜阳大院内就有了浓浓的节日气氛。老人们刚领到公寓赠送的绿豆糕，就忙着到餐厅去参加公寓组织的包

老有所乐

粽子比赛。

比赛要到9点钟才开始呢，可8点半刚过，老人们就陆陆续续地来到了比赛场地。餐厅的台上张贴着巨大的彩色横幅——繁花似锦五月天 开心曜阳乐无限。会标是"2015端午节扬州曜阳包粽子大赛"。

▲ 参赛选手"严阵以待"

今天参加比赛的选手有点儿特别，一律是女性。她们是孟繁珍、陈云珠、胡爱华、周玉凤、杨红芬、徐惠兰、李卉兰、桂永苓，共八位。年龄最大的陈云珠今年83岁，最年轻的桂永苓60多岁。今年这八位老太太都穿着花衬衫，显得格外俏丽。八位选手坐在场上候赛，心里有些按捺不住，手上也就没事找事，不是翻翻粽叶，就是理理扎粽子的绳子。渐渐地，台下的观众越来越多，连刚刚出院的93岁的吴祖庚老人也在妻子的搀扶下来到了现场。老爷子、老太太们站在比赛的台子前，七嘴八舌。有的老太太有些后悔，没有报名参加今天的比赛，否则今天一定会大显身手。今天评委的力量也不弱，评委团由王秋林、王月娥、钱炳根、余志芬、梁光玉等组成，他们分别是公寓领导、员工、会员代表和楼长。

9点10分，工作人员宣布比赛正式开始。只见这边话音刚落，台

曜阳养老 人文关怀的探索与实践之扬州曜阳

上的几位老太太的手上就动开了。老太太们包粽子的技法各有不同，有人包的是三角粽，有人包的是小脚粽；有人先将粽箬圈成一个漏斗状，然后往里面灌米，再将粽箬随形围绕，最后封口扎绳。有人先把粽箬围好基本轮廓，留一小口，然后往里面灌米，最后封口扎绳。包粽子有一道关键的工序，就是最后的扎绳。绳子扎得紧，粽子就紧实，绳子扎不紧，则前道的工序再好，包出来的粽子不够紧实，成绩就会打折扣了。可扎绳全靠用牙咬住绳子一头，另一头用手扎绕，牙不好的人就吃亏了。台上八位选手中，有的人牙齿不全了，最后扎绳子时就有点松散。

▲ 选手们紧张有序地在包粽子比赛中（左一为获得一等奖的孟繁珍老人）

▲ 评委在为各位选手包的粽子进行认真评分

选手们这边厢凝神屏息，暗中手上较量，那边厢台下观战的比台上的还着急。大家伙看到台上一号选手孟繁珍手下功夫不弱，一会儿工夫包好的粽子数量就超出了其他人，便忍不住为她鼓劲，喊起了加油。一旁的院长王秋林趁势为每一个选手加油。整齐有力的拉拉队喊声引来了更多的老人，场面更是热闹。台下再热闹，台上的选手仍然很淡定，圈粽叶、灌米、封口、扎绳，有条不紊，一丝不苟。而且经过一段时间的热身，选手们的速度也明显比刚开始快了，每个选手面前的粽箬和糯米在快速地减少。

9点40分，工作人员开始倒计时，选手们手上的粽叶则像一只只蝴蝶，翩翩起舞。时间到，大家一起围到台前，帮着评委数："一、二、三……"经过评委和观众的评议，比赛有了结果：一等奖得主孟繁珍，在规定的时间内包好了32只粽子，数量占绝对优势。二等奖情况比较复杂，有几位数量相当，可不够紧实。而桂永苓虽然数量不占优势，可她包的粽子型好、紧实。经过评议，最年长的陈云珠和最年轻的桂永苓获得二等奖，其他选手获得三等奖。刚评出结果，台上的台下的就笑成了一团，大家还煞有介事地进行了一场颁奖仪式，每个人都上台和选手合影留念。获奖的选手更是捧着奖品不离手，脸上笑开花，那阵势简直比奥运会上获奖还风光。王秋林院长告诉大家，今天包的粽子明天端午节发给大家吃，这话音刚落，人群中又是一阵欢笑声，有人说早知道是发给大家吃的，我就包大些了。还有的人说小的好，煮得透，就爱吃小的。

说到吃，有的老人关心起明天的菜谱来了，因为不少老人明天儿女要来探望，得备一些适口的饭菜。餐厅师傅亮出明天的菜单：早餐是肉包、粽子、馒头、粗粮稀饭、鸡蛋、小菜；午餐是荷香粉蒸肉、土豆烧鸭腿、卤仔鸡、洋葱炒腰花、豆腐羹、蒿瓜炒毛豆米、炒小青菜、醋椒海蜇、西红柿鸡蛋汤；晚餐是稀饭、花卷、玉米、芋头。不少老人觉得不够，因为明天来的家人比较多，要订一桌酒席。餐厅师傅满口答应，只是要早些订下，明早好采买，保证食材是最新鲜的。当即就有三位老人预订了明天中午的酒席。还有的老人则早就被儿女们预订，明天到孩子家里，过一个团圆节。一位姓卜的老人说，今年她的大外孙女刚刚参加过高考，小外孙女明天又参加完中考，两个女儿约定接他们老两口出去过端午节。后天星期天，老两口则请女儿女婿他们到头道河附近的船上吃江鲜，这样把一个节日拉长了慢慢享受，更有滋味。

曜阳养老 人文关怀的探索与实践之扬州曜阳

▲ 包粽子大赛后，选手与部分会员老人、工作人员合影留念，开心过端午

说话间，餐厅的师傅们已把刚包好的粽子放进大锅里煮上了，不一会儿，餐厅里就弥漫开了粽子的清香。端午节就这样开始了……

【点评】

端午节到粽子香。扬州曜阳国际老年公寓在端午这个传统节日里，举办包粽子比赛，不仅让老人感受到比赛的紧张刺激，更能体会到集体活动的快乐温馨。一个精心组织的节日活动，让老人把平常的日子过得有滋有味、活色生香，这就是人文关怀之精神关怀。

曜阳里约奥运会

入夏以来，扬州连续高温，非常炎热，扬州曜阳充分利用硬件资源优势，启动了老人游泳项目。工作人员提前对游泳馆进行整理，并对泳池进行清洗、消毒。曜阳游泳馆开放后，不仅为老人提供了避暑纳凉的好去处，还成为老人们健身强体、奋勇争先的竞技场，深受游泳爱好者的欢迎。

2016年8月，万里之遥的巴西，里约奥运会正如火如荼进行着，中国奥运健儿奋力拼搏，夺取了一块又一块的奖牌。为了弘扬奥运体育精神，强身健体，丰富公寓老年人的文体生活，8月18日下午，扬州曜阳在公寓游泳馆办了公寓首届老年游泳比赛，近20名老年游泳爱好者参加了比赛。

▲ 公寓会员女子组游泳比赛　　▲ 公寓会员男子组游泳比赛

参加比赛的老年选手们早早就来到了游泳馆，做热身准备。由于参赛选手年龄偏大，除了救生员外，比赛的全程都安排了曜阳康复医院的医生和护士在场，以防发生意外时可以第一时间实施救护。

参加游泳比赛的老人年龄在50~80岁之间，比赛分男子个人组和女子个人组。由于参加男子组比赛的老年人年龄悬殊较大，考虑到老人的体力以及比赛的公平性，故将男子组按年龄划分为70岁以下和70岁以上两组，每组各设冠、亚、季军各一名。

比赛开始了，老人们蝶泳、蛙泳、仰泳……随意变换着各种姿势，潇洒舒意、怡然自得地在泳池中畅游。无论是获得第一名还是坚持到

曜阳养老 人文关怀的探索与实践之扬州曜阳

最后的游泳老人，都赢得了在场观看的其他老人和现场服务、维护安全的工作人员的叫好声和掌声。

▲ 公寓李彤院长为 70 岁以上的男子组第一名颁发奖品

▲ 所有参赛会员合影

【点评】

　　生命在于运动。扬州曜阳充分发挥自身的硬件优势，利用里约奥运会的契机，举办老年人游泳比赛，不仅激发了老年人的生命活力，而且提升老年人的身体素质，为老年人提供了集体活动的欢乐和享受。值得赞许的是，安全得到了高度重视，除了救生员外，医生和护士全程在场"护驾"，周密的安全防护措施确保了活动效果。

美妙歌声通中外

　　7月2日上午，扬州曜阳迎来了一批特殊的客人。他们是来自地球另一端——南非和澳大利亚的客人。

这些客人是参加由中国星体育文化有限公司主办的"乐动万里情"音乐交流活动的演出人员。今天,他们来到曜阳,是要进行一场公益演出。此次演出旨在通过音乐交流的方式,为中外学习、热爱音乐的人士提供交流、切磋的机会,在音乐方面取长补短,并以此进一步了解不同国家的文化背景、教育模式等。

▲ 澳大利亚悉尼的圣斯哥拉斯提克女子学校的学生们在演奏

▲ 南非比勒陀利亚的圣奥尔本斯男子学校的孩子们演出极具民族风格的南非音乐

活动定于上午 9 : 30 开始。可 9 点钟还不到,这些小演员们便早早地在公寓的多功能厅排练起来。其实这只是一场公益演出,听众也只是一批老人,可他们丝毫不敢懈怠,都在以最好的状态准备着。这次来参加"乐动万里情"音乐交流活动的小演员,主要来自两所学校,分别是南非比勒陀利亚的圣奥尔本斯男子学校(St Alban's College),以及澳大利亚悉尼的圣斯哥拉斯提克女子学校(St Scholastica's School)。圣奥尔本斯男子学校共来了 47 名学生和 3 位老师,这些学生将组成合唱以及管乐组合,呈现非常精彩的具有非洲和南非特色的曲目及表演。圣斯哥拉斯提克女子学校来了 11 名学生,2 位老师,她们将以弦乐组合的表演为主。

听到孩子们唱开了，老人们也不由得加快了步伐，纷纷进了场。一会儿工夫，能容纳两百多人的大厅坐满了，连平时坐轮椅的老人也让人推着来了。最兴奋的当数"快乐少年"王长安老人了，他身上背着相机，同时帮着调试音响设备，还不忘练嗓子，抓拍好镜头。

演出开始了。第一个节目由南非比勒陀利亚的圣奥尔本斯男子学校的学生表演。只见小演员们从会场的最后一排，唱着歌依次走上舞台。孩子们边舞边唱的表演形式以及天籁般的声音，让老人们如痴如醉，忍不住跟着他们的节奏一起拍起手来。一曲终了，该老人们表演了，可老人们还沉浸在刚才乐声中，享受着刚才那精彩的一幕，连主持人上场的催促声都没有听见。

公寓老人今天的表演也不错。老太太们一律是橘红色的衬衫白裤子，脚上是黑色的高跟鞋；老爷爷们一律是白衬衫白裤子白皮鞋，红领带，还化了淡妆。他们齐刷刷地走上台，那气势简直就像一支训练有素的专业团队。《有家，有家在曜阳》是他们自己作词作曲，自己编排演唱，因此唱起来格外深情，分外好听，赢得台下一片掌声。

澳大利亚悉尼的圣斯哥拉斯提克女子学校（St Scholastica's School）的女子乐队也不示弱，她们演奏了悉尼著名的民歌《牧羊曲》，那舒展辽阔的草原景象在她们的乐曲里一展无遗，把人们带进一派田园风光里。紧接着，她们又演奏了中国歌曲《保卫黄河》。这首曲子是她们刚学的，虽然还不能达到理想的水平，但她们一丝不苟的演奏仍然博得一阵阵热烈的掌声。

演出达到了高潮，宾主们你方唱罢我登场，老人们拿出了所有的节目，使出全身的本领，和孩子们相互唱和。最让这些外国孩子惊讶的是，

老有所乐

这群七八十岁的老人居然还把模特步表演得像模像样，很有明星范儿。一队穿着绣花丝绒旗袍的老太太们一上场，台下的孩子们就情不自禁地鼓起了掌，这掌声一直持续到老人们下场。

▲ 扬州曜阳的老人演唱《有家，有家在曜阳》　　▲ 中外"艺术家"们来张合影吧

节目一个接着一个，将近尾声了，可大家都似乎不舍散去。这时谭晓宁老先生走上台，献歌一曲《曜阳故事》："曜阳故事多，充满喜和乐……欢迎你到中国来，曜阳来作客……"歌中唱的什么，客人不一定清楚，但老人动情的歌声已深深地走进了他们的心里，语言不通没关系，歌声是大家共同的语言，在歌声里，他们早已不陌生，早已心心相印了。

【点评】

能够参加一次国际文化交流活动，是很多老年人难得的人生经历。扬州曜阳积极协调有关机构，为入住老人提供了一次欣赏外国文化艺术并与之交流的机会，是颇具匠心的人文关怀。

暖冬同享天伦乐

2014年12月30日，是一个温暖的冬日。这一天的午后，扬州曜阳二楼的活动大厅里，人声鼎沸，笑语喧天。原来，今天是扬州世明双语学校的小朋友和扬州曜阳的老年朋友们一起迎新送旧，举办联欢会呢。

偌大的活动厅里很快就坐满了人。这边小朋友们好奇地打量着华丽的会堂，那边老人们笑眯眯地看着活蹦乱跳的小朋友。每有一位老人进入大厅，孩子们便亲热地叫着"爷爷"、"奶奶"，把老人们乐得合不拢嘴，只顾忙着笑着点头。网名"欢乐少年"的王长安老人仍是全场最活跃的人，他脱掉棉衣，手端着相机，在人缝里找地方，这儿拍一张，那儿拍一张。也真有意思，人们好像约好了似的，只要是被他的镜头捕捉到，都相当配合地摆出一个俏皮活泼的造型，把老王高兴得像条鱼儿在人堆里游来游去。

▲ 世明学校三年级学生表演"三句半"　　▲ 世明学校五年级学生小合唱《最好的未来》

演出开始了。世明双语学校的小学生用稚嫩而又清亮的嗓音，吟唱了古典诗词，把老人们带进了一个如诗如画的世界。一时间，这些

老有所乐

白发斑斑的老人们忘了今夕何年，忘了身在何处，仿佛时光又把他们带回到了那难忘的青春岁月……。扬州曜阳的老年合唱团走到了台上。老爷子们白衬衣深色西服，老太太们则一律鲜红的上衣。86岁的陈哲老太太是这支合唱队的指挥。她白发红衣，腰板挺拔，健步走到队前，缓缓地抬起了双臂。音乐响起，嘹亮的歌声在大厅里回荡。《美丽中国进行曲》《坐着高铁去北京》，二十五位老人们站成一个方阵，欢快进行着领唱、合唱、多声部轮唱……担任男、女声领唱的是何成虎和郭明利夫妇。他们可是扬州曜阳的"明星"夫妇，每有演出，他们都是当然的主唱人员。夫妇二人在台上完美的配合让人们不敢相信这是一对年过八旬的老人。孩子们也被老人的精彩演出震撼了，他们情不自禁地跟着节奏打着拍子，台上台下都沉浸在美妙的歌声里了。

世明双语学校二年级小朋友上台来说相声了。两个稚气未脱的孩子，说起话来有时还奶声奶气的，可他们捧哏、逗哏等，一板一眼，逗得台下的爷爷奶奶们忍不住捧腹大笑。孩子们天真活泼的演出让老人们心里感受到了一阵阵清新，仿佛自己也有了一股子不服老的朝气。这不，久负盛名的曜阳老年模特队上来了。男士们白衬衣黑西裤，红领带，头上还戴着一顶牛仔帽，看上去既绅士又帅气；女士们更是抢眼。她们清一色黑丝绒的旗袍，身上还镶满了晶莹闪亮的珠片，脚上一律是黑色高跟皮鞋。随着柔美的《边疆的泉水清又纯》音乐响起，他们一一走向前台，向人们展示着他们矫健优美的身姿和步态，展示着他们心底的那份从容和欢欣。岁月可以夺去他们青春的容颜，可是在曜阳，他们又找回了青春的豪情，皱纹算什么？白发又白得了什么？人生八十好年华，怎能不开怀？

别看扬州曜阳国际老年公寓的会员们平均年龄达到79岁，可他们中藏龙卧虎。由吴祖庚、王岩、胡美芳、郑志超、邵婉、代为奎等老

人演唱的小合唱《我是一个兵》气势磅礴。他们中有的是抗日勇士，有的是党的地下工作者，有的是抗美援朝的英雄。一支歌把他们带回到了硝烟弥漫的岁月，战斗的豪情更使这些老战士真情流露，豪气勃发。朝鲜族奶奶裴喜顺领跳的朝鲜族舞蹈《大长今》以其柔美、舒缓的韵律，把台下的孩子和老人都看呆了。这哪是白发奶奶的舞蹈？分明是一群少女在载歌载舞啊！曼妙的舞姿让台下的观众禁不住激动难耐，一位老会员的子女也毛遂自荐，上台跳了一曲古典舞蹈，让观众大呼过瘾！

▲ 曜阳会员大合唱《美丽中国进行曲》　　▲ 曜阳的老兵代表们合唱《我是一个兵》

老会员在纵情歌舞，孩子们在尽情欢乐。这是一个欢乐的漩涡，只要你走近，就会情不自禁地加入到这欢乐的洪流中，连一向习惯于多做少说的公寓员工们也被这欢乐气氛感染着，也加入了这欢乐的大聚会。小合唱《好大一棵树》深情地表达了员工对老人们真挚的情意，他们在工作之余赶排的几个节目，算是送给老人们的新年礼物。

欢乐的人儿心不老，对此，幸福的曜阳会员们感受最深。

老有所乐

▲ 迎新年联欢活动圆满成功，"祖孙"来个"全家福"留影纪念

【点评】
　　少年儿童的蓬勃朝气，能够瞬间去除养老机构的消沉暮气。有条件的养老机构，可以经常组织老人与少年儿童联欢，有利于唤醒老年的生命记忆、激发老年人的生命活力、丰富老年人的精神生活，这就是人文关怀。

百家喜拍"全家福"

　　2015年元旦，天空晴朗，阳光和煦。扬州曜阳大院里，一派欢乐景象。除了鲜艳夺目的红灯笼和大幅标语外，最突出的就要数老人们脸上灿烂的笑容了。不少老人家前两天就忙着买这买那，整理房屋，整理衣服。因为这几天儿女们放假肯定会来，同时，公寓要给每位入住的会员免费拍全家福，这才是老人们最感兴趣的事呢。

　　前几天，公寓服务部刚把这项活动的内容通知大家，公寓的老会员邓老爷子就瞒着老伴报名拍摄全家福。为什么要瞒着老伴呢？原来，

129

邓老爷子是要把这全家人聚在一起拍照的喜事作为送给老伴即将到来的80岁生日的一份礼物。邓老夫妇俩在扬州曜阳生活，不愁吃不愁穿，也不愁没玩伴，就是挂念儿孙们，老伴更是常常挂在嘴边唠叨。今天，约孩子们来拍一张全家福，可以让老伴想孩子的时候看看照片，就不用太牵肠挂肚的了。邓老爷子这两天可上心了，他一有空闲就对着镜子咧嘴眯眼地笑，老伴看他神秘兮兮的，也不知他葫芦里卖的什么药。其实，邓老爷子心里有个纠结的事儿：老伴从年轻时就嫌他每次拍照都是闭着眼的，所以不愿和他拍合影。邓老爷子希望这次公寓聘请的专业摄影师能拍出他最好的状态，让老伴看了心里更高兴，成为他们最美的生活见证。

▲ 公寓会员邓老夫妇

老有所乐

公寓的老会员陈叔叔与老伴也是高兴得像一对老小孩儿。他们不但和儿女们再三约定时间，还特意打开衣柜，拿出了轻易不穿的礼服。老夫妇俩穿上新衣后，你看看我，我看看你，老爷子替老太太整整衣领，老太太给老伴拉拉衣襟。看看实在挑不出毛病了，老俩口才笑眯眯地来到公寓门口，等待孩子们的到来。不一会儿，老人的三个女儿带着浩浩荡荡的一队人马到了。儿女们看到难得这样衣着讲究的爸妈，越发觉得他们像孩子一样天真可爱，便忍不住开起了老人的玩笑。不想，陈叔叔却认真地说，这身衣服平时都不舍得穿，只有最重要的时刻才穿，今天拍全家福就是最重要的时刻，所以一定要像模像样的。儿女见老人这样认真，便也亲热地围在他们身边，喜气洋洋地拍下了团圆照。

▲ 公寓会员陈叔叔一家

曜阳养老 人文关怀的探索与实践之扬州曜阳

　　1月2日是殷老太太最高兴的日子。一大早，她就把香蕉、苹果、橘子等水果和零食放在果盘里，又把茶杯一个一个清洗干净。忙完这一切，再把自己身上的家常衣服换下，穿上一件时尚的外套，然后静静地等待着。老太太的子女大多在外地，她又是刚来扬州曜阳不久，对这里还不是太适应，所以格外想见到自己的孩子。今天，她远在外地的儿子和孙子、重孙子等一家人都要来这里，在扬州的子女也要来，真让老人高兴得合不拢嘴。一会儿，儿女们陆陆续续地到来了。刚刚呀呀学语的重孙奶声奶气叫着老太太，老太太的脸上笑开了花。拍过了全家福，老太太又特地和重孙子照了合影，一老一小，年龄相差80岁，可脸上的笑容是一样的灿烂。

▲ 公寓会员殷老太和她的家人

老有所乐

公寓为每位入住会员拍全家福的消息很快传开了，公寓二期的很多新会员也闻讯赶来，他们也同样愿意把这里作为自己的家，让每个家庭成员来感受这里欢乐祥和的气息，体验这里安宁静好的岁月。

▲ 公寓会员钱叔叔一家

▲ 摄影师在为邹建国老人一家拍摄全家福 　　▲ 会员韦乙一家在看拍摄好的"全家福"

曜阳养老 人文关怀的探索与实践之扬州曜阳

有道是"天增岁月人增寿"。阳光里的扬州曜阳，今天又新添了许多的老寿星，也给奋斗在各行各业的老人子女们增添了更多的祥瑞。

【点评】
　　家是情感的港湾。拍个全家福，留住大家庭美好的瞬间。在新年来临之际，扬州曜阳组织入住老年人与子女拍摄全家福，不仅让每个家庭成员都能感受到欢乐祥和的家庭气息，也让元旦节日多了一分家庭团圆的功能，更是突出了家庭在养老服务中的基础地位。

报童歌声送祝福

　　人们都说苦夏难捱。可住在扬州曜阳的老人们，却没有这样的感受。因为他们隔三差五的就有活动，让他们总是处在一种兴奋和新鲜的体验中。这不，刚过了处暑，就有一群小朋友和青年朋友们来和他们联欢了。

　　8月25日一早，扬州曜阳的大门口就乌泱泱地聚集了一大群人，有开着车来的，有乘公交车来的，也有骑电动车来的。其中有大人，也有孩子。原来，扬州邮政"我是小小报童"社会实践体验活动和扬州房地产信息中心义工服务队的慰问演出活动今天同时在公寓举行。这可乐坏了公寓的老人们，他们有节目的就赶紧换服装、化妆，没节目

老有所乐

的就早早来到大厅，找一个稳妥的位置坐下。连坐在轮椅上的老爷爷、老奶奶也被人们带到了现场，因此，还没到演出时间，会场就坐得满满的了。

一会儿，一大群身披绶带的小朋友走进了会场，这些都是扬州邮政的"小小报童"。他们的年龄参差不齐，大的有十多岁，小的只有七、八岁。别看他们年龄虽然小，可他们的爱心一点不少。这次他们将自己在暑假里卖30份报纸所得的6元钱捐出，购买了一批文学、历史、医疗保健、养身等方面的书籍，捐献给公寓的爷爷奶奶们。他们进入会场后，分散地坐在老人们身边，拉着老爷爷老奶奶说话逗笑，这让老人们笑得合不拢嘴。

◀ "小小报童"向曜阳的爷爷奶奶们赠送书籍

演出开始了。一个小不点的男孩上台主持节目，他煞有介事的样子，逗得台下笑声不断。孩子们带来的节目可真不少，有舞蹈、独唱、合唱、相声、器乐演奏、诗朗诵等，还有一些孩子表演了他们的绝活，如：唱英文歌曲、现场作画、背诵《水浒》108将人名、绕口令、印度

舞、跆拳道、说笑话等，虽然有的节目还比较稚嫩，但孩子们表演得相当认真，一个节目下来，表演的孩子都是满头大汗。孩子们的出色表演让老人们也不甘示弱，他们除了表演保留节目外，今天特地新增加了一个应景的节目——女生表演唱《卖报歌》。只见四位奶奶级的演员边敲击手中的乐器，边迈着轻快的舞步，充满情趣地唱道："啦啦啦，啦啦啦，我是卖报的小行家……"老人充满童趣的演唱，让台上台下笑成了一团。扬州房产信息中心义工服务队的队员们则除了一如既往地为老人们修电脑、修手机外，还在台前幕后默默地忙碌着，试音响、打投影……

▲ "小小报童"向曜阳爷爷奶奶们表演节目

演出渐入佳境，老人和孩子都拿出看家本领，将最好的状态呈现给观众。这时，公寓老人王长安使出一个秘密武器——现场教唱由他本人作词作曲的歌曲《一个人两件宝》。"一个人两件宝，双手和大脑……"；季绍绮老师一边教唱，孩子们一边认真地学唱。这首歌将人生的大道理用这种通俗易懂的方式教给孩子们，真是再好不过了。这么有意义又好听的歌，不但让孩子们学得开心，就连在场边等候的家长们也开心地跟着唱起来，整个大厅成了一个歌的海洋……

老有所乐

▲ "小小报童"与曜阳爷爷奶奶们合影

【点评】

关爱老人的道德品质，要从小培养、言传身教。组织少年儿童走进养老机构，用文体活动表达对老人的关爱，这是老人们最容易接受的形式。活动中的老少互动，不仅让孩子懂得了尊重和关爱老人，也让老人们在孩子身上看到了生命的旺盛、焕发了远去的童心，提升了晚年生活的幸福指数。

歌舞轻扬迎新年

2015年12月30日，离新年元旦还差两天，可扬州曜阳却已是到

137

处张灯结彩，呈现一派节日的喜庆景象，不但大门两侧挂上了大红灯笼，就连河边的柳树枝上也点缀上不少的小红灯笼。最热闹的地方还是餐厅，里面早已是丝弦之声不绝，花灯炫光耀眼。大厅内近三百个席位坐得满满的，后来的人找不到空座，只得在旁边加座，再后来的人只好站着了。

原来，今天是公寓老人们迎新送旧的联欢会。可今天的联欢会是公寓历史上人数最多的一次，不但本公寓的会员们都来参加了，而且扬州市和谐之声艺术团的演员们也来加盟，另有一部分来看房订房的人，听说今天有联欢会，也自动留下来，一边观看，一边也热情地表演了节目。

欢快热烈的扇舞《开门红》拉开了联欢会的大幕。10多位公寓会员和工作人员以跃动的节奏，点燃了人们心头的热情，红红的扇子吹开了心花，一片祥和、一派喜庆，就这样掀开迎接2016年的序幕。

▲ 葫芦丝齐奏《新年好》　　▲ 曜阳会员表演了朝鲜舞《阿里郎》

一曲熟悉的旋律响起，一个轻盈的身躯如一团火焰跃动到舞台中央，是"喜儿"！64岁的孙瑶老人表演了芭蕾舞《白毛女》中的一段华彩乐章"北风吹"。虽然容颜不再年轻，但心儿依然似火样热烈。由朝鲜族老人裴喜顺领舞的朝鲜族舞蹈《阿里郎》一上场，就吸引了所

老有所乐

有人的目光，只见10多位老太太们身穿白色短衣，下穿红色长裙，手臂轻摇，腰肢慢扭，和着舒缓的节拍，柔曼地展开了舞姿。谁说老人就一定四肢僵硬？谁说老人就一定反应迟钝？看台上这些六七十岁的老太太们，哪一个不像妙龄少女般娟秀可爱？哪一个不是展现出青春的容颜？一曲舞罢，台下一片铺天盖地的掌声。谭晓宁老人是公寓的"老演员"，他有一副天生的好嗓子，每次演出，他都有独唱节目。今天，他也不例外，自报了一个独唱歌曲《好人一生平安》。可不知是因为今天人太多，还是太激动，他上台唱了几句后就忘词了，有点儿尴尬。可台下的人像是约好似的，齐声帮他唱起了后面的歌词，真是一人唱众人和，收到意想不到的效果。

自从马忆程和马丽娟夫妇俩来到扬州曜阳后，公寓的京剧爱好者们就有了耳福了。今天这样隆重的日子，又怎能少了他们的节目呢？退休前为专业剧团京胡首席、国家一级演奏员、近九十岁的马忆程操起京胡来，没有一丝迟暮之气，弓一拉开，霎时就让人们走进了一派京腔京韵之中。马丽娟淡妆素服，一开口，婉转柔美的《黛诺》徐徐进入人们的耳中；再一行腔，字正腔圆的梅派名剧《贵妃醉酒》又让人们眼睛一亮，赢得了阵阵喝彩。今天，还有一对登台表演的夫妻，先生谈鸿声，妻子卜淑华。这对夫妻在集体节目健身舞表演中，配合默契，双方举手投足间，心意相通，动作既好看又到位，羡煞了好多单身老人。

和谐之声艺术团的演员们也是个顶个的强，他们表演的节目，无论是唱歌，还是舞蹈，抑或是走秀节目，都表现了扎实的功底和厚实的艺术素养，尤其是双人舞《吉特巴》，明快而热烈，浓厚的现代舞元素让公寓的老人们耳目一新；新疆舞更是以独特的异域风情和精湛的舞技让老人们赞不绝口。葫芦丝演奏《新年好》以载歌载舞的形式，丰富了舞台，活跃了台上台下气氛。

曜阳养老 人文关怀的探索与实践之扬州曜阳

▲ 旗袍走秀《二十四桥明月夜》　　▲ 曜阳会员大合唱《欢天喜地》《新年好》

　　《最炫民族风》是所有公寓人最耳熟能详的歌曲了，只要那音乐一响起，公寓的老人们就会情不自禁地展开腿脚，伸出胳膊，跟着音乐一起动起来。原先十多人的表演队伍慢慢地变成了数不清的庞大队伍，直至整个会场都唱成一片，舞成一片……

【点评】

　　辞旧迎新人增岁，欢欢喜喜迎新年。扬州曜阳举办元旦歌舞晚会，组织老年人自编自演文娱节目，用欢快的歌声、悠扬的曲子、优美的舞蹈，营造了欢乐祥和的节日氛围，为老人送上了充满幸福的精神文化关怀。

花团锦簇心情美

　　今天的阳光格外明亮，大蜜橘似的太阳，大方地把阳光洒向每一个地方。今天的风也格外的撩人，轻轻地吹在人脸上，不冷，只是有一种痒酥酥的感觉。这样的好天气不应该待在家里，应该出去走走。去哪儿呢？住在扬州曜阳里的老人心里早就有底了——今天去马可波罗花世界。这可是一个新建的景点，虽说离公寓不远，可要走去，也不是一件容易的事。既然大家都想去，公寓自然会帮大家解决交通问题。

上午 8 : 30 不到，公寓大院里已经站了很多等车的老人了，粗估一下，不会少于 100 人。看来一辆 33 座的大面包车和一辆 19 座的小面包车跑一趟是不够的，得跑两趟。公寓领导招呼大家上车，老太太和老爷子们互相谦让着，让年纪大些的和腿脚不太灵便的老人先上车，余下的人在院子里等待着下一趟车。很快，两辆车就返回接人了。就在这时，门口来了一对陌生的老夫妇，询问公寓还有没有可供两人居住的公寓房。王秋林副院长热情接待了他们，顺便也邀请这对老夫妇一同上车去游玩。这意外的美事让这对老夫妇高兴得不得了，二话不说就上了车。

马可波罗花世界坐落在万福大桥的南面，占地有 800 亩，设计总投资达 12 亿。目前虽然才是试营业阶段，而且进入秋季，花的品种不是很多，可那种大格局和旷达辽远的景象，还是给人一种耳目一新的感觉。

这个公园真大呀！放眼望去，高低起伏的大地上，除了各种花卉、树木以外，还有各种造型的亭台楼阁和雕塑，有中式的，也有西式的，林林总总，只觉两眼不够看。前面有辆小火车，那是园内的观光车，车身以鲜花和绿叶缠绕，甚是好看。不知谁带头上了小火车，老人们像一群孩子一样，笑着叫着爬上了小火车。小火车徐徐开动了，老人们一边看着沿路的风景，一边说笑着。

93 岁的抗日老战士吴祖庚在妻子的搀扶下，兴致勃勃，他不但自

曜阳养老 人文关怀的探索与实践之扬州曜阳

▲ 公寓会员们有序地排着队伍进园

己观赏风景，还给身边的爱人讲解，全无耄耋老人的疲惫之态，园内两公里多的路径，老人轻松地走过。88岁的葛美芬和83岁的黄俊英今天是坐着轮椅来的。这两位老人常年被病痛折磨，可心里也一样向往着和大家一起参加各种活动。今天她们在保姆的帮助下，行进在秋风和阳光里，行进在花丛中，像是走进了梦幻世界，睁大眼睛，总也看不够。陆志华教授自去年老伴去世以后，一直郁郁寡欢，常常一个人在房里待着，轻易不出门。今天，公寓领导动员他出来散心，他开始还有点不太情愿，等他进入公园以后，就慢慢地融入了这个欢乐的人群，忘记了忧愁，脸上绽开了笑容。郑志超老人走在如诗如画的公园里，完全变成了个快乐的孩子，和旁边的老人有说不完的话题。

谭晓宁先生是这群老人中的活跃分子，他不但歌唱得好，摄影技术也没得说。今天他边走，边不时地停下脚步，举起手中相机，拍风景、拍同伴，忙得不亦乐乎。爱好摄影的老人还不止谭晓宁，韦薇等人都

老有所乐

带了高档的专业相机、三脚架等器材，完全沉浸在这繁花似锦的世界里了。

侯华鑫也是独居老人，平时与人交往不多，性格也较内向。今天，他走在花径上，情绪也像这风中飘逸飞舞的花香，因而与周围的人有说有笑，乐不可支。他说有公寓安逸的生活，再有像这样轻松愉快的赏秋，真是锦上添花了。

▲ 老人们坐在观光车上像小孩一样兴高采烈

▲ 老人们精神矍铄

花团锦簇的公园里，走着一群银发的老人，在阳光下，在秋风里，在和平鸽的哨声里……还有比这更美的景象吗？

▲ 开心地发现除了花的世界还有这曲径通幽

▲ 不远处的新万福大桥雄姿

> **【点评】**
> 　　幸福的老年生活，不仅有油盐柴米的平淡，也有诗和远方的浪漫。扬州曜阳组织老人走出家门，沐浴在阳光里，行走在花丛中，就是走在人文关怀的温暖怀抱里。

月圆情浓庆良宵

9月27日，农历八月十五，中秋节。从上午起，扬州曜阳就弥漫着浓浓的节日气氛。小汽车来来往往，有公寓老人的子女来接老人回家过节的；有拎着大包小包，来陪老人在公寓过中秋的。

今天最开心的莫过于王长福和王文卿夫妇了。因为，今天不但他们在扬州的儿女们要来公寓和他们一起欢度中秋佳节，而且远在英国的女儿也早在数天前就来到了公寓。儿孙绕膝，天伦和乐，怎么能不让他们开心呢？不光是王长福一家团聚了，公寓半数以上的老人也都有儿孙们来了，因为公寓领导想得周到，十多天前，就分别给每家的亲属发了邀请信。邀请信这样写道：扬州曜阳将于中秋节晚上举行赏月舞会，诚挚邀请你们一同参加，与你们的父母、亲人共享天伦之乐，共享曜阳大家庭的温暖！

下午14:30，老人们午睡刚结束，公寓里就热闹起来了，原来是包烧饼比赛开始了。扬州市民历来有中秋节包团圆饼的习俗。今天，公寓也为老人们准备了发面和烧饼馅，咸的是萝卜丝肉末儿馅，甜的是芝麻糖馅。一声"开始！"，只见孟繁珍、张太兰、韦薇、卢蕴、陈

老有所乐

▲ 中秋下午的包烧饼大赛，轻松愉快

云珠等人双手飞快地动起来。揉面团、擀饼皮、包馅儿、再擀成饼儿，一气呵成。吴祚建等老爷子手脚没有老太太们灵巧，就只能在一边打下手，递个盆儿拿个碗什么的，也挺机灵的。一会儿工夫，发面全部用光了。数一数，孟繁珍得了第一。这包烧饼冠军虽然不上光荣榜，可也着实让一向低调内向的孟繁珍老太太高兴了好一阵。此刻，公寓大院内，除了馥郁的桂花香，又飘出了浓浓的烧饼的香味；老人们爽朗的笑声中，还夹杂着年轻人脆生生的笑声……

晚饭刚过，公寓内的八卦广场上就响起了撩人的音乐，《有家，有家在曜阳》、《十五的月亮》、《我和你》。这是今天赏月晚会的集结号，吹得人们扶老携幼走向广场。嚯，一桌一桌的，真是费心了，菱角、芋头、柿子、月饼……老人们看到这些物品，仿佛又回到了儿时，依偎在父母身边，围坐在圆桌旁，一边看天上月亮，一边眼睛舍不得离开桌上的食品。那份香甜，那份亲情，正是中秋佳节让人不能忘怀的魅

力啊！今天的太极广场人真多呀，除了公寓会员和他们的亲属子女，还有准备入住二期公寓的准会员，就连附近的居民也应邀来这里赏月了。

　　欢庆的锣鼓敲响了，王秋林副院长带领着所有能跳的公寓会员们，跳起欢快的广场舞《山歌牵出月亮来》。精彩的节目一个接着一个，不但公寓会员倾情演出，老人们的亲属也情不自禁加入到这载歌载舞的行列。韦乙老人的女儿韦薇表演了独唱；王长福老人的儿媳唐燕跳起了优美的舞蹈《美人吟》。细心的老人发现，虽然表演节目的还是这些人，节目也无外乎歌曲、舞蹈、模特秀等，但节目的形式却有了不少的改变，比如原先的女声独唱和小合唱，增加了新的表现形式，变得更活泼、清新了；保留节目模特秀虽然还是那班人马，但更吸引人的眼球了：表演的老太太们一水儿的花旗袍，手里还多了一把鲜艳的小红伞，表演中也增加不少舞蹈动作，让老人更显神采。别小看这细微的变化，它可浸透了组创人员的心血。公寓会员顾明顺老人，原来做过教师，爱好舞蹈。他得知公寓中秋节照例要举办赏月晚会，就主动请缨，担任晚会的主持人。顾明顺老人不但构思整台晚会的串联词，还改编、创作了好几个舞蹈节目；张太兰是公寓的明星，她不但要参加很多节目的表演，还对不少节目进行了改编，使老节目焕然一新，观众也眼前一亮。

▲ 看着她们演出的神情、气场，谁还能说他们都是"老人"么？

▲ 王副院长带领大家跳起了广场舞

老有所乐

▲ 吃着中秋的应时食品，欣赏美妙的月光晚会，曜阳月、浓浓情

▲ 独创的保留节目老年模特走秀又演绎出新的深意

清风徐来，朗月高照，老人们欢聚在曜阳这福寿之地，浑然忘了今夕何夕，心中唯愿月长圆人长寿！

【点评】

中秋是合家团圆的日子。扬州曜阳邀请会员家属一起参加中秋赏月舞会，与父母、亲人共享天伦之乐，共享曜阳大家庭的温暖。就是要充分家庭成员不可替代的积极作用，最大程度给予入住老人以亲情关怀和精神慰藉。

除夕欢乐不夜天

2017年扬州曜阳除夕夜的狂欢，是在王长安老人的歌声中开始的。

今年除夕，公寓比往年都热闹。去年留在公寓过除夕的只有十九桌人，而今年仅除夕一餐，就预订了36桌，大年初一和初二预订的也

曜阳养老 人文关怀的探索与实践之扬州曜阳

▲ 会员王长安背着手风琴满场载歌载舞

有十几桌。

除夕那天上午，年味就开始浓烈起来。一辆辆汽车接踵而至，从车上下来的都是公寓老人的子女们。他们手上拎着大包小包，身后跟着穿着过年新衣服的男孩或女孩。从楼堂里迎出来的老人们则忙得不知道先回答谁的问候好，只是一个劲地点头说："好、好、好……"。有几家儿女先到的，就忙着给老人的房门上贴上大红的"福"字，或是喜庆的春联。贴好了自家的，再给左右的邻居贴上。孙儿们则为爷爷奶奶换上新衣，还左右打量着，觉着满意后，便拉上老人到院子里散步。换上新衣服的老人也像孩子一样，乐得出来显摆显摆。

下午两点钟，公寓的所有工作人员就在餐厅忙开了。主席台上，换下了上次活动的会标，挂上了写着"三羊开泰除夕大团圆"的背景墙，大红的底色，五彩的烟花，金色的大字，透着浓浓的喜气。台下有大屏幕、音箱，还有几十张铺着雪白台布的圆餐桌，每张餐桌上都有席位卡，有孙佩芝、陈哲、潘庆斌、代为奎、谭本昆、王镜秋、吴玉柱等家庭的，也有单身在公寓过年的老人。平时显得宽宽松松的餐厅，此刻排得满满的。大厅里放不了，里面还有包厢，可以安排十人以上的大家庭。下午五点钟刚过，音乐便响起来了。老人们像是听到了集合令，纷纷携儿带女地往餐厅结集。工作人员安排腿脚不便需坐轮椅的老人先坐到预订的餐桌前。随后，老老少少，陆续就座。老人刚坐下，想和旁边桌上老友打个招呼，忽听到手风琴声响起，一个熟悉的歌声传来："有家，有家，在曜阳……"只见王长安老人以一贯的沙滩休闲风格，穿着花衬衣，戴着墨镜，一边拉着手风琴，一边高唱着走到人群中。老人们沸腾了，会唱的跟着唱，不会唱的就跟着疯。"欢乐少年"王长安果真把少年的热情带到了除夕的餐厅。

　　一曲刚罢，一曲又起。只见两位身着朝鲜族民族长裙的女士在《桔梗谣》的旋律中翩翩起舞，抒情的音乐，优美的舞蹈，赢得了一个满堂彩。扬州曜阳国际老年公寓的第一批公益会员俞竹筠也寄来了贺诗：爆竹声响曜阳春／春春秋秋永怀恩／恩泽晚霞付爱心／心心相印公寓人／万马奔腾辞旧岁／三羊开泰迎新春／曜阳服务增添色／公寓老人喜洋洋。这边厢歌唱诗和，那边厢老会员吴震展开了自己新近创作的贺新春国画，一幅是年年有余，一幅是贺春花卉。

▲"三羊开泰 除夕大团圆"晚宴现场　　▲ 江丹主任（右一）向老人们敬酒祝福

正在大家载歌载舞、吟诗作画的热闹时刻，中国红十字会总会事业发展中心主任江丹风尘仆仆地从北京赶来，为老人们拜年来了。她向公寓每位老人敬酒，也给老人带来祝福。欢乐的气氛一下子达到了高潮。

舞台上表演继续。张太兰老人的一曲字正腔圆的程派名段《凤还巢》，唱得戏迷们如痴如醉。魏蓉玲老人的葫芦丝独奏同样让人如沐春风。一些老人的子女也陆续登台献技，潘庆斌老人的女儿用四种语言给大家拜年。慢慢地，华丽喜庆的主席台成了大家争相拍照留念的地方。而活跃的王长安老人此时仍旧背着他心爱的手风琴穿梭在大厅里，一会儿为别人伴奏，一会儿自拉自唱："新年好呀，新年好呀，祝福大家新年好……"欢乐的歌声回荡在大厅里，让人如饮甘醇……

▲公寓部员工向老人们拜年　　▲《桔梗谣》舞起来了

今天最快乐也是最辛苦的人，当数公寓的工作人员。他们提前15天，就开始登记留在公寓吃年夜饭的情况，来多少人、订什么菜、有什么要求等。老人中有高血压的要求低油低盐，有糖尿病的要求低糖，有小孩子来的还要增加一些特殊的安排。为了保证食材的新鲜，餐厅特地在除夕前两天才去采购。尽管市场上好些食材的价格都比平时高了许多，但他们仍按平时的价格供应。大年夜，看到老人和家人们欢聚一堂，他们由衷地感到欣慰。

谭晓宁老人自从住进公寓，每年都在这儿过新年，今年他已是第六个年头了，他觉得在曜阳过的六个新年，今年最热闹。殷老太太刚来曜阳第一年，听说曜阳过年热闹，她就决定今年就在曜阳过新年。这不，今天她一家四代同堂，坐在这个大厅里，全家人都觉得这年夜饭吃得比往年都轻松愉快。韦老先生和往年一样，不但自己老两口在公寓过年，而且两个女儿和她们的家人也都到了这里，和他们共度新年。陆老先生老伴去年去世了，远在美国的儿子特地带着家人从美国赶来，陪伴老人迎接新年羊年……

晚餐后，欢乐还在继续。公寓工作人员在太极广场放焰火。人们扶老携幼，来到广场。一声哨响，千万条火龙窜上夜空。一刹时，夜空中千万朵礼花绽放，映照着夜空下的一张张如花的笑脸。

扬州曜阳的除夕夜，万紫千红的不夜天。

【点评】

欢欢喜喜过大年，亲情友情一起来。扬州曜阳坚持每年除夕组织入住老人及亲属、公寓员工与独居老人一起过年，就是要把家庭的温暖和亲情的欢乐，送到每一个老人心中。这就是养老服务中的人文关怀。

翰墨书香满曜阳

书画家协会曜阳分会成立

2015年端午节的粽香还未散尽，公寓里就又飘散开一阵浓浓的墨香。

▲ 扬州市老年书画家协会、扬州市老干部书画研究会常务副会长吴雨同志与扬州曜阳国际老年公寓理事长孙林海同志共同为分会揭牌

▲ 扬州市委老干部局党委书记兼局长徐萌同志对扬州市老年书画家协会曜阳分会的成立表示祝贺并提出丰富老人精神生活的要求

2015年6月23日，扬州市老年书画家协会曜阳分会正式挂牌。这件事对于曜阳的老人来说，虽说无关乎衣食住行，但却是老人们精神生活中的一件大事，是他们渴望已久的幸事。

居住在扬州曜阳的老人，来自社会的各个阶层，其中很多老人的文化素养很高，对书画艺术的造诣也很高。这些老人住进公寓后，一直苦练不止。今年80多岁高龄的韦乙老人就是典型的一位。他年轻时由于工作繁忙，有时劳累过度，手就会不自觉的轻微颤动。为了克服这

老有所乐

一毛病，他就利用业余时间练习书法，从严谨工整的小楷入手，每天都要写满预定的数目。久而久之，韦乙老人不但治好手抖的毛病，而且练出了一手好字。进入公寓养老后，他对书法艺术更痴迷了，常常一个人在家一写就是大半天。他很想找一些志同道合的人，大家在一起互相学习、互相切磋，更希望有高人给予指点，使自己得以提高。今天，韦乙老人听说扬州市老年书画协会的老艺术家们要来曜阳，高兴得不得了，他早早就来到会场等候。他享受这种浓厚的艺术氛围，也盼望多年少见的老朋友能在这里相逢。

魏永庆、王长安、吴祚建、何华鑫、王录余、吴祖庚、孙佩芝、夏建慧、孙家钰、桂永苓、王高林、胡爱华、梁光玉等人，也是书画艺术爱好者，他们常在一起挥毫作书作画。此刻，他们就像过节一样兴奋，早早地结伴来到会场外走廊上，观摩江都区老干部书画研究会的老同志带来的一批墨宝。

▲ 扬州市老年书画家协会、扬州市老干部书画研究会会长张阶平现场泼墨挥毫

▲ 扬州市老年书画家协会、扬州市老干部书画研究会秘书长唐俊同志现场法书

揭牌仪式上，宾主双方都热情洋溢地致辞。接着，老人们迎来了他们最盼望的时刻——现场挥毫。公寓老年活动中心三楼的书画室里，早已备好了笔墨纸砚文房四宝。老艺术家们来到这里后，纷纷来到桌前，

一显身手。此时，无论是宾客，还是主人，挥毫的胸无杂念，观瞻的全神贯注，鸦雀无声。一会儿工夫，一幅作品完成，周围立即响起一片掌声和叫好声。不断有好作品诞生，不断有热烈的掌声响起，艺术家们尽兴发挥，老人们则大饱了眼福。

成立书画组织是公寓的领导筹谋很久的事了。近年来，我国社会经济取得飞速发展，各项养老政策得到充分落实，关爱帮扶机制不断完善，老年人社会福利不断提高，老年人对精神文化方面的需求也越来越高，"文化养老"越来越成为影响老人身心健康、提升老人幸福指数一个重要因素。而扬州历来有书画艺术的传统，又有良好的氛围，老人中又有研习书画的热潮，因此，公寓因势利导，和扬州市老年书画协会联手，为住在公寓的老人们建立了一个学习、交流、探讨、切磋书画艺术的平台，为老人的精神家园打开了一个新天地。

未来的日子里，相信曜阳公寓里，除了四时花香，更会多一点墨香；曜阳满园芳菲中，定有一枝来自老人的笔下。

带着作品去杭州

9月6日~11日，扬州市老年书画家协会曜阳分会的部分会员，来到了浙江省西子湖畔的富春江曜阳国际老年公寓，受到了富春江曜阳老年公寓老人的热烈欢迎。

扬州曜阳成立了扬州老年书法家协会曜阳分会，使公寓好多书法爱好者有了一个交流创作的平台，有了一个切磋书法技艺的场所，因而创作的热情格外高涨，短短两个多月的时间，他们就创作了数量可观的作品。创作的热情需要鼓励，成功的喜悦要有人分享。扬州曜阳及

老有所乐

▲ 扬州曜阳分会季章宏副会长现场展现书法

▲ 扬州曜阳魏永庆会员与分会刘美玲组长一起研讨书画作品

时组织他们走出去,到浙江杭州的富春江曜阳国际老年公寓,同那里的老人进行交流互动。魏永庆等13位老人带去了他们近期创作的书画作品77件,在富春江曜阳进阳为期5天的展示活动。他们此次带去展示的作品有水彩画、国画、书法等。

富春江曜阳国际老年公寓同样也有若干的书画爱好者,但还没有一个专业的组织。他们看到扬州的老年朋友带去了这么多精美的作品,高兴得不得了,天天流连在展厅里观摩,还经常和扬州的老人交流、切磋,甚至有人当场要购买一些作品。扬州的老人临别时,创作了10幅作品,赠送给富春江曜阳老年公寓。富春江的老人们深受感动,恳切地邀请扬州的朋友们以后常来交流、观光。富春江老年朋友的热情、美丽的西湖风光等也给了老艺术家们更多创作灵感,都感慨不虚此行。

作品登上大雅之堂

用文化提高生活的品位,这是生活在扬州曜阳里老人的生活追求。扬州市老年书画家协会曜阳分会成立后,积极开展了各项活动。除了每

曜阳养老 人文关怀的探索与实践之扬州曜阳

▲ 扬州曜阳分会书画家们与前来观摩的富春江曜阳公寓的会员一起合影留念

月一次的集中活动外，平时这些老同志们还在公寓的书画室挥毫泼墨，尽情抒发自己对祖国大好河山的热爱，抒发对美好老年生活的热忱，抒发自己对扬州曜阳生活品质的感触。

▲ 开展仪式上，扬州市老年书画家协会、扬州市老干部书画研究会会长吴阶平致辞

老有所乐

为集中展示曜阳书画分会的成果，增进曜阳会员与社区之间的交流，重阳节期间，扬州市老年书画家协会曜阳分会专门在"扬州美术馆"举办了"翰墨庆重阳·桑榆乐曜阳"书画作品展，以赋诗作画的方式庆祝自己的节日，歌颂祖国繁荣昌盛，赞美生活幸福安康，抒发内心豪情。

▲ 观众参观曜阳分会作品　　▲ 扬州市老年书画家协会领导参观书画展

此次展出了60余幅作品，是公寓分会的老同志们寄情书画、放歌晚霞的部分精品力作，是向抗战胜利70周年、向国庆、向扬州城庆、向重阳佳节献上的一份心意；是爱祖国、爱社会、爱生活、爱书画的一份真情；是向老师和同仁们汇报并恳请指教的一份作业。尽管作品不尽完美，但都代表了老同志们对书画执着的追求，抒发了对夕阳的无限热爱，是用心丝编织的一道七彩绚丽晚霞。

【点评】

精神文化关怀是高层次的人文关怀，文化养老是精神文化关怀的具体形式。公寓通过组织有需求的老年人参与丰富多彩的文化艺术活动，丰富了他们的精神生活，满足了他们的精神文化需求，这是扬州曜阳"文化养老"服务的一大特色。

老有所教

睡眠养老

老有所教

卸任大使讲党课

12月20日上午9时，在扬州曜阳二楼多功能厅内迎来了一位蜚声国际政坛的风云人物，他就是原中国驻日本国大使、前联合国副秘书长陈健先生。此刻，坐在报告席上的他，正向扬州曜阳的党员和会员们侃侃而谈国际形势。

▲ 陈健先生在向扬州曜阳党员、会员做国际形势报告讲座

▲ 陈健报告会现场座无虚席

陈健先生出生于上海，毕业于复旦大学英语系，又在北京外国语学院学习，之后长期在外交部工作。他是中国恢复联合国合法席位后首批派驻联合国的外交官，并于2001年起担任联合国副秘书长，这也是我国官员目前在国际组织中任职"最大的官"。之前他还曾担任外交部新闻司司长、部长助理、中国驻日大使等要职。作为副秘书长，陈健先生所分管的是联合国人员最多、开销最多的一个部门——"联合国大会和会议管理部"，处理"文山会海"。

12月，陈健先生偕老伴来到扬州曜阳旅居养老一个月。公寓党支部在了解到陈健先生曾经应邀赴浙江省政协讲课后，也希望他能给我们公寓的党员上一堂别具特色的党课。陈健先生欣然接受了公寓的邀

请，表示很乐意地和大家分享他对国际形势以及中日和中美关系的认知以及自己的一些看法。在通知公寓员工和会员党员时，其他非党员会员也想听听他的报告，在征得陈健先生同意并由他调整部分报告内容后，听报告人员由公寓党员扩大到了普通会员和员工，听课人员 100 多人。

▲ 扬州曜阳党支部书记丁敏代表听报告者对陈老先生表示感谢

▲ 扬州曜阳部分院领导与陈健夫妇及旅居会员合影

一个半小时很快就过去了。在陈健先生温文尔雅的举止、幽默诙谐的语言、轻松愉快的氛围中，参加讲座的党员和老人聆听了陈健先生对"国际形势""中美关系"及"中日关系"的精彩描述。特别党课就快结束了，大家都觉得"不解渴"，纷纷举手提问。陈健先生针对大家提出的问题，逐一进行了回答和交流。

【点评】

处江湖之远则忧庙堂之高。入住扬州曜阳的老人，大部分为知识分子。尽管已经退休，但他们一直保持着情系祖国、心怀天下的高尚情怀。公寓抓住机会，组织党员和老人中的积极分子开展时事学习，有助于保持党员的身份意识，加强入住老人的思想教育，协助党和政府做好老年群体的思想政治工作。

老有所教

瞻仰周恩来纪念馆

2018年是周恩来同志诞辰120周年，为深切缅怀敬爱的周总理，3月17日，扬州曜阳国际老年公寓党支部组织老人和员工来到淮安，瞻仰周恩来故居。

▲ 纪念周恩来同志诞辰120周年　　▲ 扬州曜阳会员在周恩来纪念馆前合影

会员们第一站来到位于淮安市北门外桃花垠的周恩来纪念馆。纪念馆分为主馆和副馆，主馆外形酷似江淮平原的老牛车，蕴含着总理一生为人民服务的老黄牛精神；沿着主馆向前走就是纪念馆的副馆。从高处看，副馆顶部呈八一形状，寓含总理成功领导"八一"南昌起义建立的卓越功勋。再往前走，即可看到一尊高大伟岸的周恩来铜像雕塑，铜像选取的是总理和群众交流时的常见动作的立像。沿着台阶再向前走，是按中南海西花厅1:1比例仿制的，基本复原了西花厅的原貌，包括周恩来、邓颖超夫妇办公、会客、用餐、打乒乓球及生活起居的地方，有些家具、办公和生活用品还是从中南海调拨过来的真品，讲解员说沙发、花架、毛毯、国画中堂等就是原来总理用过或曾在总理办公室悬挂过的。

曜阳养老 人文关怀的探索与实践之扬州曜阳

▲ 公寓会员瞻仰周恩来同志　　　　　　▲ 参观周恩来同志故居

参观过纪念馆后，大家又来到一公里外的楚州区驸马巷，瞻仰周恩来故居，了解总理的家族史和总理从出生到十二岁离开故乡的经历。

周恩来总理一生为革命奉献的精神，是留给我们的宝贵财富和丰富遗产。公寓老人和工作人员通过参观，更加深了对周恩来总理的敬仰之情。

【点评】

对党员进行思想教育，是基层党支部的基本职责之一。扬州曜阳党支部通过组织党员老人参观革命纪念馆，就是要让党员老同志不忘初心、振奋精神，继续保持和发扬光荣的革命传统。

心中永远牢记党

2018年是中国共产党成立97周年。6月28日，在党的生日来临之际，扬州曜阳党支部开展了"党在我心中"主题庆祝活动。

老有所教

上午 9 时，公寓组织党员们内部观看了影片《厉害了，我的国》。

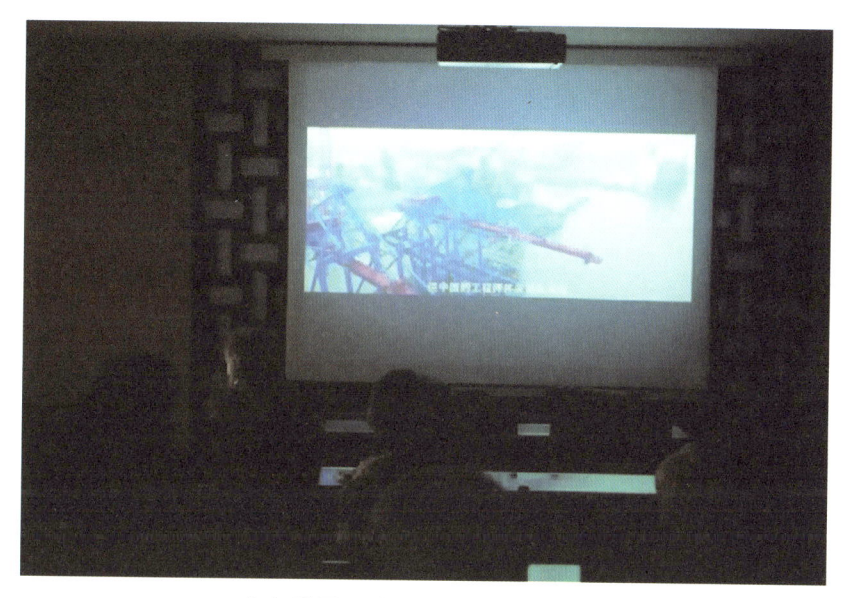

▲ 组织党员观看影片《厉害了，我的国》

下午 2 点 30 分，曜阳党支部与扬州邮政泰安邮政支局党支部联合举办了"党在我心中"中国共产党建党 97 周年共建庆祝联欢活动。

▲ 曜阳声乐班合唱《向往》《我祝祖国三杯酒》

▲ 平均年龄 85 岁的曜阳晨练队合唱《唱支山歌给党听》

庆祝活动在《我祝祖国三杯酒》的歌声中拉开了帷幕，此次庆祝联欢以合唱、朗诵、舞蹈、扬州评话等节目形式来重温党的光辉历程，歌颂党的伟大成就，充分表达了公寓会员爱党爱国的浓浓深情。最后，庆祝联欢在全体人员《没有共产党就没有新中国》的嘹亮歌声中圆满结束。

【点评】

退休党员同志要永葆党员本色，必须经常接受党组织的思想教育。扬州曜阳党支部重视入住老人中老党员的思想教育，利用各种契机开展思想教育活动，发挥了基层党组织的战斗堡垒作用。

支部共建发新芽

2016年6月28日，在中国共产党诞辰95周年之际，扬州曜阳党支部党员以及曜阳会员老同志共150多名，与扬州大学数学科学院学生第二党支部的30多位师生，举行了支部共建活动。活动的主题是"传承优秀传统，践行'两学一做'"。

扬大数科院第二党支部书记朱鑫铨和公寓支部书记丁敏两同志分别在活动中讲话，交流了各自支部在"两学一做"学习教育中的做法。丁书记在讲话中还就"两学一做"学习教育的深刻含义和必要性进行了阐述，勉励青年一代向老同志学习，增强党性意识，发挥先锋模范作用，争做合格党员，开创新的未来。

老有所教

▲ 扬州大学数科院二支部书记朱鑫铨（左）与扬州曜阳支部书记丁敏（右）在共建活动上分别讲话

▲ 活动现场，曜阳支部党员和部分会员与扬大数科院二支部的师生们济济一堂

▲ 每年拿出四千元资助六名贫困生的老党员王长福同志（右一）在向青年党员进行传统教育，谈理想、信念

在"听老党员、老干部讲人生故事"环节，主持节目的扬大学生代表，现场对公寓会员王长福老人进行了"访谈"。老党员王长福通

曜阳养老 人文关怀的探索与实践之扬州曜阳

过自己的人生经历及工作经验，回答了年轻党员和学生提出的理想、信念、道德以及就业方面的问题，给新一代年轻人上了一堂深刻的党课。

在文体活动环节，曾在扬州市特殊学校工作过的李希华老人，随着歌声给大家带来的手语舞《我的中国心》，让全场的观众都赞不绝口。

▲ 建党95周年前夕，被评为民政系统优秀党员的82岁吴志祥同志（左）在曜阳公寓家中接受扬州晚报记者的采访

▲ 曜阳老同志在共建活动中表演小合唱

【点评】

革命传统代代传。通过与大学生党员的共建活动，入住扬州曜阳的党员老同志为扬州大学的学生党员上了一堂生动的党课，既发挥了离退休党员同志的余热，又使党的优良传统得以代代相传、党的伟大事业薪火相继。

老有所教

党员教育不停歇

2016年7月1日是中国共产党的95华诞。95年的光辉历程，95年的丰功伟绩，值得大家由衷的歌颂。为迎接这个伟大的节日，弘扬革命精神，深入贯彻学习党的十八大精神和十八届四中、五中全会精神，落实习总书记"七·一"重要讲话，也为更全面，更深入的开展好"两学一做"学习教育活动，扬州曜阳党支部组织了系列活动，献礼建党95周年。

▲ 组织公寓党员们观看《建党伟业》　　▲ 曜阳党支部为入党申请人员讲解入党条件、了解入党程序

党的生日前夕，6月28日，扬州曜阳党支部组织党员们观看电影《建党伟业》，重温中国共产党的峥嵘岁月，感受革命先辈崇高的信仰，以及他们为了自己的崇高信仰而执着地去努力奋斗，使广大党员再一次深深地被先辈们的革命精神所感动，自己的理念信念得到了再洗礼，思想境界也得到了进一步升华；对于出生在新社会、沐浴在党恩下的年轻党员们更是一次很好的教育。

7月1日下午，在公寓的党建工作室，曜阳党支部书记丁敏同志，给申请入党的公寓员工上了一堂党课。通过党课学习，大家纷纷表示，要发扬工人阶级先锋队的作用，遵守党的章程，拥护党的决定，立足本职工作，全心全意为老人服务，积极向组织靠拢，争取早日成为一名中国共产党员。

7月5日下午，公寓组织老党员和老同志，举行"建党红歌大家唱"活动，老人们怀着对党的无限热爱，用豪迈的激情、嘹亮的歌声，唱出了一曲曲对党的颂歌。

7月7日下午，曜阳党支部又请扬州市民政局党委、市老龄办主任来给党员们上了一堂结合养老实际的生动的党课。

7月1日上午，扬州市民政局系统召开的"纪念建党95周年暨'两学一做'学习交流大会"，对"两学一做"中的先进党员进行了表彰。扬州曜阳党支部有着60年党龄的82岁老党员吴志祥同志获得局系统2016年度"优秀共产党员"称号；他创作的诗歌《忆党史、颂党恩，争做合格的共产党人》也获得民政系统"两学一做"征文比赛二等奖。

扬州曜阳党支部党建工作和践行"两学一做"学习教育还在继续，他们将从党的理论和实践中汲取精神营养。公寓也将继承和弘扬革命先辈的优良传统，更加坚定党的领导，更加坚定不移地走中国道路，更加扎实地做好养老事业，为更多老年朋友带来更加幸福的晚年生活。

【点评】

大型养老社区的党组织，既要面向员工党员和普通员工开展党的工作，也要面向入住老人开展党的工作。扬州曜阳党支部切实发挥了战斗堡垒作用，通过开展系列党建活动，不仅提升了党员员工的政治素养，而且保持了入住老人中党员的革命精神，从而促进了养老机构整体管理水平的提升，营造了争当模范、积极向上的社会氛围。

老有所教

老兵座谈庆"八一"

为庆祝中国人民解放军建军90周年，2017年8月1日下午15时，扬州曜阳组织召开了庆"八一"建军90周年老兵座谈会。座谈会邀请了公寓部分老兵会员和家属，他们中有文艺兵、卫生兵、海军、空军、导弹科研人员等。他们中很多人都扛过枪、打过仗，有的参加过朝鲜战争，有的参加过淮海战役，有的参加过西藏平叛等。

▲ 老兵座谈会现场　　　　　　▲ 公寓95岁老兵吴祖庚

座谈会上，这些曾经把青春和热血奉献给部队的老兵们欢聚一堂、踊跃发言，他们回顾过去，追忆曾经的军旅生涯，回忆在那艰苦的战争环境下，他们曾亲眼见到战友们的牺牲；感慨90年来，解放军从无到有、从小到大、从弱到强的过程；感慨今天的中国人民解放军早已不是当年的"小米加步枪""人民群众用小车子推出来"的落后军队了，而是一支现代化、专业化的精锐部队，我们的祖国和军队是大有希望的。

曜阳养老 人文关怀的探索与实践之扬州曜阳

▲ 第一批参加朝鲜战争的"最可爱的人"

▲ 参加座谈会的老兵们合影留念

座谈会在大合唱《中国人民解放军进行曲》中结束。

【点评】

　　革命军人可退伍，革命精神永保持。扬州曜阳在建军节期间举办退伍老兵系列活动，既是对军旅生涯的回忆，更是对革命精神的弘扬。通过座谈会，老兵们焕发了革命精神，对党和国家的发展前途充满信心，倍加珍惜晚年生活，更加支持国家的发展和军队的建设。

让历史告诉未来

　　2015年9月3日，是中国人民抗日战争暨世界反法西斯战争胜利70周年纪念日。这是正义战胜邪恶、光明战胜黑暗、进步战胜反动的伟大胜利，是中国人民和全世界一切爱好和平的国家和人民的盛大

老有所教

节日。对于这一来之不易的胜利，扬州曜阳的老人们有着更多的感慨和刻骨铭心的记忆。

9月1日，居住在公寓的老人们隆重集会，他们回顾历史，缅怀先烈，庆祝胜利，展望未来。

大会在庄严的《国歌》声中启幕。这首以血与火凝集成的战歌，把老人们带回到那一段难忘的岁月。他们中的大部分人都亲历了那段惨痛和悲壮的岁月，不少人在那场惨绝人寰的灾难中失去了家园和亲人。70年风吹雨打，淡薄了许多往事，可法西斯的罪行，依然血迹斑斑；70年烈日霜天，擦去了几代人的童颜，可"鬼子进村"的魔影，还在记忆中盘旋。今年83岁的殷尔翔老太太回忆起幼时失去亲人、被迫逃难的往事，悲痛难语。

▲ 年近九旬的王炎老人，讲述自己15岁便参加新四军打鬼子的光荣历程

年近九旬的王炎老人，曾是一名抗日的新四军战士。他亲眼目睹了日本侵略者用刺刀劈死我抗日军民的法西斯暴行，仇恨的怒火燃烧起他男儿的血性，15岁的王炎当时虽然还没有步枪高，但他态度坚决地参加了新四军，打鬼子保家乡，使他在革命队伍中锻炼成长为一名坚强的革命战士。

▲ 94岁的吴祖庚老人当年也是一名抗日战士《牺牲已到最后关头》和《大刀进行曲》唱出了他戎马一生的豪情

今年94岁的吴祖庚老人当年也是一名新四军战士，他不但在战争中勇敢杀敌，还在戎马倥偬中坚持学习，成为一名文武兼备的革命军人。他在会上用响亮歌声，唱出了他戎马一生的豪情：《牺牲已到最后关头》《大刀进行曲》。

一段岁月，波澜壮阔，刻骨铭心；一种精神，穿越历史，辉映未来。革命前辈们的浴血奋战，换来了我们今天的和平生活，怎不让人心生敬意？年轻的曜阳工作人员手捧鲜花，走上前去，献给当年抗日老战士：杨孙苏、吴祖庚、胡梅芳、王炎，以及老战士张铭功和张万林的亲人周楚芬和陈哲。为他们献上鲜花、献上爱戴、献上敬仰、献上祝愿！

嘹亮的抗日歌曲当年曾鼓舞了全国军民的抗日斗志，今天唱来，仍然让我们热血沸腾。《松花江上》、《黄水谣》、《二月里来》、《我们在太行山上》、《游击队之歌》、《大刀进行曲》、《共青团员之歌》、《白桦林》等歌曲，被这些七、八十岁的老人唱来，仍是铿锵有力，充满了战斗的豪情。

70年前，当中华民族最终夺取抗日战争的完全胜利，血火淬炼的抗战精神，在历史的星空定格成永恒。70年后，正义与胜利的光芒依旧灿烂夺目。

▲《黄水谣》《二月里来》《在太行山上》等抗战歌曲，在这些七八十岁的老人唱来依然是铿锵有力，充满豪情

▲ 公寓年轻人向参加抗日的老战士和其家属献上鲜花，献上爱戴，献上敬仰，献上祝福

历史无言，精神不朽。抗日战争的胜利，是中华民族由衰败走向振兴的重大转折；伟大的抗战精神，为中华民族精神注入新的元素和更为丰富的内涵。这是一面旗帜，迎风招展，猎猎飘扬。这是永远的精神财富，是我们在中国特色社会主义道路上实现民族复兴的强大精神动力。

"五星红旗迎风飘扬，胜利歌声多少响亮……"欢庆胜利的歌声在曜阳的上空回荡，久久不息！

【点评】

忘记历史就等于背叛。只有经历过血与火的洗礼的人，才更懂得今天幸福生活的来之不易。扬州曜阳组织开展纪念抗战胜利系列活动，让老年人更加珍惜幸福的晚年生活，同时教育年轻一代，继续发愤图强、艰苦奋斗，努力实现国家的富强和民族的复兴。

战士歌声更豪迈

7月30日，扬州曜阳内张灯结彩，因为，今天是"八一"建军节前夕，他们要以最饱满的热情来迎接一批前来与他们联欢的客人。这些客人就是扬州市长跑协会乒羽俱乐部的中老年朋友。

扬州市长跑协会乒羽俱乐部是非营利性的体育社会机构，会员大多是体育和文艺爱好者，曾数次到公寓，与老人们进行体育和文艺等方面的交流。今天，他们准备了一台适合老人们欣赏的歌舞节目，献给老人。

公寓的老人们今天也格外精神，有表演任务的老先生和老太太们早就换好服装静静地候场，没有演出任务的老人们也早早地落座。"八一"建军节对他们来说，有着不一样的意义，因为他们中的许多人都曾是一名战士，他们有的是参加过抗日战争的八路军、新四军战士；有的是参加过解放战争的人民解放军战士；有的是参加过抗美援朝的志愿军战士……虽然今天他们已脱下了军装，但是八一军旗永远在他们心中飘扬，八一建军节比他们自己的生日还要隆重。

▲ 扬州长跑协会乒羽俱乐部的同志们首先献上《中国人民解放军军歌》

联欢演出开始了。乒羽俱乐部的会员们演出了大合唱《中国人民解放军军歌》。昂扬的精神、激越的歌声激起了台下观众的一片掌声，也引得老战士心潮澎湃。94岁的新四军老战士吴祖庚当年投笔从戎，参加了新四军，经历了无数次战斗，在革命队伍里摸爬滚打，成长为一名能文能武的战士。现在，他听到嘹亮的军歌，怎能不热血沸腾？他走到台前，在无伴奏的情况下，独唱了一曲《新四军军歌》："……我们是铁的新四军！我们是铁的新四军！"歌罢，潮水般的掌声响起，战士的激情再一次被点燃。王长福、王长安等一大批老人也精神抖擞地走上台，表演了男声小合唱《我是一个兵》和《打靶归来》。别看他们都已是七、八十岁，有的甚至是耄耋老人，但唱起军歌来，一点儿

曜阳养老 人文关怀的探索与实践之扬州曜阳

也不显老，一个个身板挺拔，声音洪亮，字正腔圆。

老战士的激情引发了老太太们同样的情怀，女声小合唱《映山红》和《娘子军连歌》既有女性的柔情，也有战士的豪迈，与男声的刚劲互为唱和，越发动人。一曲刚停，台下的掌声雷动，让刚走到台边的表演者返回台上，再以一曲《十五的月亮》谢幕。

▲ 何成虎和郭明利夫妇二重唱　　▲ 曜阳的老同志表演的模特秀《茉莉花》

何成虎和郭明利夫妇当年都曾有过一段难忘的军旅生涯，部队生活是他们一生的宝贵财富。今天，在庆祝建军节的欢乐时刻，他们一曲深情的二重唱《弹起我心爱的土琵琶》，把人们的思绪带回到了那难忘的岁月。

联欢活动还在继续，宾主双方都以最好的状态，拿出最好的节目，共同庆祝这伟大的节日，共同抒发一片深情。

【点评】

诗以言志，歌以咏情。扬州曜阳协调志愿者，与入住公寓的革命老军人一道，用歌声直抒胸襟，抒豪情长达万里，展示了步入老年的革命军人昂扬的革命斗志，抒发了党员老同志不忘初心、坚持奋斗的革命精神。

老有所教

我的祖国我的家

　　2017年9月28日下午，在国庆、中秋佳节来临之际，扬州曜阳举办了"我的祖国我的家"主题文艺联欢会。联欢会节目内容丰富、形式多样，全部由公寓会员和员工们自导自演，以戏曲、舞蹈、歌唱、器乐等为主。公寓会员和员工、曜阳康复医院疗养人员，以及从内蒙古包头市来公寓的旅居人员共200多人观看了演出。

▲ 内蒙古包头旅居会员带来小合唱　　▲ 公寓员工代表合唱《相亲相爱一家人》

　　联欢会在《我和我的祖国》的扇子舞中拉开序幕，随后是来自内蒙古包头市的旅居养老人员为大家带来的小合唱《今天是你的生日》《我的祖国》《把情留在包头》，赢得了观众的阵阵掌声。接下来的节目更是异彩纷呈，公寓会员表演女生独唱《亲吻祖国》；曜阳模特队带来旗袍秀《太湖美》；曜阳康复医院表演扬州评话《猜字》；公寓会员男女二重唱《咏梅》；员工和会员表演歌伴舞《最美的歌儿唱给妈妈》；京剧合奏及小合唱《梨花颂》；曜阳康复医院女生独唱《好日子》；广场舞《相伴一生》；大合唱《相亲相爱一家人》……

　　台上演出精彩不断，台下掌声经久不息。活动中，为了增加活动的互动行和趣味性，公寓还在演出期间穿插了游戏"幸运大抽奖"，台下观众只要上台表演节目，就可以参与转盘抽奖活动。

▲ 观看演出的部分会员和参演人员合影

近两个小时的演出活动丰富了公寓会员的精神文化生活，也展现了公寓会员和员工的文化素养与精神风貌，拉近了会员与会员、会员与员工、员工与员工之间的距离。

【点评】

文化体现出精神，精神用文化作载体。扬州曜阳将文化活动与精神关怀两者完美结合起来，将寓教于乐的功能发挥得淋漓尽致，同时又给予入住老人高层次的精神关怀。

老有所学

曙阳养老

老有所学

门球场上露锋芒

　　4月9日上午,扬州曜阳显得比平时热闹了很多,因为今天要进行一场门球赛。

　　上午8时30,扬州曜阳首届门球邀请赛正式开始。首场比赛的裁判长就是公寓的胡爱华老人。只见今年77岁的胡爱华老人,身穿一身大红的运动服,头上一顶红色遮阳帽,手上戴着雪白的手套。口里的哨子一声长鸣后,便高声叫道:"比赛开始!"首先上场的是扬州老干部门球一队和二队的老同志。比赛双方的十名运动员次第上场,胡爱华不停地在场中走来走去,眼睛看着,嘴里还得不停地报着:"一号得分!""二号出界!""七号一门得分!""十号二门得分!"……随着场内运动员的每一次挥杆,场边围坐着的人群就会发出呼叫声。打进门得分的,就是一阵欢呼声,打偏了出界的,就会响起惋惜的叹惜声,似乎粉丝着实不少。

▲ 门球裁判手一挥"比赛开始!"　　　　▲ 客队首先发球比赛

　　其实,对于入住公寓的老人们来说,门球确实是他们喜欢的运动项目。门球是一项适合老年人的运动项目,公寓在兴建时,就考虑到了

183

老人的运动需求，专门筹资建了一个门球场。好多老人入住曜阳以后，便学会了打门球。随着老人的增多，喜欢这项运动的老人也越来越多。现在公寓有一支二十多人的门球队。其中，胡爱华、卢蕴、于希琪、孙仲如等都是个中好手。胡爱华是个闲不住的人，她爱长跑、打门球、打台球、打太极拳、跳广场舞、走模特步、唱歌。以前，她在医院工作时，整天跑东跑西，忙个不停。退休以后，她明白生命在于运动。于是，她比以前忙得更欢了。她学会了打门球，由于坚持不懈，门球技艺提高迅速，因而很快成为老年门球队的骨干，并在若干次比赛中担任裁判员。来到扬州曜阳以后，她看到门球场就在家门口，喜出望外，更成了球场的常客了。

陈兴邦老人也是来到曜阳以后，在老伴卢蕴的带动下，学会打门球的。陈兴邦、卢蕴今年都是85岁。来曜阳之前，卢蕴每天都打门球，坚持了数十年。可老伴陈兴邦爱静不爱动。卢蕴多次动员丈夫一起打门球，可就是说不动他。夫妇二人来到曜阳以后，卢蕴看到大院内就有门球场，高兴得不得了，便每天上午、下午各一场地打起来。看到妻子兴致勃勃的模样，陈兴邦忍不手痒难耐，也跟着妻子学打门球。谁知一学会按捺不住，除了下大雨外，每天必打两局。夏天天气炎热，老人便早上4点钟起来打一局，中午休息，晚上6点钟再打一局，否则就觉得今天还欠缺点什么。一段时间下来，陈兴邦原来身上的一些小毛病不见了，天冷、下雨之类的恶劣天气也不怕筋骨疼了，身体仿佛又恢复到了青壮年时代。两位老人要外出时，都尽量不打车，而是走一程，再坐一程公共汽车，也不会感到累。类似陈兴邦夫妇的，还有潘庆斌、于希琪夫妇等。在曜阳，门球已被越来越多的老人喜欢，成为他们生活中的一个重要内容。

老有所学

▲ 扬州曜阳首届门球赛比赛中

轮到曜阳队出场了,曜阳今天出场的是胡爱华、张静、于希琪、卢蕴、孙仲如五名队员,他们的教练就是具有多年比赛经验的门球高手潘庆斌,场边还坐着陈兴邦、夏建慧等候补队员。老人们以前在家打球时,不知道自己的技艺如何,刚才看到前面两队的比赛时,心里还有点忐忑。现在自己身在场中,便把一切顾虑抛到了九霄云外,集中精力,相互配合。他们越打手感越准,越打越默契。一个循环比下来,曜阳队以几分的微弱优势胜了这场比赛。

一声哨响,比赛结束。可场内和场外的老人都不想散去,还聚在一起谈论着刚才的比赛。曜阳的老人听到其他队的老人夸赞他们,心里有点得意,可嘴里还是谦虚地说:"险胜,险胜!主要是我们的主场,占了点儿地利。"那边的老人听了也不动声色,只是热情地发出邀请,说也要当一回主人,欢迎曜阳队到他们的主场传经送宝,相互切磋。

看来,今天的这场比赛已无意中将一帮老人变成了血气方刚的小青年了,一场不见硝烟的战争不久就会打响。

曜阳养老 人文关怀的探索与实践之扬州曜阳

▲ 扬州曜阳老年门球队取得第二名后合影

【点评】

　　学会运动，亲近健康。健康是自理型老人最需要的人文关怀。扬州曜阳为自理型老人提供必要的活动场地，组织老年人开展适宜的体育运动和竞技比赛，带动更多老人学习运动项目、培养起体育锻炼的习惯，健康就会常伴老人身边。

健康讲座真是好

　　作为一所老年公寓，最重要的工作是什么？就是从细微处关心老人，想他们之所想，解他们之所难。而扬州曜阳正是从那些平时并不起眼的地方着眼，从老人们困顿之处着手，想方设法为他们解决实际困难，成为老人的贴心人，因而受到老人们的赞许。

▲ 江苏省苏北人民医院骨科专家来公寓进行骨质疏松健康讲座

扬州曜阳的领导和工作人员经常和老人们聊天。他们听老人们说，自己腰酸背痛，甚至夜里也不能安睡，可到医院又查不出什么毛病，因而有的老人听信社会上一些不法推销人员的蛊惑，购买一些"三无"保健品，不但浪费了好多钱财，而且延误了有效的治疗。针对老人们的这些情况，公寓主动和扬州医学会联系。在扬州医学会的支持下，他们邀请了苏北人民医院骨科主任医师、医学博士杨建东教授，于9月15日下午来公寓进行"老年人骨质疏松的防治"的讲座，并现场答疑和检测骨密度。

▲ 老人排队登记做骨密度检测　　▲ 专家为老人做骨密度检测

骨质疏松是老年人常见的一种症状，为了让公寓里的老人都能听到讲座，公寓工作人员每家每户地进行通知和宣传。殷老太现年83岁，好几年前她就感到全身的骨骼经常酸疼，后来听了别人的介绍，常年吃一些保健品，可病情时好时坏。这次讲座前，王秋林副院长特地几次上门动员她来听杨教授的讲座。殷老太听了杨建东教授的讲座后，弄明白了一些基本原理，对保健品也不那么迷信了。

夏老先生是曜阳二期的会员，入住公寓不久。以前他住在老家时，偶尔也去听听一些医学讲座，可大多数是讲座过后就推销商品，有时甚至强买强卖，弄得人很是尴尬。此次他在曜阳听讲座，没有一句推销商品的话，也没有推销一件商品，让他很是意外。吴祚建老先生经常感到腿脚疼痛，吃了一些治疗疼痛的药也不管用。听了杨教授的讲座后，他明白了自己是老年性的骨质疏松，除了要增加钙质以外，每天还要适量地晒太阳、多运动。深入浅出的讲座，吸引了越来越多的老人，使一个能容纳七八十人的教室都不能满足，大家只好见缝插针地加座，连轮椅也加入了加座的行列。讲座后是免费为老人进行骨密度检测。老人们井然有序地排队等候，直到晚上六点多钟，才将90多位老人检测完毕。

老有所学

细心的曜阳人总是把老人们的喜怒哀乐放在心上，老人的一举一动，一颦一笑都会让他们思忖良多。公寓的王秋林副院长发现，有一些老人好像越来越离群索居，不喜欢和别人交流，还容易猜疑别人。细细地了解情况后，才知道，原来这些老人的听力越来越差，听不清别人的话，又怕别人不耐烦自己。于是，干脆就不和别人交流，用沉默寡言来维护自己的尊严。久而久之，这些老人就越来越孤僻，精神越来越消沉。原来是耳聋引起的心理变化。王秋林要改变这部老人的现状，改善他们的心情，让他们融入到集体中来，感受曜阳大家庭的温暖和欢乐。

9月17日，公寓请来了浙江中医药大学听力学硕士研究生、杭州耳聋研究所主任孙鹏飞，为老人们进行老年性耳聋的防治讲座。听力衰退是每个老人都将面对的问题，这个讲座对每位老人都是有所裨益的，况且，这次孙医生还带来了专业团队，要用两天时间，免费为公寓每位老人进行听力测试。吴祖庚、杨孙苏两位抗日老战士还获得了免费赠送的高档助听器。

季绍琦老人每天都要弹琴唱歌，因此，她格外爱惜自己的耳朵，但随着年龄的增长，听力也不可避免地受损。听了孙医生的讲座后，季绍琦开心极了，她现在知道该怎样保护自己的听力，她的音乐爱好就可以延续下去了。

一些原先耳朵听力不好、不愿和别人多交往的老人，经过听力检测，知道自己的听力可以通过佩戴助听器得以改善后，高兴得和孩子一样，恨不得马上就能戴上助听器，重新回到人群中，重新融入到老朋友中去。

通过这两次针对性极强的讲座的举办，老人们改变了过去对听讲座可有可无的态度，他们向工作人员建议，像这样的讲座要每个月都有才好，这样上医院的次数就会少多了，曜阳大院的笑声也就会多了。

> **【点评】**
>
> 　　学科学、防诈骗，是当前我国老年人群体必修的课程。扬州曜阳针对老人的实际情况，有的放矢地举办一些医学讲座，不但可以帮助老人正确认识身体的疾病、找到正确的治疗方法、减轻疾患带来的痛苦，还可以减轻老年人的心理压力，让老年人身心愉悦。

志愿服务送健康

　　2015年3月8日，是国际三八妇女节，这一天，扬州曜阳的老人们收到了一份不寻常的节日礼物。这份厚礼是扬州市第一人民医院的学雷锋志愿者给老人们送来的。

　　这天早上，市第一人民医院的志愿者们如约来到了公寓。听说来了医学专家，老人们奔走相告。很快，公寓的多功能厅便坐满了来听课的老人。今天，医院派出了很强的阵容。有大外科副主任、主任医师孙蓬，有泌尿科主任医师王小祥，有消化内科主任医师杨建国等。今天的讲座由孙蓬医生给老人们讲授有关血管与健康的知识。

　　孙蓬是国内知名的心血管病专家，身兼国内外多个学术组织的职务，副教授、硕士研究生导师，擅长主动脉夹层、胸腹主动脉瘤、血栓闭塞性脉管炎、糖尿病足的手术及介入治疗等。孙医生这是第二次来曜阳为老人们做义务讲座了。讲座前针对老人常见的疾病，他做了

老有所学

▲ 市人医心血管专家孙蓬来公寓讲座

▲ 讲座结束后老人们纷纷围着孙蓬教授咨询

大量的准备工作。在讲座中,孙医生深入浅出,用通俗易懂的语言讲解深奥的医学知识,同时放映了大量的声像资料,让老人们边听边对照自己的身体状况,给老人们很大的启发。

公寓会员王文谦老人的右腿疼痛了好长时间,虽然不剧烈,但多少影响了生活和情绪。她一直以为自己是老年性的关节问题,吃了不少治疗关节炎和补钙等方面的药物,但总也不见好转,便对治好病痛不抱希望了。听了孙医生的讲座以后,王文谦看到了希望,去医院一检查,果然是因一个小血栓引起的,老人豁然开朗、如释重负。

▲ 市人医志愿者们为老人测量血压

▲ 市人医志愿者们为老人答疑解惑

孙医生不但理论功底厚,临床经验丰富,更有一片仁心。讲课结束后，他马上给听课的老人进行现场诊疗。老人说脖子疼，他就趋近老人，认真检查老人的脖子。老人说脚痛，他就亲自给老人脱下鞋袜，仔细检查老人的病脚，没有一点嫌弃厌恶的表现，这让现场的老人很是感动。公寓老人王长安回去后写了一个博客：

今天下午，扬州人民医院血管外科专家孙蓬医生来院健康讲座："血管有多强，生命有多长"。饶有风趣。结合医疗实例，图文声像，专业而通俗地讲解了头、胸、四肢，动脉、静脉的生理、病理，老年血管疾病的预防和治疗。讲解了现代影像学与常规血管外科手术相结合的"一站式"微创"杂交手术"，在治疗动脉狭窄、血管瘤、动、静脉栓塞等一系列血管疾病的巨大意义和划时代的进步。造影、超声手术实例声像解说，如临其境。平生第一次从幻灯片上看到了保障生命活动的心脏、血管的跳动和运行。哪里形成血栓，血栓如何被取出，血管如何被微创手术通透，以及血管疾病的征兆、预防和治疗……耳目一新，欣欣然仿佛走进医学院的课堂。

无怪乎寓友们踊跃参加，座无虚席，聚精会神两个半小时，讲座及现场答疑，余兴未消。课后，又把孙医生团团围住，问长问短。在我这个外乡人、初识者看来，最令人感佩的，莫过于他那朴实、真诚、亲切、友爱、科学、理性、专业之白衣天使风范，他的讲座，与曾经听过的江湖卖"药"的忽悠，及阴阳怪气的牵强附会，不可同日而语。所以，在这里我坚持称他为孙医生，而非孙教授云云，更能表达本人对专家学者的尊敬。时下，有许多职称和头衔的尊贵者，不乏其人，但可尊兼而可敬、可亲、可爱者，在下缘分欠佳，还不多见。

在公寓的另一间屋里，王小祥和杨建国两位医生的义诊开始了。入住公寓的老人们又一次享受到了专家级的贴心服务，不但使他们的疾病得到了有效的医治，更让他们的心情如同这春日的暖阳一般温润、舒坦。

老有所学

▲ 下午联欢活动部分老人和志愿演出人员合影

下午,市第一人民医院的志愿者们还和老人进行了一场联欢。年轻的白衣天使们载歌载舞,用清亮的歌声和曼妙的舞蹈给老人们带来愉悦;老人们也使出浑身解数,用他们的歌声感谢这些可爱的年轻人。这个"三八"妇女节,不管是老太太,还是老爷爷,他们都收到了一份不同寻常的礼物,而志愿者们则收获了奉献的快乐。

【点评】
　　满足入住老人的健康医疗需求,既是一种教育活动,也是一种人文关怀。扬州曜阳积极协调医疗机构,为入住老人举办医学讲座和义诊活动,让老年人了解医学知识,提高预防意识和认知水平,不仅可以降低发病率,而且提高了正确进行疾病治疗的几率。

紧跟时代学电脑

2014年8月20日上午,扬州房地产信息中心的王忠工程师等一行来到公寓,在多媒体教室给老年们上了一堂《电脑基础知识讲座》课,老人们也借此机会好好地触了一下"电"。

▲ 扬州房地产信息中心的王忠工程师为老人们进行《电脑基础知识》讲座

仅2013年,公寓入住的一百多户会员老人中,就有30多户家中拥有电脑,他们也经常用电脑上网浏览新闻、看视频、玩游戏,其中不少还与远在外地或国外的子女们视频聊天……

但大多数老人苦于电脑知识的缺乏,只会一般性地操作,而电脑稍有点问题便无所适从、无法解决了。他们迫切需要增长电脑应用知识,学会解决一些小问题的办法。今天的讲座,无论是家中有电脑的还是没电脑的,都踊跃来听讲了。

老有所学

▲《电脑基础知识》讲座现场

今天的课程，扬州房地产信息中心的义工们除了讲解外，还根据老人所掌握电脑知识的深浅不同，现场回答了老人们的提问。课后，王忠工程师及两位助手，还分别上门到韦乙、王长福、何成虎等老人家中，解决电脑及网络故障。

【点评】

是否会用电脑，已经成为现代文盲的判定标准。扬州曜阳组织志愿者，教授老年人学习使用电脑，掌握电脑的相关知识和技能，不仅让老年人跟上时代发展、享受科技进步带来的福利，更是让老年人保持了积极进取的好奇心，不断实现自我超越。这是人文关怀中对高层次需求的满足。

不会微信怎么办

随着移动网络的普及，越来越多的人开始接受并使用微信，一些不甘落于人后的老年人最近也开始"玩"起了微信。不少老人家也想跟着"潮"一把，无奈也没人教他们，很多时候他们只能对着手机上的功能干瞪眼。

▲ 公寓工作人员为老人们讲解如何使用微信

最近，公寓举办了微信培训班，组织公寓的老人学习使用微信。学员大多是 70 岁以上的爷爷奶奶。不过，他们上课听得很认真，还做着笔记，什么功能怎么操作，把步骤都记得清清楚楚。老人们全神贯注地盯着不时变化的屏幕图样，聆听讲师一字一句的讲解。有些老人一时跟不上课程的进度，讲师就特地放慢速度细细讲叙，直到他们弄懂为止。在操作过程中讲师更是时时俯身在这些老人的身边，手把手地指导他们操作微信。并且着重给他们示范了如何"关闭群消息提示音""快速@群里某个人""微信朋友圈拉黑某个人"这些功能。

很多老年人反映，经常会有一些人莫名其妙的加自己的微信，然后就给自己发一些广告等骚扰信息，非常讨厌。讲师说，遇此情况，可以拉黑这个人。具体步骤是：找到这个人的头像，点击进入，这时候会看到屏幕右上角有三个小点，点击三个小点，会出现下拉菜单，在菜单上面点击加入黑名单,最后点击确定即可。如果这个人不想彻底拉黑,又不想让他(她)看自己的朋友圈,您可以进入"朋友圈",找到那个人的头像,并在头像上长按一秒左右,这时候就会弹出菜单,点"设置朋友圈权限",之后就可以进行设置了……

培训结束后,老人们拍手直称好!说以后就能在微信上跟子女视频聊天了呢。

【点评】

活到老,学到老。扬州曜阳组织老人学习微信,帮助老人掌握生活中的现代科技,有利于老人跟上时代步伐,方便了老年人的生活,提升老年人的生活质量。

老年大学开学了

2016年4月5日,在广陵区老年大学的支持下,扬州市广陵区老年大学曜阳分校成立,并举办了简短的开学仪式。今天,曜阳分校声乐班先期开班,音乐老师前来为学员们教授声乐课。老年大学声乐班的学习,不仅可以为学员们普及声乐知识、提高歌唱水平,还可以满足他们的专业需求,丰富他们的精神文化生活,提高老人在公寓生活的幸福指数。公寓副院长丁敏代表公寓致辞,祝愿老人学习快乐、精神愉悦、身体健康。

▲ 老年大学声乐班开课啦

下一步，老年大学曜阳分校将根据老人的需求，分别开设书法、文学、手工等课程。相关课程设置将根据老人兴趣和报名人数确定。

▲ 老年学员们练习发声　　▲ 公寓会员陈哲老人认真看歌谱

【点评】
　　终身学习，既是现代社会的要求，也是个体发展的需要。老年大学是系统学习的课堂，远远胜于偶尔举办的讲座活动。扬州曜阳与相关单位合作开办老年大学，为老年人提供丰富的学习课程，让入住公寓老年人又一次开启了愉快的学习之旅，让原本丰富的晚年生活增加了更多的知识色彩和文化品位。

老有所学

串珠串出美生活

为进一步丰富老年朋友的文化生活，9月3日上午，公寓在二楼多功能厅开展了手工串珠活动，邀请了专业的串珠老师为老年朋友们培训授课，上百位老年朋友到场学习。

◀ 会员认真学习串珠子

活动中，老师耐心细致地为老年朋友讲解了制作的方法和要领，包括串珠的技术、串珠的种类、如何选择珠子的配色等等。老人们根据老师的解说，仔细揣摩，认真制作。在认真模仿老师的操作步骤后，老人们逐渐掌握了串珠的规律和要领。个别老人遇到不清楚的地方，也主动询问老师。经过努力，很多一开始说自己年纪大学不会的老人也都慢慢掌握了串珠技巧，渐渐自信起来。没过多久，精致的串珠作品一一完成。

曜阳养老 人文关怀的探索与实践之扬州曜阳

▲ 老师的串珠作品　　　　　　▲ 会员的串珠作品

在其乐融融的活跃气氛下，第一次串珠活动完满结束了。参与活动的老人们都成功完成了串珠作品。望着手中晶莹的作品，大家都很有成就感，有几个老人甚至开始讨论如何制作下一个作品了。

这次活动不但让公寓老年朋友们体验了参与学习手工串珠的乐趣，更为社区老年朋友们提供了互动平台、增进了感情，有效促进了和谐社区的建设，受到了公寓老人们的一致欢迎。

【点评】

　　勤动手指，有利于延缓大脑相关功能的衰退。扬州曜阳通过举办串珠学习活动，将学习与娱乐结合起来，让老人在学习中感受到乐趣，同时锻炼锻了大脑的协调功能。给予老年人健康和快乐，就是人文关怀。

老有所为

睡眠养老

老有所为

老当益壮志愿者

人们都说扬州曜阳是个福寿宝地,不仅因为这里环境优美,树木葱郁,更重要的原因是这里的人们心存善念,风气醇厚。目前在这里生活的520多位老人中,有很多人做善事都不愿透露姓名,默默地奉献。我们尊重他们的意愿,此篇不将他们的姓名透露,但我们今天仍要将他们的义举晓之于众。

甲先生在公寓里,算是一位低龄老人。他处处为其他高龄老人着想,成为他们生活的帮手。甲先生居住的那栋楼里,住着几位年岁较大的老人,他们或是眼睛不好,或是腿脚不太便利,生活中总有一些不便。甲先生自入住曜阳以后,便主动承担起照料这几位老人的任务。一年三百六十五天,甲先生总是在早晨七点钟左右,挨个地敲开这几位老人的房门,搀扶着他们一起去餐厅就餐。他这样挨个地敲门,一是和他们结伴走,让这些身体不好的老人有人照料;二是万一哪位老人身体出现状况,好早点发现,早点处理,不至于酿成大祸。还是这位甲先生,近期向公寓捐了30000元,用于添置老人喜欢的各类活动器材或修缮门球场地。其实,这位甲先生是从企业退休的普通职工,每月的退休工资不超过3500元。可是他平时生活简朴,从不讲究吃穿,省下的钱却乐于用在其他老人身上。

乙先生和夫人都是从战争的硝烟中走过来的老战士,他们对今天的幸福生活很知足,也很感恩。他们常拿今天的自己和已经牺牲的战友作比较,总觉得自己贡献得不够,享受得太多。因此,他们处处做有心人,发现公寓爱打麻将的老人多,麻将桌有时不够用,他们就主动捐钱,请公寓的工作人员再添置一些麻将桌;发现爱打桌球的人多了,也捐钱添置桌球器材。今年春天，乙先生夫妇在院中散步，发现大院里还有好些地方可以栽树，他们就买了几十株树苗，一株桃花一行绿柳，营造了一片活色生香的小花园。公寓的好多老人闲来无事时，爱到金湾河畔钓鱼，可近年来鱼儿逐步少了，乙先生便在春天买来鱼苗，投放到金湾河里，又买来好多鱼食，每天到河边投食，引来了大大小小的鱼儿，让爱垂钓的老人们乐开了花。

丙先生是公寓里著名的闲不住的老人，他总是能发现别人不在意的事情。一天，他发现有几十棵别人扔掉的小松树苗，觉得怪可惜的，便拣回了公寓。又一个人沿着金湾河边寻找，终于找到一处树木稀疏的地方，他便自带铁锹、水桶等工具，花了一天时间，将这些小树苗全部栽下。等他栽完这几十棵小树后，丙先生已累得直不起腰了。

在公寓里，无论是老人与老人之间，还是老人与公寓的员工之间，互相关心、互相帮助蔚然成风。公寓一位员工家中突遭变故，公寓里一位德高望重的老奶奶知道后，不但安慰这位员工，还对这员工说："不要担心，有困难我们来帮你。你孩子的学习费用我包了！"一席话说得这位员工心里暖暖的，心中悲痛仿佛也减轻了许多。员工们也把老人当成自家的亲人般关心，老人有什么事情，无论是不是分内之事，员工都无一例外的承担起来。前一段时间，有位老人骨折了，虽然老人的子女已将老人送进了医院，可员工们仍放心不下，今天这位煮好骨头汤送去，明天另一个又送去浓浓的鱼汤，老人发现自己是越来越离不开曜阳了。

烟花三月，是扬州最美的季节，各地来的游客络绎不绝。公寓里有位老人，一下子从不同的地方来了好几拨亲戚，迎来送往，忙得老人晕头转向。公寓的工作人员知道后，主动去帮助老人安排亲戚的吃住和行程，让老人轻松了许多。近日，一辆大客车载来了几十位来自武汉银龄老年公寓的老人们,他们中好多人都从未来过扬州,这次他们是慕名而来,想要一睹古城扬州美丽的景色。曜阳的老人们知道后,不少人自告奋勇担当起了导游,他们自己带上水和干粮,陪着武汉的客人们逛完了东关街,再游瘦西湖,讲过历史典故再介绍新景点。武汉的老人玩得乐不思返,直说;"明年还来!明年还来!"

【点评】

老年志愿者是最应该受到尊敬的志愿者。入住公寓的老人,在享受来自社会的志愿者的无私奉献的同时,力所能及地主动帮助高龄老人和有需要的老人。他们践行了志愿者的奉献精神,更用实际行动把爱传递到每一个需要帮助的老人心中,这正是老有所为的具体体现。

开心农场开心事

今年的3月12日,一个春阳灿烂的日子,扬州曜阳迎来了一个让好多人兴奋难捺的事儿——"土改会"。

原来,扬州曜阳为了更好地丰富公寓会员的生活,让会员们通过劳动调节生活,增加与其他会员的交流沟通,特地开辟了一块荒地,命名为"开心农场",面积约为300平方米左右,交给会员们种植。自打这个开心农场诞生以后,公寓的会员可闲不住了,风雨无阻,每天都要到小农场看看,浇浇水、施点儿肥、拔拔草,松松土。这些农活使好多原来城市出生、城市生活了一辈子的老人像着了魔一样爱上了这块土地。不少老人不但从这块土地上收获了丰硕的瓜菜，更收获了身体的健康和心情的愉悦。像今年92岁的胡梅芳老太太，前年她在这块开心土地上，种植了一季南瓜，结果长得地里满满当当，最大的有近百斤重，被大家称为"南瓜王"。胡奶奶抱着"南瓜王"拍了好几张照片呢。她自己不舍得一个人吃这个南瓜，硬是把它送给了公寓餐厅，让其他老人一起分享。

▲ "开心农场"使老人的身心都得到了极大的愉悦，瞧那笑脸真是开心呀

▲ 92岁高龄的会员胡梅芳老人（左二）将自己在"开心农场"收获的南瓜，赠给前来慰问的江丹主任（右二）和演员志愿者们

公寓为了满足所有有种植意愿的会员的要求，规定所有农场会员在每年的年底停止种植，第二年的3月中旬重新分配土地，这个分配会议就是大家戏称的"土改会"。今年的土改会开得特别热闹，因为今年种植户增加了不少。除了原来的吴立章、童可川、王文谦这些老种植户以外，还增加了像张太兰这样的新"农民"。

"土改会"首先选出了新一届的管理委员会成员，接着进行抽签。吴立章运气好，抽到了一号签，取得了一号地块的种植权。一号地临近路边，靠近水源，种植起来省事，吴立章和老伴周玉凤真是开心。

童可川和陈秀兰夫妇"运气"稍差一点，抽到的是离水源较远的地块。可这对夫妇俩照样开心。陈秀兰说，种菜原本就是为锻炼身体，远一点更好，劳动量大一点，对身体也有好处。

当天下午，上午分得地块的会员，下午三点钟一起扛着铁锹、锄头、水桶等农具，浩浩荡荡地来到了地头，进行了开心又热闹的春耕仪式。大家挥锹挥锄，先除杂草，再给闲置了一冬的土地松土、浇水、施肥。他们一边躬身劳作，一边展望着丰收的时刻。吴立章夫妇以前在农村中学教书，懂得农事，加上吴立章又是农场管理委员会的委员，大家就戏称他是"生产队长"。吴老也就当然不让，理直气壮地指导起新农户们，怎样松土，怎么浇水，什么时候下种，什么菜咋样种。

▲ 老人们与工作人员一道，按照划界重新给各家各户分得一块免费的"开心农场"

▲ 老人们在"开心农场"采摘收获的喜悦

几天以后，一场春雨给这些农户们带了更多的喜悦，大家走到地头一看：嚄，小苗儿像一群小孩子一样，绿油油、嫩汪汪地拱出地皮了。这心里头的喜欢呀，像看到自家小孙子一样的。从此，大家早饭一吃就扛上农具来，下午午觉一醒，第一件事也是来农场。

大家好像都有默契似的，各家尽量种的品种不雷同。从东边第一块吴立章的地头看起：有南瓜、丝瓜、苦瓜、韭菜、大葱、青菜、药芹、茼蒿、生菜、莴苣、大白菜、荠菜等；接下来孙仲如家的地里有：苋菜、波菜、茼蒿……丁桂芳原来是扬州某机关的退休干部，标准的城里人，从未种过田，可到了公寓以后，她爱上了种植，学会了种植、治虫、育苗，并乐此不疲。她今年种了青菜、菠菜、茼蒿、香菜、萝卜、山芋等。

种植品种最多的当数童可川和陈秀兰夫妇，他们光买各种蔬菜种子就花了80多元钱，他们先后按季节种植刀豆、玉米、土豆、蚕豆、青菜、豌豆苗、乌菜、白萝卜、胡萝卜等。陈秀兰说，她去年种的白萝卜，腌了萝卜干，还送了不少给别人，大家都说味道好，她今年打算多种一些，到时再分一些给那些不能下地干活的老人，让他们也能尝到开心农场的鲜味。说起种田的好处，陈秀兰可是体会最深了。她原先身体一直不好，做过心脏搭桥手术，平时不太敢参加各种体育运动，因此大多数时间都是待在屋内。时间一久，身体发虚，走路时两脚就像踩在棉花上一样，虚飘飘的。从去年开始在开心农场劳作以后，感觉身体逐渐好了起来，走起路也不似以前了，有了脚踏实地的感觉了。加上自己种植的各种蔬吃不了，分送给其他老人，大家的关系也以前亲密多了。

开心农场目前由30位老人在经营着，可它的果实却是全公寓所有老人都能享用的，只要公寓一有喜事。这些"农户"们就会从田里选出最好的蔬菜送到餐厅，给大家聚餐、包饺子。每次过年过节，大家在宴席子上吃到鲜嫩的蔬菜时，就会有人问：这是谁地里长的呀？接着就会响起一片开心的笑声。

开心农场专长开心蔬菜。

老有所为

【点评】

在现代都市生活中，适当的农业种植劳动具有愉悦心情、修身养性、锻炼身体的功效。扬州曜阳利用闲置土地，设立"开心农场"，轮流为有劳作能力的老人，提供了田间劳动和享受成果的机会。老年人走进大自然，呼吸到新鲜空气，身心更加愉悦，身体更加健康。

心灵手巧好制作

走进扬州曜阳 8701 房的刘伟和丁正言夫妇的家中，你就会有一种说不出的愉悦。并不是他们家特别豪华或是装潢特别讲究，而是这个家庭有一种格外的温馨和灵动可爱的氛围。

丁正言是扬州市某机关退休的公务员，刘伟是一位高校的退休教师。他们的家中除了有一般知识分子家庭都有的书香之气，更有一种艺术气息和童趣。不管是什么样的客人走进他们家，都会忍不住地东张西望，因为这个家太可爱了。

这个家，除了一些木质家具和家用电器是公寓统一配置的外，其他的一些小件的生活用品或是装饰品均是这个世界上独一无二的。因为它们不是从商店里买的，而是这家的女主人——刘伟的杰作。白色的小花瓶、深色的大花瓶、红白相间的纸巾盒、挂在门上的小红灯笼、橱子里的五个奥运娃娃、各种小动物、正在专心致志吃竹子的小熊猫等等，都是刘伟用各式彩珠和丝线制作的。特别是迎门挂着的一幅挂件，

209

▲ 刘伟（左）与老伴丁正言在公寓家中制作手工艺品，丁老手中的抱枕以及茶几上的盘花都是她的作品

一面是"福"，而另一面是"寿"，更是巧夺天工，又应了"开门见福"的寓意，更增添了这个家庭的吉庆祥和之气。而冰箱上放着的一捧五彩缤纷的鲜花，会让所有人意外，怎么寒冬腊月会有玫瑰、牡丹、菊花、芍药等一齐开放，细看之下才能明白，那不是鲜花，而是刘伟老师制作的丝网花。

刘伟家客厅的沙发上，有两个硕大的南瓜，那橙色的瓜身扁而厚实，身上还有一道道的棱，中间有几片翠绿的瓜叶，乍一看就是两个熟透了的大南瓜。其实，那是刘伟用家中的废旧毛线编织的。更可爱的是一只昂着头、好像正四处觅食的大乌龟，仿佛马上就会爬到你的身边。这只大龟也是刘伟将孩子小时的毛衣拆了，将绿、蓝、黄、红、白、黑等各色毛线编织的。像这类的作品，刘伟家中还有很多，大到躺椅的垫子、床上的枕套，孩子的衣帽、时装包，小到各种作为装饰物的小动物、小娃娃等，这些物品既可实用，也能装点空间，更能营造一种童话环境，使人见而忘忧，心情愉悦。

刘伟的巧手不但能做出好看、好玩、好用的物品，更是变废为宝的高手。多年来，她从不随便将家的旧床单、旧衣服、旧窗帘等一般人眼中的废物扔掉，而是有计划地留下来，等积攒到一定数量，就将它们一条条地撕成布条，然后接起来，再用很粗的钩针，将这些布条钩成厚实地毯，放在客厅里、放在卧室里，既独一无二别致好看，又经济实惠，为家庭增色无限。钩针这种工具在刘伟的手里似乎有了魔力，能让各种不起眼的线变成意想不到的东西。刘伟家有一盆太阳花，翠翠的枝条上，开着赤橙黄绿白蓝紫等各色花，而每朵大不过指甲盖的小花上，就有花瓣、花芯、花蕊三种颜色。这是怎么做到的呀？还有她钩的白雪公主和七个小矮人，其人物不过二寸余，那鼻子、眼睛、嘴巴、小衣服、小鞋子等，连衣服上的纽扣都清晰可见……

▲ 公寓会员刘伟手工作品集

刘伟还是一位多面手，她还擅长国画、剪纸、布贴画等等。2016年是猴年，丁正言属猴，刘伟属鼠，因此她特地剪了两幅剪纸作品，一幅是神猴献桃，另一幅是猴鼠牵手，其美好的心愿尽在其中。刘伟的剪纸还应邀参加过全国剪纸展，她的剪纸作品有：古代四大美女、雷锋、龙梅与玉荣、梅、兰、竹、菊、骏马、小鸡等各种动物。国画作品也是以花卉、动物等为主。她的布贴画充满了童心童趣，她用各色布头通过简单的构图，变成了孩子眼中的小伙伴、成年人眼中的童年故事。那些小猫、小狗、小鸡、小娃娃、小花等等，无一不是从童话故事里走出来的小精灵。

▲ 公寓会员刘伟手工作品集锦展示以及手工班学员合影

▲ 刘伟在公寓活动室辅导老人们制作手工——串珠子

刘伟夫妇入住扬州曜阳不久，刘伟的身边就围拢来一群人，先是三四个人，渐渐地，人越来越多。刘伟也不保守，她制定了一个传帮带的计划，就是从零基础开始，先教大家一些简单的手工。教什么呢？要过年了，就先教大家制作串珠灯笼吧！好多人本来就想做一个灯笼后就改学别的了，没想到，灯笼做好就被家中的子女要走了，而且还说一个不够，这让一帮老太太们惊喜万分，想不到这些时髦的孩子会看上自己的作品。因此，这几天，公寓的老人一拨一拨地去小商品市场买珠子。8801室的汪素兰老人已经串了三个灯笼了还不够分配，眼下她正打算做第四个或是第五个。

刘伟，正把一个红彤彤的新年祝福挂到曜阳老人的心上……

【点评】
　　劳动创造生活，劳动创造幸福。扬州曛阳的刘伟老人，长期保持劳动的朴素心态，用灵巧的双手装扮了美丽的生活。

心理咨询解孤独

　　孤独感，是一种难以排遣的痛苦情绪，老年人尤甚。一些人因权势失落而诱发孤独。一些人因群体失落、信息缺乏而出现孤独。更多的人是因在家庭关系中的失落而产生孤独。老年人渴望并追求天伦之乐，良好的家庭关系是他们的精神寄托。如果子女很少与他们沟通，他们就会深深体验着孤独的苦楚。然而，居住在公寓的老人们却少有孤独，他们很少有时间去咀嚼这种痛苦的情绪，生活得充实、快乐，好多人成天无忧无虑、无牵无挂，像一群活泼的老小孩。

　　不是这里的老人"缺心眼"，而是因为这里有一支庞大的"心理咨询"团队，他们在时时处处地为老人们做心理按摩，聆听老人倾诉，调整老人情绪，理清老人思路，让老人们活在"今天"，活得有尊严，活得快乐！这支团队的掌门人就是公寓心理咨询志愿者、国家二级心理咨询师、原兰州商学院教育心理学副教授张莹女士。

曜阳养老 人文关怀的探索与实践之扬州曜阳

▲ 心理咨询室挂牌

▲ 心理咨询师张教授与公寓老人闲谈

年前,有着30年教龄的张教授退休随丈夫迁居回扬,并应聘于曜阳康复医院心理咨询师一职。张教授生于兰州、长于兰州,对扬州潮湿阴冷的冬天很不习惯,却对有地源热泵设施、室内冬暖如春的曜阳老年公寓情有独钟。2014年,张教授成了曜阳的会员。同年,她辞去医院一职,向公寓提出申请,当了一名心理咨询的志愿者。张教授说,

老有所为

　　她来扬州两年,与公寓老人交谈两年,几乎每次聊天都让她受益。曜阳老人的经历丰富多彩,每每她像女儿一样拉着老人的手听他们叙述往事时,就有一种"我们坐在高高的草堆上面,听妈妈讲那过去的事情"的感觉。每个老人的经历都不一样,每个老人的历程中都打上了鲜明的时代烙印,那是老人一生中鲜明的印记!老人们都喜欢她上门聊天,倾听自己的叙述。满肚子的心事、满肚子的话,一吐为快,很是惬意。张教授倾听,王秋林副院长倾听,整个公寓服务部乃至整个曜阳的工作人员都学会了倾听。因为,倾听是给心理疾病患者的一剂良药。

　　孤独是老人们的"专利",丧偶又失子的老人的孤独感会格外强烈。公寓中的一位老人,平时衣着整齐、气质高华,在公众场合会打起精神,鼓励别人,但独处时却常常以泪洗面,十分痛苦,总想到要早点结束自己,去和逝者相会。满腹的话,无处倾诉。城里的儿子、媳妇来去匆匆,没时间说,也不好意思说。一次,张教授去巡诊,就发现老人似乎心有隐痛。择日,张教授特意登门。寥寥几语勾出了老人多年的心事,张教授说,她们手拉着手讲话时,老人的脸在不停地抽搐……。这以后,老人就盼医院来巡诊,盼着张教授上门,每次都把精美的糖果糕点准备好等着他们到来。一来二去,老人与张教授成了无话不谈的忘年交朋友。

　　对老人的心理咨询,不仅仅是排遣对方的孤独感,还有要解除他们的"心理不安全感",端正他们对"情感"的认知、对"死亡"的态度等等。公寓的古姓老人就是"心理不安全"的典型案例。90岁的古老一人独居,工资很高,非常节省。儿女们也是家家有车,生活富裕。可古老每天的洗脸、刷牙、洗衣服、烧水等用水用电的事都到会所的公共场所去解决,家里一个季度都用不到一吨水。就这么一位省吃俭用的老人曾一次性地给一位素不相识的烧伤病人捐款两千元。有人问他，有钱不用为什么？古答：等今后老了，要用钱的地方多着呢，还是现在省点好。像古老这样，活了一大把年纪的还在担心未来的人不在少数。面对这些老人，公寓的工作人员还是耐心倾听，听老人把自己的想法一一说完后，再平等地与他们交换看法。"一个人的一生只有三天，昨天、今天和明天。昨天已经过去，明天还未到来，我们要过好今天，活在当下。过好每一分钟、每一个小时、每一天！"这句话已成为曜阳工作人员劝导"担心未来"老人们的一句经典口头禅。只要能与老人对上话，工作人员都会介绍老人加入相应的兴趣小组，参加活动。身体硬朗的古老如今已是曜阳模特队的一员"大将"。

前几日的正月初六早上，一位95岁的老人走完了人生历程，躺在公寓房的床上静静地去了，其他老人听说后难免有些伤感。早上去市区大润发的班车上当有人说"生老病死"四个字，我们只剩下"死"了的话时，整个车厢的老人都沉默了。车上的张教授连忙把话岔开到元宵节公寓自排自演的节目上去，随即又与几个老人哼起了刚学的新歌。待车内的气氛活跃起来后，张教授才因势利导地谈起自己对死亡的看法。的确，这是一个谁也无法回避的话题。比起寿短、乃至早夭的人，我们算是幸运者。但是，"神龟虽寿，犹有竟时"，自古以来，谁又能长生不老呢！一席话，说得大家发自内心地笑了起来。

"心理咨询"像一场润物无声的春雨，滋润着老人们的心，让他们活得有尊严，活得快乐，活得无忧无虑，活得潇潇洒洒。张教授说，今年计划准备组织几个"团体心理辅导小组"。每组8个人左右，每周一次，每月轮换。方法是：设置话题，人人发言，分层引导，逐步深入。

▲ 公寓日常心理辅导小组活动

"心理咨询"在公寓正在逐步扩大、正在不断深入,它与老人如影相随,不离不弃。

【点评】
　　孤独是大多数老人精神生活的常态。扬州曜阳充分挖掘入住老年人的人才资源,组织具备心理咨询能力的老年人为相关老年人提供心理支持,既能够让提供帮助的老人发挥自身的专业技能,享受老有所为的成就感,又能切实解决接受帮助的老人的心理问题,恢复积极向上的精神状态,从而构建起和谐的养老环境。

牵手共拥绿家园

2016年3月10日下午,扬州曜阳的会员和员工们与扬州世明双语学校的小朋友们,共同参加了"大手牵小手,拥抱'绿'家园"的植树活动。

▲ 大手牵小手共同植树　　▲ 植树前,会员代表宣读绿化《倡议书》

阳光明媚的午后,在扬州曜阳二号楼东侧的花圃内,在公寓会员们的陪伴下,在小朋友们的欢声笑语中,一株株小绿苗纷纷"站立"起来。

植树前,老人和孩子们举行了绿化家园倡议仪式,公寓会员代表裴喜顺宣读了《倡议书》,参加活动人员在倡议书上签名附议。《倡议书》号召每一位志愿者都行动起来,宣传植树造林、关爱自然、善待环境的发展理念,宣传植树造林、绿化家园的重要意义,增强生态文明意识。像爱护眼睛一样,关注生态环境,关爱曜阳绿色;呵护树木花草,保护绿化成果;种下一抹绿,展现曜阳情。

老有所为

▲ 世明小朋友们在《倡议书》上签名 　　▲ 公寓会员们在《倡议书》上签字

接着，公寓老人和员工们栽下一株株苗木，小朋友则为刚栽下的苗木细心浇水，公寓老人和员工还对每株苗木进行了"挂牌领养"，使大家更增强了植树绿化的责任心。

扬州世明双语学校的小朋友们还在活动现场进行了绿化宣传，他们以坏保为主题为公寓会员们带来了精彩的节目表演。阳光下，小朋友们身上的花衣裳，公寓会员脸上灿烂的笑容，俨然成了花圃中一道道亮丽的风景。

▲ 曜阳会员与员工们栽种苗木 　　▲ 世明小朋友们为小树苗浇水

> **【点评】**
>
> 　　植树造林，美化环境，防止污染，人人有责。扬州曜阳组织老年人与小孩子一起参加植树活动，不仅尽到了植树造林的义务，亲近了大自然，愉悦了心情，还在与孩子的互动中享受了天伦之乐。何乐而不为？！

舞动生命美夕阳

　　2015年重阳节前夕，中国红十字会总会事业发展中心、扬州市民政局、扬州市老干部局、扬州红十字会、扬州报业传媒集团、扬州广电传媒集团、扬州市老年人体育协会、扬州市舞蹈家协会联合主办，扬州曜阳国际老年公寓、扬州曜阳康复医院、扬州曜阳养老服务中心联合举办了"舞动生命·最美夕阳——2015年'曜阳杯'中老年广场舞大赛"。

　　广场舞是由人民大众自发而形成的一道展示市民文化生活的城市景观，具有鲜明的时代特色。而扬州曜阳的会员中，正有一大批广场舞爱好者，他们经常自发地在曜阳的太极广场跳舞，《边疆的泉水清又纯》《山歌牵出月亮来》《茉莉花》等，都是这些爷爷奶奶级的人们喜欢的舞曲。听说要在自家大院内举办广场舞大赛，可把他们高兴坏了，他们一边忙着排练，一边又忙着打扫卫生等杂活，准备以最佳的状态当好参与者和主人翁。

　　大赛如期在公寓的太极广场举行，赛程共有三天，来自全市32支队伍报名参赛。公寓的老人们，每天吃过早饭的第一件事，就是到太极广场，帮助工作人员排放座椅，准备茶水，然后静静地等待开赛。32支参赛队伍，都有自己的独门绝技，都有与众不同的特色，把老人们看得大呼过瘾，也大饱眼福。而爱好舞蹈的老人则更是受益多多。

▲ 进入首届"曜阳杯"广场舞决赛的九支舞蹈队

10月21日，重阳节，也是这次广场舞大赛的最精彩时刻——决赛日。这天早上八点刚过，公寓内的八卦广场上，已是人头攒动。9支决赛的舞蹈队早早地换好服装在静静地候场，曜阳的老人们则呼朋唤友地坐进了观众席，附近的农民也三三两两地，将会场填得满满当当。

比赛开始了。首先上场的是曜阳广场舞表演队。只见一支十多人的队伍跳着欢快的舞步上场了。只是这支队伍有些独特，她们中年纪轻的只有20多岁，而几位年事高的，已是满头银发。原来，今天上场

▲ 老干部艺术团舞蹈队在比赛中　　▲ 观看广场舞大赛的曜阳会员和各社区代表

表演的是一支新编排的舞蹈，当时离演出只有三天时间，所以，公寓从员工中挑了一批人，又从老人中挑了一批人，其中年龄最大胡爱华和王文卿都是78岁的高龄了，但她们在排练中不但一丝不苟，而且洒下了比年轻人更多的汗水。因此，在场上表演时，三四十岁的年龄差距一点也看不出来，动作是一样的优雅，韵味十足。

接下来，佳家花园广场舞舞蹈队、江都区龙溪社区舞蹈队、五里庙社区舞蹈队、武塘社区四季风韵舞蹈队、江都区体育中心舞蹈队、琼花社区健身舞蹈队、老干部艺术团舞蹈队、江都区玉带社区童心舞蹈队、文昌花园艺术团舞蹈队这9支参赛队伍陆续登台表演。不管是轻歌曼舞，还是劲歌烈舞；也不管是乡土风韵，还是域外风情；不管是桃红柳绿，还是姚黄魏紫，都将观众的视线牢牢地锁住了。人们沉迷了也陶醉了。

经过大赛专家评委组的现场打分、评判，扬州老干部艺术团舞蹈队以总分第一的成绩获得了此次大赛的广场明星奖；江都区体育中心舞蹈队、江都区玉带社区童心舞蹈队和文昌花园艺术团舞蹈队获得最佳活力奖；其他的参赛队伍均获得了最佳团体奖。扬州市老年人体育协会和琼花社区获得了最佳人气奖。

老有所为

▲ 由银发老人组成的颁奖礼仪队伍引来场外观众阵阵叫好声

▲ 94岁的老人程松樵和姚慧为最佳人气奖得主颁奖

大赛到此，似乎尘埃落定，大幕落下了。但在颁奖时，却又高潮迭起。原来，这次大赛的颁奖礼仪队伍却是由一支银发老人担任的。只见季绍琦、魏蓉玲等五位老太太，身穿绛紫丝绒的绣花旗袍，手捧托盘，腰身挺拔，步态优雅地缓缓入场，引起了场内一片惊呼，也引得人们纷纷围拢过来要求合影。而当两位94岁的老人陈松桥和姚慧为最佳人气奖得主颁奖时，整个会场都沸腾了，一下子，银发成了整个会场的最亮点……

【点评】

很多具有某些专长的老年人，都希望得到社会和大众的认可，这就是马斯洛需求层次理论中尊重层次的需要。扬州曜阳通过举办广场舞大赛，让老年人展示自己的艺术风采。老年人用优美的舞姿得到了老年朋友和现场观众的高度认可，尊重层次的需要得到了满足。这就是人文关怀。

老有所终

睡眠养老

最后旅程要安详

临终关怀不是让人等死，而是让人能够有尊严的离开这个世界。面对死亡有时候老人自己看得比较开，看得比较透。相对于子女受传统文化的教育，对死亡的认识不够，反而看不开、想不明白，他们对于亲人的不舍，害怕"子欲养而亲不待"的痛苦，最后往往让老人临终前遭受了巨大的痛苦。

李大爷2010年住到公寓里。他是一个乐观、快乐的人。他热心于帮助其他人，也把快乐带给身边的任何一位老人。大爷写得一手好字，平时也爱摆弄些乐器；常常教其他老人写写字，更在过年时写写春联什么的；他爱把生活里美好的人和事谱成曲唱给大家听。所以李大爷的人缘特别好，不管是老人还是我们工作人员都非常喜欢他。特别是我们管家小王，他和李大爷已经成为了一对忘年交。

有一天李大爷倒下了，检查出大脑里有个瘤。两个儿子都从外地赶了回来，两人意见一致，都要全力进行抢救。老爷子好不容易从艰苦的岁月走过来，并把两儿子抚养成人，这一路确实太辛苦了。虽说两儿子成家立业后尽到了赡养的责任，经济上也给了李大爷很大支持，但毕竟聚少离多。作为土生土长在扬州这块土地上的李大爷，一直不愿意离开故土到儿子工作的外地居住，儿子们也不可能舍去工作回到扬州，但他们的心始终维系在老父亲的身上，也舍不得李大爷。

李大爷全身插满了管子，身体一天天消瘦下去，已经不能再说话了。两个儿子看到老父亲这样心里也十分痛苦。那天公寓管家小王去医院看李大爷。大爷昏迷着，已经骨瘦如柴，由于插管的原因大爷面目显得很痛苦。大爷知道了小王的到来，那无力的手仿佛用尽全身的力气握住小王的手,小王理解大爷。以前李大爷常跟小王说,他的这辈子是很知足的,也是幸福的,把两个儿子抚养成人,现在儿孙满堂了,他没有遗憾。只是希望走时不要那么痛苦;他也愿意将遗体捐献出去,为社会做最后的贡献。他说困难时国家和社会帮助过他,做人要有感恩的心。可每次把这两个想法跟儿子们商量,孩子都不爱听,时间久了也就不提了,现在大爷躺在床上想说也已不能说出口了。管家小王理解他,他把李大爷的两个儿子喊到一旁,将李大爷在清醒时对生命最后阶段的担忧和对后事处理的愿望耐心地讲给他们听。李大爷的儿子结合医生的预后判断和大爷目前的情况,经过一番思想斗争,最终理解了自己的父亲。在李大爷人生的最后一刻,孩子们怀着巨大的悲痛跟他办理了遗体捐赠协议。

小王帮助清洗了李大爷的身子,为他穿上了新衣。

大爷最后走得很安详。

【点评】

临终关怀并非是一种治愈疗法,而是一种专注于在服务对象离世前的几个星期甚至几个月的时间内,减轻其疾病的症状、延缓疾病发展的医疗护理。身关怀、心关怀、灵性关怀,这就是为老年人在人世间最后的日子提供的人文关怀。

曜阳养老

人文关怀的探索与实践

之 富春江曜阳

中国红十字会总会事业发展中心 主编

中国财经出版传媒集团
经济科学出版社
Economic Science Press

《曜阳养老人文关怀的探索与实践》丛书

总编委会

主　　　编：江　丹
副　主　编：吴昂坪　魏　国　金宏图　王国华　侯　毅
执 行 主 编：魏　国
执行副主编：李强胜　李　彤　肖敬友　瞿文进
委　　　员：严　俊　李晓东　傅　阳　蒯江春　孙林海
　　　　　　左元香　郝圆媛　王玉峰　丁　敏　王秋林
　　　　　　丁苏峰　黄红华　张世平　曲夕彦　亓　文

第一分册编撰委员会

主　　　编：江　丹
副　主　编：吴昂坪　魏　国　金宏图　王国华　侯　毅
委　　　员：严　俊　李强胜　李晓东　李　彤　孙林海
　　　　　　肖敬友　瞿文进　郝圆媛　傅　阳　蒯江春
　　　　　　王玉峰　亓　文
执 行 主 编：魏　国
执行副主编：李强胜
撰　　　稿：魏　国　李强胜　亓　文　李晓东　李　彤
　　　　　　肖敬友　瞿文进　孙林海　王玉峰　丁　敏
　　　　　　黄红华　曲夕彦　张　骅　汪　亮　韩奇杉

资料整理：亓 文　胡 楠　桑荷薇　傅 阳　曹 金
　　　　　陈星林　周昊威　刘雅莉

第二分册编撰委员会

主　　　编：李 彤
执行主编：丁 敏
副 主 编：孙林海　王玉峰　王秋林　丁苏峰　何美兰
　　　　　韩传伟　王松清
撰　　稿：王苏雨　王 勇　尤 蕾　方梅兰　任 河
　　　　　刘劲松　许 荣　许德云　孙 丽　孙震林
　　　　　李 玫　时新剑　吴海全　吴 滢　赵万玘
　　　　　赵欢欢　殷 玲　黄 文　彭倩倩　葛 宇
　　　　　蒋叶萍

第三分册编撰委员会

主　　　编：肖敬友
副 主 编：黄红华　左元香　张世平
撰　　稿：吴晓明　骆杨洋　陈芳菊　杨 锋　周 炜
　　　　　陈群英　余玉明　冯露萍　赵秀峰　张 群
　　　　　俞云儿　张小平　何婷英　杨廷友　楼 卉
　　　　　陆利琴　陈 叶　汪潇潇

丛书前言

江 丹

中国红十字会总会事业发展中心党支部书记、主任
中国老龄事业发展基金会副理事长

我是江上青烈士的后代,生在新中国、长在红旗下。在成长发展过程中,我和我的家人都得到了党和国家无微不至的关怀、社会各界方方面面的关心。作为革命烈士的后代,我一直在思考如何继承先辈遗志、回报社会、为国家和人民做一点有意义的事情。

1999年,我调任中国红十字基金会副理事长。一次偶然的机会,我到美国去考察,发现美国政府对美国籍退伍军人的养老工作做得很好。回到国内,我到各地去调研,发现国内养老事业还远远不能和美国相比,特别是对革命伤残军人等国家功臣和劳动模范的养老服务工作,总体上不尽如人意。我想,我们的国家是中国共产党领导的社会主义国家,中国共产党是全心全意为人民服务的政党。如果党和国家对老百姓的服务,包括养老服务,还不如资本主义国家做得好,那社会主义的优越性就无法体现。于是,我萌生了协助红十字会探索参与公益养老事业的想法,得到了领导、单位和家人的大力支持。

在有关领导和红十字会总会的大力支持下,中国红十字基金会设立了事业发展办公室,后更名为中国红十字基金会事业发展中心。2011年,经中编办批准,中国红十字会成立了总会事业发展中心,专

门负责管理和指导中国红十字基金会建立的教育实体和养老实体。

无论是在中国红十字基金会，还是在中国红十字会总会事业发展中心，我带领各位同事，始终高举红十字公益大旗，开展了大量的红十字"一老一小"公益工作。其中，"一老"就是公益养老事业。回顾19年来的工作，中心的公益养老服务事业，服务对象经历了从革命建设功臣等老人、到中西部地区的贫困失能老人、再到中西部公益养老机构以辐射更多失能老人的过程，工作形式经历了从建设若干曜阳养老机构直接提供养老服务、到资助中西部民办养老机构以提高贫困老人生活质量、再到为广大民办养老机构的发展提供支持性服务的过程。

《曜阳养老人文关怀的探索与实践》丛书，就是从人文关怀的视角，对中心开展公益养老事业、创建曜阳养老公益品牌19年探索历程的回顾与总结。丛书共分为三册，中国红十字会总会事业发展中心担任总主编和第一分册主编，第二分册由扬州曜阳国际老年公寓主编，第三分册由杭州富春江曜阳国际老年公寓主编。两个公寓是中心在当地党和政府的支持下、在爱心企业的帮助下，分别于2009年和2012年建成并投入使用的曜阳养老旗舰店。

《曜阳养老人文关怀的探索与实践》丛书的第一分册，主要反映中心参与公益养老事业、打造曜阳养老品牌的思考、探索和成绩，内容包括五章和两个附录。其中：

第一章"新时代背景下的人文关怀"，主要从理论上阐述了人文关怀的基本含义、社会主义人文关怀的基本内容和新时代背景下中国特色社会主义人文关怀的时代内涵。

第二章"社会养老服务中的人文关怀"，首先从理论上阐述了建设社会养老服务体系的重要意义，简要介绍了我国社会养老服务体系

建设情况，分析了我国社会养老服务体系建设过程中人文关怀缺失的表现及原因，提出了社会养老服务中加强人文关怀的对策建议。在此基础上，进一步分析了自理型老人和失能型老人的生理特征和心理特征，从居家社区养老角度和机构养老角度，分别提出了加强社会养老服务人文关怀的具体措施，并就如何做好养老护理员的人文关怀提出了建议。

第三章"曜阳养老的探索历程"，首先简述了中心的发展历程，随后介绍了中心参与公益养老事业的时代背景和探索历程，总结了中心参与公益养老事业的具体做法，并简要概括了取得的初步成绩和社会影响。在此基础上，提出了中心今后五年参与公益养老事业的发展目标和工作措施。

第四章"曜阳养老人文关怀"，全面反映了中心在参与公益养老事业、打造曜阳养老公益品牌中，实施人文关怀的具体做法和成绩，包括协调资金募集物资给予物质关怀、举办医养结合实体给予健康关怀、举办公益演出活动给予文化关怀等直接性工作，以及协助加强人文关怀的队伍建设、积极营造人文关怀的社会氛围等间接性做法。

第五章"曜阳养老机构人文关怀"，从建设过程、服务过程和管理过程三个维度，以中心在扬州、杭州和济南三地直接建设的曜阳国际老年公寓的实际工作和具体做法为案例，全面反映养老机构层面的养老服务人文关怀工作。

附录一"曜阳养老机构主要管理制度"，以扬州曜阳国际老年公寓的现有制度为基础，汇总整理而成，力图为广大养老机构提供一个完善管理制度、落实人文关怀的样本和示范。

附录二"曜阳养老机构基本业务规范"，以济南曜阳国际老年公

寓的业务规范为基础整理而成，力图为专业护理型养老机构提供一个完善业务规范、落实人文关怀的样本和示范。

《曜阳养老人文关怀的探索与实践》丛书的第二分册、第三分册，主要是以案例故事的形式，分别反映扬州曜阳国际老年公寓和杭州富春江曜阳国际老年公寓在养老服务人文关怀中的具体做法。其中：

"老有所养"部分，包括老年人的衣食住行、生活照料、物业服务、法律援助、精神慰藉等方面内容，以及临终关怀等特殊服务。

"老有所医"部分，包括自理型老人的保健服务、日常医疗与应急医疗，失能型老人的长期照护、紧急救护、康复训练等。

"老有所乐"部分，包括老人自己组织和养老机构开展的各种文化活动、体育活动、娱乐活动、旅游活动、娱乐型工作（如开心农场）等。

"老有所学"部分，包括公寓组织入住党员老同志，学习时事政治知识、理解党和国家政策、保持入党初心、坚定理想信念的系列活动，以及公寓为老人宣讲医疗保健知识、现代科技知识、信息技术知识、金融业务知识等。

"老有所为"部分，主要是入住养老机构的党员老同志和热心老人，继续发挥党员的先锋模范作用、发挥余热，通过担任公寓志愿者、照顾高龄老人、为公寓发展建言献策、参与青少年教育等形式，为养老机构、周边社区及社会承担力所能及的工作。

在我们探索公益养老服务的过程中，中共中央总书记、国家主席、中央军委主席习近平同志在浙江省工作期间、原中共中央政治局常委、全国政协主席贾庆林同志在北京市工作期间，对我们给予了充分的肯定和特别的支持。时任第十一届全国人大常委会副委员长、中

国红十字会会长华建敏、现任全国人大常委会副委员长、中国红十字会会长陈竺、时任第十届全国政协副主席张怀西、时任第十一届全国政协副主席张梅颖等党和国家领导人，对中心开展的公益养老工作给予了高度的评价和充分的肯定。时任中国红十字会党组书记、副会长王立忠、王伟、江亦曼、赵白鸽等同志、现任中国红十字会党组书记、副会长徐科等同志，对中心开展的公益养老工作给予了高度的肯定和积极的支持。原江西省委书记、人事部部长舒惠国、原人民日报社副总编辑陈俊宏、原国土资源部耕地保护司司长潘明才、原北京市委组织部常务副部长史绍洁、全国老龄委办公室副主任闫青春等领导同志，给予了大力的支持和帮助。在此，我们一并表示衷心的感谢。

在具体工作中，全国人大常委会委员、中国社会保障学会会长、中国人民大学教授、博士生导师郑功成、中央党校青连斌教授、中国社会保障学会副会长、南京大学童星教授、复旦大学附属华山医院主任医师董竞成教授等知名专家，给予了大力支持和指导帮助，在此我们表示衷心的感谢。特别值得一提的是，郑功成教授欣然答应了我的请求，在百忙之中为丛书作序，让我们备受鼓舞。

中央电视台著名播音员张宏民、著名歌唱家杨洪基、韩磊、王莉等一大批艺术家加入了中心组建的"博爱艺术团"，每年到中西部慰问贫困失能老人，为他们送去了高水平的精神文化服务。在此我们表示衷心的感谢！

在扬州曜阳国际老年公寓、杭州富春江曜阳国际老年公寓和济南曜阳国际老年公寓的建设和发展过程中，江苏省及扬州市、浙江省及杭州市、山东省及济南市的党委、人民政府，以及规划、土地、建设、民政、卫生防疫、安监、消防等部门，红十字会组织等相关单位，都给予了大力的支持和协助，在此一并表示衷心的感谢！

作为中国红十字会总会直属事业单位，中心始终高举红十字公益大旗，在公益养老事业方面做了一些积极的探索，为新时代红会工作提供了一些可行的思路。总的说来，成绩是初步的，归功于各级党政领导、红十字会总会领导和全体红会同仁、以及社会各界、热心企业和爱心人士。我们希望更多的红十字会组织能够参与到公益养老服务事业中来，希望各级党政领导能够更加支持红十字事业的改革创新，希望更多的热心企业和爱心人士能够支持红十字会事业和公益养老事业。

编撰《曜阳养老人文关怀的探索与实践》系列丛书，是中心在参与公益养老事业、创建曜阳养老公益品牌过程中的一次大胆尝试。特别是从人文关怀视角总结养老服务工作，在国内可能是"第一个吃螃蟹"的。但是我们也清楚地看到，国内还有很多社会组织参与公益养老服务，做出了非常突出的业绩，非常值得我们学习借鉴。我们希望通过这套丛书，能与大家交流经验体会，相互取长补短，一道发展进步，共同推进我国的公益养老事业。

中心在推进公益养老服务事业的过程中，与3000多家养老机构建立起了较为密切的联系。我们也希望通过这套丛书，能够为众多养老机构的建设和发展，提供有益的借鉴和帮助。中心愿意与众多养老机构共同携手，为更多的老人提供更加优质、更加全面的养老服务，为早日实现两个一百年奋斗目标而共同努力。

由于我们的能力和水平有限，书中错误难免，敬请各位领导、各位专家和广大同行批评指正。

江 丹

2018年8月28日

前言

天下佳山水，古今推富春。脍炙人口的富春山水，自古就是令人神往的康养大境。富春江曜阳国际老年公寓，是中国红十字会总会事业发展中心筹资建设的公益养老项目，坐落于《富春山居图》原景地——杭州市富阳区，背靠黄公望森林公园，紧临富春江。

公寓占地面积100亩，包括自理型养老单元、护理部和曜阳医院三大功能板块，并拥有餐饮酒店、文化娱乐等综合性服务设施。自2012年5月投入运营以来，公寓秉承人道、博爱、奉献的红十字精神，致力于建设曜阳养老品牌旗舰店的发展目标，突出人文关怀和医养结合两大特色，以"医养护一体化"的综合养老服务模式，为自理型老人、半失能老人、失能老人和患病老人等，分别提供生活照料、文化娱乐、精神慰藉、健康管理、康复治疗、医疗护理和安宁服务等养老服务，取得了初步的成绩，得到了有关领导、管理部门和社会各界的高度认可。

公寓坚持以人为本的服务理念，关心老人、爱护老人、尊重老人，把老人放在心上，让老人住在爱里，积极满足入住老人的合理需求和美好愿望，得到了入住老人及家属的充分肯定。为了让大家了解公寓，我们精选了公寓服务中的一些故事，分别整理成篇，以

饕读者。

在"老有所养"篇中，既有院领导陪老人过大年的温馨场景，也有紧急应对突发事件的沉着冷静，还有陪老人们放飞自我、深入大自然的欢畅，更有为老人过集体生日时的声声祝福。无数的细微之处，不仅美在山水之间，更美在老人心间。

在"老有所医"篇中，医生每周上门"家访"，把健康关怀送到老人心上；护理员日日夜夜体贴入微，用温情滋润老人，让失能失智老人有尊严有体面；及时发现健康隐患，协调专业医疗机构开展义诊活动，解除老人的健康隐忧；做好健康档案，处理突发病情，紧急呼叫与医疗救护的融合，让老人得以安心养老。

在"老有所乐"篇中，老人们寄情山水，置身优美盛景，体会曜阳之美；老人们自发组建各类文体社团，自娱自乐，各得其乐；公寓联合公益组织，为老人举办慰问演出，让老人的生活充满欢声笑语。笑一笑，十年少，关怀老人就是要让老人心情舒畅。

在"老有所学"篇中，80、90高龄的老党员，不忘初心，坚持奋斗，继续焕发革命的精神；组织老人及时学习新鲜事物，微信、手工、健康知识、瑜伽功法，一个都不能少；在阅读中分享人生经历，在模特队里展现夕阳魅力，老人的生活总是阳光灿烂。

在"老有所为"篇中，积极参与"护家"和"管家"，主动作为、美化环境，老人们把公寓当成自己的家；参与社区服务，与中小学生开展联谊活动，用艺术诠释传统美德的现实意义；更难能可贵的是，低龄健康老人主动帮助高龄老人，公寓成了众多老人相亲相爱的大家庭。

夕阳无限好，桑榆未晚时。在青山相伴、绿水相拥的舒适优雅的环境中，入住公寓的老人们，在公寓"放在心上,住在爱里"的人文关怀下，放松心身，放飞情怀，拥有真正属于自己的高品质的晚年生活！

由于时间有限，编撰工作紧张仓促，错误和不足难免，敬请各位领导、养老同行和广大读者批评指正。

丛书总编委会执行副主编
分册编委会主编
杭州富春江曜阳养老国际公寓院长

肖敬友

2018年8月于杭州富春江

目录

老有所养 / 1

院长献歌　共贺新年　/ 3
曜阳公寓　光明常驻　/ 6
阳春三月　放飞心情　/ 8
风雨同舟　共享夕阳　/ 12
细枝末节　尽显关怀　/ 15
私人财务　信任托付　/ 18
不是亲人　胜似亲人　/ 20
住在爱里　放在心上　/ 21
回味服务　首选曜阳　/ 24
集体生日　福寿安康　/ 26
防微杜渐　远离风险　/ 28
学练大成　健康拳来　/ 31
膳食营养　生活根本　/ 34
智慧软件　助力养老　/ 37
事无巨细　排忧解难　/ 39
优美歌声　来自心海　/ 41

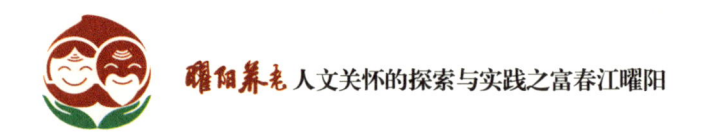

老有所医 / 45

精诚所至	金石为开	/ 47
优质护理	亲情满满	/ 49
失智老人	耐心关怀	/ 51
曜阳员工	爱的使者	/ 53
人间大爱	护理奇迹	/ 57
牙齿健康	吃嘛嘛香	/ 60
书报字画	唤醒记忆	/ 62
登门家访	健康建档	/ 65
晨间问候	传递牵挂	/ 68
随时来电	瞬间到达	/ 70
应急救护	生命通道	/ 73
眼科义诊	再现光明	/ 76
紧急呼叫	生命保障	/ 78

老有所乐 / 83

翰香富春	诗书曜阳	/ 85
夕阳西下	舞者最美	/ 88
唱出快乐	唱出健康	/ 91
烟花三月	同下扬州	/ 95
无限夕阳	别样晚霞	/ 98
乒乓小球	康乐大事	/ 101
曜阳之好	有诗为证	/ 104

知青舞蹈　唤回青春　/　106
单亲联盟　相依相伴　/　109
同游公望　留住美好　/　111
采摘葡萄　收获快乐　/　114
富春江畔　玩心不老　/　117
琴瑟和之　曜阳情深　/　121
麻将虽小　健身醒脑　/　124
化装舞会　别样元宵　/　128
开心农场　开心老农　/　130

老有所学　/　135

不忘初心　永跟党走　/　137
铭记历史　缅怀先烈　/　138
回眸一笑　桑榆未晚　/　141
学会微信　紧跟潮流　/　145
健康讲座　科学生活　/　148
学练瑜伽　强身健体　/　152
书香盈袖　好梦入怀　/　155
手工制作　健康快乐　/　160
牡丹爷爷　笔墨人生　/　161

老有所为　/　165

申请入党　矢志不渝　/　167

清洁环境　从我做起　/　171
老骥伏枥　探索不已　/　173
爱心老人　公益曜阳　/　177
共建家园　互助前行　/　178
传统美德　舞之传之　/　181

老有所养

颐养老

五亩之宅，树之以桑，五十者可以衣帛矣。鸡豚狗彘之畜，无失其时，七十者可以食肉矣。谨庠序之教，申之以孝悌之义，颁白者不负戴于道路矣。

《孟子·梁惠王上》

院长献歌　共贺新年

"当你老了，头发白了，炉火旁打盹，回忆青春……"，伴随着吉他悠扬的旋律，一个充满磁性的男中音在大家的耳边响起。此刻，台下的人们纷纷放下手中的碗筷，停住举在半空的酒杯，把目光投到舞台中央，只见一位男子帅气地坐在那里，怀抱吉他像邻家大男孩似地为大家献上一曲，这歌声是多么的美妙，这歌声让台下的人们屏住呼吸，陶醉其中。

2017年1月25日，农历腊月二十八的傍晚，虽然地处南方，但冬天的北风吹在脸上还是有点冷，马路上的行人不由自主地把脖子缩在厚厚的棉服里，行色匆匆赶回家中，要过年了，家中有家人在等候。

就在这个特别的日子里，杭州市富春江曜阳国际老年公寓的餐厅灯火辉煌、人声鼎沸。大厅里整齐地摆放着25张大圆桌，寓意着大团圆，每张桌子旁边都有公寓管家守候，他们笑脸盈盈地招呼着老人，"爷爷，您坐这""奶奶，给您筷子""哎，谢谢小楼，你们也坐到这里来""不能啊奶奶，今天您们是主角，我们要为您们做好服务"，管家们清脆亲切的声音犹如春风拂面温暖着老人们的心。

餐厅厨房里的工作人员也都忙得不亦乐乎，灶台上摆排着已清洗干净、等待烹饪的各色菜肴。炉火"呼呼"地蹿着火苗，当锅里发出"滋滋"的声音后，只见大厨们动作麻利地将菜倒进去，"唰唰唰"地翻炒起来。"端盘子的姑娘们"——食堂服务员，身轻如燕，红红的脸颊上微微沁出汗珠，端着盘子来回穿梭于厨房和餐厅之间。不一会儿，餐桌上便摆满了各色菜肴，鸡鸭鱼肉，爆炒涮熘，荤素搭配，营养均衡，那一盘盘热气腾腾、色香味俱全的菜品让人垂涎欲滴。二百四五十位老人齐聚一堂，个个笑逐颜开，虽然年近古稀却精神矍铄，他们推杯换盏互相寒暄，互贺新年。

▲ 院长在除夕之夜为老人弹奏吉他

当台上那一首《当你老了》的歌曲还回荡在大厅上空时，老人们投向歌者的目光是亲切的、赞许的，更多的是慈爱。就像是看到自家晚辈在与自己促膝交谈，那浑厚的男中音向人们传达着爱的力量。歌者正是富春江曜阳国际老年公寓的肖敬友院长，在这个特别的日子里，他用优美的歌声演绎出公寓所有员工尊老、敬老、孝老的心声：老了别怕，有我们！

歌曲结束了，老人们都还没有从动听的旋律中回过神来，只见肖院长缓缓起身，端起酒杯向席间走来："尊敬的爷爷奶奶、叔叔阿姨晚上好，我代表公寓所有的员工在这里给大家拜年了，祝您们春节快乐、身体健康、阖家幸福。俗话说得好，家有老，赛过宝。您们就是我们公寓的宝贵财富，您们选择了曜阳作为养老家园，这里就是您们的家，真诚、倾心地为您们做好服务是我们一直信奉的宗旨，我们会陪着您们快乐地过好每一天。"

▲ 公寓组织老人一起过大年

话音刚落，现场响起雷鸣般的掌声。随后，公寓的管理人员在肖院长的带领下，向在座的老人们敬酒、送上祝福。而老人们也端着酒杯向员工们表示感谢，并向同桌或邻桌的同伴一一敬酒，他们的脸上写满了幸福和快乐，感激的心情溢于言表，整个餐厅好似欢乐的海洋。

席间一位长者举杯站起来用洪亮的声音说："感谢公寓员工为我们的辛勤付出！我入住曜阳已三年，工作人员对我们亲如一家，每年都会陪我们一起过年，不仅服务态度好，服务质量也高，让我们感到很

幸福。我敬你们！"他的话赢得了在场所有老人的共鸣，大家纷纷起身举杯，共祝春节快乐。

（撰稿：黄红华）

> **【点评】**
> 　　老吾老，以及人之老。院领导带头留在公寓，陪老人们过大年，让入住公寓的老年人深切感受到了来自曜阳的关怀与新春祝福。富春江曜阳不仅让老人们生活在天堂般的绿水青山怀抱，更让他们置身于自院长到员工的无限关爱之中。这份真情，当成隽永！

曜阳公寓　光明常驻

　　2018年7月2日晚上20点37分，老年公寓值班管家正在办公室整理记录当天的工作情况。突然"呼"的一声，办公室一下子全暗了。值班管家以为是简单的跳电故障，就马上通知水电值班何渭全师傅前来处理。何渭全师傅告诉管家，他的办公室也没电，现在已在去配电房的路上了。

　　紧接着，管家的手机也响起来，"喂，管家吗？我家里没电了，你们能不能派个人过来检查一下呀？""奶奶，我们办公室也没有电了，有可能电力出故障了。我们的何师傅正在检查，您先别急。"这个电话还没说完，值班室的座机又响了起来，"喂，管家啊。我们家没电了"

手机、值班室的电话铃声此起彼伏，一直轮流在响，都是反映家中没电了。

此时，值班领导陈芳菊也赶到了值班室询问情况。全部都没电了，不会是电力公司跳闸了吧？她走到值班室外观察情况，天空下着大雨，没有一盏路灯是亮的，全院一片漆黑，只有几户老人用手机照明发出的微弱亮光。

20点39分，正在检查电路的何渭全师傅收到短信："白鹤变株林D243线开关跳闸重合失败，停电范围天富房产、曜阳公寓、横山村（富阳电力调度员）"。这是突发区域性停电，何渭全师傅立即转告管家和值班领导。

得到停电信息后，为防止引起不必要的恐慌，值班领导陈芳菊立即启动突发停电应急预案，迅速组织公寓值班人员兵分三路，各负其责。保安员何正沥检查每一部电梯，如发现有人被困，执行紧急电梯人员被困方案。管家张小平和张龙英分别通知并安抚老人，对独居老人予以特别关照。水电值班何渭全师傅与电力公司保持联系，询问故障修复具体情况，及时了解恢复送电时间，并协助管家一起走访行动不便的老人，为有特别需要的老人送去手电等应急物品。大家都在紧张而又有序地做着各自的工作。

21点30分，供电部门恢复了供电。在这一个多小时里，工作人员的脸上、身上已分不清是雨水还是汗水了。正是他们的快速反应，让老人安心和放心。

电停了，曜阳却没有黑暗。

（撰稿：周炜）

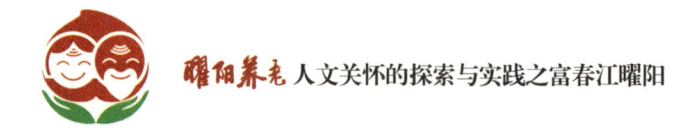

> **【点评】**
>
> 　　停电事故的应急处置，考验的是公寓的日常管理能力。富春江公寓制定了相关应急预案，并在平时加以演练。一旦遇有突发情况，值班人员依计行事，忙而不乱、处变不惊、最大程度保障入住老人的生活秩序，体现了公寓对入住老人的高度责任和人文关怀。

阳春三月　　放飞心情

　　阳春三月，草长莺飞，富春江曜阳老年公寓内各种鲜花相继盛开。夕阳西沉，落日的余晖映照得花朵更加娇艳。

　　看着围在一起或是赏花，或是拍照留影的老人们，老年会员顾阿姨很不明白，心想："有这么开心么？孤单单一个人，儿孙不在跟前，还能这么笑着、闹着？"于是拒绝了和大家一起玩赏春景。她觉得还是回房间待着更好。

　　"咦，顾阿姨，您今天又这么早就回去啊？"拓展部小杨正好经过，看到顾阿姨低着头走在路上。闷闷不乐，忍不住凑上前去询问。

　　"是呀，又没什么事情好做。"无精打采地看了一眼小杨，顾阿姨想着，"这都一个多月了，也没人来看看自己。家里人不是真不要我了吧？"

　　顾阿姨的状态，小杨早就发现了。她的子女有事情要忙，孙辈又在念书，家里人原本打算送她到老年公寓享享清福，公寓领导多次来

老有所养

看望她,管家上门也有意识的多多陪伴安慰,她自己一时还放松不下。看着顾阿姨强颜欢笑的脸,小杨忍不住又提起了前两天被顾阿姨拒绝的话题:"阿姨啊,明天我们不是要带公寓一些会员去东梓关玩么,您就一起去吧!这么好的天气,出去散步踏青,呼吸呼吸新鲜空气,多令人开心啊!"

想到自己刚刚越想越难过的心情,顾阿姨觉得还是要给自己找点事情做,最后还是同意了小杨的邀请。

第二天,顾阿姨很早就起身,跟着一群老头老太太在曜阳公寓大门口排队上车。看着车上其他老人那开心的笑靥,顾阿姨觉得自己似乎也有片刻的雀跃。才坐下没多会儿,边上的老人便主动与她攀谈起来。掩下自己的不适,顾阿姨还是接受了对方的好意。

顾阿姨和四周坐着的老人们说说笑笑,听几个多才多艺的伙伴们唱几首小曲。很快,东梓关就到了。老人们在员工导游带领下下车。车窗外蓝天下一片片的白墙黑瓦,满满的江南水乡韵味扑面而来。顾阿姨还没反应过来:"东梓关这么近啊,感觉才上车没多久呢。"一眨眼的工夫,她仿佛置身另外一个世界。

"一个多小时的车程呢。顾阿姨觉得快,是因为快乐的时光总是跑得太快了。"跟着一起出来的员工小谢一边扶着老人下车,一边笑意盈盈地打趣道。

顾阿姨脸色一红,提着自己的小包跟上队伍。东梓关村依江而立,这里曾经是富春江在富阳境内最著名的水埠码头。远望有山,近看有水,道路两旁还有村民经营当地的特色小吃。看着这仿佛照着水墨山水画来建造的古村落,顾阿姨寻思着,这出来走走比闷在自个屋里心情确实要舒坦多了。

跟着大部队,顾阿姨在导游们带领下走走停停。他们认真地在东梓

关村史馆看着介绍，了解历史，又各自得意于民居器物展示里，有很多的东西自己老家里也还有留存。读着最早的骨伤名医介绍，他们满脸神往；望着大大的池塘和院子，他们满眼欣羡。一个个景点慢悠悠地逛过去，觉得哪里漂亮就在哪里拍个照，互相之间还交流一下各自的想法。

◀ 老人环抱大樟树

"呀，这株香樟树还超过八百岁了啊！"在东梓关庙凸头石塔上，一株"腰围"粗大的古樟出现在顾阿姨面前。看着树干上的标牌介绍，顾阿姨还没来得及发表感慨，边上的刘阿姨已经惊叫出声。

"是呀，这是咱们浙江省鼎鼎大名的古树呢。"

小谢逗趣着说，"算得上是太祖爷爷了。"

看着顾阿姨、刘阿姨几个老人研究着树上的古树名木牌，想起顾阿姨这段时间的郁郁寡欢，小谢牵着顾阿姨的手提议："我们抱抱看它有多大吧！"

老有所养

"我来，我来……"听到这一提议，老人们纷纷围了过来。

看着小谢一脸的鼓励，边上的伙伴们又抢着上来牵住自己的手。想想这段时间公寓领导和员工们隔三岔五的关怀爱护，顾阿姨用力握住伙伴们的手。这一刻，顾阿姨心里舒展多了。她想到自己这段时间在公寓，一直自怨自艾，好久没有这么开心了；又想到公寓领导、员工以及老年伙伴们对她的关心和友善，自己真不该辜负大家的一片心意，更不能辜负了眼前的大好春光！恍惚间，她记起儿子送自己来老年公寓前说的话："妈，您这辈子一直为我们兄弟姐妹几个操劳。我们也想让您能够为了自己开开心心地过好晚年生活！过段时间我们才能来看你，你要让自己开心啊。"

"我很开心！"抬头，透过斑驳的树叶仰望天空，顾阿姨灿烂一笑，心里默默地念叨："真的很开心。"

（撰稿：冯露萍、杨锋）

【点评】

因为子女探望不及时等原因，孤独是大部分老年人常见的心理状态。富春江曜阳公寓员工通过细心的观察，采取集体春游的方式，不仅让老人在美好春光中享受到了大自然的美好，还消除了部分老人的寂寞心情，这就是养老服务中的精神关怀。

风雨同舟　共享夕阳

富春江畔一明珠，首选曜阳养天年。
背靠公望森林园，大氧吧空气新鲜。
医养护理一体化，子女放心就医便。
一流服务人人赞，老人安康福寿延。

2018年5月26日，富春江曜阳公寓迎来了六周岁生日。公寓领导为办好此次庆祝活动，反复斟酌、多次修改方案，联系各参与单位，布置场地、全面顾及，真正做到了精心筹措、倾心以赴、热心始终、细心到位、真心以待，是一次名副其实的"五心级"活动。

庆典活动一整天，内容极为丰富多彩。各种义诊、义卖，凸显公寓对老人们的爱护和关心。更有许多志愿者来到公寓，为老人理发、修脚、按摩，真正体现了志愿者"奉献、友爱、互助、进步"的优良美德。

傍晚下起了小雨，原定的重头戏"长桌宴"改在长廊内举行。这次"长桌宴"的菜品，并不是公寓厨房准备的，而是各家老人自己做一两道菜，把成品带到活动现场供大家品尝。为了活跃气氛，公寓特别举行了竞赛活动。老人品尝参赛菜品后无记名投票，评出一、二、三等奖。

参赛的老人将自家精心准备的一盘盘菜端来摆上长桌，色、香、味俱全。黄豆肉冻晶莹剔透、木耳炖大排鲜糯酥嫩，素烧鹅、白斩鸡、海鲜炝锅各具特色，汇聚了杭帮、淮扬、东北各大菜系，挑战着品尝者的味觉。廊里挤满了参观和品尝的老人，他们都说："好香啊！我口水都流出来了。"没等"开吃"的令下，很多老人就像顽皮的孩子，抢

老有所养

先行动了。他们边吃边评边笑,你夹给我,我夹给你,这样逗趣的味儿,无法言表,很快就"光盘"了。随着下一环节"评奖揭晓"的结束,庆典活动进入高潮。

▲ 曜阳6周年长桌宴

夜幕降临了,天公作美已放晴,中心广场上燃起了熊熊篝火,照得大地与天空同辉,照得现场的老人心里暖暖的。这时候,一阵优美的舞曲在空中飘荡起来,会跳舞的老人们立刻脚痒痒了,相邀着舞伴随着舞曲围着篝火跳了起来。只见广场上一对对的舞者欢快地舞着、跳着,银白色的发丝随风飘荡,慢三、慢四、快三、平四等舞步曲曲不落,欢快的心情渲染着整个曜阳,大家仿佛回到了青春岁月。

广场上热闹的气氛一浪高过一浪,一会儿国标,一会儿广场舞,最后大家围成一圈。工作人员和老人们一会儿手牵手,一会儿肩并肩,像开小火车一样,一圈又一圈,这圈子像接龙一样,越转越大,人们

曜阳养老 人文关怀的探索与实践之富春江曜阳

踏着乐步,不时高呼"太高兴啦!""太幸福啦!""我在曜阳我自豪"全场人沉浸在一片欢乐中,让人陶醉!

▲ 曜阳六周年篝火晚会

火车要载着曜阳公寓驶向更辉煌灿烂的明天!

(撰稿:李世惠)

【点评】
　　字字蕴真情,句句透温馨。这是一份来自老年会员的肺腑之言,尽管遣词造句略显粗糙,但纯朴的情怀,美过了所有的形容词。富春江曜阳倾心组织公寓庆祝活动,让入住老人感受到了大家庭的温暖。这就是养老服务中的情感关怀。

细枝末节　尽显关怀

2018年3月的一天，阳光明媚，温暖着大地。一辆小车徐徐地开进了富春江曜阳老年公寓的大院。

"爷爷奶奶，您们好！我是曜阳老年公寓客户拓展部的小谢，下面将由我带您们参观一下我们的公寓。"小谢微笑着搀扶正要下车的奶奶，一个甜甜的笑容马上增进了与老人的亲近感。

▲ 富春江曜阳老年公寓自理单元客厅布局

公寓会所的大厅摆放着4张真皮大沙发和两张大茶几，中央空调在冬天和夏天24小时开放，夏季凉爽，冬季温暖，是闲坐聊天的佳地。每天都会有好几拨老人在这里度过一段休闲的时光。三三两两，成群结队，聊聊过往，谈谈古今，气氛很是融洽，还会时不时地传出几声爽朗的笑声。

沿着公寓会所走廊，一行人来到了二楼的多功能厅。这是老人们主要的活动场所，在这里老年朋友们聚在一起打麻将、玩扑克，多么的闲暇惬意。酷爱斯诺克的张才法爷爷会每天早上准时报到，打球，聊天，美好惬意的一天就从这里开始。

乘着电梯往上，来到了三楼活动室。这里分成两个区域，右边区域是阅览室、会议室、书画室、电脑室、书画社。在这里老人们戴着老花镜，静静地看着报纸、书籍，恬静而从容。左边是健身房和瑜伽室，"阿里山的姑娘美如水呀……"听，舞蹈队的阿姨们开始排练了，优美的舞姿，轻盈的步伐，一群70多岁的阿姨们在这里翩翩起舞，展现她们美妙的养老人生。健身房中，叔叔们挥舞着手中的乒乓球拍，展现着飒爽的国球风采。

整个三楼动静结合，完美融洽，和谐相处。养老就需如此，做自己喜欢做的事，一个人看报也好，两个人锻炼也罢，抑或是成群结队跳舞也行，不管如何，开心快乐最重要。

▲ 富春江曜阳老年公寓自理单元卫浴房

老有所养

沿着电梯缓缓而下,来到了一楼。一个银发斑斑的爷爷,用轮椅推着奶奶,有说有笑的在公寓内散步。公寓内各处都设有无障碍通道。行动稍有不便的老人,也可在公寓内自如通行。

走过一楼的过道,穿过风雨连廊,来到公寓的自理型单元房。一走进房间,明媚的阳光照射在静静的房间里,暖暖的,安逸祥和,整个房间的采光度极好。一室一厅一厨一卫,刚好满足二老的需求。小户型的设计,既满足老人们的正常需求,又体现安全保障。

考虑到老人的生理功能退化,晚上起夜的次数比较多,为保证老人晚上能有好的睡眠,在每个房间离地面30厘米左右,安装了感应地脚灯,当起床走动时,灯就会亮。人性化的设计给予老人的不仅是一盏小灯,更是一颗体贴入微的心。

"小谢,那是什么?"奶奶指着那个沙发上方的一个方形的物件。

"奶奶,那是紧急呼叫器。"

客厅、厨房、房间、厕所都安装了紧急呼叫器,可以不夸张地说,这也是一个生命保护器,在公寓内有着极其重要的作用。现在很大一部分老年人有着心脑血管疾病,发病后对于他们来说时间就是生命,要跟死神争分夺秒,那么呼叫器就起了关键作用。一旦有人发病后,立马按呼叫器,管家会在2分钟之内到达,为后续的抢救争取宝贵时间。

沿着院内的道路,奶奶直夸公寓设置得很用心,微小细节就看到了对老人服务的态度。一路上,走过了观光鱼池和景观水塘,潺潺细水仿佛正慢慢流入老人心中,给他们留下了美好的印象。

微风吹来,荡起池塘中小小涟漪,也荡起富春江曦阳人心中的一个梦。

(撰稿:骆杨洋)

【点评】

  适老化原则是养老公寓内部设备设施要遵循的基本原则。富春江曜阳公寓从微小细节处着手，配备风雨连廊、感应地脚灯、呼叫器等适老化设备设施，保障了老人的室内安全和出行安全，给老人无尽的关爱。

私人财务　信任托付

  信任是指相信而敢于托付。财务室作为曜阳国际老年公寓的一个普通的职能部门，所有的工作人员都力求用自己的专业水准以及敬业精神来取得老人的信任。事实证明，通过大家的努力，入住的老人们对员工已经如他们的子女一般信任依赖。

  最近几天，总会来公寓前台小坐的梁叔看起来心事重重的。细心的前台收银员小何观察到这一点后，主动去跟梁叔交流沟通。梁叔倒也爽快，直接把他的心事对小何讲述了。原来梁叔最近手上握着一小笔资金，他想着怎么样把这笔钱可以妥善的处置好，既安全又可以得到一定的收益。为此事，他已纠结好几天了。小何知晓原委后，及时把信息反馈给上级领导。领导得知消息后，也怕老人的资金处置不当造成损失，进而给老人带来身心伤害。于是小何主动去找梁叔，了解了他的需求后，联系了梁叔比较信任的银行，将老人的这笔资金进行了安全妥善的处置，赢得了老人的赞扬。

  类似的事情还有很多，比如入住会员周爷爷和吴爷爷，只要有关于银行业务类的事情，他们都喜欢到公寓财务室来进行咨询。工作人员给他们详细解说后，都能"怀着疑惑来，带着满意走"。老人再去银行办理业务时，可以做到少走冤枉路，用最快的时间办完自己想办的事。公寓老人对财务室工作人员将老人的事当作自己的事来处理的工作作风，给予了极大的好评。

不光是银行相关业务，对会员的其他业务，如水费、电费等，只要老人提出疑问，财务人员就会想方设法了解清楚来龙去脉，并解释给老人听。比如入住会员朱阿姨，将家里用的网络套餐进行了调整，但接连几个月收到的账单都是错的。她把自己的疑虑说给了财务人员听，工作人员不厌其烦地与电信营业厅进行沟通，终于找到资费错收的原因，并及时调整了以前的错误收费。祛除心病的朱阿姨见到财务室工作人员，总是很开心，经常跟他们聊聊家常。

这真是"不是一家，胜似一家"！

（撰稿：陈芳菊）

【点评】

信任是开启心扉的钥匙，诚挚是架通心灵的桥梁。富春江曜阳公寓的员工尽心尽力帮助入住老人解决生活中的财务问题，化解了老年人难以启口的尴尬，避免了老人的经济损失，从家庭财务的角度给入住老人以安全关怀。

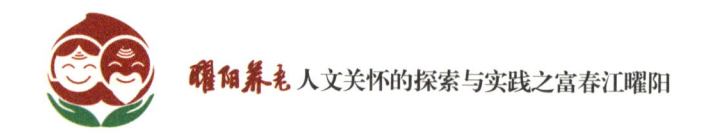

不是亲人　胜似亲人

小何是富春江曜阳国际老年公寓的一名管家，2011年进入公寓工作，也算是老员工。小何住富阳区东洲黄公望村，有一个和谐的六口之家。多年来，小何尊老爱幼、邻里和睦、善待老人、孝敬老人、关心乡里，深受邻里乡亲的好评。

这一天，王元琴老人乘电梯到二楼，刚出门就碰到小何。小何迎上来和王阿姨打招呼，王阿姨对小何开心地笑着，连说谢谢。为什么要说谢谢呢？因为小何和王阿姨很熟，王阿姨2013年选择到富春江曜阳公寓来养老的时候，小何做养老顾问，陪她一起选了现在的房子。王阿姨住了5年非常开心。

◀ 管家正在为老人服务

其实小何已经不再做养老顾问的工作，改做客房服务管家了，但小何对入住公寓的老人感情特别深。听到老人说喜欢喝公寓附近山上的山泉水，小何每天上班前就专程去山里打几桶山泉水，送到活动室提前给老人烧好，以备老人泡茶喝。小何对自己负责办理入住手续的老人，也会经常去拜访问候。她认为，孝敬老人不仅要关心老人的日常生活，更要关心老人的精神生活。很多老人都喜欢和她唠嗑，占用了小何的很多休息时间，但她无怨无悔。作为一名公寓的老员工，小何始终以服务老人为原则，尽力给老人创造一个美好的生活环境。

在富春江曜阳公寓，有这样一群年轻人，他们走在岗位的最前沿，服务于每一位老人，让他们有一个快乐的晚年生活。老人称赞他们：不是亲人，胜似亲人。

（撰稿：杨锋）

【点评】

"人情味"就是最好的人文关怀。富春江曜阳的员工以一己之爱心，施于素不相识的老人们，让老人感到亲人般的关爱和温暖。这种无微不至的关爱，让服务人员与老人的心连在了一起，"不是亲人，胜似亲人"。

住在爱里　放在心上

在美丽的富春江畔，有一处老年人养老的好地方——富春江曜阳老年公寓。陈阿姨就是住在这里的一位老人。在公寓管家和工作人员的照料下，陈阿姨过得开心又舒服。

曜阳养老 **人文关怀的探索与实践之富春江曜阳**

▲ 老人们购买完物品后等候公寓班车的到来

2018年5月8日傍晚,陈阿姨闲着没事,就到公寓旁边的公望超市去溜达了。逛了一会,陈阿姨准备回公寓,走到超市门口的时候却愣住了,原来是老天变了脸,刚刚还是阳光普照的好天气,现在却下起了瓢泼大雨。陈阿姨看了看周围,没有一个认识的人,她不禁摇了摇头:"哎!我该怎么回去呢?我出来的时候可没有带伞啊。"就在陈阿姨愁容满面的时候,她的手机响了起来:"喂,陈阿姨您好!我是曜阳公寓的管家何婷英。刚才上门没看见您,您现在在哪呢?""我在公望超市呢。""现在在下大雨。陈阿姨您带伞了吗?""我没带。""阿姨您在那等会,我立刻把伞给您送去。""好的,谢谢。"不一会儿,小何就拿着伞出现在陈阿姨面前,并把陈阿姨接回了公寓。

原来,公寓管家在上门问候时,发现陈阿姨不在家,于是由值班管家进行电话问询。接通电话的时候,陈阿姨刚好碰上大雨回不了家,

老有所养

于是就出现了管家小何给陈阿姨雨中送伞的感人情景。

在一个平常的工作日，管家们一如往常的工作忙碌着。突然天气变化，下起了雷阵雨。这天是老人们去富阳购物的日子。在购物回程的车即将抵达公寓时，在公寓工作了六年的老管家俞云儿撑着伞正要去传达室帮老人取快递。她看见购物车刚到公寓，想都没想，直接撑着伞过去为老人遮雨，同时也打电话到管家值班室，让跑完楼的管家赶紧带着伞过来帮忙。管家们在下车门处为购物的老人打伞接物品，并搀扶每一位老人下车。老人们看到管家的贴心服务和无微不至的照顾，心里暖暖的，嘴上乐呵呵的。

◀ 管家们帮助老人把购买的物品往车里放

（撰稿：陈群英、何婷英、俞云儿）

> **【点评】**
> 　　小事见真情，细微处见功夫。富春江曜阳公寓的员工用爱心、耐心、孝心、真心、细心、贴心的"六心"服务，把老人放在心上，让老人住在爱里，这就是曜阳养老人文关怀。

回味服务　首选曜阳

　　自2012年5月26日正式运营以来，富春江曜阳国际老年公寓有些会员失去了老伴，有些老会员退出了公寓，有些会员退出之后又重新回到了公寓，还有更多的老人正持续加入到曜阳大家庭中来。不管属于哪一类会员，老人们对曜阳的服务都是一致认可的，满意度也相当高。

　　吴雪琴老师，2012年5月26日入住富春江曜阳国际老年公寓。她和爱人是第一批入住曜阳的老人，也是享受曜阳服务的第一对会员老人。但两年之后，老伴因病不幸离世。刚失去老伴那阵子，子女怕吴老师伤心，想接回去自己照顾。但吴老师说："我喜欢曜阳公寓，在曜阳公寓养老是老伴选择最正确的事。"吴老师是第一个感受曜阳养老服务的体验者，她真正喜欢曜阳的养老文化。

　　公寓会员秦教授已经过世了，但他的子女们每年都会来到曜阳公寓，看望服务部管家们。子女们反复说，富春江曜阳公寓的管家，让父亲享受到了有尊严的晚年生活。他们希望自己也能享受到曜阳公寓优质的养老服务。更让人感动的是，秦教授的保姆小方阿姨，2013年跟随老人来到富春江曜阳，深切感受到了曜阳团队的凝聚力和人性化

老有所养

服务，在陪伴老人走完人生最后一步之后，毅然地加入到曜阳为老人服务的行列。

8号楼胡鸿海老先生，2013年入住曜阳国际老年公寓。刚进来时，老人的生活节奏没调整过来，住了不久就不想再住老年公寓了。离开曜阳公寓在外住了近2年，老人又返回曜阳公寓，表示还想继续入住。公寓考虑到老人的特殊情况，让他重新拥有了公寓会员的身份。

童嫩根老人，其母亲是千岛湖人，习惯了农村生活，不愿意离开本乡本土，而他本人在杭州做生意，忙起来就没时间照应老人。有一次经过富春江曜阳老年公寓，突然萌生想法就进来看了看。一番了解之后，童嫩根老人觉得母亲适合住在富春江老年公寓。童嫩根老人回家把母亲"骗"来曜阳公寓旅游度假。在感受了一周的曜阳服务后，母亲对儿子说，她喜欢在曜阳养老。童嫩根老人也很孝顺，马上联系工作人员办好了所有手续，并给母亲报上了一些户外旅游项目。后来，童嫩根老人每每与工作人员聊起天来，都说曜阳公寓做了自己想到但做不到的事情：让老母亲开心地住在富春江老年公寓养老，是自己最大的孝心。

（撰稿：杨锋）

【点评】

对异地养老的老人来说，适应晚年生活的新环境，是一个比较大的考验。富春江曜阳用先进的养老理念、优质的服务和贴心的关怀，让曜阳公寓成为老人们晚年的乐园，帮助老人实现了"老有所养"的生活目标。

曜阳养老 人文关怀的探索与实践之富春江曜阳

集体生日　福寿安康

"祝你生日快乐，祝你生日快乐……"一阵阵祝福的歌声从富春江曜阳老年公寓食堂里传来，2018年7月17日11时，公寓的管家们正在给当月过生日的39位会员老人过集体生日。

没有昂贵的生日礼物，却有真诚的祝福。富春江曜阳国际老年公寓以"让老人住在爱里，把老人放在心上"为宗旨的服务理念，每月中旬给当月过生日的会员老人集体过生日，受到会员老人及其家属的一致称赞。月初，管家主管就开始整理当月老人生日名单，然后提前一周确认并通知每一位过生日的长者，等初步确认了来参加生日宴的人员后，就开始预订蛋糕。原来的生日蛋糕，大部分老人感觉太甜太腻。了解情况之后，公寓联系了另外一家蛋糕店，新的蛋糕受到了会员老人的一致好评。

▲ 公寓为老人集体过生日

老有所养

  集体生日的当天早上，管家们打扫卫生、布置场地，配合食堂工作人员准备寿面，做好了各项准备工作。

  住10号楼的武奶奶，子女都在国外。一周前，管家小张去告诉她集体生日活动时，老人心情不好，说道："子女都不在身边，过什么生日？！每年一个人孤零零地过生日，没意思！"管家小张理解老人的心情，耐心地给老人讲解集体生活活动的安排。到了集体生日的那天早上，管家小张又去邀请武奶奶参加。当时老人回复说，"再说吧"。到了11：00，老人们都陆陆续续到食堂了，就是不见武奶奶的身影。小张急了，刚想跑去请，却在食堂门口看见武奶奶拄着拐杖来了。武奶奶说，"感谢你的多次邀请。我来试一试，过一个集体生日。"小张连忙把老人迎进食堂。

▲ 公寓为老人准备蛋糕庆生

  待过生日的老人到齐后，公寓员工为老人们点上了生日蜡烛。当生

日快乐的歌声响起，在众人祝福声中，老人们吹灭了生日蜡烛。吃着可口的生日蛋糕，老人们笑着，像孩子般开心。特别是82岁的武奶奶脸上绽放出了幸福的笑容，眼中闪着开心的泪花。老人动情地说："活了这么大把年纪，从来没有过过这么热闹的生日。公寓来了这么多人，我太高兴了！"武奶奶说，"给我拍个照吧！我得把照片发给我的孩子们看看，我在公寓很好。"

（撰稿：陈群英）

【点评】

人是社会性动物。大部分老人都喜欢热闹、害怕寂寞。富春江曜阳国际公寓通过举办集体生日活动，让老人欢聚一堂，用相互祝福的话语舒缓了老人心中的孤独寂寞，这就是养老服务中的精神关怀。

防微杜渐　远离风险

夜已经很深了，窗外树叶在江风的吹拂下，发出沙沙的响声。本应静谧美好的夜晚，梁叔叔却在阳台烦燥地抽起了香烟。忽明忽暗的烟火，映衬得梁叔叔的脸色更显抑郁。梁叔叔的老伴林阿姨拿着一件外套，轻轻的披在梁叔叔的肩膀上，劝说："睡吧！不要再想了。"

林阿姨知道梁叔叔的烦心事。原来梁叔叔有个相交多年的好朋友，退休赋闲在家，偶然的一个机会被一个熟人带去听了几堂所谓的养生课，稀里糊涂地就把自己的养老钱交给了他们，买了一大堆据说有各种奇效的保健品回来，可被子女一通分析，觉得应该是被骗了，再想去找人家退款，结果早已人去楼空了。这一着急上火，老朋友一下气得旧病复发，直接躺医院里了。今天，梁叔叔老两口一起去看望了他的老朋友，回来以后就静不下来了。老两口年纪大了，身体总会有些小毛病，类似的课也都去听过，不过幸好只是听听而已，没有造成经济损失。

▲ 富阳恩博律师事务所张律师应邀做防诈骗知识讲座

新的一天开始了，梁叔叔和林阿姨在客厅闲聊小坐，不自觉的又谈到了老朋友的事情，两人不免又唏嘘感叹一番。"叮咚！叮咚！"门打开了，门外站着笑容可掬的管家小余："梁叔叔，林阿姨，早上好啊！昨天去杭州看望朋友回来了啊？您的朋友没事吧？"（因为公寓完善的请销假制度，一般老人的去向，作为责任管家都是清楚的）"唉，别提了，这不，我们正聊着呢！老李头这回可是吃大亏喽！"林阿姨的话匣子一打开就关不住了，把老李的遭遇向小余讲述了一遍。小余耐心地听完林阿姨的讲述，说："阿姨，现在社会上类似的骗局可真是很多的，您们可一定要当心啊！身体不舒服了，一定要及时跟日常巡查医生说，要去正规医院做检查，可千万不要迷信没有生产许可的保健品哦！正好，财务室联系了专业的机构，再过几天要来公寓做讲座，主要就是风险防范知识，到时您跟叔叔一起去听听吧！"林阿姨连忙说："好的，好的，我们一定去听听，年纪大了，耳根子也软了，真怕哪一天就把退休工资全贡献给了骗子们呢！"

▲ 公寓老人参加防诈骗知识讲座

风险防范讲座的日子到了，梁叔叔、林阿姨早早就到了会场。衣着整洁的工作人员在电脑上将一些常见的骗局用简单直观的 PPT 在大屏幕上进行着演示,用一些通俗易懂的语言与大家进行交流,提醒大家哪些骗子会特别注重老年群体,把老年人当成自己的潜在"客户"。梁叔叔、林阿姨及在座的老人都听得特别认真,还积极举手提问。讲座后梁叔叔说:"这样的讲座要多来几次,我们都很欢迎啊!我要把我今天学习到的知识都去跟我的老朋友们说说,帮他们提高提高风险防范意识,我们可都不能再做第二个老李了啊!"林阿姨感慨道:"选择曜阳老年公寓,这步棋我真的走对了。现在我不光生活无忧,就连财务管理也不用自己费心了!相信你们一定会越办越好!"

夜色又一次降临。今晚,梁叔叔一定会睡个好觉吧!

(撰稿:陈芳菊)

【点评】

老年人是上当受骗的"高危人群"。富春江曜阳公寓针对老年人法律知识匮乏、财产权益容易被侵害的风险,通过提供法律咨询服务、风险防范知识讲座等方式,为老年人营造一个远离诈骗的生活环境,这就是公寓给予老人的安全关怀。

学练大成　健康拳来

2017 年 4 月 15 日早上,管家们带来了一个好消息,去每幢楼每户人家挨个通知:公寓特邀请大成拳第三代传人金桐华老师,于 4 月 17

日下午 2 点，在多功能厅授课，为老年人讲解大成拳健康养生知识。

老人们接到了消息后，13 时 30 分左右，就早早地来到多功能厅，等待着金桐华老师的到来。

大成拳又称意拳，是中国传统拳术之一，属于内家拳，据传为抗金名将岳飞所创。站桩是大成拳的基本练习法，也是我国古代养生术的一种，早在两千多年前的《黄帝内经》中，就有"上古有真人者，提挈天地，把握阴阳、呼吸精气，独立守神，肌肉若一，故能寿蔽天地"的记载。这种功法适用于肠胃病、肝脏病、肺病、神经病、关节炎、高血压、半身不遂和妇科、眼科等多种疾病的治疗。

金桐华老师的第一堂讲座，就是从站桩开始的。金桐华老师首先从大成拳和站桩的基本理论、基本功效、练习方法等方面，深入浅出的向老人们进行讲解，并时不时地现场演练一番。老人们在金老师耐心的讲解中，慢慢了解了大成拳的养生知识。

▲ 金桐华老师做大成拳知识讲座

公寓有一位蔡阿姨,她原来是浙江大学的老教授,平时就特别关注健康和养生,对金老师的养生课更是心向往之。蔡老师听了金老师的课之后,就扎扎实实地跟着金老师练习了一周。每一天,蔡阿姨跟随金老师,从基本站桩姿势开始,逐步熟悉气息方法,再一点点掌握大成拳的招式,逐步领略到了大成拳的奥妙。蔡阿姨每天都最早到场,最晚离场,成为金老师"曜阳弟子"中最用功、最有成效、最得意的一位"弟子"。后来,蔡阿姨甚至可以协助金老师纠正其他老人的不规范动作。

▲ 公寓老人向金桐华老师学习大成拳

经过一段时间的教练指导后,金老师离开曜阳公寓回北京了。蔡阿姨受金老师委托,担负起了指导大家练习大成拳的重任,每天组织老人们进行练习。在蔡阿姨的推动下,公寓专门成立了养生社,蔡阿姨和另外一位老人担任社长,并确定了养生社的固定活动场地和时间,使养生社规范化运作起来。老人们学习大成拳的劲头更足了。

蔡阿姨本来就体弱多病，自从练习了大成拳之后，身体状态有了明显好转，整个人的精气神也明显改善，连说话的声音都更加洪亮和有力。老人们看到蔡阿姨身体状态的前后变化，明白了学习大成拳的好处，纷纷加入了养生社。现在养生社已有三十多位老年弟子了。

在蔡阿姨的指导下，大家潜心练习，互相切磋，身体日益硬朗起来。

（撰稿：陈群英）

【点评】

生命在于运动。富春江曜阳国际公寓邀请专业老师为入住老人教授传统健身项目，组织老人开展各类健身活动，让老年人的晚年生活更加健康、更加幸福。满足老年人对健康的基本需求，就是养老服务中典型的人文关怀。

膳食营养　生活根本

民以食为天，解决好老人们一日三餐，是公寓领导和员工们一直为之努力的一项重要工作。

"我呀，就是自己不想做饭，看到曜阳老年公寓里有大食堂，伙食不错，就愿意入住这里了。"一位老人真诚地对工作人员说。

入住富春江曜阳国际老年公寓的老人越来越多，对养老服务的需求也日益个性化。伙食便捷、丰富，成为许多老人选择入住曜阳一个重

老有所养

要因素。所谓"众口难调",老年人因身体状况不同,饮食的禁忌和口味就更不同。为此,公寓定期组织召开楼长会议和膳管会议,专题讨论公寓食堂问题。

▲ 富春江曜阳国际老年公寓食堂

饭不够软、菜量少了、价格贵了、看不清菜品、偏咸了或偏淡了、供货商怎么样等,老年人对菜品的价格、新鲜程度、卫生状况、供货商、陈列样式、工作人员的服务态度等,提出了许多意见和建议。公寓和食堂工作人员认真听取老年人的建议,并提出针对性的解决方案,解决餐饮服务中出现的问题,不断改善老人的用餐环境,提升餐饮品质。同时,公寓考虑到老人就餐排队时的安全问题,每天特别安排两位管家在食堂帮忙,替行动不便的老人领坐、端菜并做好服务。

"张叔来了,我们赶紧去迎接他"。管家小张和小汪远远地就看到张

曜阳养老 人文关怀的探索与实践之富春江曜阳

叔叔坐着轮椅慢慢地过来了。老人因为高血压而引发过小中风，出院后一直依靠轮椅行走，打饭很不方便。

两位管家带着最阳光的笑脸走向老人，"张叔，来吃饭啦！"

"是的"老人微笑着回答。

"来，您请坐这边吧，我来帮您去打饭。想吃什么菜呢？"

▲ 管家给行动不便的老人端菜

一个管家把爷爷安稳地送到爱心餐桌旁等候就餐，另一个快速的到食堂窗口排队打餐、付费，不一会就把打好的饭菜送到了老人面前。张叔满脸笑容，满意地对管家表示感谢。管家们热情的态度与灵活的服务得到了老人们的一致好评。

时间长了，食堂的工作人员对老人们的饮食习惯都非常熟悉，知道哪位老人喜欢吃什么口味的菜。

"张阿姨，今天有您喜欢吃的红烧豆腐，味道不错，要不要来一份啊？"

"太好了，给我来一份！"

"刘叔叔，今天的米饭很软，而且有你喜欢的卤鸭哦！"

"哈哈！好！好！来一份！"

这让许多老人都感觉非常亲切！

膳食工作从"以人为本"入手，引入营养和个性化的服务理念，健康和口味两者兼顾，为老人的老年生活提供一个良好的基本保障。

（撰稿：赵秀峰）

【点评】

民以食为天。富春江曜阳国际老年公寓不仅精心制作老人们的营养餐食，满足老人对一日三餐的需求，而且为行动不便的老人提供领坐、打饭的照顾服务。真是无微不至的人文关怀！

智慧软件　助力养老

咚！咚！咚！

"谁啊？这么早怎会有人敲门？才5点多啊！"

管家小俞心里嘀咕着走到门口去看。

"咦？王奶奶，这么早，请问您有什么事吗？"

"今天要去商业城，我腿脚不好，想早点来领张票，怕等下人多抢不到了。"王奶奶说道。

曜阳养老 人文关怀的探索与实践之富春江曜阳

自从二期老人入住以后，公寓安排接送老人外出的车辆，逐渐有些紧张，乘车秩序也有点乱了。为了防止老人抢座发生安全问题，公寓安排老人提前到管家处领取票券，凭票上车。但是问题又来了，老人们为了领到早一班车的票券，早上5点多就去管家室敲门。领票队伍排得很长，腿脚不方便的老人更是叫苦不迭。为了解决这些问题，2017年6月富春江曜阳老年公寓及时采购了"智慧养老软件系统"，老人们只要在手机上打开软件轻点一下，就可以完成乘车报名手续。

◀ 智慧养老软件系统的手机界面

软件技术开发人员在公寓工作人员和老人的共同协助下，将入住登记、入住管理、物业维修、公寓查房、班车管理、理发管理、工作交接、物业维修、电话拨打、综合管理和生活缴费等服务项目，全部纳入"智慧养老软件系统"。老人们在管家的帮助下，学会使用软件后，纷纷赞赏这款软件方便实用。老人们说：

"现在科技真是发达啊！我有什么事情，在手机上一按，就马上会有人来帮我解决，太方便了！"

"再也不用排队了，在家里动动手机，就能妥妥的上车。"

"可不是嘛，现在家庭维修多方便呐。手机输入房号和内容，维修工作人员很快就能上门解决问题。不用再写维修申请单，也不用等待很长时间，还可以对维修质量和服务态度作出评价呢，真好！"

（撰稿：赵秀峰）

【点评】

科学技术是第一生产力。富春江曜阳及时安装信息化养老服务管理软件，不仅让老人们充分享受到了现代科技的发展红利，而且通过"智慧养老"，在为老年人带来便利的同时，也使公寓的管理和服务更加规范高效。

事无巨细　排忧解难

物业维修是每个单位、每个小区、每个社区都不可缺少的工作，尤其在老年公寓中，如何解决老人维修需求，维修技术以及服务态度，都密切关系着老年人的感受。

2018年7月11日，保障部维修人员陈师傅刚一上班，就接到10号楼诸顺元老人的报修电话，反映家中纱门掉落，老人自己鼓捣了半天也装不上去。陈师傅接到电话后迅速拿上工具包、戴上工作牌、准备好鞋套上门维修。一进门，陈师傅面带微笑地和老人打招呼并出示

曜阳养老 人文关怀的探索与实践之富春江曜阳

了工作牌,套好了鞋套,简单地询问了故障原因。不一会儿,陈师傅就把纱门重新装好了。诸顺元老人非常感谢,赞叹道:"还是陈师傅有办法,我搞了半天都没搞好,你一来不到1分钟就解决,真是太谢谢你了。"

维修好纱门,陈师傅刚回到办公室,就发现住10号楼的陈阿姨正在等着他。陈师傅一打听,原来是陈阿姨的女儿给她寄来了一个非常高档的华为手机,可是陈阿姨不知道怎么使用,就连最简单的打电话、发短信都不会,这可把陈阿姨急坏了,捧着手机就来了。陈师傅拿过手机,仔细看了看,耐心地指导陈阿姨了解并熟悉手机的各项功能。一天、二天、三天,经过一个星期的指导,陈阿姨对自己的新手机从不会到会,从不熟悉到熟练,从门外汉变成了"专家"。陈阿姨高兴地说:"学到了这么多的手机功能,现在我在女儿面前都可以显摆显摆了,随时都可以和她视频聊天、看外孙了。"

这样的事例在曜阳几乎每天都会发生。修小家电、设置局域网、制作小视频等,公寓工作人员有求必应,直到老人满意为止。老人们不无感慨地说:"住在曜阳真好,遇到困难能得到及时帮助,方便极了。"

(撰稿:周炜)

【点评】
　　一切为了老人,为了老人的一切。富春江曜阳坚持以人为本的服务和理念,及时快捷给予老人的各种帮助,事无巨细为老人排忧解难,点点滴滴体现了公寓对老人的人文关怀,也汇聚成了富春江曜阳独具魅力的服务品牌。

老 有 所 养

优美歌声　来自心海

"雄赳赳、气昂昂，跨过鸭绿江。保和平、为祖国，就是保家乡"一段熟悉的歌声，从走廊的那头传来。歌词唱得不是很清晰，歌声也不是很嘹亮，但给人的感觉是她一定是饱含着感情在唱歌。循着歌声沿着走道往前，看到几个人围着一位老太太在那里聊天。原来唱着志愿军歌的人，就是中间的那个老奶奶。只见她衣着整齐，满头白发，岁月的痕迹在她的脸上刻上了深深的烙印。那仅剩下几颗牙的嘴巴，一张一合地给大家唱着这首歌，此刻的她心情是非常愉悦的。

然而，如果把日历翻到2015年4月19日的那一天，刚刚入住富春江曜阳国际老年公寓护理部的孙一君老奶奶，和今天的她简直是判若两人。刚到曜阳护理部时，老人意识虽然清醒，但精神很差，不愿开口说话，就算说了也不流利，反应也比较迟钝。

▲ 护理员给奶奶洗脸

通过询问得知，奶奶是一位军队的离休干部。相濡以沫的老伴去世以后，老人一直郁郁寡欢，不喜欢和人交谈，食欲也很差。老人的子女因工作繁忙无法照顾老人，便在家政服务公司找了一位阿姨陪伴和看护她。但是无论家人朋友还是看护的阿姨，都无法开解得了她。

"其实我妈妈内心很孤独，"老人的女儿说，"我爸走后的相当长的时间里，老人家不喜欢说话，整天坐在那里发呆，我都不知怎么办才好。"后来她在一次偶然的机会，在浙江老年报上看到富春江曜阳国际老年公寓的报道，抱着试一试的态度，来到老年公寓实地查看，当即决定送老奶奶入住护理部。

入住护理部后，老人起先极度孤僻不合群，整天不吭声，不适应集体生活。护理员就常引导她多参加活动，多接触其他老人。有一次，隔壁房间有位王奶奶过生日，子女们买了蛋糕到公寓来为她庆生。王奶奶很好客，请大家一起来吃蛋糕。护理员认为这是个好机会，可以让孙奶奶感受一下和她差不多情况的老人，是怎样与别人交流的。于是用轮椅把孙奶奶推到隔壁。房间里已有好几个人在聊天，看到孙奶奶进来了，都主动和她打招呼。尤其是王奶奶，当即就拉着孙奶奶的手，"老阿姐、老阿姐"地叫起来，顿时拉近了孙奶奶与大家的距离。

护理员把这些看在眼里，觉得要让老人开心起来，仅仅靠聊天还远远不够，需要找到她感兴趣的事。有一天，护理员帮孙奶奶梳洗好，吃好饭后坐在窗口晒太阳，自己就去卫生间洗衣服了。没多久，隐隐约约听到奶奶在哼歌。护理员没敢去打扰她。过了几天，护理员和奶奶聊天的时候，问了奶奶唱歌的事。奶奶说："以前老头子很喜欢听我唱歌的。他不在，我唱也没有意义了。""奶奶，你可以唱给我们听呀。这里好多爷爷奶奶都喜欢听歌。公寓还经常有文艺表演呢。下次有演出了，我推你去看，好不好？"护理员的热心和细心得到了老人的认可，老人和护理员的关系也越来越好了。

护理员把奶奶的这些变化及时告诉了她的儿女。女儿随即给妈妈买了一个音乐播放器。护理员拿到手后,在里面下载了好多红歌,以及那个年代的老人耳熟能详的经典歌曲。在医护人员的精心护理下,老人终于露出了灿烂的笑容。社会爱心人士到公寓来举办公益活动时,护理员也带着老人去凑热闹。慢慢地,老人找回了久违的自信和快乐。

三个月后,当子女来探望老人时,孙奶奶对护理员们竖起了大拇指,还动情地说:"你们比我的亲人还亲啊!"

(撰稿:余玉明)

【点评】

心病还需"心药"治。富春江曜阳护理部的员工,善于从老人的生活和工作经历入手,通过仔细观察、耐心服务,针对不同情况的老年人,给予不同的精神关怀,把养老护理工作,做到了老人的心坎上。

老有所医

白发如今欲满头,从来百事尽应休。
只于触目须防病,不拟将心更养愁。
下药远求新熟酒,看山多上最高楼。
赖君同在京城住,看到花前免独游。

张籍《书怀寄王秘书》

精诚所至　金石为开

每天早上，护理员小陈总是微笑着走进病房，给老人整理床铺，帮老人洗脸刷牙，更换干净衣服，陪伴在老人身边，让老人能感受到亲人般的关爱和这个大家庭的温暖。

卢爷爷2016年12月10日入住富春江曜阳国际老年公寓护理部。老人入院前肾脏衰竭，装有心脏起搏器，髋关节骨折。下了120救护车，老人是被家属用担架抬进护理部的。老人当时的身体很虚弱，脸色苍白，大小便容易拉在身上，连坐起来都非常困难。与此同时，卢爷爷爱发脾气，性格古怪，不喜欢外人打扰，不接受任何人的护理。

有一次，卢爷爷因大便拉在身上，小陈要给他清洗擦身，可他就是不配合，还一把抓起身下的大便就扔。顿时整个房间地上、桌上、小陈身上都沾上了大便，房间弥漫着一股臭味。这事没有让小陈心存芥蒂，反而更加用心服务好卢爷爷。

通过和家属的沟通，加上平时对老人的细心观察，发现老人家喜欢书，小陈于是自己先看老人爱看的书，熟悉书本之后和老人聊起读书心得，老人的脸色开始活泛了起来。原本不让人接近的他，开始谈天说地，侃侃而谈，好像变了一个人。很快，小陈就成了老人的读书知音，生活伙伴。老人家的心情也逐渐开朗起来，喜欢和其他老人分享他书中的故事。

在小陈的精心护理下，老人的身体恢复得很快。3个月后老人慢慢站立起来，开始一步一步地走路了。

陈奶奶2017年7月29日入住富春江曜阳国际老年公寓护理部。此前因患中度肺动脉高压伴中度三尖瓣反流和轻度老年痴呆，老人的心理状态恐惧焦虑，易激怒，对陌生人有很强的抵触心理，带有一定的攻击性。老人不爱说话，精神状态极差，不能自己吃饭，护理员喂饭也不配合。老人还爱发脾气，经常哭闹不停。小陈总是很耐心，一边安抚一边喂饭，一顿饭下来足足需要一个小时。老人白天精神一般，晚上却不爱睡觉。一天晚上，老人家一会要躺下，一会又要起来。小陈问道："奶奶，这么晚了，您为什么还不休息啊？我帮您洗漱好吗？洗洗上床休息好吗？"奶奶嘿嘿笑了："晚了呀？那我休息了。""奶奶，你真棒！"小陈马上照顾奶奶休息。就这样，在每天一来一回善意的交流中，奶奶和小陈变得更加亲近了。

▲ 护理员正在给老人喂饭

小陈每天不厌其烦地和奶奶交流。慢慢地，老人的消极情绪越来越少，与小陈建立起了亲情般的关系。日复一日，老人变化越来越大，在帮扶下能够慢慢地走路了,一日三餐也能自己完成了,说话也多了,时不时还给人做个鬼脸。现在,在护理部走廊上,每天都能看到老人慢慢走动的身影。

陈奶奶经常拉住小陈的手,激动地说:"你们就是我的儿女,你们就是我的亲人。"

(撰稿:余玉明)

【点评】

精诚所至,金石为开!富春江曜阳护理部的员工,用锲而不舍的工作态度和体贴入微的人性关怀,使失能老人重新焕发了生命的活力。"你们就是我的亲人",道出了老人们的感激之情,更擦亮了富春江曜阳在康养世界的金字招牌。

优质护理　亲情满满

夏月娥,1924年出生,2015年8月29日入住富春江曜阳国际老年公寓护理部。入住时有严重的类风湿关节炎,经常出现全身性的疼痛,每天在房间里絮絮叨叨,整天躺在床上,无法自行下地行走,以至于老人的脾气非常暴躁,时不时对着护理员发脾气。除了类风湿关节炎,老人还患有严重的心脏病。

老人刚住进公寓护理部时,完全封闭在自己的内心世界里,不愿意跟外界有所交流。护理员想尽一切办法跟她聊天,但效果微乎其微,

老人还是不愿打开自己的心扉。护理员就仔细观察老人。有一天，细心的护理员发现，当别的老人有子女来看望时，她就显得更加沮丧。原来奶奶是想念儿女了，但是儿女近期又不在国内，怎么办呢？于是，护理员问经理要了老人子女的微信。

"奶奶，奶奶。"护理员在她耳边轻声地叫着，奶奶还是一如既往地不予理会。"奶奶，你看这是谁啊？"护理员拿着手机慢慢靠近奶奶。"妈，你好吗？"手机里老人女儿的一声呼唤，彻底融化了奶奶脸上的"冰霜"。"好，好，很好。"奶奶脸上终于笑眯眯了，心里也乐开了花。

从那以后，护理员就经常与老人的子女沟通，并用微信建立起了老人与子女的联系。护理员每天跟奶奶聊聊家里趣事，夸夸子女。慢慢的，奶奶的话越来越多了，笑声也越来越爽朗了。用轮椅推她出去的时候，老人还会和其他老人打招呼唠家常了，脸上的笑容越加灿烂。

老人长期卧床不起，护理员担心老人的身体机能会下降，决定运用专业的技能照顾老人：每天帮助老人三次翻身，时不时拍打身体的各个部位，防止肌肉萎缩；每天把她扶起来坐坐，改变躺卧的身体位置，定时给老人拍拍背；临睡前，给老人泡个温水脚，让老人能睡个好觉。

当初老人入院是因为家属出国，家中无人照顾。等儿子回来接老人回家时，老人却不愿意回去了。她说，在曜阳护理部比在家里好，这里护理员比女儿还要亲。几个月后，在护理员的悉心照料下，老人家终于站起来了。

（撰稿：骆杨洋、余玉明）

老有所医

【点评】

　　失能老人的长期护理中，心理关怀和健康安全同样重要。富春江曜阳护理部的员工，积极开展以人为本的优质护理实践，利用专业的护理技术给予老人精神上的呵护、心灵上的宽慰和行为上的指导，满足了患者的现实需求和潜在需求，给老人一种依赖感和安全感。

失智老人　耐心关怀

　　在富春江曜阳的护理部，住着一群特殊的老人，他们犹如"小孩子"，经常丢三落四，感情脆弱，抑郁愁闷，忘记自己是谁，也记不得他人，别人无法走进他们的世界，他们也不愿走入别人的世界。他们是患有失智症的老人，陆小贤爷爷就是其中的一位。

　　陆小贤，家住富阳区东洲街道，独自居住在农村老家。儿子长期在广州做生意，对老父亲无法给予细致和周到的照顾，希望找一个有专业资质的机构来接收父亲，替自己尽孝，给老父亲一个相对稳定的晚年生活。经过几天的找寻与对比，他们来到了曜阳护理部，将患病的老父亲交到了余经理的手里。

　　入住的第一天，小金护士将老人搀扶进了评估办公室。"爷爷，一辆车有几个轮子啊？""七个，哈哈"老人痴痴地笑着。经过能力评估后，老人属于重度痴呆，而且患有多种疾病，包括风湿性关节炎、高血压、冠心病。

从此之后，陆爷爷成了护理部的重点照顾对象。护理员们想着法子照顾老人，想给老人带来生活的乐趣，让他感受到爱的力量。但是照顾老人的难度超出常人的想象。由于病情严重，老人的记忆力严重缺失，常常说了这句忘了那句，但是自己又无法意识到这点，还经常对着护理员发脾气。护理员顶着一肚子的委屈，仍是耐心、细心地照顾，惟恐有不周之处。在日复一日、年复一年的悉心照料下，陆爷爷好像感受到了护理员们对他的爱与照顾，骂声越来越少了，越来越听话了，房间里的气氛也越来越融洽了。

陆爷爷还有一个严重的"毛病"，由于身体机能下降，大脑神经萎缩，小便的次数特别多，经常小便失禁，但是他又不愿意穿尿不湿，一个不留神或忘记提醒，小便就流得满裤子，还哩哩啦啦滴到地板上。在平时的照顾中，护理员会经常提醒他上厕所。一旦不小心尿在裤子上，护理员马上帮老人脱下湿裤子，换上清洁干爽的裤子，将地面清理得干干净净。每周日，护理员都会消毒液将整个房间消毒一遍，因此，陆爷爷的房间永远是干净整洁的。

◀ 陆爷爷在走廊上练习走路

老有所医

　　最让人头疼的，是陆爷爷的"睡觉"问题。每当夜深人静，别的老人酣然大睡的时候，陆爷爷会突然爬起来走出房间。护理员发现到这个问题，轮着班地守着老人。后来，护理员赵师傅就把自己床放在老人的门口处，老人晚上再也走不出来了。每天入睡之前，赵师傅就会跟陆爷爷"促膝长谈"，让他好好睡觉。等陆爷爷睡着后，他才小心翼翼上床休息。

　　无论炎热的夏天，还是严寒的冬日，曜阳护理部的走廊上，永远有这么一张小床，守护着这些"老小孩"。

（撰稿：骆杨洋）

【点评】

　　对失智老年人的长期护理，是非常困难的养老服务工作。富春江曜阳公寓护理部的员工，用自我牺牲的精神和体贴入微的服务，尽职尽责地守护着"老小孩"安度晚年，映衬的是富春江曜阳对失智老人的人间大爱。

曜阳员工　爱的使者

　　走进杭州富春江曜阳国际老年公寓护理部，首先映入人们眼帘的是挂在墙上的那一面面写着"精心护理、亲如家人""孤老之家、温暖如春"的锦旗，使人不由想到，这肯定是一个有故事的地方。

也许你会问，在这里住着些怎样的人，又会发生点什么事呢？其实大家都知道，养老公寓护理部收住的大多是失能、半失能或失智的老人。公寓为这些老人提供看护和照料，帮助解决他们生活中自己不能解决的困难，帮助这些老人平安度过每一天。

这些有需要特殊照顾的老人，在曜阳这个大家庭里居住了很久，对这个护理部已有深厚的感情，如果你问他们为何选择住这里时，他们肯定会这样回答："曜阳好！这里的护理员好！"

的确，在曜阳护理部工作的护理员都具有良好的职业精神，视老人为家人，贴心呵护、尽心照顾。其中有位护理员叫方雪娟，更是受到大家的称赞。方雪娟，来自安徽省歙县，来曜阳前在别人家里照顾过老人，后来到了曜阳护理部，经过系统的培训后成为一名合格的护理员。她很珍惜这个就业机会，也很热爱这份职业。只要是她照顾过的老人都会伸出大拇指。

有位周奶奶，去年入院时患有严重的帕金森病，肌肉僵硬，四肢无法伸直且震颤抖动，因为神经麻痹已无法与人正常交流。由于常年受病痛折磨，老人脾气也有点乖戾，虽然不能开口表达自己的意思，但并不失智，有自己的思维。方雪娟刚接手时，老人对她有点排斥，总认为不是自己的儿女，不会那么用心管自己。方雪娟看出了老人的心事，想到要打开老人的心结，只有从细节上打动她。因此，方雪娟专门为周奶奶制订了一个护理方案：每天除了做好一些基础护理和生活照料外，和她多聊聊天拉近距离，坚持一天两次的身体按摩，每天用热水泡脚，尽可能地让她减少痛苦。

一开始，老人因为身体的原因，再加上环境陌生，就整天躺在床上。方雪娟给她洗脸、擦身、喂饭，她都机械性地接受，脸上没有任何表情，碰到心情不好的时候，她还抗拒为她做所有的服务，甚至有时会瞪大着眼睛，嘴里发出"呜呜"的抗议。不过这些都没难倒方雪娟，她耐着性子地说："奶奶，您是哪里又不舒服了吧？我帮您捏捏腿。"说着，她把奶奶的睡姿调整了下，把枕头拉拉让她更舒服点，然后给她做起了按摩，轻轻地从头上、手上再到脚上，手到之处能明显感受到奶奶的全身都很僵硬，时不时地还会抽搐。看到这里，方雪娟感到鼻子一阵发酸，奶奶真是深受病痛的折磨啊！在方雪娟的轻轻按摩下，奶奶平静了些，缓缓地睡着了。

▲ 天气晴好时推老人出门走走

其实，奶奶的家人为了减轻她的痛苦，已经多年带她四处求医问药，无奈帕金森病是一种神经系统变性疾病，随着年龄的增长会越来越严重，到后期服药已不能阻止病情的发展，但通过针灸和按摩可以减轻症状和痛苦。把奶奶送到曜阳国际老年公寓，一方面是他们了解，知道这里的护理工作做得很好；另一方面是有一个老年

医院方便治疗。

  方雪娟明白老人儿女的想法后，就主动跑到医院找医生，把奶奶的情况和医生作了介绍，医生也建议通过针灸配合穴位按摩，减轻老人的痛苦。就这样，每天早上，方雪娟帮老人洗漱好，喂好饭，她就推着轮椅把奶奶送到医院陪她进行针灸治疗。下午午睡后，又根据医生的要求，给奶奶做全身按摩，渐渐地，老人精神舒缓了，开始配合方雪娟的护理了。

  由于老人长期卧床，导致尿路感染，出现尿频尿急尿痛。老人辗转反侧睡不好觉，痛苦至极。方雪娟就推着奶奶去医院，医生除了为其配了口服药外，还特意配了外用药来清洗外阴部，以辅助治疗。可是没想到，这又遭到了老人强烈的抗拒，她用颤抖的双手紧按被子，不让方雪娟动。原来，老人怕难为情！读懂了老人的心情，方雪娟耐心地跟她说："奶奶，你我都是女人，有什么不好意思的呀！现在你得病了，就要听医生的话。洗一洗，你会舒服好多。你就把我当作自己的女儿吧！"她的一番话如一股暖流，融化了奶奶冰冻了许久的心。从这以后，奶奶就很配合方雪娟为她做的任何服务。空余的时间，方雪娟会陪着奶奶看看电视、聊聊家常。慢慢地，奶奶从最初的面无表情、无动于衷到后来变成了对她的依赖和赞许。

  方雪娟就是这样日复一日、年复一年地帮助着老人。她是曜阳工作人员中平凡的一员，却做着不平凡的事，真正让老人住在爱里，放在心上。

（撰稿：黄红华）

老有所医

> 【点评】
> 养老护理服务是一项需要爱心和奉献的服务。富春江曜阳公寓以方雪娟为代表的护理员,以自身的光和热,照亮了老人原本灰暗的心情,温暖了老人原本冰凉的心灵,这就是人间大爱、人文关怀。

人间大爱　护理奇迹

92岁的郑凤仙老人,是对富春江曜阳有着特殊感情的人。

2014年9月的一天,老人在市内某医院被下了病危通知书以后,被几近绝望的家属用救护车送到了曜阳护理部。由于病情危重,且有可能进一步恶化,随时危及生命,家属也没有抱多大的希望,只希望老人能安详地在曜阳护理部度过人生最后时光。

老人入住后,公寓护理部及时联系富春江医院,继续对老人进行药物治疗,同时指定一名护理员专门为老人服务。护理员发现,由于长时间卧床,老人臀部有比较严重的褥疮,需要每天对患处进行消毒、换药。但是老人比较注重隐私,不愿意把自己的臀部暴露在别人的眼前。护理员就耐心地做她的工作,轻声细语地对她说:"奶奶,你是一个讲究卫生的人,每天都要清清爽爽的。你这个药不换,褥疮不会好,会有异味。房间里别的人会怎么想你呢?你放心,我给你换药的时候一定把门关好,不让别人进来。"听护理员这么说,老人不好意思再犟了,配合护理员给她冲洗、消毒、最后上药。

▲ 护理员为郑奶奶喂水

为了治好老人的褥疮，护理员还特别去医院请教，学习到了针对褥疮的护理与预防知识。后来，护理员就每天两次用医院配好的药，定时给老人消毒、上药，还经常给她翻身、按摩，做一些肢体的康复训练，缓解了老人褥疮之苦。功夫不负有心人，经过2个多月的精心调治，老人的褥疮治好了，精神也好起来了。

除了褥疮，郑奶奶还有一个痛苦，就是经常便秘。每次解大便都要很长时间，费很大劲。考虑到老人的心脑血管都很脆弱，不能太使劲，护理员就用手抠。怕奶奶会疼，她戴好手套，并在手指上倒点油做润滑，慢慢地一点一点往外抠。为了不弄疼老人，看得仔细点，她低着头凑近老人，根本不去顾及臭味。每当护理员为老人抠出大便后，老人就会如释重负般大舒一口气，望着护理员，眼中流露出感激之情。

老有所医

▲ 郑凤仙老人的女儿为曜阳护理部送来锦旗以表达感激之情

几个月后，家属也感受到老人一天比一天好，便和护理员商量，如果老人能够坐起来那该多好。在医护人员的指导下，护理员每天给老太太做肢体按摩和轻微运动。在护理员耐心帮助和积极鼓励下，老人通过锻炼，慢慢地能在床上坐了起来，能自己吃饭了，偶尔还会和邻床其他老人交谈了。看到有了起色，护理员和老人及家属更有信心了，每天坚持不懈地进行康复锻炼，经过6个多月的努力，老人终于站了起来。如今老人健健康康，整天笑容满面。老人和家属都对曜阳和护理员赞不绝口。

（撰稿：黄红华、余玉明）

【点评】

　　长期护理服务，是对重病老人最大的人文关怀。富春江曜阳公寓护理部受家属委托，以大爱之心、精心护理，将濒死的老人拉回生命的轨道，这不仅是人间大爱，更是护理奇迹。

牙齿健康　吃嘛嘛香

　　2018年5月5日，管家杨玲像往常一样去跑楼，当走进7号楼鲁阿姨家时，细心的杨玲发现鲁阿姨的一边脸肿起来了，忙询问原因，鲁阿姨说："牙疼不是病，疼起来真要命。大热天去杭州的医院，不方便也不安全。年纪大了，我也不愿意再这样折腾。"杨玲先安抚了一下阿姨，回来后立刻上报了公寓领导。

　　2018年5月15日，由公寓联合某知名口腔医院举办的"保护牙齿　关爱健康"老年人口腔义诊活动在富春江曜阳老年公寓举行，牙科医生为公寓老人免费进行口腔检查，普及口腔健康知识，倡导大家要养成良好习惯，关注口腔健康，提高生活质量。

　　鲁阿姨也参加了这个活动。活动现场，医院的李医生通过讲座的形式，以通俗易懂的语言向公寓老人讲解了口腔疾病防治知识和日常注意事项，重点对日常生活中大家不正确的洁牙护齿方式进行了纠正，建议大家要掌握正确的刷牙方法，养成良好的习惯。

　　随后，医生们为老人义诊，接受口腔健康咨询，解答爱牙护牙的专业问题，针对不同情况提出治疗建议。通过检查后发现，现场

老 有 所 医

不少老人都有牙齿缺失的情况。医生表示，这些老人的情况就是常说的"老掉牙"，但很少有人知道，"老掉牙"是一种疾病，需要及时修复治疗。

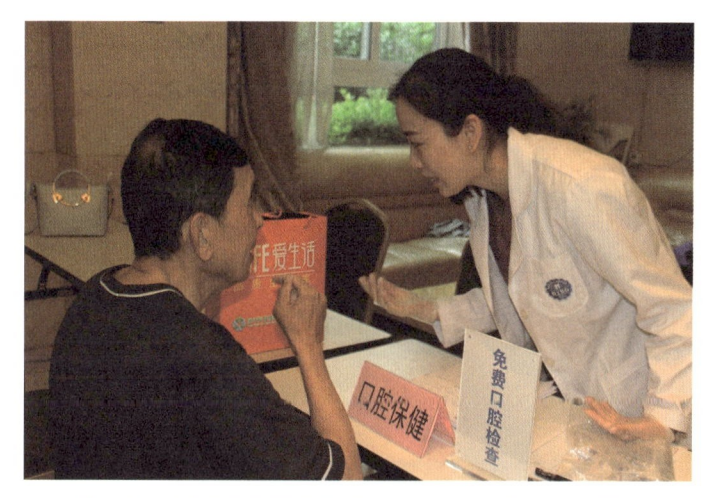

▲ 公寓邀请专业口腔医疗机构为老人做口腔检查和保健

▲ 公寓邀请专业口腔医疗机构为老人做口腔检查和保健

曜阳养老 人文关怀的探索与实践之富春江曜阳

鲁阿姨说："自己的牙一直不好，而且疼得不是很厉害的话就不去看医生了，一直拖着。这几天刚好牙疼得厉害，连吃饭都是个问题。医生您帮我看看到底是什么原因。""好的，阿姨。您先坐下来，我们先帮您测个血压，再进行检查"李医生说。检查结束后，李医生说，像鲁阿姨这样口腔疾病患者，在曜阳公寓不在少数，一次治疗是不够的。义诊结束后，医院会再派专业的医生过来，或者派车过来接送有需要的老人去医院看牙。鲁阿姨高兴地说："举行这样的义诊活动挺好，能让我们多学习一些口腔健康方面的知识，还让我们省了跑医院排队挂号的麻烦！"经过医生的多次上门治疗，鲁阿姨口腔疾病问题有了很大的缓解。

（撰稿：陈群英）

【点评】

有广告语，牙好，吃嘛嘛香！富春江曜阳公寓的员工发现老年人中普遍存在的口腔疾病问题，及时协调专业医疗机构通过义诊的形式，予以治疗和帮助。这样的义诊活动，实现了养老公寓、入住老人和医疗机构的多方共赢，何乐而不为呢！

书报字画　唤醒记忆

"奶奶，您认得我吗？"这句在常人听来再普通不过的话，对于95岁的吴惠琴老人来说，犹如天方夜谭。因为她如今活在自己的世界，这个世界别人无法走入、无法体会，乃至她的至亲也不例外。

没错，老人得的是阿尔茨海默病，这是一种起病隐匿的进行性发展的神经系统退行性疾病，临床上以记忆障碍、失语、失用、失认、视觉空间功能损害、执行功能障碍以及人格和行为改变等为特征，病因迄今未明。

2016年8月26日，因吴奶奶的病情日趋严重，子女们不放心让老人独自居住在家中，几经转辗来到富春江曜阳国际老年公寓护理部。来的时候，她的儿子媳妇、女儿女婿千叮咛万嘱咐，生怕这里的护理员照顾不周，委屈了老人。

老人入住护理部后，护理员发现吴奶奶的病还是比较严重的。平时只要看到桌上有吃的，不管是谁的也不管好不好吃，拿来就放入嘴里。有时护理员暂时离开会儿，一不留神她就跑到别的房间去了，还躺到了别人的床上。

▲ 护理员方雪娟为老人喂饭

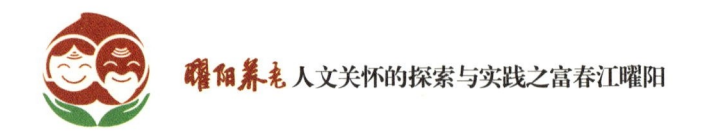

另外，老人还存在二便失禁的问题。有时候护理员刚刚给她换了尿不湿，她的便便又来了。有的时候刚给她换上干净的衣服，不知怎么回事，她身上又会弄上一些脏东西。每当这个时候，护理员总是耐心地安抚吴奶奶。就这样日复一日，护理员不厌其烦地照顾着吴奶奶。

过了一段时间，护理员发现老人开始逐渐接受她了。护理员问她："奶奶，您认得我吗？"她会有反应，会朝她笑笑，但更多的时候是一脸的漠然。在陪护中，护理员还细心地发现，每当奶奶看到有字的东西，诸如报纸、书籍，乃至墙上的宣传画时，她都会看得目不转睛，嘴里还喃喃自语，说着谁也听不懂的话。护理员把这些现象和吴奶奶的子女们说了。子女分析，老人退休之前是小学老师，把毕生的精力都投入到了基础教育事业中。尽管现在病情严重，但她对文字图画等信息依然敏感。

从此，护理员们不管是谁，只要有空，都会拿着一本书过来陪吴奶奶翻阅，就像吴奶奶当老师时耐心地教学生一样，教她认字。每次陪着她在走廊上散步时，也会特意牵着她到宣传栏前看文章，指着墙上的字让她认。护理员发现，每每这个时候，是吴奶奶最开心的时候。

时光荏苒，转眼吴奶奶在曜阳护理部已住了一年多。在护理员们的悉心照料和呵护下，老人偶尔会认出自己的子女来。如果遇到护理员再问她："奶奶，您认得我吗"时，她会轻轻地点点头，偶尔也能读得出墙上挂的大部分字，气色也比刚入院时好多了。老人从来没有感冒过，有时还会要求到院子里散散步看看风景。子女们来院看到老人这些令人欣喜的表现，由衷感谢护理员们对老人的照顾，都说把母亲送到富春江曜阳国际老年公寓来是最正确的选择。

（撰稿：黄红华）

老有所医

> 【点评】
>
> 专业决定水平，细节决定成败。富春江曜阳公寓的护理员通过仔细观察，发现了失智老人的感觉敏感点，继而采取针对性的护理服务，让失智老人的晚年生活充满快乐、重拾尊严。

登门家访　健康建档

一天下午两点，管家小楼脚步匆匆，走在回值班室的路上。正好看到一位老人吃力地拿着快递，立马跑去帮忙。再一看时间，怕是要让家访的医生等一下了。

"不好意思啊，刚有点事走开一下，让你久等了。"小楼一边向前来家访的医生小帅道歉，一边接过医生小帅手里的血压计，一起向五号楼走去。这天下午是安排她带帅医生去五号楼家访的。

"没事，你们管家事情多，时间本来就不好掌握。"笑着摆摆手，再顺手检查了下手里的资料，小帅医生也不由地加快了脚步。

"五号楼昨天新搬进来一位奶奶，除了例行的检查，还要给她建个健康档案。"赶去五号楼的路上，小楼交代着这星期最新的情况。

"行，那我们就先去这个奶奶家里吧。"

"叮咚！叮咚！"门铃声响起。

"来了，来了。"门吱呀一声打开，一个精神的老奶奶探出头来，疑惑地望着门口两位姑娘："你们是？"

曜阳养老 **人文关怀的探索与实践之富春江曜阳**

◀ 曜阳医生在"家访"

"奶奶您好！我是管家小楼，昨天您来的时候还是我接待的您呢。"小楼笑着上前。

"哦，对的，我记起来了。"奶奶顿时笑了，让开了身子请小楼二人进来，同时问道，"你们有什么事情啊？"

"奶奶，是这样的。我身边这位呢是医生小帅。我们曜阳公寓住的都是老年人，每周都安排医生前来家访了解情况。您是昨天新搬来的，还需要给您建个健康档案。"

"奶奶您好！"看到奶奶的目光转向自己，小帅医生也笑着打招呼。

"健康档案啊。"奶奶兴致不是太高："就是问下身高体重年龄性别吧？"

"奶奶，不是的。"医生小帅显然不是第一次遇到这样的情况，打开手上的记录本，抽出笔来，"除了身高体重年龄性别，我们还需要了解您现在的身体情况，日常吃什么药，有没有装心脏起搏器，您的既往病史，家族有没有遗传病史等。"

老有所医

一听这话，奶奶忙拉开椅子："要记这么多啊，坐下，快坐下，本子放桌上好记。"

◀ 责任医生在给奶奶量血压

小帅和小楼相视一笑，扶住奶奶双手："奶奶，您市民卡可以给我们看下么，需要记录下您的卡号和详细信息。"

"可以的，可以的。"把小帅小楼按在凳子上，奶奶转身进了房间去拿市民卡。

拿着奶奶的市民卡，小楼在一边抄下信息，小帅则开始仔细询问奶奶的身体情况。

"我这身体其他没啥大毛病，家里人身体也还好。就是我早上起床的时候会有点低血压。"看着小帅记录着自己的身体状况，奶奶索性拿出了病历卡："还有年轻时摔过一跤，一到阴雨天气，膝盖现在还会疼……"

"早上低血压。您需不需要管家早上的问候电话？"小楼插嘴。

曜阳养老 人文关怀的探索与实践之富春江曜阳

"问候电话？几点的啊，我早上起得晚，睡到八点半呢。"奶奶有点纠结。

"那还是九点管家跑楼的时候让她们多注意点吧。"小楼在记录卡上奶奶名字前标上五角星，边上写着低血压，提醒自己回去加在跑楼单上。

小帅医生又详细询问了奶奶最近这几天的身体情况、精神状态，又为奶奶测量了血压，详细记录下一切，才站起身来："奶奶，我们这次家访就结束了。我们两个就先走了啊。下星期再来家访，这过程中，您有哪里不舒服一定要和我们说啊。"

"好的好的。"奶奶笑眯眯地点头，朝两人挥挥手。

小楼和小帅又相携走向下一户老人家里。

（撰稿：冯露萍、陈群英、张群）

【点评】

与其守株待兔，不如上门服务。富春江曜阳公寓联手富春江医院，主动为入住老人开展上门家访活动，同时建立老人的健康档案，把被动医疗服务转化为主动健康服务，既节约了医疗成本，又提供了更好的医疗健康保障。

晨间问候　传递牵挂

"奶奶，早上好！"每天早上七点，入住富春江曜阳公寓的老人，都会在电话里听到亲切而熟悉的声音。这是公寓服务部值班管家对有需求的独居老人的个性化问候服务。

2018年6月9日早上,值班管家陆利琴像往常一样拿起电话向独居的老人打起了问候电话。"嘟……嘟……嘟……",6号楼张调顺奶奶半天不接电话,陆利琴心里有点担心起来了。终于,电话那头传来了微弱的声音"唉""喂,奶奶,奶奶……"陆利琴一声声焦急的问候声,还是听不到回音,奶奶怎么了?陆利琴的心里打了问号。于是她马上放下电话,与一起值班的张小平交流了一下情况,急忙跑往6号楼。

▲ 曜阳管家在进行早安问候

陆利琴气喘吁吁地赶到了张调顺老人家门口,按下门铃,一声、二声、三声,门还是不开。各种担心、焦急直涌心头,陆利琴于是直接用房卡开门进去了。客厅、厕所没人,火急来到卧室一看,还是没人。陆利琴三步并作两步来到床边,发现张奶奶躺在床下的地板上。"奶奶你怎么了?"陆利琴大声地叫唤。奶奶用着听不太清的声音说:"我……我摔……下来了。"稍微平静了一下内心,陆利琴

曜阳养老 人文关怀的探索与实践之富春江曜阳

马上安慰奶奶不用慌,同时拿起电话给张小平和行政总值打电话。不到 5 分钟,大家都赶到了奶奶家。三个人合力把奶奶送到了曜阳医院。一个管家回值班室继续工作,一个管家陪着奶奶做各种检查、拍片,跑上跑下。等差不多了,奶奶的女儿赶到了。看到曜阳管家为奶奶所做的一切,连声说着谢谢!

检查结果出来后,大家长长地松了一口气。因为救助及时,奶奶仅有点轻微擦伤。经过几天的住院治疗,奶奶出院了。奶奶的儿女们要回去上班,临走特意来到管家值班室表达了感谢。

（撰稿：陈群英）

【点评】
清晨是很多老年性疾病多发的时段。富春江曜阳公寓通过晨间问候电话,及时发现并处置入住老人的异常情况,看似很平常的一声问候,凝聚着曜阳对老人的牵挂和关爱。

随时来电　瞬间到达

2016 年 7 月 8 日晚上十一点多,值班室电话突然响起。值班管家楼卉接起电话,电话里传来轻微的呻吟声。经询问后得知,原来是 10 号楼的一位奶奶突然感到心脏不舒服,需要送医救治。管家楼卉赶紧推着轮椅到奶奶家,送她去曜阳医院值班医生处,同时电话告知了值班领导。

经过初步检查后，值班医生建议立即把老人送往市区医院就医。公寓值班领导马上打120急救电话。奶奶在管家的陪护下坐上急救车前往医院，并做了一系列检查。由于奶奶的儿女都在外地，一时赶不过来，于是管家楼卉就在医院陪奶奶挂了一晚上点滴，直至次日早上八点左右，经医生确认无大碍后，才陪同奶奶一起回到公寓。临进门时，奶奶拉着楼卉的手，反复地说，感谢你们！感谢你们！

◀ 老人与曜阳管家合影以表达感谢

2017年12月10日早上，管家值班室的呼叫器响了，原来是来自8号楼一位老人的呼叫。不到三分钟，管家陈叶和张龙英赶到了老人家里。

原来是患有阿尔茨海默症的爷爷，把糖尿病的药一盒都吃了下去，奶奶发现后，很害怕，自己也无法处理，于是赶紧向管家求救。管家们了解后随即拨打了120急救电话。

救护车很快到达，管家陈叶陪同奶奶护送爷爷前往医院，及时进行了洗胃处理。在洗胃过程中，因为不能打麻药，爷爷忍不住痛苦，拔了好几次管子，还又叫又踢，大家好不容易才把爷爷安抚住，洗胃才

得以顺利完成。这期间管家一直忙前忙后，挂号、问医、办理住院手续、安慰奶奶，一直到他们子女的到来。

住院期间，公寓领导到医院慰问爷爷并送上温馨的祝福，子女连声表示谢谢。爷爷出院之后，奶奶还特地带爷爷来管家值班室致谢，拉着管家的手，连声说："亲闺女啊，没有你们的及时救助，我真不知道会发生什么后果！"

2018年4月18日星期六，5号楼的一位阿姨突发疾病上吐下泻，血压很高，便按下了呼叫器。不到5分钟，管家何婷英和领导就赶到阿姨家，然后用轮椅把阿姨送到曜阳医院进行救治。因为上吐下泻，阿姨身上一股难闻的气味。何婷英不怕脏，忍住阵阵恶心，帮阿姨把脏衣物换下来并清理干净，然后一直陪伴阿姨做各种检查，直到阿姨病情转危为安。老人的子女赶到医院见到此情景，连声道谢。阿姨出院回到公寓更是感动地说："住在曜阳老年公寓真好。工作人员不是亲人胜似亲人。我们真真实实感受到了曜阳这个大家庭的浓浓温情。"

（撰稿：陈群英、陈叶、楼卉）

【点评】

关键时刻显身手。富春江曜阳公寓的员工，在老年人遇到危险的时候，第一时间给予了宝贵的帮助与支持，用贴身的服务和贴心的关怀，构建起了老年人的生命保障，满足了老年人对生命和安全的基本需求。这就是人文关怀。

老有所医

应急救护　生命通道

  2018年1月16日，夜幕降临了，明镜般的月亮悬挂在天空中，把清如流水般的光辉泻往广阔的大地上。富春江曜阳就静静地伫立在富春大地上。

  "呜呜呜"一阵急促的警报声响彻管家值班室，打破了公寓原有的寂静。管家楼卉急忙站起来，呼叫器腕表在值班桌子上不断震动。楼卉定睛一看，是公寓老人在按呼叫器呼救，一定是发生了什么紧急事情了！

▲ 曜阳公寓管家晚上值班时接听老人电话

  "吴阿姨，怎么了？"楼卉急切地拨通了老人的电话。
  "楼卉，你郑叔叔突然站不起来了，你们赶紧过来看看，怎么办？"

73

电话声里，楼卉听出了吴阿姨的不知所措与急切无助。

"阿姨，您先不要着急，杨秀兰已经过来了，我马上告知值班领导。我推个轮椅过来，您不要着急。"楼卉一边安慰老人，一边用另一个手机拨通公寓行政总值黄院长的电话。

"黄院长，您在哪？吴阿姨打电话过来，郑叔突然站不起来，您赶紧过去看看。"

"我立马过去。"

黄院长打着电话一路小跑，同时拨打了老年医院值班医生的电话，要求他赶到现场。楼卉也急匆匆地推着轮椅向老人家飞奔而去。

不到2分钟，楼卉、黄院长气喘吁吁地赶到，随后左院长、吴主任也立马赶了过来。紧接着，医院值班医生和护士相继赶到。

"怎么办？怎么办？黄院长，左院长，老头子突然站不起来了？"吴阿姨惊魂未定。

郑叔叔就静静地坐在那里，脸上灰暗，眼神呆滞，眼光里也没先前那样精神了，站也站不起来。医生护士蹲在地上为郑叔叔做了细致的检查后说："叔叔的病情有点严重，可能是脑中风，需要到大医院作进一步检查。"黄院长听到这里后，立即拨打了120的电话。

"喂，120吗？这边是富阳区东洲街道江滨东大道879号曜阳老年公寓，我们这边的老人有突发情况。"

黄院长一边打着电话，一边轻轻抚摸吴阿姨的背安慰着。

"爷爷现在是什么情况？"

"爷爷刚才吃完饭坐在沙发上吸氧，吸完氧后突然站不起来，而且也答非所问。"

"爷爷以前有什么病史？"电话里医生细致全面地询问着。"爷爷以前得过脑梗。"黄院长急促地回答着医生的一个个问题。"你们不要挂电话，随时保持联系，千万不要随意移动老人，老人估计得了脑梗。"

房间里，一群工作人员忙碌开来。黄院长手里握着电话跟120保持着联系，左院长不断地安慰着吴阿姨，楼卉帮阿姨拿衣服找市民卡，吴主任小心翼翼帮郑叔叔穿衣、穿鞋，医生为郑叔叔服用预防治疗脑梗的药物，大家有条不紊地做着准备工作。吴阿姨看到大家都在为郑叔叔忙碌，缓缓地舒了口气，慢慢地坐在椅子上，安静地等待救护车的到来。

不到20分钟，一辆急救车急匆匆地开进曜阳大门。瑟瑟寒风中，左院长已经等候在传达室门口。

"往这边开，就这幢楼。"左院长一路小跑，紧跟在救护车的后面。

听说急救医生已到现场，120医生才挂断了电话，在医生的指导下，工作人员把郑叔叔送上了120急救车。

红灯闪烁，一辆急救车慢慢消失在茫茫夜色中。一辆别克商务车紧紧跟在救护车后面，那是黄院长不放心郑叔叔，驱车一同前往医院。

郑叔叔由于送医院及时，没有耽误时间，老人没有留下任何的后遗症。凌晨1点，商务车缓缓开回富春江曜阳老年公寓。

（撰稿：骆杨洋）

【点评】
　　时间就是生命。富春江曜阳完善的突发应急机制和专业科学的快速反应，为入住老人开辟了一条生命的绿色通道。给予老人生命的尊重和救护，这是养老服务中最大的人文关怀。

曜阳养老 人文关怀的探索与实践之富春江曜阳

眼科义诊　再现光明

富春江曜阳公寓服务部的管家发现，随着入住老人的年纪越来越大，患有眼疾的老人越来越多，特别是白内障患病人数日益增多，已经严重影响了老人的日常生活。

为了帮助老人解除眼部疾病的痛苦，普及眼部健康及防病常识，曜阳老年公寓主动联系眼科医院医疗志愿服务队，在公寓二楼多功能厅开展了眼科疾病的筛查和咨询活动。

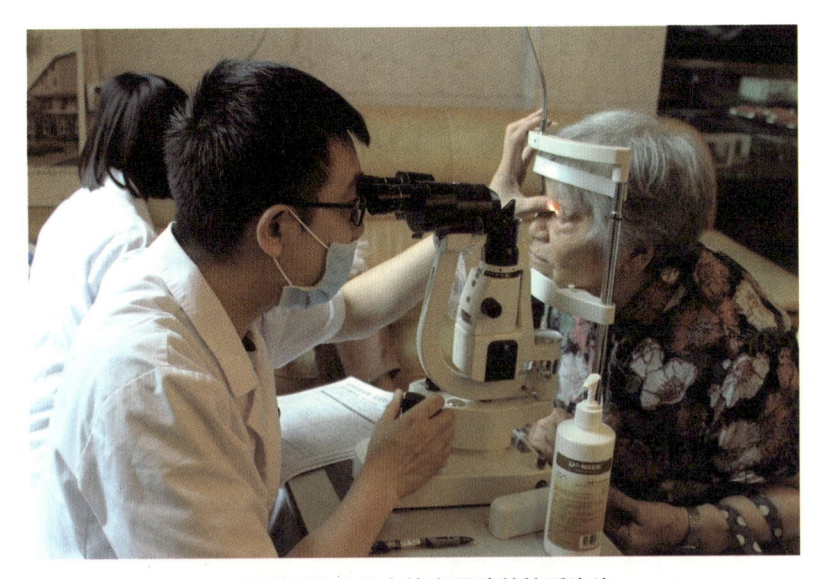

▲ 眼科医生为老人检查眼睛并接受咨询

2018年4月10日上午8时多，很多老人便来到多功能厅排队，等待检查眼睛。公寓服务部管家们在旁边积极进行引导。医疗服务队对前来的每一个人都进行了视力的测量。针对老年人容易出现的眼科疾

老有所医

病，如白内障、青光眼等进行检查。检查过后，眼科医师对老人的检查结果进行了耐心解释，并针对需要治疗的过程进行简单说明，向需要动白内障手术的老人讲解免费做手术的申请条件，同时详细告诉老人们一些护眼知识。

7号楼的一位奶奶行动不便，一直依靠轮椅助步，对这次上门活动赞不绝口，"在家门口做检查，既能得到医生专业周到的检查和耐心的讲解，又可省去排队的麻烦，免受医院奔波之苦。"

9号楼的方奶奶年纪大了，两只眼睛都是白内障。一只眼睛已经动了手术，需要术后复查。每次去医院既要排长队挂号，又要往返各科室，很麻烦。听说眼科医生直接来到公寓为老人免费检查眼睛，"真是太方便了。"方奶奶激动地说。

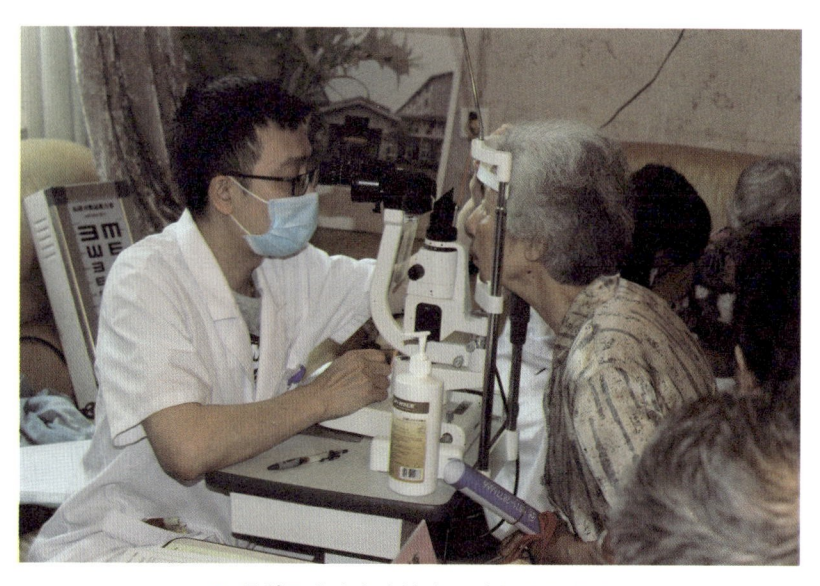

▲ 眼科医生为老人检查眼睛并接受咨询

（撰稿：陈群英）

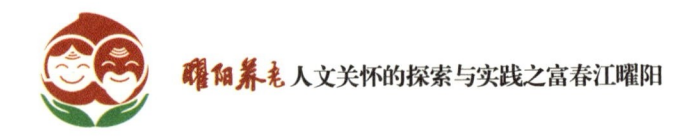

曜阳养老 人文关怀的探索与实践之富春江曜阳

【点评】
　　眼睛是心灵的窗户。眼睛不好，心情也好不了。富春江曜阳公寓及时发现入住老人普遍存在的眼部疾病问题，邀请爱心医疗机构前来开展眼科义诊，解决了老年人出门就医的麻烦，把对老人的健康关怀送到老人的心坎上。

紧急呼叫　生命保障

　　老年人，尤其是一个人居住的，发生意外时，手机求助是一种常规手段。但在非常时期，如洗澡、上厕所时发生意外，手机呼叫求救就可能显得力不从心。随手可及的紧急呼叫按钮就显得非常重要，成为真正的生命保障。

◀ 曜阳公寓自理单元安装的呼叫系统紧急按钮

老有所医

富春江曜阳国际老年公寓在每一户老人家中的客厅沙发处、卧室床头旁、书房桌子边、卫生间的洗浴门上都分别安装了紧急呼叫按钮,每户至少有3~4枚,以保证在紧急情况下,入住老人在任何房间都能使用紧急呼叫按钮。为了保证紧急呼叫系统的正常运行,公寓每一个季度都进行一次维护,以防止电子系统出错,保障入住老人的安全。

2018年7月12日晚上11点28分,佩戴在值班管家小张手上的紧急呼叫手表,忽然震动起来,紧接着紧急呼叫主机也发出了报警信息。管家小张抬起手表一看,是2号楼的吴奶奶发出的呼叫。吴奶奶是独居老人,前几年老伴去世后,请来的保姆只有白天来照顾她,到了晚上就只剩下她一个人。那段时间她的身体也一直不怎么好,此前还因为脑梗去医院住了一段时间。管家小张立即拿起手电筒,随手拿上急救箱,就直奔吴奶奶家。到了吴奶奶家门口,小张先按了门铃,没有人应答,就赶紧拿出门卡,打开了吴奶奶的家门,此时正是23点30分。只见吴奶奶瘫倒在床上,一动也不动,眼睛直勾勾地看着管家小张。这是在求救!

"奶奶,奶奶,您怎么了?"

吴奶奶没有反应!管家立刻联系曜阳医院的值班医生:"喂,我是曜阳老年公寓的管家,我在2号楼,吴奶奶突然发病了,躺在床上不能动弹,有可能是脑梗发作了。请你们赶紧过来!"

挂掉电话,管家就调整了吴奶奶的体位,将头部垫了两个枕头,把头偏向一侧,防止奶奶呕吐引起窒息。没过2分钟,医院的医护人员就赶到了,对吴奶奶进行了应急处理后,管家协同医护人员一起把吴奶奶送到了医院。

曜阳养老 人文关怀的探索与实践之富春江曜阳

▲ 曜阳管家在查看紧急呼叫系统

等吴奶奶醒过来，已经是第二天的下午了。醒来的第一时间，吴奶奶就对儿女说："我记得昨天晚上我想起来上厕所，可突然感觉不对劲了，想打你们的电话，可我根本就拨不了号码，手机都没法拿了，感觉整个人都要快不行了，床边刚好有个紧急呼叫器，我就拼尽了最后一点力气，把手放在了这个按键上，祈求值班管家们的救援。朦朦胧胧中我看到是管家小张进来，之后我什么都不知道了。我跟你们讲，我一直以为装这个东西是糊弄人的，平时他们上门检测的时候，我都很不开心，不耐烦的，甚至有把他们赶出去的想法。现在我可真知道了，这个小东西，真的是可以救命的，他们一次次上门检测，就怕这个小东西到了关键的时候不显灵。昨天晚上多亏了它啊！"

是啊，只要有需要的老人按了紧急呼叫按钮，公寓管家三分钟内赶到现场，五分钟内医护人员到场救援。紧急呼叫按钮，在最危急的关头，给予老人们最有力的生命保障！

（撰稿：周炜）

老有所医

【点评】

　　病来如山倒，病去如抽丝。老年人突发疾病，凶险多多。如不及时处置，后果不堪设想。富春江曜阳公寓采用智能化服务手段，为入住老人加装紧急呼叫按钮，确保在最危急的关头，老人能够及时发出求救信号。将高科技应用到养老服务，为老人提供强有力的生命保障。这就是富春江曜阳人性化服务的具体体现。

老有所乐

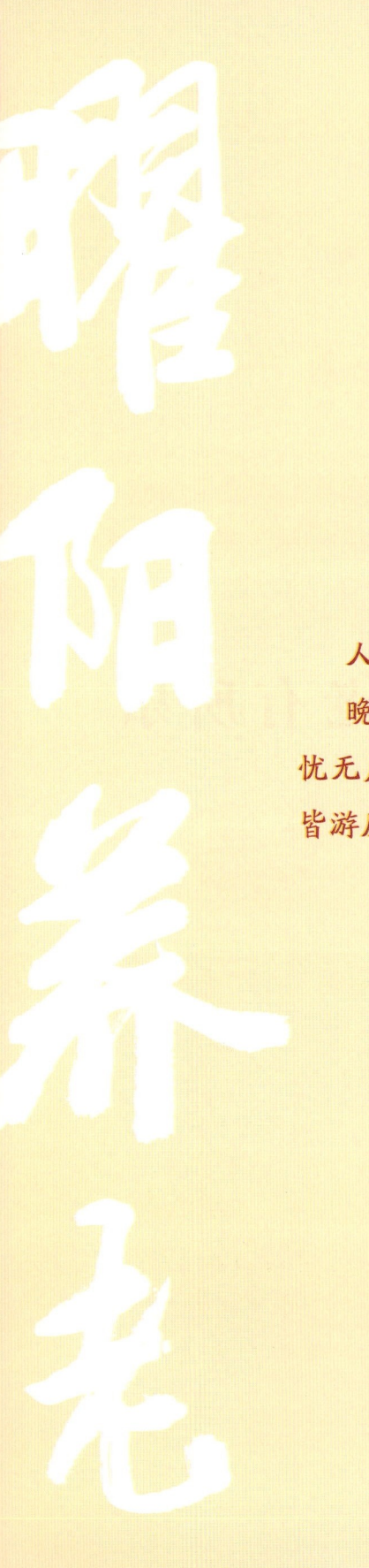

人过七十，古来之稀，现不为奇。

晚秋枫叶红，习文弄墨，太极拳击，无忧无虑。三山五岳，北疆海南，天涯海角皆游历。莫言老，要身心善修，征程继续。

蒋澍霖诗词《老有所乐》

老有所乐

翰香富春　诗书曜阳

"天下佳山水，古今推富春。"传颂至今的古诗，诠释了富阳是一个历史悠久、人文底蕴深厚的地方。她具有2200多年历史，是东吴大帝孙权的故里，现代文豪郁达夫的故乡。历代无数文人墨客，曾流连于此，吟咏富春山水风物。更有元代大画家——黄公望隐居在此，并绘就了传世墨宝《富春山居图》。

富春江曜阳国际老年公寓就坐落在这个人杰地灵、文人辈出，且极具有诗情画意的山水佳境。而生活在公寓里的老人们，感动于大自然的馈赠，珍惜这美好的时光，总想在人生闲暇时刻，学做一些"文人墨客"的事情，那是年轻时无暇企及的雅事。

▲ 书画社俞可均老人在教写书法

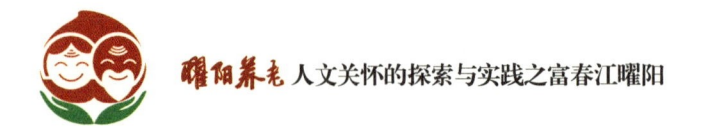

"曜阳书画社"就是在这样的背景下应运而生的。成立书画社，让老人在这里赏画、学字、吟诗，为人生描绘出一道靓丽的风景线，需要一个不仅自己爱好或擅长，还要乐于付出并且善于教授的老师来教学。

俞可均，一位来自于浙江舟山的老人。他身材修长，脸庞清秀，随和又略显腼腆，是一位书法爱好者。72岁时开始在杭州老年大学学毛笔字，至今已有九个年头。每天除了日常生活外，俞可均笔耕不辍，全身心地投入到这个自己喜欢而又全新的领域。他书写的字如行云流水、挥洒自如，深得其他老人赞赏。记得公寓老人徐林江曾不止一次说过自己佩服俞可均，每次看到俞可均写字挥毫泼墨，潇洒自如，让他钦慕不已。他说："笔只要在老俞手中，就像有了生命力，特别听话。"徐林江说出了大家的心里话，俞可均不负众望成为曜阳书画社社长兼老师。

每周二上午九点，是曜阳书画社的上课时间。刚开始上课的时候，俞老师就教大家："今天我跟大家说一下怎样用笔。我们在写毛笔字的过程中，起笔、运笔、收笔都很重要，每个字都要配合得当。起笔中分为逆锋起笔和露锋起笔；运笔分为中锋、侧锋的按或提；收笔又分为逆锋收笔和露锋收笔。笔笔都要恰到好处，你们可以先用米字格练习。"说者头头是道，听者虚心好学。在这个特别的课堂上，形成了良好的学习氛围。随着大家在这里学到了年轻时没有时间学的东西，于是逐渐吸引了更多老人前来参加。有老人打趣说："我们住在环境这么好的曜阳公寓，也想要学做文人雅士。"

每次活动日，都会看到熟悉的身影，徐林江老人、卫先鸿老人、李世慧阿姨、沈淑彬阿姨，还有徐蔷友阿姨，大家都会早早地来到，生怕会漏听俞老师在教授过程中带给大家的更多的书法感悟。

老有所乐

▲ 书画社成员们在探讨作品

这天，在会所三楼的书画室里，俞老师正在点评各位"学生"交来的作业。那是颜体——孟浩然的诗《宿建德江》："移舟泊烟渚，日暮客愁新。野旷天低树，江清月近人。"

"你这个'移'字写得很好，'烟'呢分得太开了点。""你这个'渚'字收笔收得不错。"俞老师耐心地在和学员们分享。他结合自己这几年学习的体会，接着说："老年人学书法要按老年人的特点，不能像小学生那样按部就班地学。以我的经验来看，最好用楷书、行书交替着学，用古诗词字帖来练习，既可提高书法技艺，又能增长传统国学知识，一举两得。"

说到这里，有一位阿姨问道："老师，楷书和行书各有哪些字体呢？"俞老师看到阿姨那种渴望学到更多书法知识的眼神，劲头更足了，继续说道："楷书有四大代表：欧阳询、颜真卿、柳公权、赵孟頫。行书以王羲之的《兰亭序》最为著名。"俞老师如数家珍，在场的老人连连

曜阳养老 人文关怀的探索与实践之富春江曜阳

点头，露出敬佩的眼神。

曜阳书画社的成员们在俞老师的教授下，俨然已把学书法当作了生活的一部分。引用卫先鸿老人的一句话："我现在除了做饭，最大的爱好就是写字、练字。"看得出来，一群有着共同爱好和共同语言的老人相聚在书画社，在俞老师的教授下，正用一撇一捺抒写着他们不一样的夕阳人生。

（撰稿：黄红华、张龙英）

【点评】

一撇一捺写人生，翰墨飘香满夕阳。富春江曜阳公寓支持入住老人发展自己的兴趣爱好，用书画艺术为晚年生活增添情趣，不仅满足了老年人吟诗作画、舞文弄墨的精神追求，传承了中华民族优秀传统文化，更是提升了入住老人的生活品质和整个公寓的文化品位。

夕阳西下　舞者最美

"万泉河水清又清，我编斗笠送红军。军爱民来民拥军，军民团结一家亲，一家亲……"悠扬的音乐在瑜伽房间飘荡。

在队伍的前面，站立着一位美丽的阿姨，身穿华丽的舞蹈服，仔细观看着阿姨们的舞蹈，时而皱眉时而微笑。这位阿姨名叫徐云锦——曜阳舞蹈队的队长。

老有所乐

▲ 舞蹈队成员们在练习

"大家停一下。"音乐停下以后,徐阿姨把大家召集在一起,讨论刚才跳的舞蹈。徐阿姨指出,刚才整个舞蹈排的还可以,但是整个队伍的站位还是没有站到点上。"白霞,等下那个音乐一起,你立马转身,用台步走到预设的点上。潘玉林,你和白霞对齐,两排队伍呈八字摆开,大家一定要整齐,我们再来一遍。"徐阿姨细心地指导着大家,告诉大家应该站在哪个位置上,手怎么放,脚站立的时候成什么样的步伐。

"音乐起。"在轻柔的音乐中,舞蹈队的阿姨们又一遍的开始舞起来。在跳舞的过程中,徐阿姨穿梭在队伍中,不时教她们手应该怎么放,手指哪里要伸直,要呈现优美的姿态。脚哪个地方要伸直,哪个地方要弯曲。

汗水从舞蹈队员的脸颊上缓缓流下来。徐阿姨认真地把自己的舞蹈知识传授给舞蹈队的队员们,舞蹈队的队员们努力学习老师所教的舞蹈技能。

在徐阿姨孜孜不倦地指导下，舞蹈队员一丝不苟地学习，舞蹈队排练出了很多精良的作品。在公寓的庆祝、联谊联欢活动中，表演了《今天是你的生日》、《圣地拉萨》、《美丽的雪山姑娘》、《万物生》、《中华全家福》、《红高粱》、《万泉河水》、《绣满霞光的蒙古袍》、《桃花姑娘》、《六尺巷》、《我的九寨》、《梅花三弄》等十几个舞蹈节目，展现了公寓老人健康、喜悦、进取的精神风貌，赢得了很好的口碑。舞蹈队连续三年参加富阳区文艺汇演，先后表演了大型舞蹈节目《太行山》、《十送红军》和越剧片段《穆桂英挂帅》等，出色的演出为公寓赢得好评。

▲ 舞蹈队姚老师带朱阿姨跳舞

在舞蹈队中还有两名很重要的老师，交谊舞队的姚天贵老师和佳木斯舞蹈的潘玉林老师。拥有几十年舞龄的姚天贵热心教大家跳交谊舞。在每周三、周五的交谊舞会上，都会出现他认真教学的身影，指导大家，"跳舞时手要呈现半弯曲状态，要挺胸吸气收腹，腿要伸直"。在姚老

老有所乐

师的悉心指导下，老人们舞步更加扎实，来跳交谊舞的人也越来越多了。

潘玉林老师所指导的佳木斯操与其说是舞蹈，还不如说是一套健身操。潘老师会细心教新来的老人如何跳，手应该放哪里，脚步应该怎么走。经过潘老师的指导，老人们学会了一套标准的佳木斯操。在不下雨的傍晚，佳木斯队的老人们，会在这里一起挥手踢腿，强身健体。

曜阳舞蹈队舞出了美丽的人生，在夕阳下精彩绽放！

（撰稿：骆杨洋）

【点评】

　　独乐乐，与人乐乐，孰乐？曰：不若与人。入住富春江曜阳公寓的徐云锦等老人，主动担负起教授其他老人练习舞蹈、排练舞蹈节目的责任，既发挥了自己的文娱专长，又给其他老人带来了艺术和美的精神享受，满足了老人对尊重的需要和自我实现的需要，这就是高层次的人文关怀。

唱出快乐　唱出健康

富春江曜阳国际老年公寓合唱团成立于2014年6月。说是合唱团，其实也就是二十多位老人自娱自乐，没有门槛、没有美声唱法、分声部等要求。每次参加公寓的演出活动，我们都会提前认真排练。我们排演的《太行山上》和《十送红军》两部情景剧，参加了2015年和2016

曜阳养老 人文关怀的探索与实践之富春江曜阳

年富阳区重阳节大型表演活动，均取得了上下一致的好评！

▲ 2018年端午节合唱团表演自带伴奏合唱节目

2017年，公寓二期大批人员入住，合唱团增加到七十多人。他们年龄普遍偏大，水平参差不齐。为老人服务，是我义不容辞的责任，但人数增加了，我压力也是蛮大的。为了便于管理，我们成立了班委会，并进行具体分工，再根据住宅楼，又分成四个组，并选出了组长。但人一多，想法就多，水平不一，矛盾也出来了。虽然教唱了不少歌，可是要上台表演时，合唱团却拿不出好节目。老人记性不好，身体经常会出现问题，演出时也很容易出差错，还不能批评。经历了一次又一次的教训，我们得出了一些经验：选歌很重要，歌曲不能很难，但一定要背出来；歌曲既要好学好听，也可以作为演出节目用。

我们合唱团有退休的专业演员，有半专业的成员，但是更多的是没有经过训练的。热爱唱歌的老人。没有请专业的音乐教师，怎样把大家的演唱水平提高也是一个难题。除了老师（也是老人）教唱，就是通过观看视频资料学习，有时需要一个字一个音地纠正。

2018年七一前夕，曜阳联盟智慧党建启动仪式在我们公寓举办。我们合唱团与众多明星大腕同台演出。编排有序、激情飞扬的大合唱感动了大家，人民网进行了图片报道。这是我们多日辛苦排练的结果。公寓领导和管家也为我们付出很多辛勤的劳动，但从无怨言。

公寓一些音乐爱好者，平时里自行组织一些组合，有练器乐的、练小合唱和重唱的、练舞蹈及戏曲的……为了更好开展合唱团的活动，给大家一个展示才艺的平台，我们每一两个月举办一次联欢活动，除了演节目，还有游戏互动。看自己熟悉的人演节目，当然是最生动的。因此，联欢活动总是很开心、很热闹。我也自费准备一些小礼品、拍手器给大家助兴。

▲ 2018年五一节合唱团表演合唱节目

平日里排练节目每个组都非常认真，当然组长们是最辛苦的，他们不厌其烦召集人员、安排曲目、准备服装道具。老人耳朵不好，器

乐排练、唱歌 U 盘运用都会带来很多麻烦，他们的付出比年轻人更多！但是大家都很乐意，他们认为在老年公寓有这么好的环境、有这么多的兴趣相同的朋友，晚年的生活真是幸福无比。

大合唱的演出，领导原本要我挑一挑参加演出的人员，我没有答应。我觉得只要愿意老人，就都参加吧！因为老人很在乎。他们大多已经提前跟子女、朋友讲了，还特地去买了专为演出准备的连衣裙。我们不能伤他们的心。我把他们安排在后排，并交代他们"张开大嘴，即便没有声音"。

还有一位从农村来的老人，文化不高但是胆大，非常爱好表演。因别人说她不能登台而气馁。月度联欢时，我让她演了《回娘家》。我说："我们喜欢这样散发泥土气的乡土文化，这才是真正的原生态！"对于月度联欢活动，我希望不要搞评比。这个年纪的老人应该不在乎名利。我们就是图个开心快乐！

我们每一个成绩的取得，都是靠大家精诚团结。大家在一起，开开心心安度晚年才是最主要的。

（撰稿：汪安）

【点评】

这是一篇老人的自述，好像很琐碎，实际很感人。富春江曜阳国际公寓正是有这么一个个热心的老人，充分发挥自己的专业特长，牺牲自己的休息时间，带领老人学习艺术、感受美好。众多像汪安这样的老人，不仅帮助其他老人丰富了精神文化生活，其自身也在公寓帮助下实现了自我价值，值得我们尊敬。

老有所乐

烟花三月　同下扬州

富春江老年公寓会员王阿姨和沈叔叔，爱养生、爱旅行、爱生活。得知公寓正在组织旅居养老团，烟花三月下扬州，感受不一样的烟花扬州。于是，王阿姨和沈叔叔就毫不犹豫地报名了。

2018年3月，草长莺飞的季节。王阿姨他们俩，跟随老年公寓的大巴车出发前往扬州了。此次去扬州，全程都是公寓自己的大巴，而且配备3个工作人员随行，还有护士配带药箱保驾护航。老人们看到熟悉的管家身影，坐在自己熟悉的大巴车上，看着车窗外的风景，心里更加向往扬州的美丽风光了。

▲ 富春江曜阳老年公寓的老人们在瘦西湖前合影

在扬州期间，老人们都安排入住扬州曜阳老年公寓，这是与杭州富春江曜阳一样，由中国红十字会总会事业发展中心投资建设并运营的曜阳养老机构。当入住扬州曜阳时，王阿姨夫妇感受到了同样的优质服务，同样的文化，同样的福寿曜阳，心里别提有多踏实了。"能够在扬州享受到跟杭州一样的服务，真的是太棒了！"王阿姨和沈叔叔情不自禁感叹起来。

这次一同来扬州旅居养老的，还有几个年龄在80多岁的老人。他们身体都很好，希望到扬州后，多去几个景点。富春江曜阳的组织者综合考虑各方面因素，结合老人的建议，安排了为期3天2夜的行程。期间，老人们不仅可以欣赏到扬州的美景，尝尝扬州的美食，领略扬州的美好生活意境，还可以与住在扬州曜阳跟公寓的老年朋友们联欢，表演拿手节目，分享幸福生活。

第二天，王阿姨和老人们一起去了扬州著名的瘦西湖，感受世界非物质文化遗产的魅力。老人们走在湖岸边、垂柳下、花丛中，每一处都留下了他们开心欢畅的笑容和一串串爽朗的笑声。老人们边走、边看、边评述扬州"瘦西湖"和杭州"胖西湖"的对比。有的老人说"瘦西湖"跟"胖西湖"相比少了一份圆润，多了一点纤细；少了一点柔和，多了一丝豪放；少了一些宽广辽阔，多了一些转角错落景幻的妙趣。在五方桥上，老人们开心地与桥和塔合影，瘦西湖面上倒映出了人、桥与塔的完美搭配。在这烟花三月的季节，瘦西湖的柳，二十四桥的明月，洁白得快要滴水的琼花，还有欢乐幸福的老人身影，在这瞬间都聚集在了一起。

晚上，老人们带着开心快乐和欢声笑语回到了扬州曜阳，跟扬州的老年朋友们欢聚一堂，共同参加曜阳老人联欢会。不论来自杭州曜阳的老年朋友，还是来自扬州曜阳的老年朋友，相见甚欢，相谈甚趣。

台上的节目精彩纷呈，一方一个节目地轮番上场表演，你方唱罢我登场。你唱一首京剧，我来一段越剧；你来一副挥毫笔墨，我上一张国画牡丹。更有趣的是沈叔叔的单口相声，赢得掌声无数，如春江潮涌，将联欢会推至高潮。

第三天，稍作休整的老人们精神百倍，走进了扬州名园——个园。对于来自杭州的老人们，见多了杭州优美柔和的胜景，再看个园的浑然大气，却又显得格外的精致。个园的景，映衬出了古代扬州繁盛与风华，虽已沧桑数百年，至今仍然如一个耄耋老人在历数过往，回首沧桑。王阿姨和沈叔叔对个园赞叹不已，这才是大富人家的绝世风华呀！

当老人们启程回杭州曜阳的时候，王阿姨才发现，他们身边一直如影随形地跟着的老年医院护士小土，以及她随身带着的急救药箱。土阿姨说："老年公寓组织得真心周到啊！曜阳公寓和医院一直在默默保护我们的平安呢。"

天下曜阳是一家，幸福养老不用愁！

（撰稿：肖敬友、杨锋）

【点评】

幸福的晚年生活，不仅有平凡的柴米油盐，更有远方的风景和浪漫。富春江曜阳公寓组织入住老人外出旅游并与同类老人联欢交流，不仅让老人们领略到了祖国大好河山，而且让老人们感受到了同辈的友谊和欢乐。这就是养老服务中的精神关怀。

无限夕阳　别样晚霞

当你走进富春江曜阳国际老年公寓的戏曲社活动室，看到老人们演出的《穆桂英挂帅》片段时，在台上生龙活虎的样子，谁能相信这是一群古稀之年的老人。惟妙惟肖的演技，演出了曜阳老人的风采。谁能相信台上这12位老人，其实只有一位石丽萍老师是专业演员，其余全都是只经过了五个月速成培训的业余演员？！

2017年8月8日，曜阳戏曲社在公寓领导的全力支持关怀下成立起来，肖院长在成立大会上鼓励大家要"老有所乐，老有所学"。社团成立后公寓领导们十分关注，经常探望大家，并与大家一起唱曲儿，增强了学员们的学习信心和积极性。

讲到这里，当特别提到曜阳戏曲社社长石丽萍老师了。石老师从小酷爱越剧，十几岁就被评为杭州地区优秀演员，是浙江戏曲界公认的金嗓子。后又参与演出了《玉蜻蜓》，演出七十几场，场场爆满，当时在杭州地区可谓是家喻户晓。20世纪80年代，石老师应省电视台邀请拍摄了浙江省第一部戏曲电视剧《偷瓜》，便步入了影视界。后应浙江越剧院邀请，石老师担任女主角，拍摄了古装戏曲片《胡图青天》，荣获中国首届戏曲电视剧金鹰奖。1987年她又为越剧电视剧《九斤姑娘》中的九斤姑娘配唱，获中国电视剧飞天奖一等奖、全国戏曲电视剧长城奖一等奖。后来她的作品如《石钟缘》《光棍买姑娘》《江南女儿情》等，均获得全国大奖。

石老师淡泊名利，总说："每个奖项的后面都有无数的同事在帮助自己，无须骄傲，只有感恩，感恩所有帮助过自己的人"。

2017年，石老师入住曜阳老年公寓。公寓领导推荐她担任戏曲社社长。因为酷爱戏曲,深知戏曲是中国的瑰宝,为弘扬中华文化,石老师欣然答应。戏曲社成立之初,除了有片场地,什么也没有。为了办好戏曲社,减少公寓的经济压力,石老师自掏腰包,买了服装、头盔、头饰等捐给戏曲社。她对公寓里的其他老人十分尊重和关心,每一个节目她都是手把手、一步一步地教给大家,包括教唱法,教舞台表演,手、眼、身、法、步一致性,唱、做、念、打,一字一句,一颦一笑,都严格要求。

▲ 石丽萍老师的戏剧照

2017年戏曲社成员进行了五个月的短期强化训练,排练了《穆桂英挂帅》等节目,参加了富阳区民政局举办的重阳节大型晚会。老人们精彩的演出,一炮打响,得到广大观众和领导们的一致好评。今年春节前,戏曲社受邀到事业发展中心的年会上演出。中心主

曜阳养老 人文关怀的探索与实践之富春江曜阳

任江丹同志上台与演员们一一握手,深表满意与赞赏!后来,《穆桂英挂帅》还入选了杭州市越迷春节晚会,同样受到广大观众的好评。

▲ 2017年10月9日戏曲社在富阳秦望广场表演《穆桂英挂帅》

眼下戏曲社又排新戏了,《小组唱:时光谣》和《打金枝·闯宫片段》都是为宣传中华"孝道"文化而排。你来唱,我来唱,越唱体越强。幸福生活晚年享,无忧无虑寿更长。

(撰稿:石丽萍、李幼珍)

老有所乐

> 【点评】
>
> 夕阳无限好，精彩始黄昏。入住富春江曜阳公寓的石丽萍老人，发挥自己的专业特长，组织老人在很短时间排练出了精彩的传统戏剧节目。在排练和演出中，戏剧社的老人们展现了对艺术和美的热切追求，展示了积极向上的精神风貌。这就是养老服务中的精神关怀。

乒乓小球　康乐大事

2017年5月26日，是曜阳老年公寓成立五周年的欢庆之日。浓郁的节日气氛弥漫在公寓的每个角落。公寓大门上方悬挂着的横幅醒目地写着"热烈庆祝富春江曜阳国际老年公寓成立五周年"，道路两边彩旗飘飘，巨大的气球飘荡在蔚蓝的空中，院内来来往往的老人，兴高采烈、热情洋溢。公寓组织了丰富多彩的文体比赛，老人们奔走相告，踊跃报名参加了"曜阳杯"院庆五周年文体比赛。

会所三楼的活动室里，"曜阳杯"乒乓球比赛正在紧张激烈地进行。裁判首先宣读比赛规则。

"下面我宣布乒乓球比赛规则：3局2胜制，每局11球，6人抽签分2组，抽得1、2、3为第一组，4、5、6为第二组。每组3人再次抽签按次序打擂淘汰赛，胜出1人与另一组胜出者进行决赛。"

曜阳养老 人文关怀的探索与实践之富春江曜阳

▲ 五周年庆祝活动中老人们激烈的乒乓球赛

参加比赛的有徐步嵩、袁振海、忻华良、刘建长、张勇良、何秀昌六位老人。只见他们个个摩拳擦掌，脸上泛着兴奋的红光。也许是多年没有参加比赛了，老人们隐隐还透着些许紧张，犹如当初年轻时候的跃跃欲试。公寓工作人员周炜担任裁判，也感觉到了老人们的紧张，于是故意用轻松的语气说道："各位叔叔，这次比赛不为别的，只是公寓为了让大家共同感受这份周年庆典的快乐。大家重在参与。友谊第一，比赛第二！"

在场的几位老人听后，会心地相视一笑，而站在旁边助阵加油的阿姨们也悄悄吩咐自己的老伴："老头子，悠着点哦，别太逞强了。"

叔叔们都觉得被嘱咐很幸福，但还是假装不耐烦地对自己的老伴说道，"晓得了。"

抽好签确定了出场次序，比赛正式开始。

根据抽签先由一号选手发球，他用正手发左侧上旋球，突见一个小

老有所乐

白点画出一条弧线向对方二号疾驰过去。不好，一号选手是想用弧圈结合快攻打法一招制胜。说时迟那时快，二号选手已想好了对策，只见他时而攻左扣右，时而攻打两角，时而又猛扣中路，只见乒乓球在桌上飞来飞去，两人杀得难分伯仲。轮到二号发球，他一个高抛发球，想用以削中带打法克敌制胜，哪知今天棋逢对手，一号选手也看出端倪，急中生智，一个拉攻缓解了对方的攻势，他先是正手拉后扣杀，接着又一个反手拉后扣杀。场上的局势扣人心弦。参赛的选手个个精神抖擞、注意力高度集中，生怕错过一个反攻的机会，而观看比赛的人们也大气不敢出，眼珠子随着小小的球儿飞旋，更怕错过最精彩的瞬间。一个回合，两个回合，比赛以五局三胜制定输赢，经过七轮的激烈较量，最终，忻华良和何秀昌两位老人分获"曜阳杯"乒乓球赛冠亚军。

比赛结束后，场上其他老人纷纷向他们表示了祝贺。期间有人问冠、亚军有什么获奖感言时，他们说：重在参与。到了曜阳，有这么一个平台能做点自己喜欢的事才是最开心的。希望公寓以后能经常举办这样的活动，能让更多的老人参与进来获得快乐！

（撰稿：黄红华）

【评论】

生命在于运动，竞争激发斗志。富春江曜阳利用五周年庆典契机，举办文体比赛活动，激发了老年人的斗志，促进了老年人的健康，不仅给平淡的晚年生活增加了茶余饭后的谈资，而且营造了积极向上、永不服老的环境氛围，满足了老年人对成就的渴望和尊重的需求。这就是人文关怀。

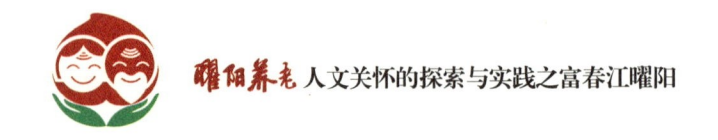

曜阳之好　有诗为证

富春江曜阳老年公寓是一个养老的好去处，在富春江畔依山傍水。这里是元代大画家黄公望的晚年隐居地，北靠富春山，南临富春江，优美环境，尽览无余，一幅现实版的《富春山居图》。千百年来，这里从来不缺文人墨客，曾留下两千多首吟诵富春山水美景的诗词歌赋。而住在这里的老人，大多具有一定的文化背景，才华横溢，老有所学。当他们来到富春江曜阳这片充满了诗情画意的优美环境中，不禁才情勃发，有感而发写下了很多赞美曜阳的诗句。

1号楼的会员毛桂珍和汪荣树夫妇，他们于2014年入住富春江曜阳国际老年公寓。二老刚进曜阳就对公寓赞不绝口，汪爷爷更是对曜阳有着很高的赞誉，不仅用诗文赞美这里的山水美景，还对公寓的周到服务和管家们的辛勤付出心怀感激，流于笔端。

赞曜阳

管家行家访，聊天叙家常。

亲如公婆媳，孙辈祖孙样。

生活有照料，暮年乐耀阳。

爱心融入孝，不分姓李张。

住在富春江曜阳，老人们不仅"后福"隆隆，更是"眼福"不浅。富春山水四季如画，无愧"人间天堂"的美誉。于是，春夏秋冬不同的美景，成了老人们引发灵感、激情创作的不竭源泉。

2017年入住曜阳9号楼的黄肇勋叔叔，是一位诗书狂人，不仅家中书架上满满是各类书籍，入住一年以来，笔耕不辍，挥毫写下了好多精彩诗文。只见他手起笔落题诗——

曜阳吟

仿四言古诗十二韵

公望山麓，春江之滨，巍巍曜阳，秀木于林。

无谓你我，四海家庭，同舟共济，携手前行。

有缘相聚，上世修定，祝君长寿，晚霞是金。

黄叔叔的诗句高度赞扬了曜阳优越的养老环境以及浓郁的人文关怀。入住老人相亲相爱，相敬如宾，其乐融融，安享晚年。

曜阳有很多文化人，闲暇时他们互有吟唱，各展技艺，也有相互合作，各显峥嵘的美妙组合。8号楼的薛叔叔和6号楼的项叔叔，是公寓二期会员，2017年入住富春江曜阳。二人相互合作，一个作诗，一个书写。双剑合璧，光耀曜阳。

曜阳入聚缘相逢，公寓深藏各路雄。

遇海八仙显身手，余晖绽放夕阳红。

这首诗充分反映了老人住在曜阳融洽和谐的生活状态，以及整个曜阳家园深厚的养老文化。

除了二人的合作作诗，还有集体而作的"七步成诗"。老人们犹如古代的文人雅士齐聚公望隐居地，体验在山中吟诗释怀的美妙意境，有感而发，集体作诗：

遨游公望乐逍遥，富阳山水润诸老。

扶人推椅又摄影，感谢曜阳好领导。

富春江曜阳是富春江畔一颗璀璨的康养明珠，老人们在这里吟诗作画，快意人生，成就了一段富春山水与文化养老相交相融的完美佳话。

（撰稿：陈群英）

曜阳养老 人文关怀的探索与实践之富春江曜阳

【点评】

　　诗以言志，歌以咏情。富春江曜阳公寓的老人们，身处充满诗情画意的富春江畔，激情迸发，以诗为介，表达了对公寓的感恩之情。这是老人住在曜阳融洽和谐的生活状态，更是曜阳家园深厚养老文化的直观表现，更是富春江曜阳公寓人文关怀的最好反馈。

知青舞蹈　　唤回青春

　　暖暖的灯光缓缓流淌，犹如金黄色的阳光照射着整个舞台，红色的地毯仿佛为这个小小的舞台披上一件节日的盛装，凸显着浓浓的喜庆气氛。舞台的上方，悬挂着一条"杭州明月知青舞蹈团迎五一慰问曜阳老年公寓演出"的横幅，带给老年朋友们满满的节日祝福。

　　舞台的四周排列着一张张的椅子，整齐划一。舞台两边的大门都敞开着，就像卫兵以他们宽大的胸怀迎接着观看演出的老人们。公寓的员工守护在演出场地的各个角落，用他们甜甜的微笑和关注的眼神静静地迎候前来的老人们。

　　老人们陆陆续续来到了演出场地，有的迈着矫健的步伐走来，有的爷爷奶奶相互搀扶着，时不时地对视一下，莞尔一笑；有的爷爷推着奶奶，爷爷还不时地低下头在奶奶耳边呢喃。好一个执子之手与子偕老的温馨场面。

老有所乐

▲ 杭州知青明月舞蹈团到曜阳公寓慰问演出

这是2018年4月25日,杭州知青明月舞蹈团应公寓的邀请,给老人们带来了一场美轮美奂的慰问交流演出。

身着粉色霓裳的主持人,在舒缓悦耳的旋律中,脚步轻柔地走上舞台。演出就在主持人字正腔圆的主持词中拉开了序幕。

一支带有浓郁维吾尔族风味的舞蹈《芬芳的玫瑰》,把大家带到了美丽富饶的新疆。头纱轻拂着白玉般皎洁的面容,轻盈的舞姿宛若花间的精灵一般,旋转的身影在葡萄架下的日光中,影影绰绰,纤细的手挥舞出绚丽的舞姿,把我们带入了一个西域神幻的异域之境,感受着瓜果的香甜和玫瑰的芬芳。

在舞台下面,观看节目的爷爷奶奶聚精会神地观看着节目。有的嘴角上扬,有的开怀大笑,饱经沧桑的脸上充满了满足的笑容。有些老人不由自主地拿出了手机,把这场精彩的节目保存了下来。

曜阳养老 人文关怀的探索与实践之富春江曜阳

▲ 老人们观看表演笑逐颜开

在时而炫亮时而柔和的灯光中，知青舞蹈团演员们身着五彩衣，手拿香扇，在悠扬的音乐声中舞蹈，用她们的柳叶细眉、妙目、手指、细腰，用她们手中的香扇和腰间的百褶裙，用她们轻柔的舞步、脆响的铃声、轻云般漫步、疾风般旋转，共同舞出歌曲《香扇漫舞》中的悲欢离合。

除了这两支具有特色的舞蹈外，舞蹈团还带来了独舞《花桥流水醉江南》，和具有云南少数民族特色的群舞《情哩哩》。

在《风荷摇曳》轻盈优美的舞蹈中，在动人心弦的天籁中，在老人们经久不息的掌声中，在发自内心的笑靥中，演出活动缓缓落幕。

演出结束后，老人们久久不愿离开，都想和演员们合影留念，回到那个曾经属于他们的"追星"年代。拍照的时候，一张张充满笑靥的脸庞出现在摄影师的相机里，显得那么得天真、快乐。张张笑脸，阵

老有所乐

阵笑声充满了整个演出场地，显得无比的满足。

（撰稿：骆杨洋）

> **【点评】**
>
> 　　同龄同感同回忆。富春江曜阳公寓邀请知青舞蹈团，到公寓举办慰问交流演出，唤起了入住老人的青春记忆，仿佛回到了当年战天斗地的非常岁月。于是乎，精神焕发了，情绪激昂了，生活快乐了。养老服务中的精神关怀，莫过于此。

单亲联盟　相依相伴

　　林兆兰阿姨今年 79 岁了，从教师岗位退休。前几年老伴去世后，她伤心孤单，心情忧郁。女儿为母亲今后的生活感到担忧，开始筹划母亲养老生活。在女儿陪同参观富春江曜阳公寓后，林阿姨感觉环境很好。2015 年入住公寓，与老年朋友们彼此结缘。有一次林阿姨腿受伤了，住进了护理部。除了受到护理部工作人员的细心照料外，也感受到了公寓管家及院领导的关爱。为了让她不感到孤单，工作人员下班后去陪伴林阿姨聊天。与此同时，公寓 20 多位老人轮流陪着林阿姨，送来水果、点心、饭菜，大家亲如姐妹。尤其是赵叔叔，受"单亲联盟"发起人徐阿姨的委托，负责送饭，尽心尽力。林阿姨深感曜阳大家庭的温暖，心情舒畅，伤势好得很快。出院回公寓后，这两个明年就 80 岁高龄的同龄人，由于志趣相投，就成了最好的朋友，相互关心，相互照顾,生活过得很充实,很愉快。

▲ 2018年5月26日曜阳公寓六周年庆林兆兰阿姨做的面点

他们俩这种知心"伴侣"的养老方式,得到了身边所有亲朋的祝福,双方子女也都非常支持。他们相互尊重,互相照顾,倾诉衷肠,不是亲人,胜似亲人。为此,赵叔叔写了一首歌《曜阳就是温暖的家》,并组织合唱队演唱。他俩对曜阳的感情也很深厚,同大家一起积极参加公寓组织的各种活动。在他们的影响下,原在杭州一起工作的几位老同事也先后入住公寓,都感到了"住在爱里,放在心上"的温暖。

莫道桑榆晚,为霞尚满天。夕阳无限好,不畏近黄昏。祝福每位曜阳叔叔、阿姨,长寿安康,幸福甜美。

(撰稿:林兆兰、杨廷友)

老有所乐

> 【点评】
>
> 　　老来有伴，给予老年人最大的心灵慰藉。在富春江曜阳大家庭中，"单亲联盟"让老年人重拾志同道合的情缘，相濡以沫，相偕同行，成为夕阳中一道靓丽的风景线！

同游公望　留住美好

　　小时候，是父母用伟岸的身躯坚强的臂膀，为我们遮风挡雨、保驾护航；而当父母耄耋之年，应该是儿女在他们的养老路上亲情陪伴。无须多少鲜花蜜果，无须多少华美服饰，只需静静地，静静地陪伴，于愿足矣！

　　2018年6月3日，中国红十字会总会事业发展中心组织拍摄宣传片，公寓邀请了10多位老人参加此次活动，展现曜阳老人的精神面貌和风采。其中就有一位特别的老人——李奶奶。李奶奶长得非常清秀，也非常爱漂亮，经常跟公寓内的老人拍拍照。她非常想参加这次活动，但是由于年纪偏大，可能参加不了，心中充满着遗憾。李奶奶的女儿知道后，立马赶到公寓，说只要老妈想参加，我一定排除万难，满足您这个小小心愿！

　　第二天，公寓内十几个老人和工作人员一起，乘中巴车进入了黄公望森林公园。这次，司机师傅开得特别慢，原本5分钟的路程，他足足开了10多分钟。

曜阳养老 人文关怀的探索与实践之富春江曜阳

▲ 李奶奶与女儿共游黄公望公园

晨间暖暖的阳光照入车内，车窗外小鸟叽叽喳喳叫个不停，好像在跟我们诉说它也好想参与这个活动。车窗内，精心打扮的爷爷奶奶坐在车内欣赏着车外的风景，一起哼着那熟悉的小调。只有李奶奶的女儿无暇顾及窗外的美景和美妙的歌声，她只是默默地陪在老妈妈身边，细心照顾着，时不时摸摸妈妈的手，问问有没有口渴，就像幼小时，妈妈呵护孩子那样细致与周到。

到达黄公望森林公园后，爷爷奶奶们在工作人员的搀扶下陆陆续续下了车。直到最后，女儿才扶着李奶奶慢慢地下了车。

拍摄工作紧张而有序地进行，在没有李奶奶场景拍摄的时候，女儿缓缓推着轮椅，陪李奶奶一边欣赏风景，一边聊聊闲趣；或是耳边呢喃，或是开怀大笑，在这青山绿水间，好一幅天伦之乐的场景。

老有所乐

  在灿烂的阳光下，碧绿的湖水泛起无数的涟漪，微风拂过，三两只野鸭在水面上嬉戏玩闹，湛绿色的湖边，伫立着一位银发老人，手中握着一把神奇的画笔，用笔墨丹青描绘姹紫嫣红、雍容华贵的国色牡丹。台阶上缓缓走下年轻的红衣女子，手里提着一小桶水，脚步矫健。由于拍摄画面需要入镜，陪着李奶奶出来的女儿，因导演组请求，给整个画面添加生动的场景。她二话不说，将李奶奶安排休息好，立马投入拍摄，还帮着"牡丹爷爷"准备颜料。

  公望纪念馆的旁边，一对母女正一步步向我们走来，老奶奶银发斑斑，和蔼可亲；女儿微微一笑，细致照料。拍摄的导演情不自禁地用自己的相机拍摄下这动人的一幕。

  在这里留下了公寓老人的笔墨丹青，留下公寓老人的欢歌笑语，留下公寓老人曼妙的身姿，更留下了母女爽朗的笑声！

  当您老了，您的头发花白。当您老了，您的身边只剩下回忆。当您老了，您的身边只剩下过往。不必害怕心头有雨，眼底有霜。您的儿女会在您人生路上，搀着您，扶着您，陪伴您，消除您的寂寞，温暖您的心灵，让您的生活不再孤寂，幸福安康。不仅有子女的照顾，曜阳人永远在养老路上陪您前行！

（撰稿：骆杨洋）

【点评】

  定格在山水间，留影于视频中。富春江曜阳充分利用各种机会，组织老年人把美好瞬间留住，满足了老人对美好生活、幸福瞬间的期盼和眷恋。这就是人文关怀。

曜阳养老 人文关怀的探索与实践之富春江曜阳

采摘葡萄　收获快乐

8月的东洲，透蓝色的天空中，悬挂着火球似的太阳。云彩好似被太阳融化了，消失得无影无踪。然而，炎炎夏日也给人意外惊喜——东洲的葡萄熟了。葡萄架下挂着一串串的葡萄，绿的、紫的，香甜可口，让人垂涎欲滴。

2015年8月7日下午，管家们手拿本子和笔，正挨家挨户地"跑楼"。

"爷爷奶奶，明天公寓组织前往东洲葡萄园采摘葡萄，您想报名吗？"管家小俞亲切问道。

"东洲的葡萄好吃吗？"爷爷充满着一脸的疑惑。

▲ 周叔叔在葡萄园摘下一串大葡萄

"那肯定的咯！东洲被誉为大杭城'吐鲁番'，葡萄种类多，还好吃。"作为东洲人，小俞脸上显示出了满满的自豪感。

"好的，那我们去的。"

此前，公寓领导把东洲的葡萄园逛了个遍，综合了葡萄品种、距离远近和园内地面平整度等多种因素，最终选定陆家浦村葡萄园，距离公寓仅仅一公里路程。该园在种植过程中不使用农药，葡萄果实纯天然无公害，口感味甜而不腻，酸而不涩，颇具营养价值，特别适合老年人食用。

8月8日上午7时，明媚的阳光洒向睡眼蒙眬的曜阳，林间的鸟儿"叽叽喳喳"，好像催促大家赶紧起床，东洲葡萄熟了，赶快采葡萄去啰。

大巴车内，空调打得凉凉的，夏日暑气一下子荡然无存，舒服极了。

"爷爷奶奶，您们小心点，慢慢上车。"早已等候在车旁的小俞和小杨细心地嘱咐着。等管家点完名后，车子朝着葡萄园缓缓前进。

"爷爷奶奶，陆家浦到了，您们慢慢来，小心脚下。"

在一声声提醒中，老人们陆陆续续来到了葡萄园前。

"爷爷奶奶们，您们好！欢迎您们来到我们陆家浦村葡萄园。"葡萄园主人快步向前，搀扶住爷爷奶奶，热情地将他们引进了美丽的葡萄园中。

走入葡萄园中，首先映入眼帘的是那一张张小桌子，桌上摆满早已为大家准备好的可口葡萄，种类丰富。

"爷爷奶奶们，你们可以尝尝我们的葡萄，这是早上刚摘的。那绿色的是奶油葡萄，这个是美人指，这个是夏黑，你们都尝尝。"园主热情地招呼着，感觉像一位父亲向大家展示自家孩子有多优秀一般。

"爷爷奶奶，你们也可以现场摘，架下红色水桶里有干净的井水可以清洗，这是早上刚打的凉水。"主人的手指向了那葡萄藤下的水桶。

曜阳养老 人文关怀的探索与实践之富春江曜阳

▲ 公寓老人在研究哪串葡萄比较大，比较甜

葡萄院内浓密的叶子翠绿欲滴，微风吹过，发出轻轻的"沙沙"声。一串又一串的葡萄挂满了葡萄架，一颗颗葡萄玲珑剔透，在阳光的照射下，显得更加通透翠绿，令人赏心悦目。

"老周，老沈，你们快来看，你看这串葡萄，多大啊，少说也有四五斤呢。"指着那串葡萄，朱爷爷好像发现了新大陆。

顺着朱爷爷手指的方向，周爷爷和沈奶奶夫妇俩不约而同转向了那串葡萄。"真的啊！我从来没有看见过这么大串的葡萄，你们都不要和我抢，这个我定了。"沈奶奶如获珍宝。

周爷爷从葡萄架上摘下了一颗，小心翼翼剥开皮，甜蜜的汁水顷刻间沿着翠绿的果皮流淌下来，流到老人指缝间。"老太婆，快来，这颗你吃，肯定好甜好甜。"周爷爷宠溺地望着沈奶奶。"你怎么可以摘呢？"虽是满嘴的埋怨，但脸上的笑容掩盖不住内心的喜悦与知足，今生有

老有所乐

幸与你携手，同享人生。

爷爷奶奶们漫步葡萄园中，欣赏着葡萄架下一串又一串晶莹剔透的葡萄，犹如欣赏着一幅美丽的田园生态画卷。看看这串漂亮，瞧瞧那串秀丽，他们舍不得拿起手中的剪子去采摘，生怕破坏了这幅完美的画卷。但终究抵挡不住美食的诱惑，将自己心仪的葡萄收入囊中。

"老朱啊，这里的葡萄既新鲜又好吃，等下次女儿来了，我还要来。"

老人们一张张充满欢欣的脸庞，不时绽放出葡萄般甜美的笑意。采摘活动，让老人欣赏着大自然的馈赠，更让他们领略到了盛夏果实的清香甜美，感悟到人生际遇的丰富多彩。

（撰稿：骆杨洋）

【点评】

采摘葡萄，不仅收获甜蜜，而且收获快乐。富春江曜阳公寓组织老人开展葡萄采摘活动，不仅让老人们在大自然的环抱中撷取到了一份欢欣和快乐，而且让老人回到了孩提时"大哥哥带我去捉泥鳅"的天真烂漫。让老人心情舒畅，也是一种人文关怀。

富春江畔　玩心不老

白驹过隙，时光荏苒，悄然间银丝已替代了乌黑亮发。岁月，带走了你貌美的容颜，带走了你健硕的体魄，但带不走你顽童般的天真与烂漫，带不走你追求欢乐的心态。

曜阳养老 人文关怀的探索与实践之富春江曜阳

养老，是你戴着老花镜在浓浓茶香中翻阅古今的身影；是你漫步于林间追寻黄公望老先生的足迹；是你围坐一起追寻历史，畅谈中外的话语。在这里——富春江曜阳国际老年公寓，有着一群可爱、好动、顽皮的"老玩童"，他们有着不一样的人生岁月，不拘泥于安静平稳的生活，结伴行走于祖国的秀丽河山中，追逐着时代的潮流！

▲ 徐阿姨给崔阿姨"表白"

2016年7月的一天，公寓大厅里，老人们三人一群，四人一组地聊着天。

"林老师，今天路过逸城，那边的荷花开得很漂亮。我们明天一起去玩一下吧。"白阿姨打断了大家正在讨论的话题。

"好啊，我们组织一下，你们有没有想去的？现场报名。"姚老师问。

"我去。"正在打牌的陈叔头转向了正在热烈谈论的伙伴们。

老有所乐

白阿姨的一句话点燃"老顽童"们那颗颗想要出去玩耍的"童"心。

第二天一早,"老顽童"们穿上了靓丽的衣服,显得自己是那样的具有朝气。大家在一片欢歌笑语中朝着离公寓一公里路的逸城前进。大家的心情如行云流水般美好,随着那微风轻轻荡漾起青春的涟漪。

"接天莲叶无穷碧,映日荷花别样红。"在这个无穷无尽的碧海中,"老顽童"们一出现便变幻出了别样的风景。"咔嚓"一声,此时,"摄影师"王叔把大家容光焕发的一面留在自己的手机里。"来来来,快来这边。"一声声催促把大家带到了莲花池的中央。他们童心飞扬,摘下池中的荷叶,或把它当成帽子一样顶在头上,或把它们当成雨中的小伞握在手中;在这里,"老顽童"们时而为自己童真般的晚年生活振臂欢呼,时而为自己充满闲趣的人生喝彩。一声声爽朗的笑声打破了这片绿海的宁静。

你看那,徐阿姨又"疯"开了。只见她单膝跪地,手拿一片荷叶献给崔阿姨,像是跟她表白什么似的。只逗得崔阿姨捧着肚子哈哈大笑,眼睛笑得眯成了一条线。旁边崔阿姨的老伴被徐阿姨弄得不好意思,露出一丝腼腆的笑容。

在碧波荡漾的荷花池畔,"老顽童"们舞兴大发,不由自主地翩翩起舞,或慢四,或慢三,或并四,或快三……大家玩得不亦乐乎,玩出了疯狂,忘记了年龄。

快乐的时光如同光影般流逝,渐渐灼热的阳光催促着老人们回家的脚步,"老顽童"们一边意犹未尽地回味着刚才的开心快乐,一边又在商量起下次出游的行程。

金秋十月丹桂飘香,"老顽童"们按捺不住那颗好动的心,又凑在一起,商量着再上哪里"疯狂"一把。10月的富春,秋高气爽,林中休闲散步是最好的选择。于是,他们组队前往公寓背后的黄公望森林

公园。林中小鸟"叽叽喳喳"叫个不停,好像也想凑这个热闹,让"老玩童"们带着它们一起玩耍。走在林中石头路上,欣赏着林中的美景,唱着小曲,哼着小调,别有一番情趣。

"你们快来看。"林阿姨惊奇地叫了起来。前方不远处,有一处小池塘,可能由于天气的缘故,产生了浓厚的雾气,宛若神话故事中的瑶池仙境。一团团的雾气一下子勾起了他们爱玩的兴趣,"你们看,这个场景像不像西游记里的场景啊!"白阿姨的一席话把大家引到了孙悟空七十二般变化的神奇世界中。"来来来,我们今天也做一回神仙。"只见林阿姨双腿盘坐,双手合十,腿上盖着飘逸的纱巾,好一个如花似玉的神仙姐姐。大家纷纷学着林阿姨,或盘腿打坐入禅,或合掌单腿而立,一下子这团雾气中出现了6个仙女,各个貌美如花,悠闲自得。

▲ "老顽童"们在扮演《西游记》中的仙女

老有所乐

在美丽的富春江畔，曜阳老年公寓的"老顽童"们不惧岁月带来的沧桑与迟暮，他们珍惜每一个静好的岁月，玩出了新天地，玩出了新境界。

（撰稿：骆杨洋）

【点评】

人老了，还不失一份天真烂漫的童心，是令人艳羡的豁达和放旷。生活在富春江曜阳公寓的老人，在公寓的照顾和关怀下，享受着"落霞与欢乐齐飞、秋水共长天一色"的美好氛围，童心勃发，变成了可爱的"老顽童"，体现了公寓对老人人文关怀的最佳效果。

琴瑟和之　曜阳情深

2018年6月11日7时，管家小张哼着小曲儿，到公寓会所三楼瑜伽房打扫卫生。每周一的上午九时会有瑜伽老师来为公寓的老人指导瑜伽，她必须在此之前做好准备工作。

电梯门刚打开，小张抬起的脚还没来得及落下，就已经听到了悠扬的钢琴声在走廊里回荡。小张循着琴音的源头走去，咦，这不正是她要去的瑜伽房？！轻轻推开瑜伽房的门，流金般的阳光穿过窗户，轻抚着一角的钢琴，也照在弹琴的老人身上。

▶ 翟爷爷与管家小张一弹一唱，配合默契

"原来是翟爷爷。"只见他轻轻翻动曲谱，双手轻拂琴键，一副物我两忘的样子。小张没敢出声打扰，默默地走到了翟爷爷的身后。只见翟爷爷陶醉地微微摇晃着脑袋，明快、欢乐的曲调从他手下不停地跳跃着的黑白琴键流出，不停地打动心弦。小张虽然没有听过这首曲子，却也不由得想跟着曲调哼唱。

一首曲子很快就结束了，翟爷爷停下来去翻曲谱，却见边上裙角飘过，一回头，"呀，小张你怎么在这里？"

"翟爷爷好，我是来这边搞卫生的。正好听见钢琴声，就忍不住在这里听您弹琴了，爷爷您弹得可真好听。"小张扬起笑脸，和翟爷爷打招呼。

"我看这边早上要到八九点才有人，就来弹一两小时钢琴。"翟爷爷颇为自豪，"我经常来练琴，现在我都已经记住好多曲子了，不看曲谱都能弹了。"

"爷爷您好厉害！"小张很惊讶。她记得翟爷爷的油画画得和真的一样，逢年过节的时候还在公寓表演过手风琴。没想到爷爷钢琴也弹得这么好："爷爷您弹的什么曲子啊？这么好听，我都想录下来经常听了。"

老有所乐

◀ 翟爷爷在瑜伽房弹钢琴，自娱自乐

"是吧，这是理查德·克莱德曼的钢琴曲，我也觉得很好听。"翟爷爷很高兴，虽然他自己弹得也很开心，但是小张的捧场让他更高兴："小张你会唱歌么？要不爷爷弹着你来唱？"

"爷爷您弹的曲子我怕是不一定会唱。"小张犹豫了，翟爷爷曲谱里记载的都是世界名曲，她并不会唱。

"你肯定会。"翟爷爷笑得异常笃定。他转回身来，把曲谱盖上，小心放在一边，指尖流出让小张熟悉的曲调。

"百灵鸟从蓝天飞过，我爱你，中国……"小张眼睛一亮，双手打着拍子，伴着琴声唱出声来。

翟爷爷一边弹着琴，一边笑眯眯地看着和自家孙女一般大的小张。偶尔小张忘个词，他还会提醒一二，配合算是相当默契了。《我爱你，中国》结束，翟爷爷又弹了《义勇军进行曲》、《微山湖》和《彩云追月》，还有理查德·克莱德曼演奏的曲子。有的曲子会有小张伴唱，有的曲子他会自弹自唱。

八点的时候，翟爷爷停下了弹钢琴的手："要走啦，明天再来了。"

123

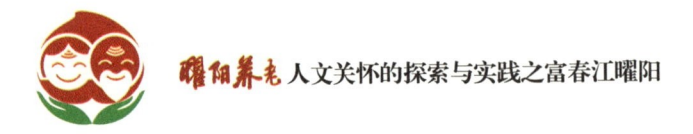

曜阳养老 人文关怀的探索与实践之富春江曜阳

翟爷爷站起身来，拒绝了小张的搀扶，示意小张不用管他，放心去打扫卫生，开心地拎着自己小布袋，一摇一晃地走出瑜伽房。

小张送翟爷爷到电梯口，正好听到两个打热水的人在聊天："刚才走廊里的钢琴声可真好听。"

（撰稿：冯露苹、张群）

【点评】
　　展示才华、获得尊重，是老年人的高级需求。富春江曜阳公寓老人悠扬的琴声，流淌在公寓的角落，流淌在人们的心上。年轻管家的歌声与老人的琴声配合默契，恰如祖孙般的情分，更是流水般的知音。余音袅袅，耐人咀嚼，回味无穷。

麻将虽小　健身醒脑

如果你问在富春江曜阳国际老年公寓居住的老人，每天下午哪里最热闹，他们会很肯定地告诉你："当然是在会所二楼的活动室喽。"

说到会所二楼的活动室，王阿姨最有发言权，因为她在这里已居住了四年，平时又喜欢打麻将，每天午后稍作休息就会到活动室，和约好的老伙伴们打上几个小时的麻将。

公寓活动室除了有乒乓球桌、台球、扑克桌外，还备了七张机器麻将桌。每天，公寓管家小何都会早早地来到活动室，搞好卫生，备好开水，还要检查麻将机能否正常使用。那小小的四方桌，可是最受

老有所乐

老人青睐的,很多老人都喜欢在这张四方桌上搭个"长城",论剑"东西南北中"。

▲ 公寓老人切磋麻将技艺

这天,王阿姨比往常稍晚一点来到活动室,只见里面热闹非凡,大家已经各就各位,七张桌子都已坐满了打麻将的老人。不过不用担心王阿姨没地方坐,她的"老搭档"们已给她留好了座,等她一起"切磋"呢。

其实打麻将对老人来说,既是一种娱乐活动,也是一种锻炼身体的方法。打麻将时,右手摸牌,左手码牌,脑子里不停地想着如何快点和牌,所有这些几乎都是在同一时间完成的,时间一长,有利于手脑并用,对强化手脑协调,促进脑部发育,延缓衰老,预防老年痴呆症有一定功效。此外因麻将具有自然的凹凸感,经常在手中摩擦,能起到穴位按摩的作用,天长日久,会收到与足疗相仿的手疗功效。

麻将在每个地方的打法都不同,曜阳活动室里也分杭州麻将和富阳

麻将。虽然打法不同,但是给人带来的感受却大同小异。比如说"牌风很灵"就是指不管谁有着高超麻将技术,牌风也是很有讲究的,通常你打了N把之后,在别人一副即将暴头或财飘的情况下,被你自摸了,这时候,你的牌风就会转了;然后你摸牌的运气肯定会好,要什么牌就能摸到什么牌。再比如说"高手公式",指的是一种感觉。经常打杭州麻将的肯定都知道,麻将其实蛮小气的,你一旦打错一手牌,它就会生气,后面你就倒霉了,摸上来好牌你也不会和。哪怕摸上来立刻听牌,结果牌摸光了还是没机会和。这种现象是无法用科学来解释,只有玩麻将的人才体验得出来。因此,玩麻将的都乐在其中。而管家小何是富阳本地人,懂富阳麻将也懂杭州麻将,又了解老人的性格脾气。她会仔细观察,哪位爷爷今天玩得很开心,哪位奶奶今天手气不太好,在生闷气。她就会特别地关注她,不忘过去和她说说笑话,缓解一下气氛,哄哄老人。

▲ 公寓老人切磋麻将技艺

老有所乐

"哎呀,今天老张的手气真好啊,连着胡了好几把,老陈你可要守好门哦。"说这话的是钱阿姨,她也是资深"老麻将",只要没有别的安排,她都会到这里报到。"是的呀,今天老张手气是不赖,哎等等,碰!"王阿姨这边话还没说完,眼见得对家打出了一张"东风"牌,连忙碰上了一对。

再来到活动大厅看看,这一桌的人个个气定神闲,摸牌、碰牌、打牌,一切都在有序中进行;另一桌,"吃""碰""好牌""胡了"的声音此起彼伏;第三桌,为了守好门,个个都是一副"一夫当关万夫莫开"的架势,都想要掌控全局,为自己创造有利时机。还有一桌上的冯叔叔更是激动地喊:"飘财",引得众人哈哈大笑。

麻将游戏的乐趣可能就在于其规则的复杂性,所有的规则环环相扣,让牌手们体验到游戏的魅力。也正因如此,喜欢麻将的老人们才会围着小方桌乐此不疲。

(撰稿:黄红华、何婷英)

【点评】

　　东西南北中,耆宿乐无穷。好牌须经略,个个不老翁!富春江曜阳公寓为入住老人提供打麻将的娱乐空间,不仅让老人活动手指关节起到了健脑健身的作用,更是让老人走出家门参加集体活动,达到了放松心情、愉悦心境的美好效果。麻将虽小,却是精神关怀和健康关怀的双重载体。不过,久坐也有害,打麻将时间不宜太长。

化装舞会　别样元宵

2017年元宵佳节即将来临。每到传统佳节，公寓里总是热热闹闹，里外张灯结彩，活动内容丰富，气氛其乐融融。这不，曜阳公寓的工作人员个个正忙碌着呢。

原来，公寓精心准备了一场别开生面的化装舞会，还有做灯笼、猜灯谜、煮元宵等传统项目。全体员工加班加点，分头准备各项事宜。

前一天，老人们收到公寓发出舞会邀请函，心里都乐开了花。大家都把自己最美、最帅气、最特别、最搞怪的服装拿出来，准备在舞会上一展风姿。

"我这件衣服怎么样？适合化装舞会吗？"

▲ 富春江曜阳老人自己动手制作灯笼

"你们帮我看看，这两件衣服我穿哪件好呢？嗯嗯，想不好了，还是两件都穿吧！哈哈！"

"叔叔，这套衣服不错，特别适合您！"管家们正在帮老人们参谋他们的服装和道具，"阿姨，这款面具您戴特别好看呢！""是吗？那就选它了！"

元宵节晚会终于开始啦！整个大厅被布置得流光溢彩、美轮美奂。只见一位位美艳的女士和帅气的绅士迎面走来，还有一些"奇怪"的人士出现，五花八门的滑稽造型逗得大家忍俊不禁。

"哇！阿姨们太美艳了！"许多老人在舞会开始前，对着同伴的手机摆出各种可爱的造型，拍照留影，记录下华美绽放的特殊一刻，引来工作人员由衷的赞美。

▲ 曜阳公寓老人猜灯谜

看胡爷爷和沈爷爷，一个贴了副夸张的假胡子，戴了个新疆帽；另一个戴了面具和一顶西部牛仔的帽子，特别引人注目。还有那边汪阿姨居然打扮成古装戏中媒婆的样子，脸上那颗媒婆痣甚是搞笑。只见她拿着她的专属手帕，在"大庭广众"之下挥来挥去，把大家逗得人仰马翻！再看看公寓领导们，左院长穿着庄重大方又美丽，热情地与

大家跳舞、合影。还有可爱的肖院长穿着一身少数民族的服装，戴了一个"熊出没"动画片中熊大熊二的面具，简直萌翻了！还有穿着老虎衣服的、穿着各种朝代衣服的、打扮成小丑的、头上身上带着各式各样气球的，真是什么造型都有，整场舞会热闹非凡。员工们在现场为老人煮元宵，还采购了许多好吃的食品让老人尽情享用。

除了跳舞，老人们还自己制作了元宵灯笼，各式各样的花色，一点一点地粘贴绑线，趣味浓浓，场面感人。猜灯谜的环节也是老人格外喜欢的。工作人员把元宵灯谜用绳子串成长长的一串，老人们可以清楚地看到每一个谜语，若猜中就可获得小礼品一份。哈哈，老人们玩得不亦乐乎呢！

（撰稿：赵秀峰）

【点评】

　　传统要继承，创新是关键。富春江曜阳公寓把国外的文化元素，融入传统的元宵活动，既增加了传统活动的趣味性，也激发了老人们的创造力。文化关怀，既遵循传统，又超越传统。这就是富春江曜阳公寓的高明之处。

开心农场　　开心老农

　　富春江公寓考虑到入住老人对土地的天然依赖，专门拿出了一片土地，辟为"开心农场"，以添加老人们的生活乐趣。

老有所乐

2016年3月1日,开心农场举办抽签仪式。入住公寓的好多老人,有的甚至从上海赶回来,参加抽签活动,渴望能够成为首批"地主"。

▲ 曜阳公寓的开心农场

肖叔叔是首批"地主"之一,退休前一直在机关工作,从未种过地。在中签后几分钟,肖叔叔就开始在自己的"领地"耕耘了。第二天,肖叔叔又迫不及待地去附近的市场买回了冬瓜种子和茄子苗。以后每天,肖叔叔都在自己的"领地"里精心培育和小心呵护种子和苗。可是,十多天之后,肖叔脸上没有了以往的笑容。原来十几天过去了,冬瓜种子没发芽,茄子苗黄的黄、死的死。另外几块地的叔叔阿姨也碰到类似的状况。

开心农场本来为了老人开心的,现在大家都没精打采的,完全没有了抽签时的喜悦之情。院领导也是看在眼里急在心里。通过咨询,公寓特地邀请了农业大学的专家过来,给老人指导怎么种植蔬菜,同时

找了当地农民预备了农肥。

专家说，冬瓜喜温耐热，生长适温在 22 摄氏度 ~28 摄氏度。冬瓜播种前，应进行浸种催芽和种子消毒，消毒后的种子再用清水洗净后浸泡五至六个小时，捞起在三十度环境下进行催芽，当苗长出二到三片真叶、苗龄二十至三十天时即可移苗定植，待苗长出五至六片真叶时亩施复合肥和尿素，促进伸蔓，增加植株营养积累。听了农业家的指导，肖叔叔如梦方醒：看似简单的冬瓜种植也是一门技术活，需要专业的知识啊。

◀ 开心农场

在专家的指导下，肖叔叔的辛苦终于没有白费，种出的冬瓜竟然有二十多斤重。收获时，肖叔叔自己一人忙不过来，还邀请了别的老人帮忙。回到公寓，肖叔叔和老伴把冬瓜切开，一片一片送给大家品尝，整个曜阳公寓都感受到了丰收的喜悦。

（撰稿：陈群英）

【点评】

　　开心农场,回归自然。适度劳作,欢畅可鞠。富春江曜阳公寓充分把握了入住老人希望通过种植活动回归田园生活的美好愿望,通过开辟"开心农场",组织入住老人从事力所能及的农业劳作,在挥洒汗水的同时,享受了收获的喜悦。细致的人文关怀,让晚年生活更加充实幸福。

老有所学

子曰：三人行，必有我师焉。择其善者而从之，其不善者而改之。

《论语·论述》

老有所学

不忘初心　永跟党走

富春江曜阳公寓党支部是富阳区东洲街道"两新组织"的党建示范点。入住公寓的老年人中，有党员140多名，其中50年党龄以上老党员就有53名。这些老党员曾经在各条战线上做出过贡献，有着丰富的人生阅历和工作经验。教育好、引导好入住公寓的退休党员，是曜阳党支部重要而艰巨的工作任务。

2018年6月初，富春江曜阳党支部组织入住老人中的党员同志和党员员工一起，来到嘉兴南湖革命纪念馆和党的"一大"会址等，追寻红色记忆，加强党性锻炼。

▲ 曜阳党支部组织党员参观南湖革命纪念馆

南湖革命纪念馆记载着我党诞生之初的革命历史，传承着"红船精神"。在南湖革命纪念馆的前坪，金光灿灿的入党誓词镶嵌在宽宏厚重

的大理石上。站在誓词前，老党员和青年党员一起，深情缅怀了老一辈无产阶级革命家为民族的解放、祖国的强盛做出的巨大贡献。面对鲜红的党旗，新老党员一起庄严地重温了入党誓词，铿锵的誓言，激昂的声音，让自己感受到了新的砥砺，思想随之得到新的提升。

通过参观革命旧址，党员们进一步了解了党的历史，增强了党性，感受到了革命先辈的不屈精神，更加感受到了共产党的伟大。大家纷纷表示，在今后的工作中一定要贯彻落实党的十九大精神，"不忘初心，牢记使命"，带着感恩的心去做好养老服务工作！

（撰稿：张世平）

【点评】

牢记宗旨，不忘初心，这是中国共产党对每一名党员的基本要求。富春江曜阳公寓党支部通过丰富多彩的教育活动，让党员老同志始终牢记自己的党员身份，支持改革开放，参与公寓和社区建设，同时引领青年党员立足岗位，发挥党员的先锋模范作用。这就是基层党支部应尽的职责。

铭记历史　缅怀先烈

2015年是中国人民抗日战争暨世界反法西斯战争胜利70周年。为引导公寓老党员和会员老人牢记历史，缅怀革命先烈，教育公寓里年轻的党员和员工牢记中华民族抵御侵略、奋勇抗争的历史，9月1日，富春江曜阳国际老年公寓及党支部共同组织员工和老人，在公寓多功能厅举行了隆重的纪念活动。

上午9时，活动正式开始，肖敬友院长首先致辞，回顾70年前日本无条件投降的历史时刻，缅怀了峥嵘岁月中无畏艰苦、不惧牺牲的革命先烈，歌颂了中国人民抗击日本侵略者的光辉历程，勉励大家珍惜来之不易的幸福生活，并祝愿今后的日子更加美好。

▲ 王淑珍老人讲述自己参加革命的历史

随后，员工和老人表演了精心准备的大合唱、歌舞和情景剧等丰富多彩的节目。公寓老年合唱团表演了歌曲《松花江上》，88岁老人关靖华朗诵了散文诗《永垂不朽》。情景剧《太行山上》中"母亲叫儿打东洋，妻子送郎上战场"的场景，感动了许多现场的观众。85岁老党员王淑珍1948年在山东沂蒙山区参加共产党队伍，参加过解放战争、抗美援朝，经历过战火纷飞、保家卫国的浴血奋战，尤其看到"妻子

送郎上战场"的悲壮场景，王淑珍奶奶含着激动的泪水，走上舞台与演员动情地拥抱。

老同志们回想当年革命战争年代的经历，唱响了《大刀进行曲》《微山湖》《弹起我心爱的土琵琶》《我是一个兵》等革命歌曲和京剧《沙家浜》片段《你待同志亲如一家》。公寓老年歌舞队还表演了《圣地拉萨》和《红高粱》等精彩舞蹈。来自富阳的志愿者表演了器乐小合奏《红星歌》等歌曲，活动现场不断地爆发出热烈的掌声。

在曜阳公寓，有一位抗日老战士刘金星老人，1929年1月出生于山东，13岁参军入伍，当了一名抗日"红小鬼"，隶属于山东兵团东线纵队。刘金星老人1946年加入中国共产党，参加了解放战争，参与了孟良崮战役、淮海战役、渡江战役、沪宁杭战役。

▲ 曜阳公寓纪念抗战胜利70周年晚会参与成员合照留念

刘金星老人参加了曜阳公寓组织的抗战胜利70周年的活动。他在回忆中十分感慨地说:"当年的战争环境恶劣,我们缺衣少食,医疗落后,武器装备全靠缴获。官兵并肩赴死,军人和百姓戮力抗敌。没有共产党的领导,这场事关民族生死存亡的抵御侵略的战争,就不会取得最后的胜利!"

在全场大合唱《义勇军进行曲》激昂的歌声中,纪念活动落下帷幕。

(撰稿:张世平)

【点评】

缅怀先烈,铭记历史,是每个中国人的使命担当。富春江曜阳公寓充分利用抗战胜利日的契机,开展党员、入住老人和员工的主题教育活动,有助于老同志继续发扬革命斗志,也有助于年轻员工弘扬光荣的革命传统。这是一次生动爱国主义教育实践。

回眸一笑　桑榆未晚

人都说"回眸一笑百媚生"。媚,寓意美好、可爱。富春江曜阳国际老年公寓模特队,就是这样一群追求美好生活、体现乐观心态的可爱的人。也许你会说,如果用来描绘年轻人还可以,形容老年人可能不太恰当。请先别忙着下结论,你可以去她们平时训练的瑜伽房,看看她们是怎样进行看、学、做,你也可以观看演出,告诉大家,她们已然走出了一个不一样的自己。

曜阳养老 人文关怀的探索与实践之富春江曜阳

回首两年前，曜阳模特队的成立，起于几个同样爱美、崇尚品味的老人一次茶余饭后的聊天。她们认为，曜阳已有了自己的合唱团、舞蹈队，且都获得了大家的认可，经常会排练出优质的节目，被邀请在公寓甚至富阳、北京的舞台表演。能不能像其他养老院一样，公寓也成立一支老年模特队，来展示曜阳老人桑榆未晚、宝刀未老的风采呢？

▲ 在曜阳公寓纪念建党96周年晚会上模特队的精彩表演

几个老人正在一起嘀咕，其中有一位阿姨担心公寓老人多，思想保守的人肯定也有，到时候会不会有议论呢？"有什么不能的！我们当然可以成立我们曜阳的老年模特队！不懂可以学么，我们又不笨，人家要说的话，也是怕我们做不好。我们拿出点成绩给他们看看。"说话的是许阿姨，她的话马上得到了大家的响应。

"那就试试看吧，由你来管这件事，怎么组队，怎么学，你要多操心点哦。"

"那没问题。只是我也什么都不懂，大家一起努力多学习，不为别的，只求能丰富自己的晚年生活。"

说干就干，在得到公寓的充分肯定后，一支由许、徐、白、潘、刘、林等六位阿姨组成的曜阳老年模特队成立了。公寓很支持她们的行动，特批准瑜伽房作为训练场地，配备了电视机和音响设备。模特队的队员们很有积极性，每周都会在固定活动日那天早早来到瑜伽房排练。许阿姨是个热心肠且很愿意付出的人，她从网上找出模特队的学习资料视频，让大家揣摩、练习，有时还会拿出自己家的布料，亲自动手给需要的阿姨们做。而白老师本来就是公寓舞蹈队的，对走模特之事触类旁通，有自己独到的见解，经常会对队员们的站姿、步伐做些纠正。队员们也因为是共同爱好走到一起，所以每次的排练都让她们感到很期待，大家都很认真地在学、在练。

▲ 在曜阳公寓纪念建党 96 周年晚会上模特队的精彩表演

过了一段时间后，大家都觉得模特队并没有出现当初期待的效果。

虽然队员们一直很努力在学，也看了好多教学资料，可总觉得台上那种亭亭玉立、婀娜多姿似乎离自己还很远，那么问题出在哪呢？大家百思不得其解，练习也慢慢有点懈怠。"我们是不是请个专业的老师来教，费用我们自己出？"一位阿姨的话似乎点醒了梦中人，队员们纷纷说这是个好主意。

老师请来了！学员们很认真地进入了状态。课堂上，老师从模特最基本的站立、行走教起，言传身教，细致到反复示范和纠正每一个动作，从基本功开始进行训练，每节课上除靠墙壁练习站立外，还反复体会"大腿带小腿"的走法。队员们从刚开始的"站像木桩、走像逛街、神态游离"的迷茫状态，到后来慢慢变得举手投足间有了点模特范儿了。要知道这些可都是七十多岁的老人啊。她们来自于不同的领域，有工人、教师、干部，都是没有和模特沾过边的人。老师也看出了这些老年模特队员的努力，给予了充分的肯定，让大家的信心更足了。

在老师悉心教授和坚持不懈的努力下，模特队员们终于重拾了自信，还吸收了新的成员加入，其中就有舞蹈队队长徐老师。她对模特队的许多建议，得到了大家的赞同。随着更多老人的积极参与，模特队伍慢慢壮大起来。

2017年6月28日，富春江曜阳庆祝中国共产党建党96周年的晚会上，模特阿姨们的表演得到了众人的称赞，她们的风采在聚光灯下展现得淋漓尽致。那天晚上，七位模特队的阿姨们身穿各式漂亮旗袍，手拿具有江南特有风韵的小纸伞，踏着"高山流水、神韵丝竹"的音乐，从舞台两头款款走来，时而转身，时而驻足，时而顾盼，时而回眸，精彩的表演获得了阵阵掌声。虽然她们的脸上留下了岁月的痕迹，随着时光的流逝，使她们变得不那么挺拔，但是，她们依然姿态优雅，气场强大，引来闪光灯和掌声一片。模特队阿姨们，宛如一道流动的风景线，似乎在告诉大家：美丽不只是年轻人的专利，而是在时间的沉淀中变得越来越有价值。最是那淡淡的回眸一笑，道尽了桑榆未晚，夕阳无限好。

（撰稿：黄红华、张小平）

【点评】

晚年生活看心境。愈是自强不息，愈是魅力永恒。富春江曜阳公寓支持入住老人组建模特队，并开展训练和表演，展示的是老人的靓丽晚霞，凸显的是公寓的人文关怀。

学会微信　紧跟潮流

近几年出现的智能手机，俨然一个随身小电脑，对年轻人来说，既方便又实用。但是对大多数老人来说，智能手机里眼花缭乱的软件和应用，很多老人都感觉不会用、也不适应。一些老人想学，但子女不在身边，找不到人教。智能手机中的微信，不仅没有给老人带来欢乐，反而带来了很多烦恼。与此同时，富春江曜阳国际老年公寓服务部的年轻人，也在为入住老人不会用微信而烦恼。

一天，公寓服务部的周炜大胆提出一个想法：教老人们用微信！同一部门的同事，大多数表示支持。但对谁来讲课，大家心里都没有数。周炜到公寓工作3年多了，是一个说干就干、干净利落的年轻人。在他的鼓动下，另外2位年轻人答应协助他当小老师。教师团队就这样

选好了，马上进入备课环节。白天工作忙，只能晚上备课。三个年轻人利用晚上和周末加班备课，终于备好了5节课的内容。

微信培训班的消息通过生活管家发布出去，没想到一下子有50多位老人报名。三个年轻人心里既高兴又紧张，赶快利用业余时间，继续将课件PPT修改完善，生怕老人们听不懂。

▲ 富春江曜阳国际老年公寓第一堂微信培训课

5月4日青年节，既是一个特殊的日子，也是一个快乐的日子。富春江曜阳国际老年公寓微信培训班正式开始。课堂上，周炜在讲台上一边实时操作、一边播放PPT，并耐心讲解，两名助教在下面，手把手教老年朋友用微信。半个小时很快就过去了，尽管还没有全部搞懂，但很多老人已经体会到了微信功能的强大和便捷，纷纷要求加快教学进度。为了避免老人们学得快、忘得快，周炜耐心给老人说，慢慢来，不要急，连续5天，保证教会。在接下来的4堂课里，老人们学得非常认真，参加的老人也越来越多了。课堂上不时传出老人们成功完成某个操作的喜悦笑声，同时夹杂着个别老人未能顺利完成某个操作的急促求教。经过5堂课的教学，参加培训的绝大部分老人都学会了微信的使用。

为了让老人们感受到自己的学习成就，周炜和同事们设计了一个小小的结业考试。老人们在欢声笑语中全部通过了考试。周炜和同事们为老人们颁发了结业证书。看到老人们在考试现场就急切地把活动照片通过微信分享给子女亲属时，周炜和同事们感到自己做了一件非常光荣而正确的事情。

▲ 微信培训成功结业老人灿烂地笑

在参加培训班后，一位老人专门写了一首打油诗，抒发自己的感受，并对周炜和年轻的同事表示感谢。诗是这样写的：

微信授课讲义稿，管家助学作辅导。打开手机二维码，添加朋友扫

一扫。

修改昵称写真名，发图文字初学好。摇一摇来找朋友，按住说话太美妙。

学习学习再学习，一对一的接受考。微信培训结了业，手捧证书拍张照。

老人学习困难多，感谢老师付辛劳。培训暂时告一段，遇有不懂再请教。

（撰稿：周炜）

【点评】

活到老，学到老。富春江曜阳公寓的员工，主动帮助老人及时学会生活中科技知识，不仅避免了"老而无用"的尴尬，而且让老年人体会到了现代科技给生活带来的方便和乐趣，晚年生活更加幸福和充实。人文关怀，善莫大焉！

健康讲座　科学生活

居住在富春江曜阳国际老年公寓的老人们，除了能感受到美丽的风景、优质的空气、待如亲人的服务外，还可以参加自己感兴趣的各种文艺社团，也可以通过公寓邀请各方专业人士前来举办的各种讲座，学到年轻时没有学过的各种知识。其中，健康讲座最受老人欢迎。

2018年7月6日，一个骄阳似火的下午，在会所二楼多功能厅里面，

老有所学

一排排整齐的座椅已摆放在那里，静静地等候着将要来听讲座的老年会员们。只见楼道上、电梯口已陆续的过来了些老人，有的看上去似乎是刚刚午睡过，脸上还留着明显的枕席的印痕就匆匆赶来，更有一些行走不太方便的老人，要求管家用轮椅把自己推进了会场。进入多功能厅后，老人们找到自己比较亲近的人，挨着坐在一起，不时有说有笑。

▲ 余良甫医生为老人做熏蒸健康讲座

"各位老年朋友，大家下午好！"看到大家已各就各位等候开场时，曜阳老年医院的中医专家余大夫拿起话筒，和大家热情地打起了招呼。其实，大家对这位余大夫并不陌生，他既是医院的专家，也是入住在曜阳的老年会员。

台上的投影仪里显示出"中医熏洗疗法"六个大字。原来今天余大夫的健康讲座，是教授大家用中药材，通过熏、泡、洗等物理疗法，

来治疗或缓解一些常见病的痛苦。

"余大夫，中药熏蒸疗法是现在才开创的吗？"循声望去，原来是公寓会员陈叔叔在向余医生提问。"大家别着急，接下来我会详细向你们介绍中药熏蒸的出处、疗效以及治疗方法。""熏蒸疗法最早起源于春秋战国时期，古人佩戴香囊成风，用来驱赶蚊虫，也可以避毒解秽。"余医生顿了顿接着说："明朝时，李时珍著《本草纲目》亦记载了沐浴、热浴、坐浴等中药外治法，运用中医理论为指导，选配一定的中草药，经过不同的方式加工制成中药液，进行全身或局部熏洗的治疗方法。其优势表现在给药途径独特、疗效迅速；适用范围广，对某些疾病疗效显著；安全，毒副作用少；简便价廉，患者易于接受。"

▲ 余良甫医生为老人做熏蒸健康讲座

"余医生，你知道的，我的腿每到冬天就要疼，而且走路还不太好走，用熏蒸可以治好吗？"还是刚才的陈叔叔在提问。呵呵，看来陈叔叔是个急性子呀。

"完全可以，只要根据每人的个体情况，医生会相应的配出所需药材，以达到疏通经络，调和气血，平衡脏腑机能，强身健体的功效。你只要将所选药材加工取汁，加入适量热水用于浸洗身体局部，再采用烟熏法或熏蒸法，配合穴位按摩如足三里、三阴交、涌泉穴，这些对你的腿都是有帮助的。当然，如果哪位会员需要尝试的，到时我会根据每个人的状况详细地制订不同的方案。"

余大夫继续用他的课件讲述着用不同的方法来对症治疗不同的病症。

台上的医生鹤发童颜、精神矍铄，认真演讲。台下的老人，大多是已经发头花白，脸上已深深刻上了岁月的痕迹。但今天，在场听课的每个人都忘记了自己的年龄，像小学生似的认真听课，生怕漏掉某个细节，有的还时不时拿起手机拍照留存。是啊，岁月带走了我们的容颜，却带不走那颗学无止境、永不停留的心！

（撰稿：黄红华）

【点评】

健康长寿，是每一个老人的生活追求。富春江曜阳公寓组织入住公寓的医疗老专家为老人举办健康讲座，贴近实际需要、贴近老人生活，不仅让老人掌握了科学的健康保健知识，还避免了上当受骗的可能。入住老人的健康和安全，在公寓人文关怀的具体行动中得到了保障。

曜阳养老 人文关怀的探索与实践之富春江曜阳

学练瑜伽　强身健体

瑜伽是现今社会最为"时髦"的一种运动休闲方式，起源于印度，已有5000年的历史，是一种非常古老的体育锻炼方法。瑜伽通过体位运动的练习，达到刺激神经腺体、柔韧身体各部位、促进身体的健康的目的。

▲ 曜阳公寓的老人们练习瑜伽

在富春江曜阳国际老年公寓，有着这么一群"时髦"的叔叔阿姨。他们在这秀丽的富春山水中，练起了当下流行的瑜伽。气息深吸慢吐，感受着大自然的磁场气息。身体一拉一伸，强健了自己的身心。这一切，都起始于一名志愿者。

老有所学

2017年10月，公益志愿者蒋丽宵女士前来公寓询问，是否需要瑜伽老师。她表示可以免费给老人们上课。公寓领导非常高兴，决定开设瑜伽班试试。

2017年10月9日上午，院里散发着浓浓的桂花香。一群背着瑜伽垫的老人，走进了公寓专门为老人精心布置的瑜伽房。

"你们去干什么呀？"公寓的其他老人看到了他们的"装备"后惊奇地问道。

"我们去学练瑜伽喽。"老人们开开心心地回答。

9:30，瑜伽老师如约而至，开始了老人们的第一堂瑜伽课。

"叔叔阿姨们，你们好，我是你们的瑜伽老师——蒋丽宵。很高心能够来到这里为大家讲解瑜伽课程。希望大家学得开心，健康长寿！"

只见叔叔阿姨们已经静静地盘坐在瑜伽垫上，精神抖擞、跃跃欲试。尽管已是六七十岁的老人了，但他们宛如一群追求时髦的"年轻人"。在老师的指导下，叔叔阿姨们开始了他们的瑜伽旅程。老人们轻轻地将一条腿放在另一条腿上，呈现半莲花式。有些老人腿脚的柔韧性不是很好，只能把两条腿并放在一起，从易到难，循序渐进。有的老人腰可能挺得没有年轻人那么直，但也有足够的力度。有的将手心翻转过来，手翻转不过来的老人们将双手轻轻合十，进入他们的瑜伽冥想。倾听着柔和的音乐，抛开了所有的琐事，让内心慢慢地安静下来。闭上眼睛，用心灵去探索自我的世界。老人们放松双肩、双臂、双膝、双脚，将他们的意识放在腹式呼吸上，深深的吸气将新鲜的气息填满腹腔内，小腹微微鼓起，然后缓缓地呼气。

"叔叔阿姨们，一定要放慢你们的呼吸。"老师在一旁耐心地指导着。

"老师，我刚才手放的位置对不对？"

曜阳养老 人文关怀的探索与实践之富春江曜阳

▲ 曜阳公寓的老人们在室外练习瑜伽

"老师，我的脚放的位置合适吗？"

老人们七嘴八舌，围坐在老师的身边。蒋老师针对老人们提出的问题，耐心地一一作了解答。

后来的每个周一，蒋老师都会如约来给这群"学生"上课。一年下来，老人们学会了不少的体式，如猫式、下犬式……虽然动作不是那么的标准，但是学习瑜伽的这颗心是足够火热的。有时，蒋老师忙得走不开，不能来给老人们上课，老人们也从不"缺课"，大家还是聚集在一起自行练习。

在这小小的瑜伽房里，在这一呼一吸的气息调节中，在这一起一伏的身体拉伸中，老人们陶冶了情操，强健了体魄，收获了瑜伽"好学生"的可喜回报。

（撰稿：骆杨洋、楼卉）

老有所学

> 【点评】
> 　　体育锻炼，强身健体。富春江曜阳公寓借助志愿者的支持，组织老年人开展瑜伽练习，不仅老人们拥有了健康的体魄，也收获了一份"时髦"的快乐心情。让老人健康、快乐，正是养老服务人文关怀的追求之一。

书香盈袖　好梦入怀

　　2018年3月15日，东洲国际港党总支和富春江曜阳党支部，在东洲国际港图书馆大厅联合开展"读客沙龙"活动。两个党组织的5名分享人，分别结合自己的成长经历，交流如何在工作岗位上提升自身综合素质的心得体会，分享多年来一直坚持不懈、不断学习而取得的思想感悟，推荐值得反复品读、对职业生涯非常有益的书籍，得到了大家的一致好评。

《做最好的中层管理者要有正能量》分享人 / 杨锋

　　杨锋同志读了《做最好的中层管理者要有正能量》这本书后，感触颇多，深有体会，对自己的素质和能力提升帮助很大，受益匪浅。他说，书中所述与自己在工作的经历有很多相同之处，这本书与其说是企业管理学的著作，不如说是一本历练人性修养的行动指南，能给人以强烈的心灵触动和深刻的启迪。书中紧紧围绕"最好"两个字做文章，

曜阳养老 人文关怀的探索与实践之富春江曜阳

从"最好的中层怎样想,最好的中层怎样做,最好的中层怎样超越"入手,环环相扣,阐述和体现了一名中层管理者是单位的核心力量和中流砥柱。最好的中层必须从境界上提升,从核心能力建设上提升,不断自我超越。

▲ 关靖华老人在"书香盈袖 好梦入怀"活动中分享读书心得

《不抱怨的世界》分享人 / 余玉明

余玉明同志分享说,《不抱怨的世界》作者提出的神奇"不抱怨"运动,来得恰是时候,它正是现代人最需要的。天下只有三种事:我的事,他的事,老天的事。抱怨自己的人,应该试着学习接纳自己;抱怨他人的人,应该试着把抱怨转成请求;抱怨老天的人,请试着用祈祷的方式来诉求你的愿望。这样一来,你的生活会有想象不到的大转变,你的人生也会更加的美好、圆满。记得美国总统肯尼迪

老有所学

说过"不要总是问国家为你做了什么,你要常问自己为国家做了什么",这话非常适用于我们曜阳的年轻人,用来解读个人和集体的关系。

《拉近汉英两种文字的距离》分享人 / 关靖华

今年 92 岁的曜阳老年公寓会员关靖华,1927 年 11 月 5 日出生于北京,先后就读于北平私立明明小学、北京基督教公理会育英小学、育英中学。1951 年毕业于清华大学机械工程系,在企业从事技术工作三十多年,是教授级高级工程师、著名的英语普及教学研究专家。

他说:"多年来我在汉英两种文字的研究上,一直坚持不懈、保持浓厚兴趣与高度热情,不断探索,从而取得一定的研究成果,并出版了《拉近汉英两种文字的距离》一书,启发大家学习英语的兴趣。"

◀ 曜阳公寓老人分享自己的读书心得

《把一切献给党》分享人 / 应仲烈

老党员应仲烈同志感悟到,《把一切献给党》是吴运铎同志一生的真实经历。他的生命源于矿山,注定了他在机械方面的天才。战乱的时代给了他觉悟的意识,也为他发挥才能创造了条件。他的一生与共和国的枪炮制造史一起走过。这是一个战士成长史,也是一个共产党员的思想发展史,"把一切献给党"是一个在战争中浴血奋战的共产党员的心声,不管是在战争年代,还是在和平时代,这都是一个真正的共产党员的心声!

《东周列国传》分享人 / 李怀国

李怀国同志通读《东周列国志》,感触深刻,他说道,"羽翼信史而不违",是古代文学评论家所认同的历史演义小说的最高境界。中国历史小说中,真正能达到这一境界的,也许只有《东周列国志》了。这部煌煌一百零八回的小说巨著,是明代著名的文学家冯梦龙继"三言"之后的又一小说佳作。这本小说最突出的特点,就是据史实录,"事取其详,文撮其略","虽敷演不无增添,形容不无润色"。面对此起彼伏繁杂错综的事件,你来我往既多且乱的人物,冯梦龙充分展现了其杰出的组织素材的能力和深厚的叙述描摹的功力,使得小说信守史实,脉络清晰,堪称一部真正的历史教科书。

《假如给我三天光明》分享人 / 张世平

马克·吐温曾经说过,"十九世纪有两大奇人,一是拿破仑,另一个就是海伦·凯勒。"我读完《假如给我三天光明》之后,我的心被海伦的精神深深地震撼了。她生活在黑暗中,却给人类带来光明,她用行动证明了人类战胜生命的勇气,给世人留下了一曲永难遗忘的生命之歌!

海伦在书中说:"知识给人以爱,给人以光明,给人以智慧,应该说知识就是幸福。因为有了知识,就是摸到了有史以来人类活动的脉搏,否则就不懂人类生命的音乐!"的确,知识的力量是无穷的,正是知识使海伦创造了这些人间奇迹!知识的力量多么巨大,它能使一个残疾人,变成一个有益于人类、有益于社会的人。

假如我们每一个人,都能像海伦一样,在有生之年把对知识的渴求,看作对人生的追求,抱着这种追求去生活,我们的人生将会增添多少欢乐、多少幸福啊!

(撰稿:张世平)

【点评】

书籍是人类进步的阶梯。富春江曜阳公寓开展读书分享活动,组织入住公寓的老年人和年轻员工一起读书并进行分享,书本的智慧、人生的阅历、知识的启迪,都在分享活动中得以传递。老年人收获了快乐,年轻人获得了智慧。这既是对老年人的人文关怀,也是对员工的人文关怀。

曜阳养老 人文关怀的探索与实践之富春江曜阳

手工制作　健康快乐

"阿蓓，手工组星期几活动？"

"阿蓓，这次手工组活动学做什么啊？"

"阿蓓，天热了，我们手工组做些消暑食品吧？"

"阿蓓……"

富春江曜阳国际老年公寓聊天群里，时不时出现几句这样的吆喝。这是曜阳手工组的阿姨们在搞活动。

▲ 手工社社长汪安女士的作品

曜阳手工组正式成立于2017年10月25日。组里能人众多，阿姨们各有所长。她们互相把自己擅长的活计教给其他不懂的伙伴，又努力学习别人擅长的手艺，互教互学，共同促进。

手工组的组长汪安阿姨（小名阿蓓）做手工很多年。还没住进公寓的时候，汪安阿姨就在杭州组织过不少手工活动。在公寓里，她的手工活一向为老人们称道。2018年1月10日，手工组开展活动，汪安阿姨带来了她手工制作的包包。老人们纷纷抢来背上展示。事后，老人们在微信群里聊得很开心。会员徐云锦阿姨说："我和周碧英（老年会员）展示蓓蓓的手工包，相宜（老年会员）还给配了字'我的美，你知道'。车展有车模，我们二老甘为中国传统手工艺提包作模特。"朱亦清阿姨马上接过话头调侃："人家美女做车模，你也是美女做包模。"自己的手艺得到肯定，汪安阿姨乐得合不拢嘴。

除了做包包，手工组还组织过编织毛线帽子、做漂亮的丝网花等，时常有爷爷、叔叔过来凑热闹，起哄着要一起跟着学习。

（撰稿：冯露萍、汪安）

【点评】

　　心灵手巧，延缓衰老。富春江曜阳公寓支持老年人开展手工制作，通过具体的编织制作活动，老年人不仅能够锻炼大脑和手指的协调能力，还能在一个个成品中体会到劳动和创造的快乐。让老人健康、快乐，正是养老服务人文关怀的追求之一。

牡丹爷爷　　笔墨人生

　　曜阳公寓5号楼的庄尚兰爷爷今年81岁，退休前担任过供电局局长、党委书记，现是人人称道的牡丹爷爷。他画笔下的牡丹，活灵活现，

雍容华贵。

爷爷刚到富春江曜阳老年公寓养老的时候，一下子发现什么也不用自己干了，虽然清闲自在，但总觉得生活缺少点什么。加上到了一个新环境，周边的人和事都很陌生，因此老人显得有点郁郁寡欢。管家们看在眼里急在心上，担心对老人的身体健康带来负面的影响。公寓领导得知后，抽空上门拜访了老人。在了解了老人的相关情况后，公寓领导推荐老人加入曜阳书画社，既可以发挥余热，还能安心养老。

◀ 牡丹爷爷庄尚兰正在作画

自从加入曜阳书画社之后，庄尚兰爷爷就像变了一个人一样。每天都笑眯眯的，见人就打招呼。庄尚兰爷爷很欣赏牡丹，他就用国画的表现手法来画牡丹。每当人们经过书画社时，总是看到庄尚兰爷爷的身影。老人戴着一顶休闲帽，身旁放着五颜六色的颜料和画板，一手托着颜料盘，一手拿着画笔在画板上画着牡丹花。每当大家看到他的作品时，都赞不绝口。

几年来，庄尚兰爷爷把他的牡丹国画作品都赠送给了喜欢牡丹花的

老有所学

人们。每次公益组织和爱心人士来公寓献爱心时，爷爷都会代表公寓，送出他精心绘制的牡丹图以示感谢。人们常说，庄尚兰爷爷画的牡丹，能为整个公寓带来欢乐和喜悦！

▲ 富阳日报对牡丹爷爷的采访：学画送画其乐融融

（撰稿：陈群英）

【点评】

　　无聊起孤独，忙碌送快乐。富春江曜阳公寓员工及时发现入住老人的孤独心态，通过鼓励老人发展个人兴趣爱好，逐渐融入公寓老人大家庭中，这是养老服务中典型的精神关怀。

163

老有所为

睚阳养老

神龟虽寿,犹有竟时。
腾云驾雾,终为土灰。
老骥伏枥,志在千里。
烈士暮年,壮心不已。

曹操《龟虽寿》

老有所为

申请入党　矢志不渝

曜阳老年公寓住着一位95岁高龄但党龄才满5年的"年轻"党员。老人如此高龄，为何党龄这么短呢？这个感人肺腑故事，让我们娓娓道来。

黄景行同志1923年出生在陕西，1945年就读于武昌文华图书馆学专科学校（现武汉大学）。1947年9月毕业后被分配到台湾，就职于台湾省图书馆，任图书采购和图书分类编目工作。

▲ 东洲街道党工委负责人探望黄景行同志

由于黄景行在上学时期深受进步思想引导，在职期间，黄景行从香港采购了大批的进步书籍陈列在图书馆阅览室，供群众借阅。他认为，图书馆是一个民众汲取文化营养的地方，民众有权力听到各种不同的声音，学习各种不同的文化。在国民党统治区宣传红色思想，这

在当时是非常需要勇气的一件事情！当然他自己也接触到进步思想的教育，认为只有共产党才能救中国。1949年2月在中华人民共和国成立前夕，黄景行毅然离职，绕道香港回到了大陆，并就职于浙江图书馆从事专业工作。

黄景行在红色思想的熏陶下，燃起了加入中国共产党的愿望。真正让他在心中燃起熊熊大火，坚定自己要加入共产党的要求，是在1957年的春天，他在西子湖畔见到了仰慕已久的周恩来总理，并与之握手交谈。周恩来总理是那样平易近人，和蔼可亲。在此以前，黄老先生曾在一个偶然的场合里见过周总理，并聆听到了周总理的一次演讲，给他留下了难以磨灭的印象。

同年，黄景行向所在单位党组织递交了第一份入党申请报告。可是，事不随人愿，黄景行的入党申请报告被束之高阁了，只因为黄老先生的赴台经历无从考证。

但黄景行并不灰心。1966年以后，黄景行多次向党组织递交入党申请，却总是得不到批准。"文革"结束后，一直到1987年，黄景行以副研究员身份退休，都没能加入共产党。黄景行说："入党是我一辈子的目标和理想，我一定要实现！"在退休后24年里，黄景行坚持每年都向党组织递交一份入党申请书，表达自己强烈的入党愿望，但还是未能得到组织的认可。

功夫不负有心人。2008年黄景行又一次递交了入党申请书，党组织开始考察他。终于在2012年，浙江省图书馆党委经过慎重考察，认为他四十多年来兢兢业业地工作，为浙江省图书馆的发展贡献了自己毕生的精力，还坚持利用业余时间撰写了一系列论著，这种自强不息、刻苦钻研的精神，这种对图书事业的热爱和执着的追求，特别是他孜孜不倦追求入党的精神，的确难能可贵、令人佩服。在89岁高龄时，黄景行同志终于被吸收为中共预备党员！

黄老当时非常激动："我小的时候生活在陕西农村，从小看不惯国民党政府的腐败统治，认为他们统治下的国家是没有希望的。后来知道有了共产党，我到台湾图书馆工作时又受到了进步书籍的影响，对解放区的生活充满向往，感觉到中国共产党才能真正解决中国的问题，只有中国共产党才能救中国！我要求入党，一不为做官，二不为发财！所以我一定要回到大陆并要加入到这个组织当中。"

▲ 95岁的黄景行同志在东洲街道干部培训班上讲述"我的入党故事"

四年前，黄景行同志入住富春江曜阳国际老年公寓。看到曜阳公寓有健全的党支部，他感到年龄大了，每次回到单位过组织生活不方便，自己又是一名新党员，组织生活不能落下，希望曜阳党支部接收他。党支部了解这个情况后，及时把黄景行同志的组织关系转了过来。95岁的黄景行同志来到党支部后，每次党员活动，从来不迟到、

早退。他说："组织上入党一生一次，思想上入党一生一世。我是一名新党员，每次组织学习，就是一场信仰锤炼，一声自我叩问。我要时刻牢记自己是组织的一员，不忘自己应尽的义务和承担的责任。"

东洲街道党工委知道黄景行同志的入党故事后，非常重视。2017年7月1日街道党工委何海强副书记和朱鸿斌指导员，专门来慰问黄景行同志，关心他的身体状况，并对他坚持入党的信念精神给予了表彰。随后东洲街道讲师团邀请了黄景行同志为讲师团的成员，希望黄老再为东洲街道党建工作发挥余热。2017年9月，95岁的黄景行同志，给东洲街道新任村"两委"干部上了一堂特殊的党课——"我的入党故事"。

黄老的入党经历实属难能可贵，他的精神大大激励了东洲街道新任的各村"两委"党员干部，这种朴实纯正的党性正是现在村"两委"干部和所有党员所要学习和推崇的。

（撰稿：张世平）

【点评】

追求入党，矢志不渝。入住富春江曜阳公寓的黄景行老人，用55年的时间，坚持追求党组织，经历艰难而又令人敬佩，不仅成为个人人生经历的精神财富，也成为富春江曜阳的一笔宝贵的精神财富。特别是入党以后，黄景行老人不顾年事已高，坚持积极参加党组织的各类活动，给我们树立了新时期共产党员的榜样。支持老人对党组织的归属需求、实现人生价值目标，这是对党员老同志的人文关怀。

老有所为

清洁环境　从我做起

2017年6月6日，再有两天就要入梅雨季了，天气是一天比一天闷热。这天下午，好不容易下了一场雨，走在路上有丝丝凉风吹过。晚上六点多，富春江曜阳国际老年公寓的住户徐叔叔正和老伴儿朱阿姨绕着风雨连廊散步消食。

"他们那边是佳木斯操开始了吧？"远远看着中心广场上聚着那么多人，朱阿姨有些心动。前两天事情多，她都没有时间过来。现在看到了，难免有点跃跃欲试。

"那就过去看看吧。"徐叔叔望向中心广场的方向，一眼看穿老伴儿想要加入的心情，体贴地说道。

"那是什么？"远远的，碧绿的湖水上面一抹褐色若隐若现。

走近一看，原来是下午雨下得太大，把边上小树的枝丫打断了，枝丫伴着不少碎叶落入池塘，随着凉风起起伏伏。

"这个时候管家应该很忙，我们把它捞掉吧。"望着原本清澈的池塘面上飘着的树枝树叶，朱阿姨皱着眉头，"这样子太不好看了。"

"行吧。就是树枝好捞，叶子不好弄。"徐叔叔环视四周。正好，墙角有一根为小树搭架子剩下的竹竿，打捞树枝妥妥的。

看着徐叔叔转身走向竹竿，朱阿姨明白了老伴儿的意思，又回头看一眼池塘里分散的树叶。确实，树枝可以推到岸边，树叶总不能用竹竿推一边吧。那得弄到什么时候去啊。但总归是要捞起来才比较靠谱。

"捞！"有了！朱阿姨双手一敲，想到了个主意，回头向自个儿家里跑去，"老徐哎，我有法子了，去拿点东西马上回来。"

曜阳养老 **人文关怀的探索与实践之富春江曜阳**

▲ 公寓老人徐叔叔在打捞池塘中的垃圾

看着老伴儿转眼不见的背影，徐叔叔摇摇头："这老太婆。"回过身来，还是先把树枝捞出来再说吧，反正老太婆总会马上回来的。

在徐叔叔用竹竿把树枝推到岸上，正伸手够的时候，朱阿姨回来了。左手拿着一个水勺，右手抓着一根绳子。老两口会心地一笑，徐叔叔调侃道："老太婆还是挺聪明的嘛！"这边，朱阿姨去丢了刚捞上的树枝，徐叔叔又开始忙活着把水勺绑在竹竿上。

绑好水勺，徐叔叔小心地蹲在池塘边的大石块上，仔细地把漂浮在池塘里的树叶一点一点捞掉。装着树叶的水勺里总有大半勺是水。多捞几次，纵是年轻人也难免觉得手酸，但徐叔叔却一直坚持下来。

池塘水面很快就恢复了清澈，几条金鱼在老人面前慢慢游过，似乎是在嬉闹，又似乎是在感谢。

老有所为

倒出最后一勺树叶，徐叔叔看了眼中心广场上跳着的佳木斯操，对着朱阿姨粲然一笑："还去么？再不去你可来不及了哦。"

"还去啥，回家了，回家了。"拆下水勺，朱阿姨牵着徐叔叔的手，笑眯眯地开玩笑："'组织上'决定嘉奖一下我们老徐同志。"

佳木斯的音乐还在继续，一期连廊里斑驳的树影下，一对夫妻手牵着手走在回家的路上。

（撰稿：冯露萍）

【点评】

公寓是我家，美丽靠大家。富春江曜阳公寓的入住老人主动帮助公寓，及时清理环境卫生，亲手装扮美丽环境，源于老人把公寓当成了自己真正的家。公寓给予老人家的温暖，老人主动参与家的建设。这就是养老服务人文关怀的最好效果。

老骥伏枥　探索不已

我是关靖华，1927年11月出生于北京市，先后就读于北平私立明明小学、基督教公理会育英小学、育英中学、清华大学机械系。1951年大学毕业，正值抗美援朝战争，被分配到解放军总参谋部技术部工作。1956年随建制集体转业到电子工业部天津某军工厂，在该厂从事技术工作多年。现为教授级高级工程师、杭州市外文学会会员、清华大学杭州学友会会员，被百度网页誉为"著名的英语普及教学研究专家"。

改革开放以后,由于杭州工厂需要从国外引进电脑新技术,我从工程师的岗位转为从事英语翻译,当时我已经55岁了。由于我有较好的口语能力,曾三次以首席翻译的身份,陪同工厂的工程师到美国硅谷接受培训。我也曾兼任《信息技术大辞典》编委。离休后,我从事过英语教学、笔译、口译和研究,先后在京、沪、浙、闽的期刊上发表有独到见解的文章约20篇,其中1993年发表的论文《浅谈元音+re音节》荣获杭州市社会科学优秀成果奖。

▲ 陈竺会长看望关靖华老人

我亲眼看到了我国中学生学习英语的困难,便在晚年研究适合国情的英语词汇教学套路。1995年,我开始了辨认英语单词中的部首,这是一项填补学术空白、跨学科的探索,它能够拉近英、汉两种文字的距离,激发学生的学习兴趣,惠民利国。我的初期研究成果,赢得了行家与学生家长的赞许。2002年8月，我在华东师大的国际学术研讨会上用英语宣讲研究成果，博得海内外学者的好评。2004年以来，我携妻子先后到澳大利亚、美国、加拿大探亲、游览、学术交流，累计时间长达16个月，增长了英语国家见闻和英语实战技能。2011年中国国际文化出版社出版了我主编撰的《知己知彼　出奇制胜——中国人掌握英语词汇的攻略》一书，2013年《浙江老年报》记者楼嘉卉和她的助手对我进行了采访，在该报的第8版上以半版的篇幅介绍了我的学术成果。

▲ 关靖华老人辅导小朋友学习英语

我与老伴王元琴共育有一儿一女。儿子一家在天津生活，女儿女婿在美国从事医学研究。尽管儿女都很孝顺，但是路途遥远，工作节奏又快，遇到我们身体不适时往往难以照顾。我们二人在杭州定居已将40年，深深爱上这块土地以及风土人情，不愿意离开杭州。

曜阳养老 人文关怀的探索与实践之富春江曜阳

虽我年逾九旬但心态年轻，喜欢与人交流，喜欢帮助别人。随着年龄的增长，为了不让儿女牵挂又能参与集体活动，且有独立的生活空间，我们在比较了杭州等周边的养老机构后，觉得曜阳老年公寓无论居住环境还是管理理念和服务质量都具有较高的性价比，最终选择了富春江曜阳国际老年公寓。2014年1月入住，至今已经有5个年头了。

虽然我在学术上取得了较大的成绩，但是我也不拒绝做细小的工作。近些年，我多次利用寒暑假为老年公寓员工子女进行英语辅导，也曾分别给公寓的老知识分子和东洲小学的英语教师介绍英语新知识。通过不断耕耘，去年我完成了第二本英语词汇著作，已经由南开大学出版社承接出版任务。我能把对英语的研究成果传递给后人，感到无比欣慰。公寓的员工很敬重我。无论在路上还是每天两次的上门访问，都会主动、热情地嘘寒问暖。但凡公寓组织老人们出去游玩或者参观，我身体也还硬朗，不喜欢麻烦别人，但公寓管家及曜阳所有员工都会把我当"国宝"一样全程悉心照料。

生活在曜阳老年公寓乐趣多多。记得有一次，一家研发机器人的公司来我院进行公益活动。公寓把老人召集到活动大厅，让老人与机器人零距离地接触。老人们兴致勃勃地与机器人交流。我也借此机会用英语和机器人对话。机器人反应敏捷对答如流言语幽默，引得老人和在场工作人员哄堂大笑，现场气氛相当活跃。

富春江曜阳公寓，真是能让我们这些老人充分体会老有所乐、老有所为的好地方啊！

（撰稿：关靖华）

> 【点评】
>
> 　　生命不息，奋斗不止。入住富春江曜阳公寓的关靖华老人，在享受舒适的晚年生活的同时，坚持不懈探索语言的奥秘，为国人学习外语扫清障碍、提供帮助。这是一份对科学奥秘的不竭探索，更是一份对人生价值的不懈追求。富春江曜阳公寓和有关方面用实际行动，满足老人对自我实现的需求，这是人文关怀的大爱。

爱心老人　公益曜阳

　　在富春江曜阳国际老年公寓，就有这么一群可爱的人。他们曾经扎根教育战线，为中华民族培育了一代又一代的脊梁，为中华人民共和国的建设贡献了自己的力量。今天的他们，发挥余热，将所学所能教于他人。老有所教，累并快乐着！

　　3号楼姚天贵老人是浙江大学退休教授。自2013年入住富春江曜阳国际老年公寓以来，姚天贵老人一直热心于社会公益事业。他希望通过自己参与公益活动，让更多的老年朋友参与公益组织，向社会传递正能量。2016年5月27日，姚老师牵头，组织了曜阳爱心讲师团。讲师团成员都是来自公寓的老年会员，大多是从教育系统离退休的老教师。

　　2016年儿童节，富春江曜阳国际老年公寓爱心讲师团走进了东洲红十字博爱职工子弟学校。大手拉小手，满满正能量。老年公寓和富阳博爱学校，同是红十字会的公益机构，同样奉行人道、博爱、奉献的理念。

曜阳养老 人文关怀的探索与实践之富春江曜阳

活动中,爱心讲师团的老人们,为同学们讲述了自己年轻时艰苦奋斗的历程,传承了不畏艰苦、坚持学习、积极乐观的拼搏精神。老人们同时鼓励同学们,要积极传播爱心,帮助别人、快乐自己,从小学会奉献,并让奉献成为一种生活方式。老人们同时通过声情并茂的演讲,为孩子们描绘了一幅幅祖国发展的美好前景,让孩子们对未来充满着希望,让孩子们怀揣梦想在人生的道路上大步向前。

聆听了老人们的故事,孩子们汇报了各自的学习生活情况,并介绍了学校里公益组织对大家的关爱。

曜阳讲师团的爱心公益活动,得到了学校师生的一致好评。老人们也仿佛回到了当年传道授业解惑的美好时光,享受着桃李满天下的喜悦!

（撰稿：杨锋）

> **【点评】**
> 夕阳映朝晖,余热暖人心。富春江曜阳公寓老年爱心讲师团,对年轻学子的谆谆教诲,犹如一股清泉,注入学子的心田,老人们也回到了当年教书育人的美好时光,收获了成就自我的喜悦。满足老年人自我实现的需要,是最高层次的人文关怀。

共建家园　互助前行

在富春江曜阳国际老年公寓,活跃着一群热爱生活,积极阳光的老人。他们充满爱心，与院内老人相处融洽、互帮互助，同时支持公寓的工作，积极参与社区建设。

会员吴阿姨就是这样一位阳光老人。她与丈夫王叔叔是公寓的老会员了。2013年入住公寓以来，响应公寓倡导的"老有所为，老有所乐"的号召，组建了一支"曜阳模特队"。作为队长，她给模特队无私贡献出自己珍藏多年的手工旗袍和珍稀面料，还亲自动手缝纫，给队员们做服装配饰。在公寓大大小小的庆祝活动中，她会带领大家给公寓会员美美地秀上一段，让大家一睹这些资深美女们的风采。有时她还会即兴唱上一小段大家耳熟能详的越剧唱段，给大家带来一段欢乐时光。

在吴阿姨开心爽朗的笑脸背后，其实也有自己的烦恼。老夫妻俩年轻的时候在外创业，置下了一些产业，但近几年因为年纪大了，管理不善，被人钻了空子，骗去了不少钱，造成了一定的经济压力。公寓得知后，主动为老人联系了公寓的法律顾问，引导他们寻求法律的援助。除此之外，为缓解老人的经济压力，公寓领导主动提出让老人免会员费入住，并在一定的时期内将老人的服务费用降至最低，以帮老人渡过难关。吴阿姨对公寓领导深深表示了感谢，老人常说："住在曜阳老年公寓，就是开心，放心，安心！这就是我的家！"

公寓会员余阿姨，公寓人都尊称她一声"余老师"。她身材高挑，气质优雅，在舞蹈方面有着极高的造诣。自2014年入住公寓以来，余阿姨主动联络了一群爱唱爱跳、志同道合的会员朋友，组建了一支"曜阳舞蹈队"。她们每周有固定的排练时间，不论春夏秋冬，酷暑严寒，三楼的排练室里总是飞舞着一个个矫健婀娜的身姿，总是能看到余老师谆谆教导的身影。每次在公寓组织的各种大型活动中，总有她精心编排的精彩节目展现给大家。老人郊外出游，她也会即兴来上一段舞蹈给大家助兴。在孩子们的节日，她带领舞蹈队代表公寓去学校表演

曜阳养老 **人文关怀的探索与实践之富春江曜阳**

节目，为孩子们送上祝福……工作人员都把她们当成快乐的使者，而余老师的话却很质朴："我们唱唱跳跳，既丰富生活，又愉悦身心，还能为公寓做贡献，多好！"

余老师不仅用自己的特长给公寓带来欢笑，做出贡献，平时也特别注意传递正能量。有好人好事，她总是第一个提出表扬。有人违背公寓入住约定，做出不文明不健康的行为，余老师也是总仗义执言，提出纠正。公寓运营6年以来，余老师带领她的队员们为公寓带来了无数的欢笑与荣誉。公寓为了感谢余老师对公寓做出的贡献，同时引导其他老人发挥余热、老有所为，在征得余老师的同意后，将其养老费用在一定期间内按折扣价收取，作为对余老师为公寓付出心力的回报。

授人玫瑰，手留余香。但愿我们每一个人都为自己铸造一个更加灿烂明天的同时，能为他人点亮一盏明灯。

（撰稿：陈芳菊）

【点评】

投之以桃，报之以李，是中华民族的传统美德。富春江曜阳国际老年公寓在为入住老人长期服务的过程中，形成了良性的互动关系，公寓关心老人，老人支持公寓。安度晚年的美好家园，就是这样一步步建立起来的。这是曜阳国际老年公寓在养老服务中坚持人文关怀原则的最好回报。

老有所为

传统美德　舞之传之

2017年6月1日国际儿童节,明媚的阳关照射着大地。富阳区东洲中心小学的大礼堂里,人声鼎沸,一排排、一队队的少先队员穿着同样的校服,戴着红领巾在老师的带领下有序地进入了礼堂。

"童心飞扬、梦想起航"东洲中小庆六一文艺会演即将开始。

▲ 曜阳公寓舞蹈队赴东洲中心小学举行慰问演出

"家乡有个六尺巷,千里传书只为墙"。稚嫩而甜美的童声回荡在东洲中心小学的大礼堂上空。与此同时,身着红黄二色鲜艳服装的富春江曜阳国际老年公寓舞蹈队的成员们,伴着音乐的节奏,摇曳着身躯在舞台上翩翩起舞。只见她们时而像大雁似地排成一字,时而又互相穿插而行,时而温婉摇曳,时而又充满激情。

曜阳养老 人文关怀的探索与实践之富春江曜阳

原来老年公寓舞蹈队为小学生的诗朗诵作伴舞。她们没有像专业舞者那样舞技精湛，更没有太高难的动作，甚至连少有的几个旋转都显得十分小心翼翼。但舞蹈是一种带给观众视觉享受的艺术。观众通过观看舞者的肢体来感受舞者的内心，只有充满感情的舞蹈才可以使观众受到震撼。台上的这些老年表演者笑得真诚，舞得含蓄。透过她们的舞蹈，来告诉台下的孩子们，宽容礼让是中华民族的传统美德，生活中人与人相处需要多一分谦让、多一分宽容，这世界就会更美好。

▲ 曜阳公寓舞蹈队成员们和小演员们合影

台下的小朋友们一边欣赏着老奶奶们的舞姿，一边跟着音乐鼓起掌为老奶奶们打节拍。这时候，我们能明显地感受到奶奶们的脚步越来越轻盈，绽开的笑靥更加灿烂了。

参加演出的奶奶们，全部来自富春江曜阳国际老年公寓舞蹈团，平均年龄73岁，年纪最长的已达78岁，在家里也是儿孙绕膝。有几个奶奶，还放弃了回家享受天伦之乐的机会，专门到东洲中心小学参加演出。所有的奶奶都提前一个月就在努力排练，只为了孩子们在看到她们的节目时，能够开心一笑，能够受到启发。

老奶奶们的心血没有白费。舞蹈结束的时候，台下响起了热烈的掌声。小朋友们都高声叫着好，一个个把小手都拍红了。几个学生代表上台为奶奶们戴上了久违的红领巾。鲜红的红领巾映照着奶奶们兴奋的脸，她们不由自主地回敬少先队队礼，仿佛也回到了那个纯真年代。

联欢活动结束的时候，孩子们和家长都跑过来，争相和奶奶们合影。大家感谢奶奶们的精彩出演，更艳羡奶奶们不服老的精气神。老人们也不由自主地紧紧搂住小朋友们。为了这些欢快的孩子们，奶奶们再累也是值得的。

（撰稿：冯露萍）

【点评】

春风化雨细无声。富春江曙阳公寓的老年舞蹈队，用舞蹈艺术诠释中华民族传统美德，创新了青少年思想教育的方式和方法，也实现了老人们发挥余热、服务社区的美好愿望。这是公寓对老人的高层次人文关怀。